退役士兵创业成功影响因素及促进政策研究（2015MZR0251302）；退役士兵职业教育和技能培训研究（民政部全国民政政策理论研究自选课题）；齐鲁工业大学人文社科优秀青年学者支持计划

中国退役士兵
职业教育与技能培训发展研究

晁玉方 著

中国社会科学出版社

图书在版编目（CIP）数据

中国退役士兵职业教育与技能培训发展研究/晁玉方著.—北京：中国社会科学出版社，2016.12
ISBN 978-7-5161-9310-5

Ⅰ.①中… Ⅱ.①晁… Ⅲ.①退役—士兵—职业教育—研究—中国 ②退役—士兵—技术培训—研究—中国 Ⅳ.①E263

中国版本图书馆CIP数据核字（2016）第270759号

出 版 人	赵剑英
责任编辑	刘晓红
责任校对	周晓东
责任印制	戴 宽
出　　版	中国社会科学出版社
社　　址	北京鼓楼西大街甲158号
邮　　编	100720
网　　址	http://www.csspw.cn
发 行 部	010-84083685
门 市 部	010-84029450
经　　销	新华书店及其他书店
印　　刷	北京明恒达印务有限公司
装　　订	廊坊市广阳区广增装订厂
版　　次	2016年12月第1版
印　　次	2016年12月第1次印刷
开　　本	787×1092　1/16
印　　张	29
插　　页	2
字　　数	422千字
定　　价	106.00元

凡购买中国社会科学出版社图书，如有质量问题请与本社营销中心联系调换
电话：010-84083683
版权所有　侵权必究

序

孙膑曰："兵之胜在于篡卒"。唐代李靖也曾讲，"兵卒有制，虽庸将未败；若兵卒自乱，虽贤将危之。"中国人民解放军的缔造者毛泽东主席更是指出：兵民是胜利之本。无论是中国古代杰出的军事家，还是人民军队的缔造者，跨越2000多年的历史时空，他们都不约而同地揭示了一个真理，兵员是国防的基石，是战斗力生成最基本的要素。

铁打的营盘流水的兵，士兵在军营挥洒青春和汗水，保家卫国，参与国家建设，为国防事业做出了巨大的贡献。但作为"最可爱的人"最终要从军营走向社会，退役复员。而随着我国市场经济机制的不断深入以及劳动用工制度的改变，退役士兵的就业安置发生重大变化，市场化安置成为主导。维护他们的权益，保障及促进其全面发展，是国家长治久安的需要，也是增强军队吸引力，保持我国军队可持续发展的必然要求。正如瑞士军事家约米尼所说："假使在一个国家里，那些为国流血牺牲的勇士，其社会地位反倒不如一个大腹便便的商贾的话，那么，这个国家的灭亡就一点也不冤枉了。"

退役士兵作为一个特殊的群体，他们圆满完成保卫祖国义务，光荣退役，带着对未来的美好希望，踏上人生新的征程。脱下军装，走向社会，他们不仅面对离别的伤痛，更将面临着一次人生的重要选择，对新的环境、新的岗位、新的生活，充满着未知，甚至是迷茫。同时，经过军队大熔炉的锤炼，退役士兵具有钢铁一般的意志和坚毅的品格，他们年富力强，充满朝气，是党和国家建设的宝贵财富，是国家社会经济建设的重要力量。他们在各条战线上成绩卓著，如美国历史上的"蓝血十杰"，中国的柳传志、张瑞敏、任正非等一大批企业家。如何开发与有效利用这些具有独特优势的人力资源，是造福军人、部队和社会的一大福祉，是与国、与军、与民的多方共赢的事情。

但我们不得不看到，随着安置政策的改变，市场经济体制的建设，就业形势的日益严峻，退役士兵这个庞大而特殊的社会群体，就业时遇到了种种障碍，融入社会存在一定的困难。甚至导致一小部分退役军人铤而走险，步入歧途，影响了社会稳定，败坏了军队形象与声誉。提高退役士兵的就业能力，促进其全面发展，解决现役士兵的后顾之忧，是确保现役士兵在部队安心服役，让他们全身心投入到部队建设和国防事业中，增强部队的凝聚力和战斗力的关键。当兵退役有了出路，参军入伍的入口才能更畅通。故此，退役士兵职业教育培训与就业促进受到党、政、军高度关注，也成为事关全局、关系社会和部队稳定的重要而迫切的任务。

我国历来重视士兵的教育工作，从毛泽东主席提出的"把军队办成一所大学校"的理念，到邓小平总设计师提出的"培养军地两用人才"，无不关注军人未来复员后的发展。在当前国家安置政策变革的形势下，工作的重点必然由"安置人"转向"发展人"。在此背景下，党和政府、部队将退役士兵职业教育与技能培训工作放在重要位置，出台了相关政策文件，专门安排了财政资金，有力地推动了退役士兵职业教育与技能培训工作的开展，也取得了较大成效。

与卓有成效的退役士兵职业教育与技能培训实践活动相比，我国相关的研究却较为滞后与薄弱。导致退役士兵职业教育与技能培训开展过程中一些突出的、复杂的问题没有得到有效解决，影响了教育培训的效果，导致退役士兵产生怨言。值我国退役士兵职业教育与技能培训全面实施之际，深入、系统地研究退役士兵职业教育技能培训的发展规律，构建具有我国特色的退役士兵教育培训理论体系，具有重要的理论与现实价值。

笔者于2011年开始对退役士兵教育开发、创业等问题产生兴趣，陆续承担了民政部委托课题（退役士兵创业成功影响因素及促进政策研究，2015MZR0251302）、自选课题（退役士兵职业教育和技能培训研究）的相关研究，获得了2012年民政部全国民政政策理论研究二等奖、2013年山东省民政厅民政政策理论研究一等奖、2014年山东省民政政策理论研究一等奖以及2015年民政部全国民政政策理论研究一等奖。在这些研究课题与成果的基础上，进一步结合我国退役士兵职业教育发展，历时4年，完成了本书的撰写工作。

本书依据现代教育理论、社会化理论、就业能力与创业能力理论、职业发展理论以及系统理论，对中国退役士兵职业教育与技能培训进行了全面、系统、深入的研究，内容涵盖退役士兵职业教育与技能培训发展现状及问题、国外经验、顶层设计、机制建设、承训机构评价、推进步骤与策略、教育培训模式建设、专业与课程体系建设、承训机构建设等内容，并结合我国当前社会经济发展，探讨了退役士兵的创业教育、军民融合下的退役士兵教育培训发展等内容，明确了中国退役士兵职业教育培训与技能培训的总体目标、发展策略、步骤与措施等。本书既能够为中国退役士兵职业教育与技能培训主管机构提供决策参考，更好地推进退役士兵教育培训各项工作；也能够为退役士兵教育培训承训机构明确发展方向，强化建设重点；还能够为退役士兵了解职业教育培训现状，熟悉教育培训模式与课程体系等提供参考。当然，本书还能够为相关研究人员提供研究基础，促进退役士兵职业教育与技能培训研究的深入开展。希望通过本书，能够为退役士兵职业教育培训工作提供一定帮助，也祝愿广大的退役士兵兄弟插上翅膀，在广阔的市场上翱翔，实现自己的理想与愿望。

本书受到"齐鲁工业大学人文社科优秀青年学者支持计划"支持，也得到齐鲁工业大学工商管理学院、山东省人文社科研究基地——区域创新与可持续发展研究基地的大力帮助，在此一并表示感谢。本书虽历经4年完成，但由于笔者本人才疏学浅，加之退役士兵教育培训工作开展较晚，相关研究工作较为滞后，可参照与借鉴的研究材料较少，本书必存在疏漏之处，恳请相关专家学者以及使用者提出意见，不胜感激。"路漫漫其修远兮，吾将上下而求索"，笔者也将在此领域继续努力，不断创新探索。笔者联系方式为：chaochuwen@sina.com，联系地址为：山东省济南市长清区大学科技园齐鲁工业大学工商管理学院，邮编为：250353。

目 录

第一章 中国退役士兵职业教育与技能培训背景与发展 …………… 1

    第一节 中国人民解放军职业教育与技能培训历史渊源 ……… 1
    第二节 中国退役士兵职业教育与技能培训的发展背景 ……… 4
    第三节 退役士兵的界定及其特征 …………………………… 12
    第四节 中国退役士兵职业教育与技能培训研究现状 ……… 16
    第五节 中国退役士兵职业教育与技能培训研究发展
           趋势及意义 …………………………………………… 24

第二章 退役士兵职业教育与技能培训理论基础 ………………… 28

    第一节 退役士兵教育培训相关理论 ………………………… 28
    第二节 现代教育理论 ………………………………………… 29
    第三节 社会化理论 …………………………………………… 38
    第四节 就业能力与创业能力理论 …………………………… 41
    第五节 职业发展理论 ………………………………………… 54
    第六节 系统理论 ……………………………………………… 56

第三章 退役士兵职业教育与技能培训现状与问题 ……………… 58

    第一节 中国退役士兵职业教育与技能培训领导与
           组织体制 ……………………………………………… 58
    第二节 中国退役士兵职业教育与技能培训制度建设现状 … 60
    第三节 退役士兵职业教育与技能培训发展现状 …………… 63

第四节 退役士兵教育培训实施现状 ………………………… 65
第五节 中国退役士兵职业教育与技能培训承训机构与
       专业设置 …………………………………………………… 68
第六节 中国退役士兵职业教育与技能培训面临的
       两难境地 …………………………………………………… 72
第七节 中国退役士兵职业教育与技能存在的问题 ………… 76

第四章 国外退役军人职业教育与技能培训 ……………………… 85

第一节 美国退役军人教育培训 ………………………………… 85
第二节 欧洲国家退役军人教育培训 …………………………… 88
第三节 亚洲国家退役军人教育培训 …………………………… 93
第四节 国外退役军人教育培训的特点 ………………………… 97

第五章 中国退役士兵职业教育与技能培训顶层设计 ………… 100

第一节 我国退役士兵职业教育、技能培训特征与
       未来发展 …………………………………………………… 100
第二节 退役士兵职业教育与技能培训顶层设计
       可行性分析 ………………………………………………… 104
第三节 退役士兵职业教育与技能培训顶层设计基础 ……… 106
第四节 中国退役士兵职业教育与技能培训顶层设计
       内涵及模型开发 …………………………………………… 111
第五节 退役士兵职业教育与技能培训功能价值定位
       及其愿景 …………………………………………………… 115
第六节 中国退役士兵职业教育与技能培训目标体系及
       发展思路 …………………………………………………… 121
第七节 退役士兵职业教育与技能培训的五大框架体系 …… 131

第六章 中国退役士兵职业教育与技能培训机制研究 ………… 143

第一节 机制内涵 ………………………………………………… 143

第二节　退役士兵职业教育与技能培训运行机制 …………… 145

　　第三节　退役士兵职业教育与技能培训动力机制 …………… 151

　　第四节　退役士兵职业教育与技能培训统筹机制 …………… 157

　　第五节　退役士兵职业教育与技能培训保障机制 …………… 161

　　第六节　退役士兵职业教育与技能培训监督控制机制 ……… 164

第七章　中国退役士兵职业教育与技能培训承训机构
　　　　　评价体系 …………………………………………………… 170

　　第一节　我国退役士兵教育培训承训机构评价
　　　　　　现状与问题 ……………………………………………… 170

　　第二节　退役士兵教育培训承训机构评价体系建设
　　　　　　目的与原则 ……………………………………………… 175

　　第三节　退役士兵教育培训机构评价框架与指标体系 ……… 182

　　第四节　退役士兵教育培训机构评价指标释义与
　　　　　　计算方法 ………………………………………………… 186

　　第五节　退役士兵教育培训机构评价指标权重 ……………… 196

　　第六节　退役士兵教育培训机构评价体系的实施与应用 …… 204

第八章　退役士兵职业教育与技能培训推进步骤与策略 ………… 207

　　第一节　退役士兵教育培训与技能培训推进步骤 …………… 207

　　第二节　退役士兵职业教育与技能培训"高推"策略 ……… 210

　　第三节　退役士兵职业教育与技能培训"后延"策略 ……… 213

　　第四节　退役士兵职业教育与技能培训的"前展"策略 …… 219

　　第五节　退役士兵职业教育与技能培训"中促"策略 ……… 223

第九章　中国退役士兵职业教育与技能培训模式建设 …………… 227

　　第一节　教育培训模式内涵 …………………………………… 227

　　第二节　职业教育模式影响因素 ……………………………… 229

　　第三节　退役士兵职业教育与技能培训层次及模式

　　　　　构建原则 …………………………………… 234
　　第四节　退役士兵职业教育与技能培训整体模式 ………… 242
　　第五节　退役士兵职业教育与技能培训全过程
　　　　　全系统模式 ……………………………………… 244
　　第六节　退役士兵职业教育与技能培训具体模式 ………… 248
　　第七节　"互联网+"退役士兵职业教育与技能培训模式 … 261

第十章　中国退役士兵职业教育与技能培训专业设置及
　　　　课程体系建设 ………………………………………… 266
　　第一节　专业内涵及退役士兵职业教育与技能培训
　　　　　专业设置 ………………………………………… 266
　　第二节　退役士兵职业教育与技能培训课程的价值与
　　　　　目标定位 ………………………………………… 270
　　第三节　退役士兵职业教育与技能培训课程体系构建
　　　　　原则与逻辑 ……………………………………… 275
　　第四节　退役士兵职业教育与技能培训课程开发 ………… 282
　　第五节　退役士兵教育培训课程体系设计 ………………… 308

第十一章　中国退役士兵职业教育与技能培训承训机构建设 …… 314
　　第一节　退役士兵职业教育培训承训机构建设的
　　　　　原则与重点 ……………………………………… 314
　　第二节　退役士兵教育培训承训机构组织建设 …………… 317
　　第三节　退役士兵职业教育培训承训机构文化建设 ……… 322
　　第四节　退役士兵职业教育培训承训机构激励机制建设 … 325
　　第五节　退役士兵职业教育培训承训机构资源整合建设 … 329
　　第六节　退役士兵教育培训承训机构的规范化建设 ……… 332
　　第七节　退役士兵教育培训师资队伍建设 ………………… 334
　　第八节　推进退役士兵教育培训承训机构专业与
　　　　　课程认证工作 …………………………………… 336

第十二章 退役士兵创业教育建设 ……… 339

第一节 创业特征与退役士兵创业现状 ……… 339
第二节 创业教育模式与发展借鉴 ……… 343
第三节 退役士兵创业成功与创业教育模式 ……… 348
第四节 退役士兵创业教育建设重点与具体措施 ……… 352
第五节 退役士兵创业项目库建设 ……… 355
第六节 退役士兵组织内创业 ……… 357
第七节 退役士兵社会创业 ……… 360

第十三章 军民融合下的退役士兵职业教育与技能培训建设 …… 363

第一节 我国军民融合的传统与发展 ……… 363
第二节 退役士兵职业教育嵌入军民融合中的必要性 ……… 365
第三节 退役士兵职业教育纳入军民融合的意义与
　　　　必要性 ……… 367
第四节 退役士兵职业教育纳入军民融合的可行性 ……… 373
第五节 退役士兵职业教育纳入军民融合中的
　　　　机制建设 ……… 376
第六节 退役士兵职业教育纳入军民融合的发展
　　　　途径与措施 ……… 384

第十四章 退役士兵"互联网＋教育"培训模式的
　　　　探索与应用 ……… 402

第一节 "互联网＋教育"的内涵及特征 ……… 402
第二节 "互联网＋教育"的发展现状 ……… 404
第三节 退役士兵"互联网＋教育"培训模式建设的
　　　　必要性 ……… 407
第四节 退役士兵"互联网＋教育"培训模式建设的
　　　　可行性 ……… 410

第五节 退役士兵"互联网+教育"培训模式的
建设要求 ………………………………………… 412
第六节 退役士兵"互联网+教育"培训模式的整体框架与
具体内容设计 …………………………………… 416
第七节 促进退役士兵"互联网+教育"模式化发展的
建议措施 ………………………………………… 433

参考文献 ……………………………………………………… 441

第一章　中国退役士兵职业教育与技能培训背景与发展

第一节　中国人民解放军职业教育与技能培训历史渊源

中国人民解放军历来重视对军人综合胜任力的培养。早在革命战争时期，毛泽东同志就有了把军队建设成一个大学校的思想，并在井冈山时期、抗日战争时期亲自为学员上课，提高干部和战士的政治觉悟和文化水平。另外，中国共产党通过新建学校，大量培养掌握军事和其他专业知识技能的干部和士兵。如红军时期在苏区建立了红军大学和无线电、卫生等专门学校；1936年成立中国人民抗日军事政治大学等。新中国成立初期，毛泽东、周恩来签发的《关于人民解放军1950年的复员工作的决定》中明确提出：复员军人须经过一定时期的集中训练……使其复员后能在经济建设中、在各种工作岗位上起模范作用。按照中央的部署要求，全国各地迅速开办了大批复转军人速成中学和文化学校。从战火硝烟中走来的新中国第一代复员军人，在脱下戎装接受教育培训后，汇入新中国大规模经济建设的滚滚洪流中。毛泽东晚年曾设想把军队变成能文能武、能生产、能为人民服务的大学校，并极力推广之，并在1966年5月7日的"五七指示"中明确要把军队办成一个大学校。毛泽东主席相关讲话也充分显示了对军队文化教育的重视，如：①我们有打仗的军队，又有劳动的军队。打仗的军队，我们有八路军新四军；这支军队也要当两支用，一方面打仗，一方面生产。我们有了这两支军队，我们的军队有了这两套本领，再加上做群众工作一项本领，那么，我们就可以克服困难，把日本帝国主义打垮①；②没有文化的军队是愚蠢的军队，而愚蠢的军队是不能战胜敌人的②；③有人说：部队生产，就不能作战和训练了；机关生产，就不能工作了。这种说法是不对的。最近几年，我们边区部队从事大量的生产，衣食丰足，同时又进行练兵，又有政治和文化学习，这些都比从前有更大的成绩，军队内部的团结和军民之间的团结，也比从前更好了。在前方，去年一年进行了大规模的生产运动，可是去年一年作战方面有很大的成绩，并且普遍地开始了练兵运动。机关因为生产，工作人员生活改善了，工作更安心、更有效率，边区和前方都是这样③。

在毛泽东主席军队建设思想基础上，邓小平同志结合新的形势，在1977年12月的中国共产党中央军事委员会全体会议上，重申毛泽东关于军队要办成一个大学校的思想，指出中国人民解放军的教育训练只着眼于部队本身建设的需要是不够的，还要着眼于干部、战士转业复员到地方工作的需要。强调要学会多种意识，既能打仗，又能搞社会主义建设。随后，各部队在教育训练中，组织干部、战士既学现代战争知识，又学现代科学文化知识和生产知识，逐步开展了培养军队和地方两用人才的活动。军队的教育训练"只着眼于军队本身建设的需要还不够，还要着眼于干部战士转业复员到地方的需要"。④1982年11月，总政治部推广南京军区一个师、成都军区一个团培养军地两用人才的经验。1983年5月10日至18日，总政治部在浙江金华召开全军培养军地两用人才经验交流会，全军范围内军地两用人才培养工作由此拉开帷幕。同年6月，在《学习科学文化知识培养军地两用人才展览》上，邓小平同志又欣然为此题词："大力培养既能打仗，又能搞社会主义经济建设的军地两用人才"。至此，军地两用人

---

① 《毛泽东选集》第3卷，人民出版社1991年版，第931页。
② 同上，第1009页。
③ 同上，第1018页。
④ 《邓小平文献》第3卷，人民出版社1991年版，第77、398页。

才培养活动普遍开展起来。1984年11月1日，在中央军委座谈会的讲话中，邓小平同志再次高度评价军地两用人才培养工作：培养军地两用人才，也是个顾全大局的问题。现在军队培养军地两用人才做得不错，有成绩，这个很好。江泽民同志在担任军委主席期间，也十分重视普通士兵的教育，曾说：工人、农民、知识分子和其他人民群众，把子女送到部队，进了军队这个大学校大熔炉，总要使他们的知识越学越多，思想越练越红，作风越来越好，精神境界越来越高。1995年12月，江泽民同志在会见全国优秀复员退伍军人代表时强调，培养和使用军地两用人才，是一项利国、利军、利民的伟业。各级政府、各有关部门，一定要高度重视起来，继续加强领导，切实解决安置工作中的实际问题。

邓小平同志倡导的"军队两用人才培养"与毛泽东主席的"军队是所大学校"是一脉相承的。几十年来，我国建设了数以万计的民用技术育才基地（点），全军近千万战士参加了军地两用人才培训。这对于激励战士求知成才，安心服役，促进教育训练，提高部队素质具有重要的现实意义。这也将国家的根本利益、军队建设的需要、人民群众的愿望和干部战士的切身利益紧密地结合起来，既为战士复员谋得了出路，也为地方输送了人才，为社会主义经济建设贡献了生力军。

随着我国社会主义市场经济体制的建立与完善，劳动安置、社会保障等各项制度改革不断深入，党中央、国务院、中央军委推动退役士兵安置工作逐步由计划安置模式向市场安置模式转变。为顺应社会发展要求，党中央、国务院、中央军委陆续出台相关文件，强调教育培训在退役士兵安置中的重要性与作用：

2005年7月，国务院下发《关于进一步做好城镇退役士兵安置工作的通知》，要求各级人民政府充分利用现有公共就业服务机构、院校和培训机构，开展多种形式的职业技能培训，帮助城镇退役士兵尽快转换角色，掌握就业基本技能，提高就业竞争能力……

2006年3月，在全国人民代表大会和中国人民政治协商会议上，"大力开展职业培训和就业服务体系建设"被写进了国民经济和社会发展计划报告……

2009年4月5日，在军委领导同志呈送的一份调研报告上，胡锦涛同志对广东省为退役士兵免费提供职业教育和技能培训情况作出重要批示：要总结各地经验，逐步推广，并研究制定相关政策和制度……

2010年12月9日，国务院、中央军委联合发布《国务院 中央军委关于加强退役士兵职业教育和技能培训工作的通知》（国发〔2010〕42号）。该文件的出台，标志着退役士兵的教育培训正式上升为国家政策。该文件的出台极大地促进了退役士兵职业教育与技能培训工作在全国范围内的推开。2013年，习近平总书记在全国政协委员赴四川省考察兵役工作报告上批示，要深入推进退役士兵职业教育和技能培训工作。2014年1月16日，民政部、财政部、总参谋部三部门联合发布《关于加强和改进退役士兵教育培训工作的通知》，标志着我国退役士兵职业教育与技能培训进入深入、全面实施期。

退役士兵职业教育与技能培训是对毛泽东主席"把军队建设成为一所大学校"以及邓小平总设计师"培养军队两用人才"的继承和发扬。新时期下的退役士兵职业教育与技能培训实现了由城乡有别、安排工作为主向以城乡一体、扶持就业为主的重大转变；实现由"授人以鱼"向"授人以渔"的转变；实现了由重视工作岗位向重视人全面发展的转变。新时期下的退役士兵职业教育与技能培训有效贯彻、落实以人为本、可持续发展的科学理念，是利国、利军、利民的时代创举，必将推动退役士兵从"最可爱的人"转向社会主义市场经济条件下"最有用的人"。

第二节 中国退役士兵职业教育与技能培训的发展背景

退役士兵职业教育与技能培训是新形势下的伟大创举。深入、全面了解退役士兵职业教育与技能培训开展的背景，能够更好地了解退役士兵职业教育与技能培训的必要性、重要性。总的来看，退役士兵职业教育与技能培训是在我国确立市场经济地位，明确企业是市场主体，赋予企业及各单位用人自主权的大形势下必要之举；是在国家行政机关单位人事制度大形势下必要之举；也是我国人口发展，军队发展下的必要之举。

1992年，中国共产党十四大报告把建立社会主义市场经济体制作为我国经济体制改革新的目标。1993年，党的十四届三中全会通过了《中共中央关于建立社会主义市场经济体制若干问题的决定》，提出"公有制为主体的现代企业制度是社会主义市场经济体制的基础。"2003年，党的十六届三中全会通过的《中共中央关于完善社会主义市场经济体制若干问题的决定》进一步提出："大力发展国有资本、集体资本和非公有资本等参股的混合所有制经济，实现投资主体多元化，使股份制成为公有制的主要实现形式"，并提出建立现代产权制度。我国已经初步建立了社会主义市场经济体制，现在的任务是使其更好地发展和完善。

市场经济体制与计划经济体制相比，它是利用市场机制这个配置社会资源的基本手段来配置社会资源，其最基本的特征就是经济资源商品化、经济关系货币化、市场价格自由化和经济系统开放化。在这种经济体制下，政府不再是资源直接配置者，而是经济运行的调节者，对经济运行起到宏观调控的作用。应市场经济体制建立的要求，必然要改革原有的企业制度形式，建立现代企业制度。这也是确定社会主义市场经济体制的基础与核心。现代企业制度是以完善的企业法人制度为主体，以有限责任制度为核心，以公司企业为主要形式，以产权清晰、权责明确、政企分开、管理科学为条件的新型企业制度，其主要内容包括：企业法人制度、企业自负盈亏制度、出资者有限责任制度、科学的领导体制与组织管理制度。在现代企业制度下，企业必须拥有自主的用人权。

在市场经济体制下，市场在人力资源配置上起着基础性作用，企业用工自主，竞争择业成为劳动者实现就业的主要方式。而人力资源作为"第一资源"，是各类组织的核心竞争力的来源，企业事业单位自然对人力资源质量较为重视。故此，企事业单位在招募员工时都要根据岗位需要，劳动者的胜任力来招募员工。无论是谁，都必须达到企事业单位用人要求，能够胜任岗位，才能上岗就业。否则，即使是强制安置，也会形成"隐性失业"、"二次失业"等一系列问题。随着市场经济体制的完善，现代企业制度的建立，退役士兵必须进入劳动力市场，参与公开竞争，靠国家行政命令、计划安置的时代一去不复返了。这就要求必须花大力气提高退役士兵的知识技能和综合素质，使其具备参与劳动力市场公开竞争的能力，适应劳动力市场的要求，具备人才市场所要求的胜任力。

此外，在市场经济体制建立过程中，退役士兵安置主体发生了变化。在计划经济时代下，国有企业、事业单位是安置退役士兵的骨干力量，尤其是大型国有企业。而伴随国有企业改革，国有企业经历了大规模的改组、重组、改制，建立了现代企业制度。在国有企业改革的过程中，赋予了他们用人自主权，他们也要解决企业"冗员"问题，也要解决单位下岗员工的问题，已不可能拿出更多的岗位安置退役士兵。而另外，我国民营企业迅速发展，成为我国市场经济的一支重要力量，为社会提供了大量的就业岗位，也成为解决退役士兵就业的一支重要力量。在此情境下，退役士兵就转向了民营企业或自主创业。而无论是民营企业，还是自主创业，对退役士兵综合胜任力、专业技能都有较高的要求。

伴随着我国经济体制改革，我国社会管理体制也在进行改革。最为突出的就是政府行政机关与人事制度改革。2005年，国家颁布《公务员法》，确定"凡进必考"与公开、公平的基本原则。没有过硬的综合素质和专业技能，退役士兵很难与大学生、企业白领等进行同台竞争。2008年起，新一轮政府机构改革启动，从国务院到地方，全面进行精简压缩、优化重组，严格按编制、职数配备干部。同时，事业单位人事制度改革、劳动用工制度改革也大力推进，普遍推行聘用制、合同制，人员分流和安置任务十分繁重。这些改革举措，有力地推动政府机构的职能转变、效能提升，同时也因缩减空缺编制和职数，使转业干部安置渠道变窄，特别是落实师团级转业干部相应领导职务难度加大,退役士兵就更不用说了。在此背景下,即使政府拿出部分岗位面向退役士兵,也需要退役士兵具有较高的专业技能、文化知识。

社会管理体制改革另一大直接影响就是城乡一体化,消除户籍差别。长期以来,我国实行的是二元经济体制,城乡差别发展。而随着社会经济发展,这种二元经济体制产生了各种社会经济矛盾,严重阻碍了社会经济发展。2003年10月召开的中国共产党十六届三中全会首次提出"五个统筹"的发展理念,并将城乡统筹放在首位。2007年10月召开的中国共产党十七大则明确提出:建立以工促农、以城带乡长效机制,形成城乡经济社会一体化发展的新格局。2012年11月召开的中国共产党十八大则进一步提出加快完善城乡发展一体化体制机制,促进城乡要素平等交换和公共资源均衡配置,并将其作为加快完善社会主义市场经济体制和加快转变经济发展方式的五个重点之一。2013年召开的中共十八届三中全会更进一步提出:城乡二元结构是制约城乡发展一体化的主要障碍。必须健全城乡一体化体制机制,让广大农民平等参与现代化进程、共同分享现代化成果。围绕促进城乡一体化发展的体制、机制,我国对城乡户籍制度进行了改革。《中共中央关于全面深化改革若干重大问题的决定》明确提出要推进农业转移人口市民化,逐步把符合条件的农业转移人口转为城镇居民。创新人口管理,加快户籍制度改革,全面放开建制镇和小城市落户限制,有序放开中等城市落户限制。改变城乡二元经济结构,实现城乡平等发展,国民待遇一致是我国社会经济未来发展的大趋势。城乡一体化、户籍制度改革决定了原有的"哪里来,哪里去"的城乡有别,二元安置制度不再适用,必须打破城乡分割的劳动就业体制,将城乡退役士兵视为一个整体,统筹安排。当然,原有的区别对待,城乡有别的安置制度也有悖于维护社会公平和人力资源的合理流动,损害了广大农村退役士兵应有的权利,影响了社会和谐发展。城乡一体化、户籍制度的改革无疑扩大了退役士兵安置对象,增加安置数量,指示原有的安置方法遇到了前所未有的困难和挑战。必须与时俱进,创新安置模式,强化退役士兵综合素质与专业技能,走以自主择业为主之路。

无论是我国的经济体制改革，还是社会管理体制的改革，都决定了退役士兵原有的安置模式不再适用。以自主择业为主的安置模式是大势所趋。退役士兵安置模式的转变必然要求注重退役士兵能力的培养、开发，才能实现其充分就业。而另外，随着社会经济、教育文化事业的发展，人口政策效应的显现，我国兵源结构，征兵形势，士兵的需求也呈现出较大变化，客观上也要求注重其全面发展、可持续发展。

自改革开放以来，我国经济获得了快速发展，经济总量已经位居世界第二。经济的快速发展，物质文明的极大提高，必然会导致人们需求层次的提高。正如马斯洛需求层次理论所讲，在低层次需求满足以后，就会产生高层次需求并发挥主导作用。同样，物质文明不发达，生活困难时，人们参军入伍的需求可能较为单一，需求层次也较低，不会过多考虑到自我发展等高层次需求。而在物质较为发达时，加之兵源素质的提高，士兵就不再仅满足于吃饱喝好等低层次需要，其自我实现，民主平等，自尊自爱的需求较为强烈，参与意识也明显增强。此外，从参军入伍的年龄阶段来看，参军入伍多是青春少年，他们胸怀理想，抱负远，其自尊需要和自我价值实现的需要本来就较为强烈。必须满足士兵这种高层次需要，才能有效调动其积极性，才能使其安心服役。要实现退役士兵自我发展需求，就必须考虑其复员后的出路，就必须把提高其综合素质作为一项关系军队长远发展的工程来抓。

从我国兵源结构来看，也正在发生巨大的变化。过去很长一段时间内，我国士兵主要来源于农村。兵源学历层次、综合素质相对较低。而随着我国高等教育的蓬勃发展，以及我国现代化建设对人才的新需求，党中央、中央军委高瞻远瞩、审时度势，果断作出大规模征集地方大学生入伍的战略决策。这一开创性、历史性的重大举措，深刻改变了我军兵员素质结构，不仅为士兵队伍注入了新鲜血液，而且扩大了选拔基层干部基础。2002年应征入伍的大学生仅有数千人，而到2012年，每年应征入伍的大学生则达到了十几万人，占据当前应征入伍总人数的 1/4。预计 2014 年应征入伍的大学生将达到二十几万人。大学生应征入伍人数逐年递增，有效改变了我军的学历结构、素质结构。当然，这部分兵源需求是多元化的，他们自我发展的需求更为强烈，更期望能够得到全面的发展与提高。《解放军报》2011 年所做的一项调查来自《经济社会发展转型期征兵工作调研报告》显示：相比较物质上的补偿，高学历青年更看重的是入伍后的"发展愿景"，能提干固然好，提干不成回到地方也要有个好的出路。如果不能满足他们高层次需求，则会严重影响其服役积极性，也会影响到今后的兵源征集工作。而要满足他们高层次需要，就必须提高他们的就业能力和竞争力，能够保障其获得更多的发展机会。

此外，从人口发展趋势来看，我国兵源结构也在发生较大变化。由于计划生育政策的实施，其带来的人口效应开始显现出来，其突出的表现就是独生子女数量大幅度增长。军队同样如此，近年来战士中独生子女数量大幅增长。香港《南华早报》2014 年 2 月 6 日文章指出，当前中国人民解放军七成士兵来自独生子女家庭。[①] 国防大学教授刘明福也曾表示，解放军七成士兵来自独生子女家庭，在战斗部队中这一比例高达八成。当前，"80 后"、"90 后"独生子女士兵正在成为基层部队的主要力量。这些独生子女士兵，大多数家庭条件较好，接受过良好的教育，文化程度高。他们步入军营绝不是因为货币安置资金，而是为了更好地发展与提高。很多家长之所以把孩子送进军营，也是希望通过部队这个大熔炉来教育孩子、发展孩子。另外，从独生子女士兵个性来讲，他们求知欲强，自尊心、好胜心强，有个性，自我发展的愿望更加强烈。部队如果不能适应这种新形势的变化，不能有效根据他们的需求采取针对性的措施，就难免造成"逃兵"现象。独生子女士兵比例的提高，也迫使相关部门及部队更加重视教育发展工作。

再从我国征兵形势来看，征兵难现象开始显现。过去，"一人参

---

① 《独生子女时代的士兵：他们弱到无法实现北京的军事雄心吗?》，《南华早报》2014 年 2 月 6 日。

军,全家光荣",也流行"吃菜要吃白菜心,嫁人要嫁解放军"。很多地方参军入伍甚至要"走后门"。如今,由于社会经济发展,计划生育政策导致适龄人口降低,安置政策改变等多种原因,开始出现征兵报名人数逐年走低的现象,征兵难开始显现出来。2011年全国"两会"期间,山东省军区原司令员谈文虎少将联合济南军区、南京军区的军队人大代表,向全国人大提案组提交了一份应对中国军队出现"征兵难"的提案。征兵难绝不是偶然,而是我国经济社会发展进程中的阶段性、必然性反映,也是社会利益调整在国防领域的具体体现。过去人人争着去当兵,主要是因为当兵能够谋出路,能够有个好的发展。在市场经济体制下,我们要继承优良传统,扩大宣传国防教育,提高人们国防意识与爱国精神,但也要充分考虑到市场经济体制下个体利益。有的青年在征兵时说:"当兵为什么?为打仗?我不是圣人,什么黎民百姓……如果我自己的家都没有幸福,那么我还能保护什么?"而据相关媒体调查,一些退伍的大学生当初决定参军入伍在很大程度上也是因为受到优惠政策的吸引。如果将参军入伍视为一项系统工程,那么征兵就是"入口",是"起点",而士兵退役步入社会,就业上岗就是"出口"。"出口"关系到士兵们的长远发展(服役时间较短)。如果具有较好的发展机会,长远利益较大,就会做到短期利益与长期利益的平衡。在理性决策下,参军入伍的热情就会提高。所以,只有"出口"疏通了,"入口"才有源源不断的活水。

退役军人的今天就是现役军人的明天。退役军人没有好的发展,心不平衡,就会通过各种渠道发泄。有的退役士兵没有顺利实现就业上岗,或是历经挫折,或是就业不理想,就要通过网络、亲戚朋友等渠道传播出去,成了参军入伍的反面典型。有的家长或长辈更是现身说法,就能以此打消自己孩子参军入伍的热情,甚至直接反对,这也是征兵难的一大原因。

最后,我们必须看到,退役士兵的就业与发展,也直接影响现役士兵的稳定以及社会稳定。由于缺乏系统的能力提升体系,许多青年入伍后对自己未来缺乏信心,不安心服役,将心思放在了为回去找工作拉关系、找门路上。据基层部队反映,甚至有不少士官要求提前离队回地方联系工作。这些问题干扰着部队的正常管理，对现役士兵的稳定产生了不小的负面影响。如何有效提升士兵的能力，提高其自信心，也是摆在党、政、军面前的一项重要课题。

总之，重视士兵的教育是我军优良传统，从毛泽东主席"军队是所大学校"，到邓小平总设计师的"培养军地两用人才"，再到今天的"退役士兵职业教育与技能培训"，是一脉相承的。

随着我国市场经济体制建立与完善，行政事业改革的进行，原有的有悖公平的计划安置模式已不再适用，也不可能适用。以自主择业为主的安置模式是大势所趋。无论是顺应安置模式的变革，还是贯彻落实"以人为本"的发展理念，都必须注重退役士兵的职业教育与技能培训，把提高其全面发展、可持续发展能力作为一项重要、关键性工作来抓。

此外，随着我国社会经济发展，物质财富的丰富，人们的需求层次得到大幅度提高。参军青年也不再仅满足于吃饱喝好等低层次需要上，他们希望能够有良好的自我发展机会。加之我国高等教育普及以及计划生育政策效应的显现，我国兵源结构发生了较大变化，高学历、独生子女的士兵已经占据较大比例。他们对自尊、自我发展等高层次需求更加强烈。满足他们高层次的需求，才能有效调动他们的积极性。这就要求必须加大教育培训力度，切实提高其自我发展能力。

最后，从我国征兵形势以及军队可持续发展来看，如果不能有效解决士兵们"出口"问题，势必影响"入口"，征兵难问题就更加凸显。尤其是在市场经济体制下，也必须统筹考虑参军青年个体与国家整体利益的平衡，考虑他们的长远利益与未来发展，才能有效解决征兵难问题。而解决"出口"问题，在原有的安置模式已不可行前提下，就必须下大力气搞好教育培训，把"最可爱的人"培养成为"最有用的人"，切实提高士兵退役后融入社会、自我发展的能力。

综上所述，在当前形势下，我们必须充分认识到退役士兵职业教育与技能的重要地位，认识到退役士兵教育培训是一项事关全局的战略性举措，关系到社会稳定、军队发展的一项重大举措。应充分认识退役士兵职业教育与技能培训在国家、军队发展中所起的支撑作用、基础作用、吸引作用。只有充分认识到退役士兵职业教育与技能培训的重要地位与作用，才能把这项利国、利民、利军的创世之举做好。

我国在军人教育培训方面有着优良的传统、丰富的经验、成功的模式、大量的教育培训资源。加之我国具有的党领导军队以及相应的政治体制，在协调能力、执行能力、整合资源能力方面具有较强的优势。这些都为我们开展退役士兵职业教育与技能培训奠定了很好的基础，我们也一定能够把这项创世之举做好。

第三节 退役士兵的界定及其特征

退役是与现役相对而言的。现役士兵是依照法律规定，经兵役机关批准服现役，并依照《中国人民解放军现役士兵服役条例》规定被授予相应军衔的义务兵和士官。他们退出现役后，称为退役士兵。从法律层面上，2011年11月1日起施行《退役士兵安置条例》第二条明确指出：退役士兵是指依照《中国人民解放军现役士兵服役条例》的规定退出现役的义务兵和士官。《中华人民共和国兵役法》第四条规定中华人民共和国的武装力量，由中国人民解放军、中国人民武装警察部队和民兵组成。那么，退役士兵就包括了中国人民武装警察部队退役的士兵。而退役士兵具体范围在《民政部退役士兵安置政策100问》中有更为具体的解释，退役士兵的范围具体如下：

（一）义务兵服现役期满未被选取为士官的；

（二）士官服现役满本级规定最高年限未被选取为高一级士官的，在本级服现役期限内因岗位编制限制不能继续服现役的；

（三）服现役满30年需要退出现役的或者年满55周岁的；

（四）因战、因公、因病致残被评定残疾等级后，不能坚持正常工作的；

（五）患病医疗期满或者医疗终结，经军队医院证明和军级以上单位卫生部门审核确认，不适宜继续服现役的；

（六）因军队编制调整需要退出现役的；

（七）因国家建设需要退出现役的；

（八）士兵家庭成员遇有重大疾病、遭受重大灾难等变故，确需本人维持家庭正常生活，经士兵家庭所在地的县级人民政府退役士兵安置工作主管部门证明，经师（旅）级以上单位司令机关批准退出现役的；

（九）其他原因不适宜继续服现役，经师（旅）级以上单位司令机关批准退出现役的。

在《退役士兵安置条例》第二十九条中，又对可以参与政府安置的人员范围作了详细规定：①士官服现役满12年的；②服现役期间平时荣获二等功以上奖励或者战时荣获三等功以上奖励的；③因战致残被评定为5级至8级残疾等级的；④是烈士子女的。

无论是否参与政府安置，为了更好地发展，退役士兵都需要相应的职业教育与技能培训。对于军官而言，也是如此，毕竟他们需要从士兵晋升而来。但从现在的教育培训实践来看，退役士兵与复员转业军官的主管部门是存在差别的，前者由民政部门主管；后者由人力资源与社会保障部门主管。另外，从需要教育培训迫切度以及本身的能力素质来看，未能参与政府安置的退役士兵更需要相应的教育培训。本书的研究对象也主要是针对这一部分群体。当然，本书的相关论述无论是对于参与安置的退役士兵，还是转业的军官也具有相应的指导与参考价值。

对于符合退役条件，不参与政府安置的退役士兵而言，主要有如下几个特征。

（1）服役时间相对较短。按照《中国人民解放军现役士兵服役条例》规定，士兵服现役的时间，自兵役机关批准服现役之日起，义务兵服现役的期限为两年。对于士官，《中国人民解放军现役士兵服役条例》第八条规定：初级士官最高6年，中级士官最高8年，高级士官可以服现役14年以上。按照《退役士兵安置条例》的有关规定，士官服役期达到12年的政府才安置工作。那么，由此推断，自主择业的退役士兵服役期大多少于12年，大部分为义务兵以及低级别士官。他们服役时间一般较短，义务兵是两年，士官的服务年限可能是

6年或者8年。

（2）该群数量多、规模大。任何一个国家的军队都是一个典型的金字塔形结构。越是在金字塔的底部，人员数量越多，规模也越大。这是军队建设的自然规律。这种典型的结构决定了退役士兵群体规模大、数量多。即使是我国进行了兵役制度改革，扩大了士官编制规模，但总体上仍然是义务兵、低级别士官占据绝大比例。但这部分士兵是我国军队的主体，也是我国军队的基础。他们的后续发展对军队吸引力影响巨大。

（3）该群体处于部队基层，环境较为封闭、恶劣。从群体分布来看，这部分退役士兵一般分布在基层，且大多属于一线部队基层，甚至多属于野战部队。这就决定了这部分退役士兵大多处在地理位置较为偏僻、环境较为封闭的场所。处于基层，环境封闭，导致了他们与社会环境的脱节，人生发展中的脱节。在这样的环境下，他们学习的技能也较为单一，对外部了解也较少。这致使部分退役士兵退役后很难适应社会环境，或者是适应时间较长，需要依靠外部支持才能使其顺利适应社会环境。

（4）该群体学历层次、文化素质相对较低。目前，我国义务兵多是初、高中毕业生，学历层次较低，文化水平较低。并且一部分义务兵来自地理位置偏僻的农村，视野较为狭窄。对于部分低级别的士官而言，也存在这种现象，无论是学历层次，还是综合素质、专业技能相对都较低，这也限制了他们在部队、社会的发展。而作为人民子弟兵的一员，无论是部队，还是政府都有义务帮助他们提高、发展。

（5）该群体年龄较轻、大多处在青春期，可塑性强。我国《兵役法》第十二条规定：每年12月31日以前年满十八周岁的男性公民，应当被征集服现役。当年未被征集的，在二十二周岁以前仍可以被征集服现役，普通高等学校毕业生的征集年龄可以放宽至二十四周岁。考虑在部队服役时间较短，这部分群体大多二十多岁，处在青春期。处在青青期的退役士兵，容易接受新事物，可塑性较强，但也容易冲动。在这个阶段，做好教育培训工作就尤为关键。

（6）该群体区域分布广，成员之间感情深，容易形成团体。士兵们来自天南海北，五湖四海。这决定了退役士兵的分布区域也极为广泛。尽管士兵退役后可能天各一方，但这个群体成员之间感情较深。这种在部队形成的战友情是血浓于水的感情，是一种人间至情。以感情为纽带，退役士兵之间联系紧密，相互之间能够相互影响。

（7）该群体面临的人生挑战大，需要迅速承担较大的责任。士兵退役后，一般年龄都在二十五六岁。这个年龄决定了他们退役后要成家立业，要承担起赡养老人，抚养后代的责任。他们面临巨大的经济来源压力，需要迅速融入社会，实现就业，获得较多的经济收入。而另外，他们还要承担实现家庭成员期望的责任，这种期望不但是经济方面的，还有社会地位方面的。

从个体特征来看，退役士兵呈现出以下特征，一般社会群体有着较为显著的差别。

（1）该群体的成就动机较强。所谓成就动机或者是成就欲，是指个体追求自认为重要的、有价值的工作，并使之达到完美状态的动机，是一种以高标准要求自己力求取得活动成功为目标的动机。从退伍军人参军入伍的动机来看，一个很大的原因在于他们不甘平庸，追求成功。故此，他们希望通过部队的锻炼，能使自己的人生更加完美。从这一点上看，退役士兵本身就是一个成就动机较强的群体。而经过部队"胜则生，败则亡"理念的灌输，又进一步强化了成就动机。作为一个成就动机较强的群体，退役后，也渴望能够在社会中再续辉煌，成就一番事业。

（2）该群体责任感、使命感较强。中国人民解放军是人民的军队，是一支具有高度责任感、使命感的军队。作为这支军队曾经的一分子，使命感、责任感在退役士兵身上得以延续。具有高度使命感、责任感的退役士兵渴望能够改变自身所在的社区、村镇，能够改变一方面貌，带到一方群众发展。

（3）该群体期望值较高。成就动机强，高度的使命感、责任感也预示着该群体期望值较高，对工作、职业生涯发展要求较高。较高的期望值往往导致该群体在社会上产生较大的心理落差，遇到挫折时，产生较强的挫败感，进而对自身产生怀疑，对工作与生活感到茫然。

(4) 该群体具有较强的执行力，思想觉悟高。正如《没有任何借口》一书所讲，军人具有高度的负责、敬业的精神，有着一种近乎完美的执行能力。中国退役士兵更是如此，在高度强调"服从"与"忠诚"的军队中，他们经过种种考验，其思想觉悟、执行能力远非其他社会群体所比。

(5) 该群体思维多为单项线性思维，多向系统思维能力较低。退役士兵在军队的训练是一种直线性的思维训练，是"命令"与"执行"的线性思维训练。这种训练的结果，使退役士兵返回社会后产生种种不适。

第四节 中国退役士兵职业教育与技能培训研究现状

我国过去实行以计划安置为主的退役安置制度，相应的职业教育与技能培训工作并没有引起过多的重视。随着我国市场经济体制的建立与完善，安置难度日趋加大。再加之指令性安置出现的各种问题，退役士兵职业教育与技能培训开始引起人们的关注。现实问题推动了相关研究的开展。总结现有研究，大致可以分为如下三个方向：

(1) 将职业教育与技能培训视为退役军人安置制度改革的保障制度。随着我国退役军人安置制度的改变，相关的保障制度建设成为推行新安置制度的重点。故此，较多的主管领导、专家学者从退役军人市场化安置角度研究职业教育与技能培训。孙绍骋（2002）指出必须通过制度创新来解决安置难问题，并将提供就业指导，建立针对性的职业培训体系视为退役士兵就业问题的微观制度创新。[①] 李容根（2006）则将职业技能培训视为退役士兵安置改革的突破口。[②] 廖可

[①] 孙绍骋：《制度创新是解决退役士兵安置难问题的根本途径》，《理论前沿》2002年第9期。

[②] 李容根：《以退役士兵职业技能培训为突破口进一步深化退役士兵安置改革》，《中国民政》2006年第12期。

元（2007）指出政府应为退役军人再就业和上大学提供全方位服务，国家和地方政府要成立军人退役就业指导委员会；军队要有针对性地组织军人学习军地两用的实用技术和技能。① 周建成（2008）认为在中国退役军人就业安置制度框架体系中应制定与之配套的《军人退役职业培训法》，建立比较独立的退役军人教育技能培训体系，通过培养退役军人的学习能力、实践能力和转换军事经验等途径，为其适应社会和实现就业创造条件。② 万莉（2009）指出现行培训时间短、针对性不强，属于事后性培训，对退役军人创业就业帮助力度十分有限，应学习国外成功经验，建立相应的职业培训体系，使退役军人在安置之前有一技之长。③ 剪万兵（2010）指出应借鉴西方国家在军官退役前分阶段进行技术、技能培训的经验。④ 孙红光（2010）认为市场经济条件下，退役士兵有效就业的关键是提高退役士兵的就业素质，应建立以政府为投资主体，多渠道、多层次的培训教育体系。⑤ 张雅琼（2011）指出退役军人教育援助制度是一项全国性的公共政策，资金来源应以国家财政为主，地方财政做出有益补充⑥。孔倩（2011）认为除需要制定《退役军人安置法》外，还要制定与之相配套的《军人退役职业培训法》以支持退役军人就业。⑦ 王岩（2011）认为我国应尽快制定《退役士兵安置法》，并使《退役士兵安置法》与其他法律接轨，要完善退役士兵培训法律法规，加大对其的培训教育力度。丁寒春（2011）指出退役军人安置制度改革中，必须强化政

---

① 廖可元：《退役军人安置研究》，硕士学位论文，湖南大学，2007年。
② 周建成：《新时期中国退役军人就业安置问题研究》，硕士学位论文，福建师范大学，2008年。
③ 万莉：《当代中国退役军人安置制度改革研究》，硕士学位论文，复旦大学，2009年。
④ 剪万兵：《退役军人就业安置制度与社会发展同步性研究》，硕士学位论文，西南交通大学，2010年。
⑤ 孙红光：《市场经济条件下如何做好退役士兵推荐就业工作》，《辽宁经济》2010年第7期。
⑥ 张雅琼：《美国退役军人教育援助研究》，硕士学位论文，河南大学，2011年。
⑦ 孔倩：《关于我国〈退役军人安置法〉立法的几点思考》，硕士学位论文，山东大学，2011年。

府就业服务职能，构建包括就业服务、就业培训、就业优惠、创业优惠的自主就业体系；军队也要做好军地两用人才培养工作及退役军人安置培训工作。①

（2）国外退役军人职业教育与技能培训政策、模式与经验研究。他山之石，可以攻玉。由于国外退役军人职业教育与技能培训工作开展较早，政策设计较为科学与完善，可以为我国提供很好的借鉴。故此，不少主管人员与学者注重国外相关政策、经验的研究。陆振兴、陈晓明（2005）介绍了古巴、加拿大退役军人安置与培训情况。孟李、孟永军（2006）介绍了国外从源头抓退役军人职业教育，注重军地两用人才培养以及建立相应专业机构，完善相关法律等经验。王佳平、郭胜利（2007）介绍了德国退役军人培训的管理机构设置，培训费用的来源，培训内容与方式。郑宏、贺辰光（2009）对德国、美国、俄罗斯、印度等国的退役军人职业培训模式、组织体系、法律规范进行了阐述与比较，指出各国具有重视退役军人管理、具备详细的培训制度、培训从部队开始、充分利用国内资源、重视学历教育及培训形式多样的特点。② 姜峰（2010）介绍了美国、俄罗斯两国退役军人职业教育的组织体系。赵琦（2010）对美国退役军人职业培训体系进行说明。罗晶晶（2011）系统总结了中法退役军官安置与培训制度研讨会的情况，对法国退役军人职业教育与技能培训程序、培训安排及相应的制度作了说明。韦钦云（2012）介绍了美国退伍军人培训体制和法律法规，归纳出美国退役军人现役培训与退伍后培训结合、职业技能培训与提升学历结合、集中培训与个人选择结合、政府监督指导与个人情况反馈结合四大特点。③

（3）我国退役士兵职业教育与技能培训的实践总结。随着我国退役士兵职业教育与技能培训活动的开展，相关机构与人员及时进行了

---

① 丁寒春：《新时期我国退役军人就业安置中的问题和对策研究》，硕士学位论文，湖南大学，2011年。
② 郑宏、贺辰光：《国外退伍军人培训比较研究》，《专业军官》2009年第2期。
③ 韦钦云：《美国退伍军人就业培训概况及其启示》，《山东人力资源和社会保障》2012年第9期。

实践总结，为相关的研究工作提供了借鉴和参考。广东省针对退役士兵职业教育与技能培训中的问题，出台了《关于加强退役士兵职业技能培训教育管理工作的若干意见》，就培训中的教学管理、教学模式等问题提出具体的意见；黑龙江省政府也提出加强退役士兵技能培训的5个基本原则；辽宁省则总结提出了"普惠制培训、订单式就业"培训模式；浙江、江苏形成了"学历+技能+就业"培训模式等。培训一线组织管理人员也进行了总结，如有人提出现有培训内容单一、针对性差、参训率低等问题。同时，部分培训教师也进行了相关的研究。如郑奇伟（2007）分析了退役士兵的特点，提出培训应以中等职业技能培训为主，以岗位培训为辅，并提出要鼓励创业培训。[①] 毛斌（2009）结合自身开展退役士兵教育工作实例，说明了学业规划与职业生涯规划结合的重要性，并说明了职业生涯规划的时机。孙继炼、高吉全等（2010）系统报道了退役士兵职业教育与技能培训工作的由来、开展模式，强调了顶层设计的必要性。张廷彩（2010）指出要进行教学管理工作的创新，建立符合退役士兵特点的教学体系，要突出教学计划的针对性、教学方法与手段的有效性。崔峥嵘（2010）提出退役士兵技能培训要考虑人本因素，应逐步推广创业培训，同时还要加强法律法规教育与心理咨询教育。马喜军（2011）指出政府应由安置工作向职业教育与技能培训转换，强调了政府的责任。潘建华（2011）着重研究了订单式培训模式，指出应考虑人本因素，按士兵从业意愿进行综合式培训，同时要强化退役士兵的自我管理能力。[②] 徐圣龙、王海燕（2011）在对退役士兵职业技能分层培训模式的研究中指出，要采取人才规格分层、培训学制分层、培训内容分层、教学目标分层等措施。宋良杰（2012）发现退役士兵与普通学生在学习、生活、个人价值观与综合素质等诸多方面均存在显著差异，应加强退役士兵转型期的思想教育和基础知识、学习方法培训，修订退役士兵

[①] 郑奇伟：《佛山退役士兵培训方式的探索》，《新课程研究》（职业教育）2007年第5期。

[②] 潘建华：《退役士兵职业技能培训的实践与思考》，《华章》2011年第34期。

再入学培训优惠政策中不合理的地方并加大政策宣传力度。① 孙强东、李莉（2012）指出退役士兵职业技能培训不同于全日制学生教育，应强化入学教育，重视管理队伍建设，强化日常管理。② 夏春青（2012）对建立省、市、县3个层级的培训制度，承训学校挂牌管理，统一培训教材，规范教学管理秩序，建立巡视督察制度等经验进行了介绍。③ 唐娟、黄淑琴、宋正和（2013）介绍了针对退役士兵的再教育特点，增加过渡性教学环节、重构课程体系，构建"学历+技能+就业"三位一体教学模式的实践经验。④

现有研究为我们深入、全面了解退役士兵职业教育培训工作奠定了基础，也充分明确了职业教育与技能培训在退役士兵安置体系中的地位与作用，也对加强退役士兵职业教育培训工作提出很多有益的建议。而国外职业教育体制、模式的介绍拓宽了研究视野，提供了借鉴，使我们认识到退役军人职业教育培训的系统性、复杂性，明确了国家统筹、整体规划以及加强顶层设计的必要性和方向。国内相关实践总结为我们从微观了解和解剖退役士兵职业教育培训奠定了基础，为系统、深入研究提供了素材，为后续研究和深入推广提供了基础。

尽管有关退役士兵职业教育培训研究已经取得较大进展，但由于我国开展时间较短，整体研究较为薄弱，研究成果较散，缺乏系统性，无论在宏观层面上，还是在微观层面上都存在诸多不足之处，需要进一步加大理论研究的力度，才能为退役士兵职业教育与技能培训实践提供理论支持。

当前，退役士兵职业教育与技能培训宏观层面研究整体上较为薄弱，几乎没有相关的整体性、系统性研究，致使实践活动中一些深层

---

① 宋良杰：《高职院校退役士兵教育培训现状分析》，《继续教育研究》2012年第3期。
② 孙强东、李莉：《退役士兵职业技能培训期间的管理探索》，《职业时空》2012年第8期。
③ 夏春青：《江苏省五大举措推进退役士兵职业教育和技能培训工作向纵深发展》，《中国民政》2012年第11期。
④ 唐娟、黄淑琴、宋正和：《退役士兵再教育"三位一体"教学模式的实践与探索》，《西北成人教育学报》2013年第1期。

次问题难以解决，影响了教育培训的实效性，具体表现为缺乏如下内容的研究：

（1）对退役士兵职业教育培训体系的功能价值定位缺乏相应的研究。退役士兵职业教育与技能培训是一个系统工程。但该系统工程的价值功能定位还没有明确而系统的阐述。对于任何一个系统而言，都要确定它的价值功能目标。否则，转换产出活动就会非常盲目、低效。退役士兵职业教育与技能培训也是如此，价值功能目标不明确，就会导致"为培训而培训"，流于形式。同时，价值功能目标不明确，也无法为相应的转换产出活动提供衡量标准，即无法评价相关产品或服务的质量。

（2）对退役士兵职业教育培训发展目标体系缺乏相应的研究。尽管相关研究者从安置角度阐述退役士兵职业教育培训的地位与作用，但相关研究没有说明退役士兵职业教育培训的总体发展目标。要建设什么样的职业教育培训体系，何时建成，这些总体规划还存在空白。总体目标不明确，推进工作、资源配置的有效性就不会很强，就会妨碍推进效率与效果。

（3）对退役士兵职业教育培训构成要素及其内在联系缺乏相应的研究。退役士兵职业教育培训是一个涉及多部门的有机系统。这一点已经基本达成共识。作为一个有机系统，其构成要素有哪些，分别承担哪些职责？这些要素之间的联系机制是什么？它们是如何衔接的？通过什么方式来强化它们之间的衔接与联系？它们的组织分工如何？这些问题如果得不到解决，就难以保证它们之间的协作配合，进而影响系统的效率。

（4）对退役士兵职业教育培训的动力机制、激励机制、衔接机制缺乏相应的研究。从系统学的角度来看，一个系统的运行必然要具备相应的立场。而推动退役士兵职业教育培训的动力有哪些？如何适应新形势的变化，建立相应的激励机制，解决异地受训的问题？如何保障中央政府、地方政府、军委以及军队直接的衔接与协调？缺乏这些机制的研究，就会造成实践中力量分散、执行力不强，政策难以有效落实等问题。故而，如何根据我国退役士兵服役、就业特点构建相应的动力机制、激励机制、衔接机制是亟待解决的问题。

（5）对退役士兵职业教育培训的推进策略、途径等缺乏相应的研究。目前研究多是针对退役士兵职业教育培训的具体模式，而从全局高度研究其整体推进策略、途径的还较为少见。如针对士兵服役地与安置地的两地分离以及教育公平原则而提出全国统一教育培训，一直缺乏相应的推进策略及具体措施，难以落实与推进。值退役士兵职业教育与技能培训全面、深入开展之际，有必要系统地研究其推进策略。

（6）对退役士兵职业教育培训相关法律及政策内容缺乏相应的研究。用法律的形式规范退役士兵职业教育培训已经达成共识。但是否对此专设法律，还是将其渗透在对应的法律政策中，是值得研究的问题。同时，由于法律的严肃性，退役士兵职业教育培训立法内容研究就显得非常重要。如果内容不具体、不全面、不具备实效性，仓促立法，反而对实践工作造成阻碍。

微观研究是针对退役士兵职业教育培训具体活动而开展的。从目前研究现状来看，大多是侧重退役士兵教育培训某一方面具体内容开展的，或是对实践活动的总结，而缺乏对培训内容、培训途径、培训时间与培训组织的整合研究；也缺乏对其影响因素的系统分析等。具体来看，微观研究方面的不足具体如下：

（1）没有将退役士兵教育培训视为一个体系。当前，国内相关研究主要是围绕士兵退役后所参与的教育培训展开研究的，人为将退役前、退役后割裂开发，违背教育培训的一般性规律。而在具体的教育培训课程体系方面，也缺乏系统的研究，多是有关现有课程的研究。缺乏与退役士兵教育培训整体目标相对应的课程体系研究。此外，当前研究还缺乏培训内容、培训途径、培训时间安排以及培训组织等相关环节的整合研究。培训内容、培训途径以及培训组织是一个有机的整体，任何一个环节出现偏差都会影响培训的实效。而现有研究多是针对某一环节进行的探索，缺乏整体性。

（2）缺乏对退役士兵职业教育与技能培训影响因素的系统分析，导致培训内容设置缺乏科学性，培训内容针对性不强，有效性不高。

退役士兵有其独特特点，必须全面考虑影响退役士兵职业教育与技能培训的因素，如社会与时代发展因素、退役前后的心理因素、职业发展因素以及士兵就业需求等多种因素。现有研究重视士兵培训需求是应该的，也是必需的，但仅关注士兵就业需求，就可能导致培训内容体系过于偏颇，致使相关课程难以发挥其应有的效果。

（3）缺乏对教育培训机构、教育资源的整合研究。教育培训机构是退役士兵教育培训的具体执行者，他们拥有的资源，其教育培训能力等直接决定了退役士兵教育培训的质量。尽管有关文件一直强调教育培训机构的重要性，但一直缺乏对其的深入研究。教育培训需要具备哪些资源，如何科学评价其教育培训能力？现有教育培训机构能否满足当前退役士兵教育培训目标、任务相匹配等关键性问题亟须解答。另外，尽管我国教育培训资源较多，但我国退役士兵资源相关的教育培训却较为分散，既有高职技术院校，也有民办教育培训机构，更有军地两用人才培训学校，还有高等教育机构等。这些教育培训机构各有所长，拥有的教育资源特性也存在差别，整合这些教育培训资源，更有利于提高退役士兵教育培训质量。但有关此方面的研究较为缺乏。

（4）缺乏针对退役士兵特征、军队特征的教育培训模式研究，教育培训模式单一，实效性不够。退役士兵服役环境决定了他们是一个特殊的群体，决定了他们不同于一般的大学毕业生。而军队有其自身特殊性，与社会环境差异大。退役士兵教育培训模式也相应有其特殊性。此方面的研究也较为缺乏，相关研究还存在较大的趋同性。

（5）只重视技能培训，忽略职业教育，缺乏对退役士兵能力发展以及职业发展的系统分析，导致培训组织不科学，安排不得力，影响了教育培训的效果。当前大部分退役士兵教育培训是针对某种单一的专业进行培训，如电焊、驾驶等。不是否认这种专业技能培训的作用，但就业能力是全面的胜任力的体现，不是某种单一的技能。当前缺乏从就业能力出发，针对退役士兵能力发展与职业发展的系统研究。

士兵退役前后的心理状态不一样，能力也不是短时间内发展起来的。而目前研究只是针对退役后就业前阶段的研究，这是不够的。

我国的改革一般遵循试点、总结经验、更大范围试点、进一步总结的路径。退役士兵职业教育培训工作也基本遵循以上路径。经过一段时间的试点，退役士兵职业教育培训工作取得了较大进展，但暴露出一些涉及全局性、根本性的问题，这必须进行深入、系统的研究才能解决。这也使退役士兵教育与培训系统性的理论研究更为重要。相关的研究者也开始认识到退役士兵教育培训系统性理论研究的重要性，如孙红光（2010）指出退役士兵职业教育培训工作是一项系统工程，需统筹规划；《解放日报》调研组（2010）也指出如果不进行顶层设计，没有国家部委层面的部门合作和制度建设，单靠下面也很难确保。故此，开展退役士兵教育培训系统性理论研究正逢其时，也是应时之需。

第五节 中国退役士兵职业教育与技能培训研究发展趋势及意义

结合国外及国内退役士兵职业教育与技能培训发展规律与实践，针对我国退役士兵职业教育与技能培训研究现状，其未来研究发展将呈现如下几个趋势：

（1）将退役士兵的职业教育与技能培训视为一项系统工程，将退役前、退役后就业前以及就业后等各阶段有机联系起来，注重系统性理论研究。"十年树木，百年树人"，说明人才教育培训的艰巨性。人才教育培养历来是一项系统工程，涉及多方群体与组织，影响因素众多。退役士兵教育培训则更为复杂、特殊，更应将其作为一项系统工程进行研究，才能全面、准确地把握其发展规律。现有的碎片化研究也已不能满足当前退役士兵教育培训实践的发展。

（2）从中国军队实际情况出发，结合退役士兵自身特征，进行具有中国特色的退役士兵教育培训理论研究。"解放军是人民的子弟兵"，这决定了我国军队是不同于其他国家的军队，有其自身特殊性。

这种特殊性决定了我国不能照搬西方国家的教育培训理论，必须从中国军队实际情况出发，研究具有中国特色的教育培训理论。

（3）重视退役士兵教育培训的总体规划、顶层设计以及相应的机制建设研究。当前我国退役士兵教育培训已进入深入开展期，其总体目标，尤其是退役士兵教育培训的目标等还不明确。这些基础性、根本性的问题不明确必然影响退役士兵教育培训的开展，整个教育培训体系也难以形成一个闭环系统。而由于军队的特殊性，中央政府与地方政府在退役士兵异地教育培训方面利益不一致等原因，也急需加大退役士兵教育培训的顶层设计、机制建设研究。通过顶层设计、机制建设理顺关系，加强协调与配合，才能更有效地推进退役士兵教育培训活动的开展。

（4）开展对退役士兵教育培训承训机构、课程体系、教育培训模式的深入研究。承训机构是教育培训的具体实施者，课程是教育培训的载体，教育培训模式是具体实施方式。这三个因素直接决定了退役士兵教育培训的质量。如何根据退役士兵的特征、教育培训的目标，开发适合退役士兵的课程体系、教育培训模式也是一个重要的研究趋势。

（5）加大对退役士兵教育培训资源整合的研究。我国教育资源丰富，加之我国军队有着重视军人教育培训的优良传统，也积累了大量的教育培训资源。但这些教育培训较为分散，各教育培训机构之间联系也较少，很难发挥各自优势与特长。如何鼓励各教育培训机构开展纵、横向联合，整合教育培训资源，也应成为我国退役士兵教育培训的一个研究趋势。

（6）研究方法将呈综合化趋势，将注重定性与定量研究相结合，"应然"与"实然"相结合的研究趋势。定性研究是对事物做出质的判断，主要阐述事物的性质。定量研究则是对事物做出量的判断，以求对事物做出更为精确的衡量。两种方法各有利弊，决定了两种方法经常配合使用。退役士兵教育培训问题的分析、理论的建构同样离不开两种方法的配合使用。应然与实然是分析问题的一对范畴。应然是从规律的高度对事物发展趋势的一种科学预测和判断，它揭示的是事物应该达到的发展状态；实然是对现象的客观描述，它说明的是事物现实的存在状态。事物发展的应然性与实然性是统一的而又存在差别或脱节。统一性表现在应然性决定实然性，实然性体现应然性。差别体现在应然与实然存在差距。正是这种统一性与差别才使事物发展不断从应然向实然转化，才使事物的实然状态不断改善。退役士兵教育培训也是如此，只有将应然研究与实然研究有机结合起来，才有利于推动其发展。

站在全局的高度，深入、系统开展退役士兵职业教育培训理论研究，无论在理论层面，还是在实践层面都具有较强的现实意义与价值。

第一，有利于弥补有关理论研究的不足，拓展理论视野，丰富理论研究内容。目前有关退役士兵职业教育培训的研究多是针对一个具体培训活动，而从整体角度，进行系统的理论研究还没有见到。故此，开展此项研究有利于弥补此领域研究中的不足，也为相关研究者提供新的研究视角，引导更多研究者参与到退役士兵教育培训研究中来。

第二，有利于建立具有中国特色的退役士兵职业教育培训理论体系。中国无论在兵源素质，还是在教育体制等方面都与欧美国家存在不同之处。这决定了我们只能借鉴欧美成熟模式，而不能照搬。应从中国实际国情出发，构建具有中国特色的退役士兵职业教育培训理论体系。而其顶层设计可能是中国与欧美差异较大的地方。故此，通过此项研究，有利于建立具有中国特色的退役士兵职业教育培训理论体系。

第三，有利于从全局、整体的高度认识退役士兵职业教育培训工作，对其内在规律加深了解。系统性的理论研究是站在全局、整体的高度来分析研究问题，它是建立在系统、深入分析其内在规律基础之上的。故此，通过对总体规划、顶层设计、机制以及课程体系、教育培训模式等方面的研究，有利于加深退役士兵职业教育培训内在规律的认识，更好地为退役士兵教育培训实践提供理论支持。

第四，有利于对退役士兵职业教育培训面临的重大问题做出理论分析，为根本性、全局性、重点性问题的解决提供理论基础。通过顶层设计研究，对其功能定位、目标进行科学界定，有利于正确认识退役士兵职业教育培训，进而避免相关工作的盲目性、片面性。而对其动力机制、激励机制的分析，也有利于解决其发展中的关键问题。此外，还有利于解决当前各部门的组织分工问题，建立更为科学、合理的组织分工体系。

第五，有利于明确退役士兵职业教育培训下阶段发展重点，确定科学推进途径。经过一段时间的实践以后，退役士兵职业教育培训急需确定下阶段发展重点与突破口，也需要确定推进途径。而理论研究对于确定发展重点与推进途径具有重要的指导作用。

第六，有利于总结实践经验，整合资源，促进退役士兵职业教育培训活动的实效性。宏观研究与微观研究是相互促进的，理论是实践的升华，实践是理论研究的基础。通过理论研究，对于成功的经验上升为政策，进而全面推广，增加价值。

第七，提升退役士兵人才价值，培养社会经济发展"区域带头人"，带动当地社会经济发展。退役士兵是一支综合素质较强的人力资源队伍，在社会经济发展中，尤其是广大的农村地区，起到了"带头人"的作用。通过教育培训，提升退役士兵人才价值，使其能够成为社会经济发展的"带头人"，带动一方脱贫致富，实现小康。

总之，理论研究的缺乏已成为制约退役士兵职业教育培训深入开展的一大因素。开展系统性的理论研究无论是弥补理论研究的不足，还是对退役士兵职业教育培训未来发展都具有重大的现实意义。

第二章 退役士兵职业教育与技能培训理论基础

第一节 退役士兵教育培训相关理论

任何一项理论研究工作都是在已有理论基础之上开展的，是对现有理论的创新与发展。正如伟大的科学家牛顿曾说：如果说我比别人看得远些的话，是因为我站在巨人的肩膀上。而缺乏理论基础的研究也容易使人误入歧途，且难以达成共识。

退役士兵教育培训涉及两大块内容，一是职业教育；二是技能培训。教育的范围较为广泛，不但涉及知识、技能，还要涉及人格、道德素养等。而技能培训的范围则较为单一，往往针对某一专业的操作。从这一方面讲，退役士兵职业教育与技能培训必然离不开职业教育理论及相关教育培训理论。

从退役士兵教育培训的目标来看，最为直接的目标则是为了就业，长期的目标是为了退役士兵的长期可持续发展。实现就业，就必须参照就业能力、胜任力理论及其他相关理论；而可持续发展就必须参照终身教育理论。

退役士兵走出军队，迈向社会，需要融入社会，转换自己的角色，才能顺利实现就业与发展。这决定退役士兵教育培训离不开相关的社会化理论、全人教育理论。

而对于退役士兵宏观研究，其总体规划、顶层设计、机制建设等离不开相应的政策设计理论、系统理论等。

可喜的是，随着各国对人力资源的重视，相应的教育理论、社会化理论、职业发展理论等不断发展、完善与交叉融合。这为退役士兵教育培训理论研究奠定了很好的理论基础。借鉴和吸收这些理论中有价值的研究成果，能够更好地把握退役士兵教育培训理论研究的方向，更加客观、科学地构建其理论体系。

第二节 现代教育理论

一 全人教育理论

退役士兵服役期间主要侧重于军事技能训练，而军队文化又是一种典型的服从性文化，强调命令与服从。加之退役士兵参军前，很少受过完整的高等教育，也很少接受较为全面的人格发展教育，导致其社交能力差，缺乏必要的社会沟通技巧等。同时，从军队到地方，退役士兵可能存在各种情绪问题、心理不平衡问题。这也需要相应的人格与心理教育，使其保持良好的心态。此外，对于教育而言，第一要务是发展人。这也决定了即使是职业教育，也应建立在全人教育基础之上。故此，对于退役士兵教育培训的理论研究，需要借鉴全人教育发展理论。

早在古希腊时期就产生了全人教育的思想。而20世纪初人本心理学的产生则为其提供了最为直接的理论基础。作为人本心理学的代表马斯洛就指出：人的发展不仅包括知识和智力，而且包括情感、志向、态度、价值观、创造力、人际关系等，教育的目的在于人的整体发展。其后，20世纪中期，芝加哥大学校长赫钦斯认为，教育的目的在于促进人的理想、道德和精神力量的最充分发展，培养完美的人、完整的人、自由的人，而不是片面发展的工具。

在人本教育理念的指引下，通过进一步整合"以社会为本"的理念，美国学者隆·米勒提出了现代意义上的"全人教育"，并创办了"全人教育出版社"。1990年6月，在米勒的倡导下，80位支持全人教育的学者在芝加哥签署了著名的"全人教育宣言"——《2000年的教育：全人教育的观点》。至此，全人教育的理念在世界迅速传播与发展。

所谓"全人"可以理解为完整的人，即人格健全、心理健康，在身体、知识、智力、道德、价值观念、信仰等各个方面得到全面发展的人。全人教育也可以简要地理解为以培养"全人"为目标的教育活动。全人教育不仅关注知识、技能的获得，还关注情感、社会性、物质性、艺术性、创造性与潜力等的发展，让个体生命的潜能得到自由、充分、全面、和谐、持续发展。并且，精神层次发展更胜于身体层次、知识层次的发展。试想，一个人没有健全的人格、健康的心理，只有知识与技能，如何在这个强调团队、合作的社会中谋得生存。

全人教育是一种自我发展教育，着眼于自身的经历，学会经营自己，追求不断的自我发展与成长，学会理解和体现自己人生价值与意义，能够活出快乐的自我；全人教育还是一种以生活为主的教育，强调个体的参与，学到生存能力，培养责任感，能够在参与中掌握互动、融合、宽容等；全人教育还是一种以人为本的教育，将学习者视为独立的个体，尊重个体的差异与多元，反对制式化、机械化的教育；全人教育也是一种社会公民教育，要求学习者成为具有社会公德，具有独立的批判能力与思考能力的人；全人教育还是一种终身学习教育，倡导时时学习、处处学习，让学习成为生活的一部分。对于全人教育的目标，由雅克·德洛尔任主席的"国际21世纪教育委员会"在1996年向联合国教科文组织提文的《教育——财富蕴藏其中》的报告中将其概括为四个基本目的[①]：

◆学会认知（learning to know）：即教育的目的不只是使学生获得经过分类的系统化知识，而是使学生掌握认知世界的工具，能够在离开学校之后自主地学习，能够不断地调整自身的知识结构来适应社会生活和知识变革；

◆学会做事（learning to do）：即教育目的是使学生掌握相应的职业技能，能够有效应付不确定性的情况以及参与创造未来；

---

① 联合国教科文组织总部：《教育——财富蕴藏其中》，联合国教科文组织总部中文科（译），教育科学出版社2001年版。

◆学会共处（learning to live together）：即教育目的是使学生学会参与与合作，具有尊重多元性，相互理解以及平等价值观与精神，能够在开展项目和学习管理冲突的过程中，增进对他人的理解和对相互已存问题的认识；

◆学会生存（learning to be）：即教育是一个内心的旅程，是与人格的不断成熟的各个阶段一致的。教育是非常个人的过程，也是一个构建相互影响的社会关系的过程。正如报告所阐述的"发展的目的在于使人日臻完善；使他的人格丰富多彩，表达方式复杂多样；使他作为一个人，作为一个家庭和社会的成员，作为一个公民和生产者、技术发明者和有创造性的理想家，来承担各种不同的责任"。

全人教育无论是对退役士兵教育培训内容、模式，还是其组织体系都具有较强的借鉴意义，也为退役士兵教育培训模式创新提供了新的途径和视角。在退役士兵教育培训目标方面，全人教育理论告诉我们"人"首先应人格健全，身体、心理健康，然后才有可能成为一名合格的"职业人"；人还必须首先是"社会人"，其次才能是"职业人"。如果离开完整人假设，职业人就可能成为空中楼阁，不能可持续发展。针对几乎没有受过高等教育的退役士兵而言尤为重要。台湾一所学校学生准则为我们思考退役士兵教育培训目标提供了较好的参考，如表2-1所示。

表2-1　　　　台湾某学校学生守则

序号	内容
1	不给别人添麻烦，珍惜所有物品，培养公德心、体贴的心，具有健康的体魄
2	体谅他人，懂得感恩
3	自主学习，深入思考，培养学习意愿
4	自动自发，坚持到底，养成勤劳的习惯
5	积极学习台湾事物，了解不同文化，培养国际观
6	只要活得幸福快乐，勿给自己设限
7	自己是决定的主体，做个人格独立的人
8	有所为，有所不为

在退役士兵教育培训内容及课程体系建设方面，全人教育理论也提供了借鉴和参考。对于大多没有经过高等教育，甚至没有经过高中教育，所处环境又较为封闭的退役士兵而言，仅仅是某种专业技能的培训是远远不够的。对其社会认知、价值观念、情绪管理、自我调适等精神层面的教育更为重要与关键。应根据退役士兵的实际特征，设置相应的课程，开展相应的教育培训，以加强他们对社会的理解、对人生的理解。只有理解生命的价值和意义，才有可能更好地学习专业技能。此外，士兵在军队里接收的是一种成功文化，只许成功，不许失败，这是军队特征所决定的。但是步入社会，失败将与工作、生活相伴，此方面的课程也需要开展。培养退役士兵宽容、平和之心态。此外，单一专业技能培训不适应当前形势，因为当前科技发展日新月异，单一的技能极容易导致退役士兵的"二次失业"，埋下社会隐患。培养退役士兵的"学习力"才能使其具有自我发展能力。

在退役士兵教育培训模式方面，全人教育理论也为我们提供了一个视角。短短的两个月，甚至几个月是很难把退役士兵培养成合格的"职业人"，这已经成为当前的一个共识。而对于退役士兵教育培训向前延伸，也一直苦于教育培养模式限制，推行不力。而全人教育理论告诉我们，时时、事事、处处皆可以学习，关键在于有没有学习意愿，有没有学习习惯。只要军队认识到士兵全面发展的重要性，加以适当的引导，就能够起到很好的全面发展士兵的效果。

全人教育理论也为退役士兵教育培训顶层设计、机制建设、组织模式创新等指明了方向。退役士兵来自五湖四海，多是异地服役。在当前人力资源流动自由的情况下，如何开展跨地区、跨省的教育培训，需要顶层设计来解决。而全人教育理论为退役士兵各阶段教育培训的内容、组织模式等提供了很好的参考。在此基础上，明确各参与方相关利益，就能创新、发展退役士兵教育培训机制。

二 职业教育理论

职业教育产生于 18 世纪末欧洲的学徒制。随着工业化发展，欧洲国家开始采取学校形式进行技术教育。自 20 世纪初期以来，经过凯兴斯泰纳、杜威、怀特海等教育家的努力，职业教育逐渐形成了一门新的学科，确立了相对完整的理论体系。20 世纪 70 年代后，由于传统教育学术性太强，导致学生的社会适应能力差，缺乏必要的职业意识、职能技能，许多国家对此提出了尖锐的批评。随后，许多国家结合自身情况，开展了以职业教育为轴心的教育改革。本次教育改革也被称为教育改革的第三次浪潮。其中较为知名的就是西德尼·马兰所开展的"生计教育"。生计教育的观点主要包括三个方面的内容：①生计教育是为所有学生开设课程的一部分，而不仅是部分学生；②生计教育贯穿了学生在校的整个期间，而不仅是学校教育的某一个阶段；③学生在高校是应掌握为自己与家庭谋生所需的技能。生计教育对于消除职业教育与普通教育的误解与歧视，提高职业教育在社会中的地位具有极大的促进作用。增强学校与社会的紧密联系，提高学校课程与个人社会功能需要的紧密联系，扩展教育过程的概念，日益成为教育的发展趋势。

而对于职业教育的概念，不同时期、不同国家有不同的表述。1974 年联合国教科文组织在《修改的关于技术与职业教育的建议》中建议使用"技术与职业教育"（Technical and Vocational Education）概念，并将其视为普通教育的组成部分，某一职业领域就业准备的手段，是继续教育的一个方面。在 1997 年联合国教科文组织颁布的《国际教育标准分类法》中，将其界定为"职业前或技术前教育"、"职业或技术教育"，其目的是引导学生掌握特定的职业或行业或某类职业所需的适用技能、专门知识和认知。在 1999 年第二届国际职业技术教育大会（韩国）上，提出应将职业教育和就业培训、在职培训视为一个统一的连续过程。联合国教科文组织发布的《关于技术与职业教育的建议（修订）》（2001）指出：技术与职业教育可以理解为：①普通教育的组成部分；②准备进入某一就业领域与有效加入置业界的手段；③终身学习的一个方面及成为负责任的社会公民的准备；

④有利于环境可持续发展的手段；⑤促进消除贫穷的方法。① 由此可见，对职业教育的界定日趋广泛，我们应从个体与社会发展的角度界定与认识职业教育。

2011年，在联合国教科文组织大会第36届会议中通过的《国际教育标准分类法（2011年）》（修订版）中指出，职业教育是使学习者获取某种职业或行业或数种职业或行业特定的知识、技艺和能力的教育课程，是基于工作的成分。成功完成这样的课程将得到由有关国家当局和/或劳务市场认可的与劳务市场有关的职业资格证书。《国际教育标准分类法（2011年）》以终身学习理念为指导，构建了与普通教育体系并行的完整的职业教育体系，强化了教育体系间的衔接，拓展职业教育功能，促进对职业教育价值的认识。近年来，联合国教科文组织、国际劳工组织、世界银行、亚洲开发银行等国际组织趋向于采取更为广义的概念，即"技术和职业教育与培训"。该概念包括职业准备教育与再就业教育，职业准备教育面向在校生，再就业教育面向在职人员。随着终身学习思想的发展，职业教育成为贯穿于个人终身发展全过程的一种教育。

职业教育的概念与内容是不断发展的，从最初的谋生手段到社会经济发展需要，再到促进个体职业个性的发展。职业教育日益显示出巨大的价值、强大的生命力和广阔的发展前景。

我国1996年颁布实施的《中华人民共和国职业教育法》对职业教育的内容、体系做了规定：职业培训包括从业前培训、转业培训、学徒培训、在岗培训、转岗培训及其他职业性培训，可以根据实际情况分为初级、中级、高级职业培训。在2002年发布的《国务院关于大力推进职业教育改革与发展的决定》（国发〔2002〕16号）文件指出：职业教育为初、高中毕业生和城乡新增劳动者、下岗失业人员、在职人员、农村劳动者及其他社会成员提供多种形式、多种层次的职业学校教育和职业培训，是我国教育体系的重要组成部分，是国民经

---

① 西蒙·麦格拉斯译：《关于〈2001年技术和职业教育修订建议〉的修订——UNESCO – UNEVOC 虚拟大会报告》（二），《职业技术教育》2015年第6期。

济和社会发展的重要基础。总的来看，可以将职业教育简要地界定为：在普通教育的基础上，是对被教育者从事社会各种职业、各种岗位所需要的职业知识、技能和态度而进行的职业前教育和职业后培训，其目的是使其胜任岗位或职业需要。

而对于职业教育的本质属性，传统上认为其具有社会性、职业性、生产性。社会性认为职业教育存在和发展的基础取决于社会对职业教育的需要，其发展规模、结构和速度乃至人才的知识结构必须符合全社会经济发展的需要，是一种社会需求约束型教育。职业性是指职业教育培养生产、服务、技术、管理一线需要的高素质劳动者和技术技能应用型人才，注重学生职业能力的培养，具有以职业为导向、为就业服务的特点。生产性是指职业教育担负着劳动力生产与再生产任务。此外，对于职业教育的属性的认识还有产业性、适应性、中介性、针对性、大众性、应用性、技能性等。

对于职业教育的基本内容，国家教育部职业技术教育中心姜大源教授进行了较为详细的归纳与研究，其归纳提出职业教育基本内容的九种观点值得退役士兵教育培训借鉴。[1][2]

一是基于多元智能的人才观。这种观点借鉴美国哈佛大学心理学家加德纳教授提出的多元智能理论，即人类职能是多元的，而不是一种能力或一组能力，每一个体由此组成的智能结构并因此而呈现的智能类型是不同的，存在极大的差异。应该根据人的智能结构和智能类型，采取适合的培养模式，来发现人的价值、发挥人的潜能、发展人的个性。

二是基于能力本位的教育观。认为职业教育的培养目标，绝不是被动的"知识存储器"，也不是被动的"技能机器人"。一个"生物人"只有经过职业教育才能成为一个社会所需要的职业人，但又不仅仅是一个纯粹的职业人，而是一个要生存、要发展的社会人。姜大源教授进一步指出，在现代社会中，就业导向的职业教育既要为人的生

---

[1] 姜大源：《职业教育学基本问题的思考》（一），《职业技术教育》2006年第1期。
[2] 同上。

存又要为人的发展打下坚实基础，能力培养就发挥着至关重要的作用。树立能力本位的教育观，强调学习主体通过行动实现能力的内化与运用，正是素质教育在职业教育里的体现。而对于职业教育所需培养的能力，其归纳提出了专业能力、方法能力和社会能力三种能力，这三种能力共同决定了个体职业生涯中的综合能力。专业能力是指具备从事职业活动所需要的专门技能及专业知识，要注重掌握技能、掌握知识，以获得合理的知能结构。方法能力是指具备从事职业活动所需要的工作方法及学习方法，要注重学会学习、学会工作，以养成科学的思维习惯。社会能力是指具备从事职业活动所需要的行为规范及价值观念，要注重学会共处、学会做人，以确立积极的人生态度。

　　三是基于全面发展的能力观。这种观点强调职业教育应以人为本、注重全面发展，不但强调专业能力的获得，更是方法能力的获得，尤其是强调社会能力的获得。此外，这种观点还认为：职业能力来自职业情境中的行动训练而又超脱职业情境而本体存在，即所谓源于职业情境而又高于职业情境；认为职业技能、职业资格和职业能力存在本质区别。职业技能注重实用，职业资格注重资质，职业能力注重内化；在活动范围层面，职业技能建立在相对单一的岗位或职业基础上，职业资格建立在比较宽广的岗位或职业基础上，而职业能力则建立在具有纵深的职业工作环境以及职业劳动组织的基础上；在工作特征层面，职业技能凸显的是对明确界定的工作的胜任，职业资格显现的是对灵活界定的工作的胜任，而职业能力孕育的则是对自在发挥的工作的胜任；在组织程度层面，基于职业技能的职业活动基本是被动式他组织的，基于职业资格的职业活动常常是反应式自主的，而基于职业能力的职业活动则一般是主动式自组织的。

　　四是基于职业属性的专业观。该观点强调：职业教育的"专业"不等于学科门类，不侧重于学科分类的学术性；职业教育的"专业"也不等同于社会职业或劳动岗位，与社会职业之间不是一一对应的关系，是对社会职业的"岗位群"、"职业群"所需的技能、知识与态度的一种"科学编码"，是一种建立在职业分析基础上的教育"载体"。

五是基于工作过程的课程观。该种观点认为：课程内容的序化已成为制约职业教育课程改革成败与否的关键，应进行以工作过程为导向的课程开发。主张职业教育课程内容应以过程性知识为主、陈述性知识为辅，即以实际应用的经验和策略的习得为主、以适度够用的概念和原理的理解为辅。在内容编排上，主张串行结构。

六是关于行动导向的教学观。该观点主张：职业教育的教学是一种"有目标的活动"，即行动，强调"行动即学习"。职业教育行动导向的教学，其基本意义在于：学生是学习过程的中心，教师是学习过程的组织者与协调人，遵循"资讯、计划、决策、实施、检查、评估"这一完整的"行动"过程序列，在教学中教师与学生互动，让学生通过"独立地获取信息、独立地制订计划、独立地实施计划、独立地评估计划"，在自己"动手"的实践中，掌握职业技能、习得专业知识，从而构建属于自己的经验和知识体系。该观点强调：学生作为学习的行动主体，要以职业情境中的行动能力为目标，以基于职业情境的学习情境中的行动过程为途径，以独立地计划、独立地实施与独立地评估即自我调节的行动为方法，以师生及学生之间互动的合作行动为方式，以强调学习中学生自我构建的行动过程为学习过程，以专业能力、方法能力、社会能力整合后形成的行动能力为评价标准。

七是基于学习情境的建设观。该种观点认为：职业教育的教学应以情境教学为主。因此开发与现代职业教育教学思想相适应的学习情境，是职业院校建设必须关注的问题。基于真实的学习情境，职业教育院校应坚持建构优先的教学原则，建设应体现行动教学与学科教学的有机融合，注重校企联合与"一体化"学习场所的建设。

八是基于整体思考的评价观。该观点认为：在科学发展观的视角下，职业教育的评价将发生由功利性向人本性的范式转变，强调以人为本的整体性评价。这种评价模式遵循完整性、连续性、互动性、科学性等原则。

九是基于生命发展的基础观。该观点认为：职业教育不仅要培养能够适应社会发展，胜任生产、服务和管理第一线工作的"职业人"，还要培养适应个性发展，遵循教育发展规律的合格"社会人"。

从职业教育理论发展来看，也在不断吸收新的教育理念，尤其是全人教育的理念。如所坚持的多元智能观点、能力本位观点，基于生命发展的基础观等，无不与全人教育理论所倡导的尊重个体差异，注重人的全面发展相吻合。职业教育理论为退役士兵教育培训微观理论研究指明了方向，如退役士兵教育培训课程建设研究、教学方法研究、教育培训机构建设与评价研究等。此外，其所坚持的多元智能观点也提醒我们，退役士兵教育培训一定要以退役士兵为本，注重退役士兵的差异，因材施教，有教无类，开展针对性的教育培训。当然，这也对退役士兵教育培训具体的组织模式提出了挑战。基于学习情境的建设观，也告诉我们必须创新发展机制，引导退役士兵教育培训机构做好资源整合等。在研究退役士兵教育培训时，我们还需注意职业教育与其他教育之间的联系。职业教育是建立在普通教育基础之上的，而退役士兵接受教育较少，需要进行强化。《国务院关于大力推进职业教育改革与发展的决定》也指出：要全面实施素质教育，要加强"爱岗敬业、诚实守信、办事公道、服务群众、奉献社会"的职业道德教育，加强文化基础教育、职业能力教育和身心健康教育。

第三节 社会化理论

社会化是社会学基本内容之一。社会学中的社会化是指社会把一个自然人转化成被社会所接受的社会人的过程，有狭义与广义之分。狭义上的社会化是指人接受社会文化并被社会认可的过程；广义上的社会化是个人学习社会角色、扮演社会角色并形成人格的整个一生。狭义社会化的研究对象主要是将儿童和少年时期作为主要研究时期；广义社会化则包括青年、中年甚至老年时期。故此，本书社会化是指广义上的社会化。

对于个体来讲，社会化是个体适应社会、参与社会生活，在社会环境中独立生存的基本条件。个体只有学习了社会生活技能，了解人们之间的相互关系，掌握社会各种制度、习俗传统等行为规范，才能为社会其他成员所接受，进而获得社会成员的资格，在社会中生存发展。从社会的基本内容来看，主要包括技能社会化、政治社会化、行为社会化以及角色社会化。技能社会化主要是指生活自理与生存技能的社会化。生活自理技能社会化是最基本的社会化。对于个体而言，他必须不断认识自己的心理与生理结构，自我调节情绪，合理安排生活，协调人际关系等，才能获得生活技能。而对于生存技能社会化，主要是指个体获得谋得生存能力，这主要是指职业技能。政治社会化主要是指个人逐渐学习和接受被现有政治制度采用和确定的政治信念、思想体系、社会制度和政治态度的过程。通过政治社会化，能够使社会成员自觉地接受社会价值标准，承担起相应的责任与义务。行为社会化是个体通过学习，接受社会规则、风俗等，并逐渐形成信念、习惯，按照社会行为规范塑造自身行为的过程。行为社会化最基本的内容是法律规范社会化和道德规范社会化。法律规范社会化就是使人们能按照法律制度来调节自己的行为，具有明显而强烈的强制性；道德社会化就是使人按照道德标准来支配自己的行为，两者相互配合与补充。角色社会化是指按照社会上规定的角色要求来支配自己的行为，使个人行为符合一定社会期望的品质特征。

社会化是一个持续一生的过程，可分为基本社会化、继续社会化与再社会化三个类别。基本社会化主要指儿童在进入成人前，为承担正式的社会角色做准备时期的社会化，包括学习基本生活技能、交际语言、社会规范、内化文化与角色、形成个性人格和完美的自我等；继续社会化指个人在初级社会化基础上继续深入社会化的过程，包括青年继续社会化、中年继续社会化、老年继续社会等；再社会化指使个人改变以前的价值标准和行为规范，重新建立起符合社会要求的价值与行为的过程，主要发生在完全受到监管或者较为封闭的情境中。此外当新的生活环境、生活方式与旧的环境、生活方式不一致时，往往要发生再社会化，行为与角色要发生改变。如青年参军入伍，其环境发生大的改变，要求减弱平民价值与规范，自决意愿不受鼓励，代以服从权威。

军队的封闭性和军地二元结构的特点，往往造成退役士兵服役多久就与社会脱钩多久，造成退役士兵人为的人生断档，无论是从社会到军队，还是从军队到部队，都需要进行再社会化，才能适应环境的变化。在军队环境中，士兵学习大多是军事技能，进入社会后，往往不适用，也需要进行生存技能的社会化。再者，对于部分士兵而言，当兵服役期间，也可能开阔了眼界，尤其来自农村、山区的士兵。他们有了城乡对比，回到农村后，心理落差很大，往往产生不满情绪，也需要通过相应的教育培训活动，使其心理适应环境变化。一般而言，退役士兵参加入伍已是成年人，基本的社会化已经完成，其面临的主要是再社会化与继续社会化任务。对退役士兵而言，步入社会，尤其是在与军队环境差异大的环境中，可能要改变在军队养成的某些行为规范，甚至要完全放弃已经习得的价值标准，重新确立符合新环境要求的价值标准与行为规范。再社会化对于退役士兵而言，往往较为剧烈，带来的冲击也较大。故此，尽可能缩小部队与社会环境的差异，将大大降低退役士兵再社会化需求。

经过部队教育，退役士兵政治社会化完成较好，所需要的是有关生存或谋生能力的社会化、行为社会化以及角色社会化。谋生能力社会化主要是职业教育，退役士兵要掌握一门或多门职业能力，才能够就业并获得维持生活所需的经济报酬。对于退役士兵而言，既要实现生存技能社会化，更要实现行为规范社会化、角色社会化。

人的一生要经历不同的人生阶段，每一个阶段所要扮演的角色不同，退役士兵也是如此。在部队，他们要扮演士兵角色；退役后，他们要扮演生产者、建设者的角色；成家后，他们还要扮演丈夫、父亲等角色。在这些角色转变的过程中，退役士兵不可避免地会遇到角色冲突、角色不明、角色负担过重、角色中断等问题。这些问题都会引起个体心理上的紧张和焦虑，影响其社会化进展。在退役士兵教育培训中，有责任，也有义务帮助退役士兵掌握、提高角色技能，完成各种角色的转变与扮演。

在社会化机构方面,主要包括家庭、邻里、同龄群体、工作单位、大众媒介、社会管理机构、学校等。这也提醒我们注意在退役士兵社会化方面,要注意发挥多方面的力量。

第四节 就业能力与创业能力理论

一 就业能力结构与理论

20世纪初期,欧洲面临劳动力紧缺问题。英国经济学家贝弗里奇提出了"就业力"的概念,认为就业力就是"可雇佣性"。20世纪60年代至70年代,西方面临失业人口问题,就业能力的研究侧重于弱势群体如何实现就业。就业能力的概念也就更为广泛与多样化,形成了社会—医疗、劳动力市场政策就业能力、流动就业能力三种新的就业能力。20世纪80年代后,就业能力的概念得到进一步的深入研究。2005年,美国教育与就业委员会进一步指出就业能力是获得和保持工作的能力,既包括狭义上的找到工作的能力,还包括持续完成工作、实现良好职业生涯发展的能力。

20世纪90年代,随着个人就业自由,加之组织提供终身就业或长期就业保障能力的降低,美国与很多欧洲国家长期雇员数量大幅度下降,导致缺乏全面就业能力的雇员容易被淘汰或者难以寻找新工作。就业能力研究自然聚焦在劳动个体在劳动力市场上的潜力、技能和规划职业生涯的能力(Berntson,2008)。就业能力的范围进一步放宽到劳动力市场、政府政策,被称为"交互型"就业能力。如Outin(1990)认为就业能力由四个维度构成:个体品德(individual qualities)、有关系的(relational)、激发的(motivational),特定职业技能(occupation - specific skills),劳动力市场形势,以及政府及雇佣者的培训政策。

进入21世纪,劳动力市场"无边界职业生涯"趋势越来越明显。这一方面由于科学技术和变革的速度越来越快,加速了某些岗位的消失和创造的速度;另一方面快速创新与发展,也导致知识与技能老化速度加快，不断要求雇员学习、掌握新知识、新技能；再一方面，组织扁平化的发展，对员工复合型技能方面也提出了更高的要求。进入21世纪后，雇员在不同岗位、专业、职能、角色和组织之间流动越来越频繁。劳动者的就业能力（包括各种职业专长和通用技能，如人际沟通能力、学习能力）和应对职业环境变化的适应能力对于企业持续竞争优势的获取就显得极为重要了。在此背景下，西方学者从实效性角度出发，提出了基于胜任力的就业能力。基于胜任力的就业能力概念强调了三个方面，即动态性、持续学习和不断发展。持续职业生涯发展（CPD）和终身学习（LLL）就成为与就业能力联系最为紧密的要求。而在这种模式下，就业能力的测量主要是考察个人掌握知识和技能的适用性及可转移的可能性。

世界各国对就业能力的开发都十分重视，1997年在卢森堡召开欧洲就业问题特别首脑会议上所发布的《欧盟就业指南》指出，就业能力是欧盟共同就业战略的四大支柱之一。随后，欧盟1998年发布的《就业指导方针》指出，欧洲就业策略的第一要素就是"提高就业能力"。德国在职业教育技能培养的同时，特别注重方法能力和社会能力（合称为"关键能力"）的培养；英国政府也开始致力于以就业为导向的核心能力培训认证体系的开发，现已形成十分完善的培训认证体系。美国、澳大利亚、新加坡等国推行了能力本位教育体系（见表2-2）。表2-2显示，各国所提出的专业能力体系更为关注的是社会所需要的通用能力，即核心能力。这可能与20世纪70年代后，社会变化越来越快，职业也发生较大改变，新的职业不断出现，人们不再注重某一职业的就业，而更加关注终身就业能力有关。

此外，对于就业能力的内容与结构，学者在不同的时期，从不同的角度提出了不同的看法。从研究趋向来看，以英国为代表的欧洲大多数国家集中关注以就业能力为核心的社会政策的制定（McQuaid and Lindsay, 2005），而美国则从个人技能发展和适应性的角度对就业能力概念进行探讨（Fugate and Ashforth, 2003）。较为典型的就业能力结构、维度及其具体内容如表2-3所示。

表 2-2 国外职业能力体系结构总结

国别	能力类型与数量		能力项目与界定
德国	基本能力	专业能力	从事职业活动所必备的技能、理论及相应的知识
	关键能力	社会能力	具有团队能力；承担社会责任；清晰地表达需要和兴趣；包容不同的观点；群体意识；能提供给别人帮助；公正地批评；构建有活力的组织；建立信任等能力
		方法能力	对整个任务进行划分；界定问题；分析系统和状态；评价所提出方法的可行性；寻找可供选择的方法，并评价；结论或方法传输；创造性技术的应用等能力
		个性能力	能承担责任；识别问题并促进问题解决；能承受压力；有责任感地处理事情；准时；守纪律等
美国SCANS	基本素质		①听说读写算；②思维素质；③道德素质
	五种能力		①合理利用与支配各类资源的能力；②处理人际关系的能力；③获取信息并利用信息的能力；④系统分析的能力；⑤运用多种技术的能力
澳大利亚	八种能力		①收集、分析与组织信息的能力；②沟通观念与信息的能力；③计划与组织活动的能力；④与他人合作——在团体中工作的能力；⑤运用数学概念与技巧能力；⑥解决问题的能力；⑦运用科技的能力；⑧理解不同文化的能力
新加坡	必备技能		①工作读写和计算能力；②信息交流技术；③解决问题与决策；④积极进取与创业；⑤与人沟通与人际关系管理；⑥终身学习；⑦全球化意识；⑧自我管理；⑨心理平衡技能；⑩健康与安全工作能力
	产业技能		针对具体产业所需具备的专业知识、专业方法与能力等
英国	六项核心能力		①与人交流；②信息处理；③数字应用；④与人合作；⑤解决问题；⑥自我提高

资料来源：根据相关文献整理。

表 2-3　　　　　　　　国外典型的就业能力结构与内容

学者	就业能力维度	具体内容
Fugate 和 Kinicki	职业生涯认同	人在特定工作情境中如何定位自己
	个体适应性	改变个人因素（如知识和技能）和个人行为以满足环境需要的意愿和能力
	社会和人力资本	个体拥有的、可用于拓展个人身份认同和实现职业生涯机会的社会人际网络
Van Der Heijde 和 Van Der Heijden	职业技能	与特定工作或职业相关的专业知识和技能
	期待和最优化	以个性化的、创造性的方式为未来工作变化做准备，以努力争取最好的工作或职业结果
	个性灵活性	能够容易地适应内外部劳动力市场的各种变化
	合作意识	能在不同的团队里工作，能与团队成员分享责任、知识、经验、情感、信任、目标等
	平衡	有效平衡雇主与员工、雇主与雇主、员工与员工之间以及与工作、职业及利益相关的冲突
Hillage 和 Pollard	资产	基础资产（如基本的技能和必备的个人属性）、中间资产（如职业特定技能、一般或关键技能和关键的个人属性）和高层资产（对产生组织绩效有帮助的技能，如团队工作、自我管理、商业意识等）
	施展	职涯管理技能、求职技能和策略方法等，如自我意识、机会意识、决策技能、转换技能
	展示	通过简历、资格证书、推介信、证明信、面试技巧、工作经历和发展记录等方式展示"就业能力"资产
	求职环境	个人环境（如护养责任、残疾、家务状态等）和劳动力市场环境（如宏观经济需求、当地工作机会、劳动力市场政策法规、福利政策、雇主的招聘和选拔行为等）
Rothwell 和 Arnold	内部就业能力和外部就业能力	对自己在组织内的价值的评价
		对自己在组织外的价值的评价
		对自己职位在组织内的价值的评价
		对自己职位在组织外的价值的评价
M. YorK、P. Knight	学科理解力	对专业知识的理解
	技能	工作所需的专业技能和通用技能
	个人品质	自我效能感和其他个性特征
	元认知能力	自我认知的能力

资料来源：根据相关文献整理。

此外，美国培训与开发协会（ASTD）将就业能力划分为6个类别、16项技能，即基础技能、沟通技能、自我发展技能、适应能力、群体交往技能、影响能力。还有学者将其划分为基础技能（包括读、写、计算等），高等思考技能（包括学习、推理、决策等）和个人品质（包括团队精神、工作态度、激励等）。国内学者任江林也认为，就业能力分三个层次，一是基本工作能力，二是专业技能，三是求职技能。

为应对21世纪的发展，学者及各国教育机构对21世纪所需能力进行了研究，美国学者伯尼·特里林与查尔斯·菲德尔在其所著的《21世纪技能：为我们所生存的时代而学习》一书中，将21世纪所需技能分为学习与创新技能、数字素养技能、职业和生活技能三类。[1]美国的21世纪技能合作项目将其分为核心科学、21世纪主题项目、学习和创新能力、信息素养、生存和职业技能5大类。美国加州的咨询公司梅特林集团也为中北地区教育实验室提出了一个相似的框架，其中包括的21世纪所需的技能有：数字时代素养，具有创造力的思维能力，有效的沟通能力，达到高效率、高质量、最优成果的能力。台湾张钿富教授所著的《欧美澳公民关键能力发展研究》一书中指出创新力、沟通力、合作力、适应力、应变力、思考力、决策力是个人成功的重要因素。[2] 21世纪需要的能力体系见表2-4。

与职业能力与就业能力体系相比，面向21世纪能力体系更加注重信息素养、创新能力与学习能力等，这与21世纪时代特征是分不开的。我们已经进入21世纪，退役士兵的职业教育与技能培训也应面向21世纪，这样才能保证退役士兵的未来发展。

退役士兵一般没有受过高等教育，退役后，参与教育培训，接受考核评价，与学生毕业、就业有相似之处。此外，退役士兵在年龄、职业生涯阶段上也与学生有相似之处，大多属于初级就业。故而，有

---

[1] 伯尼·特里林、查尔斯·菲德尔：《21世纪技能：为我们所生存的时代而学习》，天津社会科学院出版社2011年版。

[2] 张钿富：《欧美澳公民关键能力发展研究》，台湾："国立"教育资料馆2009年版。

表 2-4　21 世纪能力体系

提出者	能力类别	能力项目
伯尼·特里林与查尔斯·菲德尔（美国）	学习与创新技能	批判性思考和解决问题能力、沟通与协作能力、创造与革新能力
	数字素养技能	信息素养、媒体素养、信息与通信技术素养
	职业和生活技能	灵活性与适应能力、主动性与自我导向、社交与跨文化交流能力、高效的生产力、责任感、领导力等
21 世纪技能合作项目（美国）	核心科学	英语、阅读和语言文学、外语、艺术、数学、经济、科学、私立、历史、政治和公民学
	21 世纪主题项目	全球视野、景荣、经济、商业和企业家素养；公民素养；健康素养
	学习和创新能力	创造力和创新能力，批判性思维和解决问题的能力，沟通与合作能力
	信息素养	信息及媒体素养，信息与通信技术素养
	生存和职业技能	灵活性与适应能力，自我启发与自我知道，社交与跨文化交流能力，高效率和负责人能力，领导能力和责任感
梅特林集团	数字时代素养	基础的科学知识，经济和技术素养；视觉和信息技术素养；多元文化素养和全球化视野
	具有创造力的思维能力	应变能力/处理复杂情况的能力；自我指导，求知欲，创新和冒险精神；高层次思维和严密的论证能力
	有效的沟通能力	团队合作和人际交往能力；个人、社会和公民责任感；互动交流的能力
	达到高效率、高质量最优成果的能力	排序、计划和完成计划的能力；有效利用周围工具的能力；获得高质量最优成果的能力
张钿富	创新力、沟通力、合作力、适应力、应变力、思考力、决策力	

资料来源：根据相关文献整理。

关学生就业能力的内容也有借鉴之处。在此方面，美国劳工部建立了包括资源、人际、信息、系统和技能 5 大类 21 项胜任力的大学生就业胜任能力模型。英国教育与就业部提出了包括传统智力技能、核心或关键技能、个人特性和企业运营知识的就业能力模型。加拿大会议委员会认为就业能力包括基本技能、个人管理技能和团队技能。澳大利亚教育研究委员会提出的 MKC（Mayer Key Competencies）模型包括信息的收集和分析等 7 种关键能力。从国外研究与实践来看，大学生就业能力是多维的、立体的，相关的能力维度可以总结为专业技能、通用技能、胜任力和初次就业能力。国内方面，张丽华等提出大学生就业能力包含思维能力、社会适应能力、社会实践能力、自主能力和应聘能力 5 个主要因素。[①] 李颖等提出大学生就业能力结构分为内在素质、处理工作能力、社交领导能力 3 个维度。[②] 宋国学提出了包括个人属性、人际技能、学习能力、沟通能力和专业技能的 5 大维度、17 个因子和 55 个条目的大学生职业能力结构[③]马绍壮等提出包括社会交往能力、个人展示能力和就业求职能力三维度大学生就业能力模型。

退役士兵教育培训最直接的目的是就业。而就业只是其结果，而决定是否能够顺利就业的是退役士兵拥有的就业能力。故此，就业能力理论、结构及其内容对研究退役士兵教育培训目标体系、课程体系，乃至相关的宏观政策都有参考价值。

首先，就业能力理论表明就业能力是一种综合能力。这种综合性表现在就业能力是多种能力组合而成的，不是单一的某种能力。此外，这些能力是相互影响的，缺少某一种或某几种都会影响个体的就业。这就要求退役士兵教育培训要注重多种能力的综合培养。尤其是退役士兵在就业方面存在心态不端正、专业技能缺乏、职业生涯规划缺乏等问题。

[①] 崔玉娈：《大学生就业能力的国内外研究综述与问题解析》，《黑龙江高教研究》2011 年第 7 期。

[②] 李颖、刘善仕、翁赛珠：《大学生就业能力对就业质量的影响》，《高教探索》2005 年第 2 期。

[③] 宋国学：《基于可雇佣性视角的大学生职业能力结构及其维度探讨》，《中国软科学》2008 年第 12 期。

其次，就业能力理论发展表明，就业能力不仅涉及个体因素，还涉及政府、雇主等因素，只有这些因素协调起来，才能有效地提高就业能力。如将就业能力划分为内部和外部两种就业能力。退役士兵作为一个特殊的群体，在专业技能、社会通用能力等内部就业能力方面较低，需要进一步提升；而对于外部环境，国家政策、企业雇佣意愿等也需要加强。这就对退役士兵教育培训机制研究提出要求，即如何形成有效的制度，提高退役士兵的就业能力。

此外，就业能力内容的层次性也对退役士兵教育培训阶段进行划分，内容安排有较好的参考价值。

二 胜任力理论

胜任力理论最初兴起于 20 世纪 60 年代末 70 年代初。为解决美国国务院选拔外事情报官员（Foreign Service Information Officer）这一难题，美国哈佛大学心理学家大卫·麦克利兰（David C. McClelland）经过长期研究，发表了《Testing competence rather than intelligence》一文，并正式提出素质的概念。大卫·麦克利兰指出：决定个体在工作上能否取得好的成就，除其拥有工作所必需的知识、技能外，更为重要的是取决于深藏在大脑中的人格特质、动机及价值观等，这些潜在的因素能较好地预测个体在特定岗位上的工作绩效。麦克利兰把这些能区分组织环境中特定工作岗位绩效水平的个人特征定义为素质，也叫胜任力。《Testing competence rather than intelligence》的发表是能力素质运动的开端。

麦克利兰把能力素质划分为五个层次，如图 2-1 所示。不同层次的能力素质在个体身上的表现形式不同，可以形象地将其描述为冰山模型，即知识、技能能够看得见，属于冰山海平面以上的部分；自我概念、特质、动机则并不能直接看得到，属于冰山的海平面以下部分。能够将优秀人员与一般人员区分开的是海平面以下部分。麦克利兰把不能区分优秀者与一般者的知识与技能部分，称为基准性素质（Threshold Competencies），也就是从事某项工作起码应该具备的素质；而把能够区分优秀者与一般者的自我概念、特质、动机称为鉴别性素质（Differentiation Competencies）。

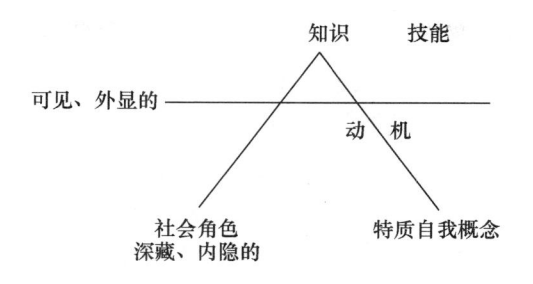

```
                        知识      技能
        可见、外显的 ————————————————
                            动  机

            社会角色           特质自我概念
            深藏、内隐的
```

图 2-1　冰山模型

此后，开始开展对素质内涵的深层次研究，并试图通过建模的方式来测量员工的素质。由此，展开了胜任力模型的研究。胜任力模型是指组织当中特定的工作岗位所要求的与高绩效相关的一系列素质或素质组合，并且这些素质是可分级、可被测评的。

胜任力模型一经提出，便风靡美国、英国、加拿大等西方国家，成为20世纪80年代前沿的管理理念，卢西亚、麦克莱根、勒布、麦斯菲德等学者都为胜任力模型的发展作出了重要的贡献。许多世界著名的公司，如《财富》500强已有超过半数企业应用胜任力模型。从20世纪90年代至今，这一理念和方法在西方国家掀起应用的狂潮，其他国家也开始对胜任素质的研究和应用进行探索。胜任力模型也开始广泛地运用于政府公共管理领域，德国北威州政府，欧盟、意大利政府机构、大型国际化私营机构等都在致力于胜任力模型的研究与开发。

20世纪90年代末，胜任力模型理论引入我国，并引起了国内理论界的广泛关注。彭剑峰教授在《员工素质模型设计》一书中系统介绍了胜任力模型构建流程、构建方法以及胜任力模型的应用。王重鸣、陈民科在运用基于胜任素质的职位分析并总结国内外有关文献的基础上，编制了管理者综合素质评价量表，并运用此量表调查了220名中高层管理者，采用因素分析和结构方程模型检验企业高级管理者胜任力特征的结构，得出管理胜任力特征结构由管理素质和管理技能两个维度构成，但在维度要素及其关键度上，职位层次间存在显著差异,从而为管理职位的测评选拔提供了新的理论依据。① 时勘教授等的国家自然科学基金项目"企业高层管理者胜任特征模型评价的研究",采用 BEI 行为事件访谈技术探讨了我国通信业高层管理者的胜任特征模型,并得出结论:我国通信业高层管理者的胜任特征模型包括影响力、组织承诺、信息寻求、成就欲、团队领导、人际洞察力、主动性、客户服务意识、自信和发展他人。② 这些研究对于胜任力模型的推广和应用起到了重要的推动作用。

实践表明,胜任力模型所体现的是担任某一特定的任务角色所需要具备的胜任素质的总和,是针对特定岗位表现优异而组合起来的胜任素质特征集合。通过胜任力模型可以判断并发现导致人才未来绩效好坏差异的关键因素,从而成为改进与提高未来绩效的基点。胜任力理论的产生与发展为培训提供一种新的视角。退役士兵教育培训是一种职业教育,需要培养提升退役士兵的职业能力。而胜任力模型面向职业或职位,这有利于更好地理解退役士兵教育培训的内容、目标,也有利于制订针对性更强的教育培养方案。此外,基于胜任力的培养方法,也有利于引导退役士兵教育培训机构从注重外显知识转向注重内隐知识。这对教育培训机构创新教育模式,将陈述性知识体系转为程序性知识培训提出了更高的要求。

三 创业教育理论

国家鼓励退役士兵自主创业。故此,创业教育也是退役士兵教育培训中的重要内容。1988 年,世界经济合作和发展组织的专家 Colin Ball 首次提出了"创业教育"。1998 年 11 月,联合国教科文组织在北京召开的"面向 21 世纪国际教育发展趋势研讨会",会上首次提出了"事业心和开拓教育"的概念,后被译为"创业教育"。中国开展创业教育较晚,1997 年,清华大学发起的首届"清华大学创业计划大赛"拉开了创业教育的序幕。1999 年 1 月教育部公布的《面向 21 世

---

① 王重鸣、陈民科:《管理胜任力特征分析:结构方程模型检验》,《心理科学杂志》2002 年第 5 期。

② 时勘、王继承、李超平:《企业高层管理者胜任特征模型评价的研究》,《心理学报》2002 年第 3 期。

纪教育振兴行动计划》，对加强教师和学生的创业教育，鼓励他们自主创办高新技术企业起到了极大的促进作用。2002年4月，教育部高等教育司在北京召开的普通高校创业教育试点工作座谈会上提出：对大学生进行创业教育，培养具有创新精神和创造、创业能力的高素质人才是当前高等学校的重要任务。

总的来看，创业教育开展时间较短，尽管在理论与实践方面取得了较大进展，但总体上理论还不成熟，对于教育的内涵、目标、性质、开展模式等重要内容还需进一步研究。对于创业教育的内涵，联合国教科文组织1998年将其界定为：培养具有开创性的个人，这种人应具有首创、冒险精神、创业能力、独立工作能力以及技术、社交和管理技能。这一定义过于宽泛，主要针对提高学生开创能力。Bechard（1998）提出，创业教育是教育与训练每一个对商业创造或中小企业发展有兴趣的人。Colin和Jack（2004）则提出创业教育是提供学生具备认知商业机会能力的过程，并使其具备创业行动所需的洞察力、成就欲、知识与技能。中国学者刘德恩（2000）指出，创业教育是在创造教育和创新教育的基础上着力培养学生的创业精神、创业技能和创业人格的教育。曹麒麟等（2007）指出，创业教育是开发和提高学生创业基本素质和创业能力的教育，使学生具备从事创业实践活动所必需的知识、能力及心理品质。[①] 席升阳（2007）指出，创业教育是使受教育者能够在社会经济、文化、政治领域内进行创新，开辟或拓展新的发展空间，并为他人和社会提供机遇的探索性行为的教育活动。[②] 吴金秋（2010）指出，创业教育的本质与核心是创新教育，个性、开创性、创新性和实操性是其根本属性。[③]

从现有创业教育研究来看，大家对创业教育的理解基本可以分为两个方面。一方面是创业素质与能力的研究。创业者在个性特征方面

[①] 曹麒麟、蒲玉文、张峰：《我国创业教育现状及课程的实施和开展》，《高等教育发展研究》2007年第4期。

[②] 席升阳：《我国大学创业教育的理论与实践研究》，博士学位论文，华中科技大学，2007年。

[③] 吴金秋：《高校推进创新创业教育的理念定位》，《中国教育报》2010年8月14日。

是具有相似之处的，包括创造性、冒险性、革新性等。而这些个性特征往往难以在一般的商业环境下培养出来的。而创业能力，如人际沟通能力、管理能力、筹划能力等则可以培养开发出来。另一方面是有关创业教育与商业教育之间的区别。创业教育是帮助个体认识机遇，整合投资资源，自我创造商机；它倾向于创造和把握新的商业因素；而商业教育则侧重于已有商业的进一步发展。在创业教育目标上，可以分为狭义与广义两大类。狭义目标就是通过创业教育，培养个体经商、创办企业；广义的目标则是培养创业精神、创业技能和创业人格，其目标范围远不止创建企业，而是一种思维方式与行为方式，目标是创新和创造。

在创业教育中，有两大核心要素，即创业精神与创业能力。所谓创业精神是指在开拓事业的实践活动中体现的冒险精神、进取精神、创新精神等。有的学者将其等同于"企业家"精神。而创业能力是指综合利用或开发各种资源和条件开创新事业或商业活动的综合能力，包括人际沟通能力、管理能力、理财能力等。创业精神多涉及个人特性，在成年期较难开发、培养，只能激发，即将其潜在的或隐藏的意志品质激发出来。

在创业精神研究方面，Hornaday 和 Bunker 在《人事心理学》一书中就开始讨论成功创业者的心理特征。认为创业者具有一般人所不具有的能够敏锐地发现市场获得机会的"敏感"。有的学者提出八大要素：远大理想、坚强意志、积极心态、敢为气魄、诚信态度、善于合作、承担责任、超强适应。也有的学者提出 5 大要素：激情（Passion）、积极性（Positivity）、适应性（Adaptability）、领导力（Leadership）、雄心壮志（Ambition）。还有的人提出 3 大要素：梦想、创新和冒险精神；专注事业并矢志不渝、不断坚持并怀有必胜信念；承担责任、甘于奉献的精神。尽管大家在创新精神要素方面还存在分歧，但并不影响其实践应用。

对于创业能力方面的研究较多。Jean Baptiste Say 和马歇尔都提出了创业者需具备经营能力（预见和预测商机的能力）和管理能力（决策、组织、控制、协调、领导能力）。唐靖、姜彦福（2008）提出了一个包括二阶六维度的创业能力结构模型。该模型包括机会识别与开发能力、运营管理能力两个一阶维度；机会识别能力、机会开发能力、组织管理能力、战略能力、关系能力和承诺能力六个二阶维度。①

对于创业精神、创业能力与创业之间的关系，Gideon D. Mar kman 和 Robert A. Baron 在借鉴个人—组织适合理论的研究成果基础上提出了独特的个人—创业适合度模型，指出创业者的个性特征与成为创业者的要求越匹配，创业成功的可能性越大。该模型通过对创业者各种明显差异特征的分析，指出自我感知能力、识别机会的能力、坚定不移的意志、丰富的人力和社会资本、出众的社会技能是影响创业者的关键因素，也是个人—创业适合度模型分析的主要内容。该模型框架为创业者努力寻找创业机会和成功创业提供了新的有价值的方法。中国学者郭珊也曾提出一个性格特征定位转盘模型用以特性特定与创业方向的判定。

在有关创业教育方法研究方面，有学者提出创业教育的方法主要有学习鹰架理论、合作学习理论、情境学习理论。所谓学习鹰架理论，又称支架式学习理论，指学生在开始学习新的技能或知识时，教师应提供足够的支援，以提高学生学习能力，等学生学习提高后，再撤掉鹰架，建立起学生的独立性和自我学习能力。合作学习理论可以简要地描述为：将学生划分为不同学习小组，小组成员互助合作，共同完成某一学习目标的教育方式。合作学习包括相互依赖、交互、个体责任、合作技能、集体加工 5 个要素，有利于培养个体的团队精神、自主性、独立性、社会适应性等。情境学习理论认为：学习不仅仅是一个个体性意义建构的心理过程，而更是一个社会性的、实践性的、以差异资源为中介的参与过程。情境学习理论还认为：个体是情境的组成要素，学习是一个社会性的过程，学习总是处于一个特定的情境中，渗透在特定的社会和自然环境中，同时学习兴趣也是基于社

---

① 唐靖、姜彦福：《创业能力概念的理论构建及实证检验》，《科学学与科学技术管理》2008 年第 8 期。

会现实情境的。

创业教育理论对于明确退役士兵创业教育的模式、具体内容、发展方向提供了有益参考。从大的方面来讲，退役士兵创业教育培训应该包括创业精神的激发、创业能力的开发、创业生涯设计等内容，应该以创业实践活动为载体，以创业精神和创业意识为前提，以创业能力为核心。这对退役士兵创业大有裨益。

第五节　职业发展理论

职业发展理论是从发展的观点来探究职业选择的过程，研究个体职业行为、职业发展阶段和职业成熟的职业指导理论。职业发展理论把人的职业意识、职业选择和职业适应看作一个持续不断的发展历程，将影响职业选择的因素划分为"个体因素"与"环境因素"。

职业发展理论认为职业发展是个体的"职业自我概念"不断分化与综合的过程。所谓"职业自我概念"，是指个人对职业与其自身关系的认识及其定型。职业自我概念是个体在社会生活中对自我发展进行反省的结果。职业自我概念的定型，标志着工作定向的形成；而工作定向的形成，影响个人对职业的态度，进而影响个人的职业选择。故而，职业发展理论假设个体会积极地投入社会，寻求某一生涯领域中成员的接受，建立个体对他人的意义。分化是指个人在职业选择的关键时刻，根据其认知、观念和相关外在信息，对各种问题加以鉴别分析、形成新的观念。综合则是将新的、片断的分析结果加以整理和组织。在每个阶段，折衷分化和综合的工作交替进行，从而达成"自我发展"的最终目标。职业发展理论将职业发展视为自我发展的过程，将职业选择的过程视为发展个人职业认同的过程，而"自我"是认同的核心。

职业生涯理论从个体因素与环境因素相互匹配的角度，采取动态发展的视角研究职业选择与发展，强调了职业发展是个体"职业自我观"长期发展的结果。那么，在进行职业生涯指导时，就要根据个体不同的发展阶段，开展有针对性的职业指导，增进个体的自我观察和自我接纳，培养正确的职业价值观、提高个体的职业成熟度，进而有效地选择适当的职业发展目标和生活方式。根据职业发展理论，职业咨询人员可针对来访者的需要采取不同的指导措施：

（1）对选择不确定者，要注意分析影响其情绪以及导致不确定的各种文化、社会和生理因素，帮助当事人消除疑虑和障碍。

（2）对不成熟者，要协助当事人了解影响其职业选择的个人和社会因素，使当事人认识这些因素与其职业发展的关系，并参照职业发展任务的重点，逐步发展其职业自我。

（3）对成熟者，应重点协助当事人搜集与评估有关的个人与职业资料，作为决策的依据。

在职业发展理论研究过程中，学者从不同视角逐步加深研究，具有代表性的理论有：舒伯的终身职业发展理论、鲍丁的心理动力论、佛隆的择业动机理论、格林豪斯的职业生涯发展理论、施恩的职业生涯发展理论、职业决策模型理论、埃德加·H.施恩的职业锚理论、霍兰德职业兴趣理论等。

鲍丁的心理动力论强调了个人内在动力和需要等动机因素在个人职业选择过程中的重要性，个体职业选择的动力来源则是个人早期经验所形成的适应体系、需要等人格结构，认为职业选择是个体综合快乐原则与现实原则的结果。佛隆的择业动机理论认为择业动机决定于职业效价与职业概率之乘积。择业动机表明择业者对目标职业的追求程度，或者对某项职业选择意向的大小；职业效价是指择业者对某项职业价值的内在评价，受择业者职业价值观、职业要素（工资、劳动条件、职业声望等）的影响；职业概率是择业者获得某项职业可能性的大小，决定于职业的需求量、择业者的竞争能力、竞争系数以及其他随机因素。舒伯（Super）职业生涯理论把职业生涯发展分为成长阶段（0—14岁）、探索阶段（15—24岁）、确立阶段（25—44岁）、维持阶段（45—64岁）与衰退阶段（65岁以上）5个主要阶段。

职业发展理论说明了个体职业发展的一般性规律。对于退役士兵而言，其年龄发展与职业发展阶段并不相吻合，可能发生中断。这是在退役士兵职业发展指导中需要注意的。职业发展理论所倡导的注重个体与环境，注重职业自我概念等为退役士兵职业发展教育提供了理论基础。

第六节 系统理论

退役士兵教育是一项系统工程。这决定了退役士兵教育培训研究必须注重系统思维，采取系统方法论。所谓系统，是指由相互联系、相互作用、相互依赖和相互制约的若干要素或部分组成的具有特定功能的有机整体。把握系统的内涵，主要有三点：一是其由若干个元素组合而成；二是这些元素存在关联，相互作用，相互依赖；三是元素间相互作用，使系统作为一个具有特定的功能，且整体功能并不等于元素功能的相加。

一般而言，系统具有整体性、相关性、目的性、动态性、环境适应性等基本特征。整体性是系统最基本的性质，也是系统分析最基本的思想方法。相关性指系统内各要素之间存在某种相互依赖和相互制约的特定关系，某一要素的变化会影响另一些要素的变化。特定关系把各种要素有机地结合在一起，形成系统结构，使系统显示出整体功能和综合行为。目的性是指系统的存在都具有其特定的目的，因而具有一定的功能。动态性是指系统本身运动、发展、变化过程，任何系统都是作为过程而展开的动态系统，具有时间性程序。环境适应性是指系统不能脱离环境而独立存在，外界环境特性的变化往往会引起系统特性的变化，即系统的形式和发展要受到环境的制约。因此系统必须适应外部环境的变化，否则系统就不能继续存在下去。一个系统之外的一切事物或系统的总和，称为该系统的环境。系统要和包围它的环境进行物质、能量和信息的交换。

系统理论是系统的一般模式、结构和规律的学问。其基本思想就是把所研究和处理的对象，当作一个系统，分析系统的结构和功能，研究系统、要素、环境三者的相互关系和变动的规律性，并优化系统。系统理论的任务，不仅在于认识系统的特点和规律，更重要的还在于利用这些特点和规律去控制、管理、改造或创造一系统，使它的存在与发展合乎人的目的需要。系统理论的出现，使人类的思维方式发生了深刻的变化。以往研究问题，一般是把事物分解成若干部分，抽象出最简单的因素来，然后再以部分的性质去说明复杂事物。在科学研究中，系统方法把研究对象如实地当作一个整体来对待，并着重研究该系统的整体功能；同时，从物质、能量和信息三个方面来认识和控制系统运动，使系统达到人们能确定的最佳状态。

退役士兵教育培训是一项系统工程，涉及因素多，关系复杂。故而，系统理论是研究退役士兵教育培训的基础性理论之一。

第三章 退役士兵职业教育与技能培训现状与问题

第一节 中国退役士兵职业教育与技能培训领导与组织体制

退役士兵教育培训是政府主导并实施一项系统工程，需要政府建立较为完善的领导与组织体制，才能保障其顺利开展。从当前退役士兵教育培训职能归属来看，其属于退役士兵安置部门的一项职能。国务院、中央军委联合设立的全国退役士兵安置工作领导小组是领导机构。

对应于全国退役士兵安置工作领导小组，省级政府、军区联合成立省级退役士兵安置工作领导小组，市政府、军分区联合成立市级退役士兵安置工作领导小组，县政府、县武装部成立县级退役士兵安置工作领导小组，进而形成四级行政管理体制，如图3-1所示。

在退役士兵安置工作领导小组内部岗位与部门设置方面，一般设组长一名，副组长两名。国家层面的领导小组组长通常由国务委员兼任，副组长由国家民政部部长、中央军委委员总参谋长兼任。省级层面的领导小组组长通常由副省长兼任，副组长由民政厅厅长、军区副司令员或军区参谋长兼任。市级层面领导小组组长通常由副市长兼任，副组长由民政局局长、军分区副司令员或军分区参谋长兼任。县级层面领导小组组长则由副县长兼任，副组长由民政局局长、县武装部部长兼任。在退役士兵安置工作领导小组下面常设办公室，承担领

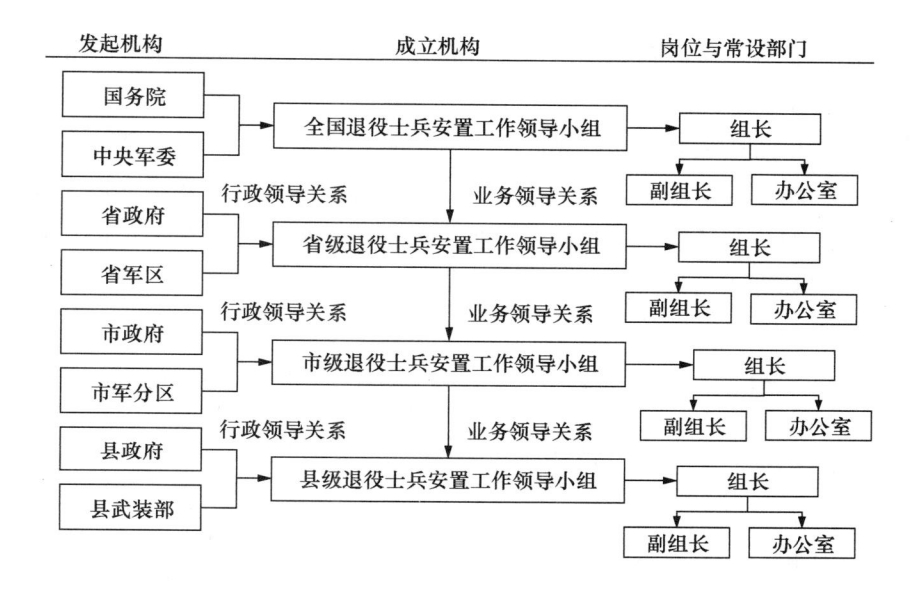

图 3-1　中国退役士兵教育培训机构设置

导小组日常工作，通常设在民政部门下面。此外，从领导小组成员来看，涉及范围广，如全国退役士兵安置工作领导小组成员来自国务院办公厅、中央编办、发展改革委员会、教育部、公安部、监察部、民政部、财政部、人力资源社会保障部、农业部、税务总局、工商总局、总政治部等多个部门。省级领导小组成员也来自财政、教育、人社、工商等多个部门。

在退役士兵教育培训具体职能划分方面，全国退役士兵安置工作领导小组负责全国退役士兵教育培训的领导、指导、协调工作。省级退役士兵安置工作领导小组负责统筹协调、组织指导。各市（地）设立相应工作机构，负责当地退役士兵职业教育和技能培训工作。民政部门负责退役士兵职业教育和技能培训的组织协调、宣传发动、人数预测、经费测算、动员报名、资格审查、档案接转等事宜。教育、人力资源社会保障部门分别负责推荐并指导所属教育培训机构做好招生录取、教学管理、就业推荐等组织实施工作。财政部门负责退役士兵职业教育和技能培训经费的安排与监管，确保职业教育和技能培训资金落实到位。军队有关部门负责士兵入伍时和退役前的政策宣传和思想教育工作。

从目前有关退役士兵教育培训的组织架构来看,其组织架构已经成型,相应的职能已经得到落实,职责也基本明确,已初步形成了党委、政府统一领导,民政部门牵头,教育、人力资源和社会保障、财政、农林等相关部门各负其责的工作机制。

第二节 中国退役士兵职业教育与技能培训制度建设现状

就相关政策来看,最早有关退役士兵职业教育培训的规划或政策出现在1997年的国务院退伍军人和军队离休退休干部安置领导小组、民政部、总政治部《关于印发〈培养和使用军地两用人才工作发展规划〉的通知》(国安〔1997〕1号)之中。此后,相关政策大多是通过国务院、中央军委有关退伍士兵安置的通知进行强调,如2000年国务院、中央军委在有关退伍士兵安置的通知指出:要进一步加强对退役士兵的职业教育培训,提高退役士兵的政治思想、知识文化和职业技能素质,增强其择业就业的竞争能力。2004年,在《国务院办公厅转发民政部等部门关于扶持城镇退役士兵自谋职业优惠政策意见的通知》(国办发〔2004〕10号)首次提出:中央财政对兵源大省和经济欠发达地区城镇退役士兵的职业技能培训经费给予补助。要确保自谋职业的城镇退役士兵能够领到一次性经济补助,得到一次职业技能培训。2005年7月,国务院下发《关于进一步做好城镇退役士兵安置工作的通知》(国发〔2005〕23号)首次指出:地方各级人民政府要对城镇退役士兵技能培训和就业服务工作进行统一规划。培训经费纳入当地财政预算,中央和省级财政给予补助。2010年6月6日,31名军队人大代表联名递交议案,要求在《兵役法》中增加对退役士兵实行免费职业教育培训的内容。议案认为,随着国家经济社会不断发展进步,城乡统筹发展进程加快,为推动城乡退役士兵免费职业教育培训提供了经济和社会基础,当前全国推开城乡退役士兵免费职业教育培训工作的时机已经成熟。同年年底,国发〔2010〕42号文《国务院 中央军委关于加强退役士兵职业教育和技能培训工作的通知》专门对此项工作作出部署。2011年10月29日,第十一届全国人民代表大会常务委员会第二十三次会议通过了《关于修改〈中华人民共和国兵役法〉的决定》(第三次修正)。本次修正,完善了有关退役士兵职业教育的内容。2011年10月底,财政部、教育部、民政部、总参谋部、总政治部五部门出台了《关于实施退役士兵教育资助政策的意见》,对退役士兵职业教育资助做出具体的规定,如表3-1所示。

表3-1 《关于实施退役士兵教育资助政策的意见》相关内容

事项	具体内容
目的与意义	对考入全日制普通高等学校的自主就业退役士兵实施教育资助政策,能够接受系统的高等教育,提高知识和技能水平,实现"二次专业化"
主要原则	统一性原则:退役士兵教育资助政策由国家有关部门统一制定。学费资助资金全部由中央财政承担,其他资助政策按国家现行高校学生资助政策规定执行。 自愿性原则:所有自主就业退役士兵均可自愿报名参加全国统一高考,被录取后自愿申请接受政府教育资助
资助内容	一是学费资助;二是家庭经济困难退役士兵学生生活费资助;三是其他奖助学金资助

资料来源:根据相关文件整理。

与国务院、中央军委及各部委的政策措施相对应,各省政府及各地区政府相续出台了相关政策,以贯彻落实中央政策,在此不再赘述。

随着退役士兵职业教育培训重要性凸显,结合职业教育培训的实践民政、财政及总参谋部三部委联合发布《民政部、财政部、总参谋部关于加强和改进退役士兵教育培训工作的通知》(民发〔2014〕11号),对进一步加强和改进退役士兵教育培训做出了新的部署,其具体内容如表 3-2 所示。

表 3-2 《关于加强和改进退役士兵教育培训工作的通知》相关内容

新的要求	具体内容
政策宣传，氛围营造	(1) 营造争学技能绝活、争当技术能手的新风尚，形成自立自强、创业创新、创先争优的好氛围；(2) 在征兵入伍、士兵离队、安置报到时，加强职业教育培训的宣传
完善教育培训方式	(1) 编制教育培训工作流程；(2) 省级行政区域内易地教育培训；(3) 试点开展网络远程教育；(4) 试点开展创业培训
提升教育培训质量	(1) 教育培训示范机构，打造退役士兵教育培训品牌；(2) 规范教学组织；(3) 建立退役士兵教育培训生活补助费、教育培训经费拨付比例与到课率相挂钩的机制；(4) 建立健全退役士兵教育培训考核体系以及承训机构评估与年检制度
强化就业指导服务	整合利用现有民政业务管理信息系统，逐步建立全国统一互联、资源共享、高效兼容的退役士兵服务管理信息平台，为退役士兵提供政策咨询、岗位信息

资料来源：根据相关文件整理。

总的来看，对于退役士兵职业教育与技能培训的重视始于安置工作。而伴随着社会发展，新情况的出现，国防和军队建设新的需要等，退役士兵职业教育与技能培训重要性越来越大，对其的认识也越来越深刻。尽管近年来，我国在退役士兵职业教育培训方面出台了不少的政策措施，做出了很大的努力，但这些政策措施散见于多个法律法规和文件中，有些措施不够完善，也有些措施实效性较差，必须通过系统的理论研究，确定其落实基础。同时，相关内容大部分是通过通知、意见的形式予以下发，带有极大的不确定与不稳定性，难以保障退役士兵职业教育与技能培训的长远发展。必须通过顶层设计予以确定，才能保障其稳定性、可持续性。

第三节 退役士兵职业教育与技能培训发展现状

退役士兵教育培训自2010年实施以来，在党中央、国务院、中央军委的领导下，获得了快速发展，无论是在资金投入、学员参训规模，还是在承训机构建设等方面都取得了较大成绩，得到了社会公众的认可与赞誉。

在资金投入方面，从中央到地方，建立了退役士兵教育培训资金投入保障机制，明确了相关经费由各级财政承担，纳入财政预算，列入退役士兵安置科目。在中央财政层面，自国务院、中央军委印发《关于加强退役士兵职业教育和技能培训工作的通知》后，加大对各地退役士兵教育培训的支持力度，预算额度每年递增，给予专项补助，向经济欠发达地区、兵员较多地区倾斜。据统计，2010年至2013年，中央财政共安排退役士兵职业教育和技能培训补助资金24.64亿元，年均增长13.06%，有力地支持了各地开展退役士兵职业教育和技能培训工作。2011年，中央财政将退役士兵职业教育和技能培训中央财政补助标准由原来的每人1200元提高到每人2000元。在省、市、县级财政方面，沿用中央财政做法，对退役士兵教育培训资金做出规定，与中央财政补助资金配套，一般按照省、市、县三级各负担1/3的原则确定各级财政配套比例。如江苏省自2008年到2013年5年间，各级累计投入培训资金12.8亿元，人均培训资金达1万元；广东省2011年省级培训资金就达到2.67亿元。在教育培训资金逐年递增的同时，退役士兵单人教育培训资金数额也在逐年增加。对参加中高级职业技能培训的退役士兵，广东省按每人每年7000元、江苏省按每人每年7500元标准安排培训资金。单人教育培训经费金额已经能够较好地满足退役士兵日常所需。由于经济发达程度的差异，经济落后地区，资金配套跟不上，单人教育培训经费额度较低。总之，资金来源与保障机制的建立已为退役士兵教育培训提供了牢固的基础。当然，在现实中由于各地财政实力存在差异，可能出现配套资金难以到位的情况。

在退役士兵教育培训规模方面，尽管开展时间短，但发展速度，培养规模大，已普及市、县，形成了以政府为主导，多方教育培训机构参与的网络体系。据李立国部长介绍，退役士兵参训率、就业率逐步提高。2011年全国参训退役士兵有29万多人，参训后就业率在70%以上；2012年全国参训退役士兵超过32万人，参训后就业率达85%以上。随着退役士兵教育培训宣传力度加大，加之政策支持力度越来越大，退役士兵参训率已大大提高，多数地区已达90%以上，有的甚至达到100%。短短几年，退役士兵教育培训得到各级政府的重视，已经从试点走向普及，省、市、县均能组织开展相应的教育培训工作。

在退役士兵教育培训承训机构方面，从原来的寥寥数家，发展到今天遍地开花，真是"忽如一夜春风来，千树万树梨花开"。从目前各省、市、县公布的达标的教育机构数量来看，大部分省份核定的教育培训机构都在百余家以上，部分省份甚至超过200多家。这样，粗略统计全国有近4000家教育培训机构。从这些教育培训机构的来源来看，也逐渐呈现出多元化趋势，主要来源于三个方面：一是教育部门批准设立的高等院校、高职院校、中职院校；二是人力资源社会保障部门批准设立的技师学院、高级技工学校、技工学校等；三是民办培训机构及社团组织。分析各类教育培训机构的比例，技师、技工学校、高职院校占据了绝大数比例，粗略统计在90%左右，而其他形式的民办教育培训机构所占比例较低。同时，从地理区域分布来看，越是地方偏远的区域，技工学校所占比例越高。退役士兵教育培训主体的多元化带来了多种教育培训模式、丰富的教育培训内容，有利于创新退役士兵教育培训发展模式，促进教育培训机构的发展。但另外，在缺乏完善的管理体制以及市场不成熟的情况下，也可能造成教育培训机构良莠不齐，教育培训市场鱼龙混杂，乃至劣币驱逐良币的现象。

在退役士兵教育培训制度建设方面，也基本形成了较为系统的制度体系。在中央政府、中央军委层面，2010年发布了《关于加强退役士兵职业教育和技能培训工作的通知》。在这个文件基础上，中央各部门，如教育部、财政部、民政部陆续出台文件保障退役教育培训各项措施的落实，如教育部出台的落实教育优惠政策，财政部出台的专项资金管理政策等。与中央政府及各部委制度文件对应，省级政府及各部门也陆续出台了相关细化文件，如各省出台的退役士兵教育培训实施方案等，保障了退役士兵教育培训措施的落地、实施。在承训单位管理方面，部分省份还出台专门的文件，考核承训单位的学员到课率、培训合格率和推荐就业率，并将其与教育培训经费、承训资格结合起来。各承训单位也陆续出台学员管理、课程体系建设方案等具体实施文件，保障了退役士兵教育培训质量。

第四节 退役士兵教育培训实施现状

具体到退役士兵教育培训实施来看，学制、专业、教育培训内容、模式、学员管理以及相应的课程建设对退役士兵教育培训有着较大影响。故从微观层面，分析当前退役士兵教育培训的实施现状。

从退役士兵参与教育培训的过程来看，在退役前2个月内，部队进行有关教育培训及其他安置政策的宣导活动，起到告知作用。同时，人事社会保障、教育以及民政等相关部门确定承训机构，发布招生信息，进行进一步的宣传。退役后，退役士兵到所属地民政部门办理相关手续，根据自己的意向，提出教育培训申请。民政部门审核通过，会同承训机构发放《入学通知书》。如果将退役士兵服役期间参加的相关技能培训纳入进来，整个过程就如图3-2所示。

退役士兵服役期间一般也会根据部队需要，参加一些专业技能培训活动，如驾驶、烹饪、养殖等。但参加这些技能培训的针对性较低，有些可能不符合士兵的意愿。退役前，部队一般会进行安置政策的宣讲，会对教育培训有所涉及，但往往仅限于相关的政策，没有具体的士兵的职业发展指导、社会就业形势等内容。退役士兵回到所属

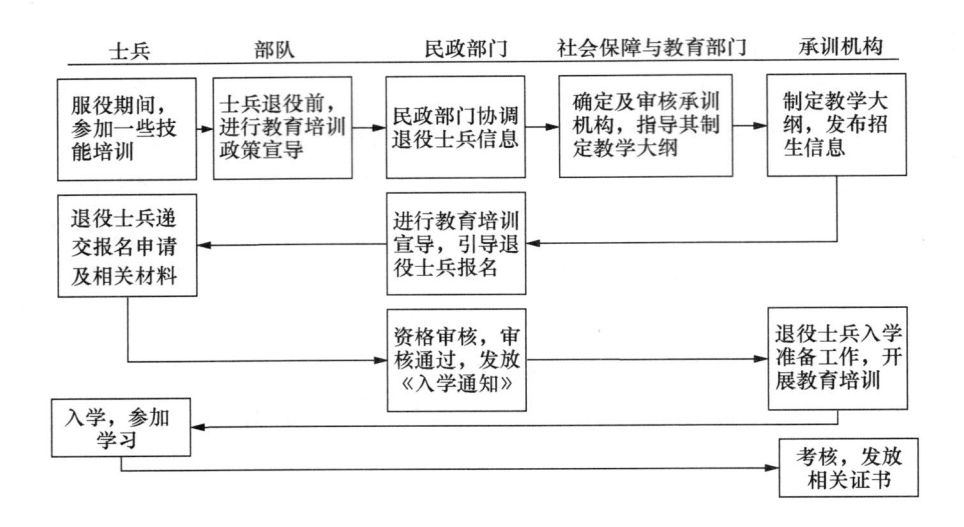

图 3-2 我国退役士兵职业教育培训一般过程

地后，依据自愿、自主选择专业（工种）原则，根据民政部门或承训机构发布的相关招生宣传资料，选择相应的专业。在专业选择时，由于缺乏必要的职业指导，部分士兵专业选择较为盲目，甚至不切合实际。这导致其就业困难，产生不满情绪。

此外，当前退役士兵教育培训实行属地管理，就近就地培训，省内异地培训在 2014 年开始试点，全国范围内异地培训还在探索期。依据这个原则，退役士兵教育培训多由其接收的县（市）区政府及其有关部门负责，按"就近就地"的原则由承训学校和机构具体实施。这就导致教育资源可能较差，无法满足退役士兵教育培训需求。

在退役士兵教育培训模式方面，呈现出多元化趋势。政府及相关机构鼓励创新退役士兵教育培训模式，强调教育培训中注重实践，实行订单式培训。在退役士兵教育培训实践中，各地也进行了探索与发展，推动了退役士兵教育培训模式的发展，产生诸如"技能+学历+就业"、"技能+就业"、"1+X+Y"、"半工半读，工学结合"、"远程教育"等模式。"技能+学历+就业"、"技能+就业"模式以就业为办学指导，在培养学生具有一技之长的同时，又使学生获得一定的学历。"1+X+Y"是黄冈市采取的一种模式，所谓"1"是指根据退役士兵的意愿和基础条件，因人制宜培训一门主导技术，让退役士兵能凭借此技术出色胜任就业岗位；"X"：即辅之培训2个至3个方面的技能，使退役士兵在遇到合适的工作时，能适应工作岗位的技能需要；"Y"：即根据退役士兵的技术、技能情况，由培训机构定向推荐就业。在日常教学中，这种模式突出"两个加强一个弱化"：即加强实际实操，突出实践教学，以车间、实验室等实操学习为主，使课堂车间化，车间课堂化，教师的教学方式由"讲授型"转变为"行为指导型"，学员学习方式由"被动接受"转变为"主动实践、手脑并用型"。"订单式"模式曾以辽宁为代表，特点是民政部门和相关的企业联合培训，根据企业用工需求、岗位需求培养退役士兵。以后，这种模式拓展到教育培训机构，即教育培训机构与企业合作，根据企业用工及岗位需求，设置专业，打造一体化服务模式，培养退役士兵并安排就业。此外，退役士兵教育培训模式也开始出现"先就业，后培训"，即企业根据岗位实际，安排进行"顶岗"培训、"师傅带徒弟"等模式。如2013年山东省在菏泽市召开经验总结会上，根据企业退役士兵在培训前已找到工作的实际情况，提出应开展岗前培训，强调培训内容的针对性、适用性。由此，提出"先招工安置、后专业培训、再就业上岗"的模式，鼓励有实力的企业建立培训机构，进行退役士兵教育培训的模式。江山市也在此方面进行了探索，该市规模以上企业可以承担培训任务，由市工商联负责将企业招生计划报市民政局，企业根据退役士兵的就业意向，组织退役士兵在岗培训。培训完成后，根据双方意愿签订就业协议。另外，一些民办社会团体也采取了面授与远程结合的培训模式。从退役士兵教育培训模式发展来看，当前已经初步形成以就业为导向，城乡一体，免费培训，注重实践的模式。多元化的教育培训模式为创新退役士兵教育培训发展，提高退役士兵教育培训实效性奠定了基础。

在退役士兵教育培训学制与专业设置方面，多是以技能培训为主，学历教育为辅。学制上多是以短期为主，长期为辅。在学制方面，按照培训工种和等级确定，短期培训一般为3个月，中期培训一般为6个月。学制教育为2年至4年，其中：技工学校2年制，高级技工学校3年制，技师学院4年制。由于教育培训资助期限最高为2年制，3年制与4年制的学制教育很少有退役士兵参加。

在有关退役士兵教育培训日常管理方面，相关制度不断完善，管理模式也在创新发展。对于退役士兵日常管理，鼓励教育培训机构单独编班，人数少的，采取混合编班方式。在日常的教学管理上，强调课堂纪律。有的教育培训机构为退役士兵配置了班主任或辅导员，实施一对一式管理，取得了较好的效果。但在现实中，存在各部门按职能分工，在培训时间、计划、管理、就业等环节不严密，有相互脱节管理现象。

第五节　中国退役士兵职业教育与技能培训承训机构与专业设置

在退役士兵职业教育与技能培训属地管理的体制下，相应的承训机构与专业设置也属于属地管理，一般是由退役士兵所在的县区依据"自愿申请、平等竞争、择优确定、社会公告"的原则，确定了本地区的退役士兵职业技能培训承训机构。而相应的专业设置往往由承训机构提出，经过相关主管部门审核通过。

目前来看，一般是每个县区都要指定一家到两家相应的教育机构承担退役士兵培训任务。这也就造成了退役士兵职业教育与技能培训机构遍地开花，缺乏相应特色，实力也不强。2014年，民政部优抚安置局退役士兵安置处收集整理了部分省市退役士兵职业教育与技能培训机构，数量高达两千家，如表3-3所示。

表3-3　　民政部优抚安置局2014年各省市退役士兵教育培训承训机构统计

省市名称	承训机构数量	省市名称	承训机构数量
北京市	47	湖北省	88
天津市	5	湖南省	126
河北省	259	广东省	74

续表

省市名称	承训机构数量	省市名称	承训机构数量
山西省	40	广西壮族自治区	56
内蒙古自治区	23	海南省	4
辽宁省	40	重庆市	51
吉林省	69	四川省	115
黑龙江省	22	贵州省	17
上海市	15	云南省	4
江苏省	40	陕西省	42
浙江省	238	甘肃省	61
安徽省	96	青海省	27
福建省	33	宁夏回族自治区	17
山东省	32	新疆维吾尔自治区	7
河南省	184	新疆生产建设兵团	13
总计		1845	

资料来源：根据民政部优抚安置局退役士兵安置处公开资料统计，http://www.mca.gov.cn/article/zwgk/gzdt/201411/20141100731134.shtml。

表3-3显示，各省市承训机构数量呈现高度不平衡，最少的仅有4家，最多的则高达259家。当然，民政部优抚安置局在统计时可能存在一定偏差，但各地区承训机构数量的不平衡却是事实。分析这种不平衡，除与兵源数量有关，如海南省本身兵源数量少，退役士兵数量自然也就少，所需的承训机构数量自然也少。但除此因素外，更大的可能是在于承训机构的甄选与组织实施。有的地方可能门槛较低，导致各类机构纷纷涌入。当然，这可能有利于承训机构的相互竞争，进而提高教育培训质量。但数量过多，也可能造成经费分散，低水平重复，无法整合资源，形成不了实力强的承训机构，影响退役士兵职业教育与技能培训的发展。

此外，从各省市所公布的退役士兵职业教育与技能培训承训机构的资质来看，绝大部分为职业技术学校，且大多数为地方技术学校，缺乏高层次承训机构的参与。以北京市2014年公布的承训机构为例，在 47 家承训机构中，仅中国农业大学网络学院、中国地质大学网络学院参与其中，其余一部分为市级职业学校，更多的则是区成人教育学校。再看重庆市退役士兵教育培训承训机构，典型的是按区确定，都是从本区的职业技术学校做选择，也包括部分民办技术学校。受制于地方政府的资源投入，学校师资力量以及教学设施等，这些低层次的承训机构往往很难保证教育培训质量。这也是引起退役士兵反感，参与率不高的一个重要原因。

为了进一步提高退役士兵职业教育与技能培训质量，提升承训机构的水平与层次，相关主管机构也在积极探索。甘肃省、浙江省则将承训机构划分为省级与地县级两个级别，山东省则在异地教育培训方面进行探索。通过省级承训机构与异地承训机构的选拔，切实提高了承训机构的层次，使一批设施优、实力强的承训机构承担更多的教育培训任务。

另外，一些社会教育培训机构也正在积极加入退役士兵职业教育与技能培训中来，如北京市公布的奥鹏远程教育、安博北京测试空间，上海市的上海智能消防学校等。这些专业机构的加入，对于教育培训资源的丰富，教培与就业的联系，起到了很好的作用。重庆市万州三峡创业孵化中心则更是将退役士兵教育培训与创业相联系，利用自身的创业孵化功能，为退役士兵提供更好的服务。

在专业设置上，政府及相关部门强调以市场需求为主，实际设置中呈现集中化趋势，多以技能型、技工型专业为主，如驾驶、烹饪、汽车维修与装潢、数控加工、财会与营销、园林技术等。从 2013 年民政部优抚安置局退役士兵安置处整理发布的各省市退役士兵教育培训机构及专业设置来看，驾驶、汽车维修、烹饪、电焊、计算机等专业占了绝大比例，而有关农村发展的农业管理、农村经济管理、畜牧业管理等专业设置较少。从 2014 年公布的专业设置情况来看，专业设置有所拓展，如北京市在传统的操作性专业的基础上为退役士兵设置了酒店管理、连锁经营管理、城市管理与监察、汽车检测与维修技术、安全保卫（安保管理）、安全保卫（高级随身护卫）、食品质量与安全、园林、动物医学等专业。这些新设专业更加符合社会发展，也满足了退役士兵的发展需求，取得了较好的效果。但总体上看，大部分专业仍然为一些陈旧、简单的专业设置，如电算化、电气焊、钳工、汽车驾驶、计算机应用、办公自动化、电脑培训等。这与我国产业转型升级，社会快速发展是不相适应的。有些专业已经成为普遍的职业基础，如办公自动化、电脑培训等，已经丧失了设立为专业的必要性。此外，当前专业设置很少有针对退役士兵特点以及当前城镇化、城乡一体化发展而设置的专业。也就是说，尽管一再强调市场需求，但现在的专业设置存在雷同，缺乏必要的前瞻性，与社会经济发展存在一定的脱节，也可能导致退役士兵结业后的就业困难。相关部门也认识到这一点，出台文件要求限制驾驶等专业的招生。

从当前退役士兵教育培训内容与课程体系设置来看，大多数还是沿用已有的课程体系与教学内容，多是按照模块化划分教学内容，侧重于专业技能课程。对于退役士兵教育培训目标，大多是强调技能目标与劳动技能，这决定了退役士兵教育培训的内容、专业与学制。在教育培训内容上，退役士兵教育培训侧重于市场急需的某一专业技术，如汽车维修、装潢、驾驶、烹饪等。在课程体系上，中短期（6个月内）课程数量较少，往往针对某一工种，课程内容也较为单一，侧重于单一的劳动技能培训。学制较长的课程数量较多，但也侧重于专业技能，只是范围更加广泛些。如江苏省统一规划退役士兵教育培训课程体系，按照模块化设置专业课程。以其两年制的农村经济综合管理专业为例，该专业课程体系包括公共课程、专业理论与专业实践两大类，共计8门（含顶岗实习）课程，课程下面又包括若干教学模块。另外，一些社会教育培训机构在职业素养教育课程方面进行了探索，而多数技工、技师学校在此方面较为欠缺。社会教育培训机构有关课程侧重于退役士兵通用能力或者专业素养，如退役士兵就业创业培训管理办公室构建了包括公民意识、生涯规划、就业基本能力三大类的课程体系，基本能力类课程包括学习能力、沟通能力、团队能力、创新能力、自律能力以及就业、创业指导等课程。山东省长城军地人才就业促进中心按照职业发展轨迹，规划、构建了涵盖八大职能领域，56个岗位的退役士兵教育培训课程体系。同时，还建设了包括人际交往、影响力、情绪管理、社会融入性、挫折管理、沟通管理、计划能力等基础素质类课程体系。总体来看，社会教育培训机构在专业技能类课程上也较为欠缺，两类教育培训机构在课程体系、教学内容上存在较为明显的差异。

第六节　中国退役士兵职业教育与技能培训面临的两难境地

退役士兵教育培训作为一项系统的"树人"工程，涉及因素多，也有其自身的发展规律。而由于我国管理体制、机制以及退役士兵特殊性等因素导致了一些深层次矛盾的存在。这些矛盾不解决，很难深入、全面推进退役士兵教育培训工作，也很难达到应有的效果。

一　有关退役士兵教育培训激励不相容的矛盾

激励不相容是指相关方利益不一致，每一方都会按照有利于自己利益的行为采取行动，进而导致集体或整体利益受到损害的情况。退役士兵教育培训涉及部队、中央政府、地方政府、教育培训机构以及退役士兵本身。毋庸置疑，他们有着各自的利益函数，出发点上存在差别。对于具体部队而言，尤其是基层部队，主要的工作在于军事训练与军事准备，军队考核与绩效评价也没有涉及士兵日后就业。而如果进行相应的职业教育与技能培训，部队往往还需耗费一定的资金、人力与时间。故此，部队往往将士兵服役期的一些职业教育与技能培训视为额外付出，具体的收益很少。在这种情况下，部队很难真正将"以人为本"的理念落到日常工作中去，很难考虑士兵退役后的出路与发展，会将士兵退役后的就业安置完全推给地方政府。而对于地方政府而言，加强退役士兵教育培训有利于地方社会稳定与经济发展。具体到实施部门，退役士兵教育培训涉及政绩考评。故此，地方政府及相关部门有一定的动力组织实施退役士兵教育培训活动。但是，从另一个方面来看，由于退役士兵教育培训资金来源地方政府财政资金、上级政府支持资金，如果上级资金比例较低，多是地方政府出资，地方政府就要进行相应的利益评估，尤其是兵源多的地区。总的来看，部队与地方政府存在激励不相容，很难让部队与地方政府协同起来。当然，这对整个国防建设而言，因为退役士兵的发展得不到有效解决，参军入伍的积极性受到打击，征兵工作会产生困难，兵源质量与数量得不到保障，整体利益受损。

中央政府、中央军委与地方政府也存在激励不相容。对于中央政府、中央军委而言，国家社会稳定，兵源充足，国防建设坚实可靠是最大整体利益。而对于地方政府而言，由于我国目前实行的是义务兵制，贡献兵源本身就是为国家做贡献，是付出。现在又要求其必须承担士兵退役后的就业教育培训与安置，兵源贡献越多，需要承担的就业培训、安置任务也就越重，财政资金支出也就越多，地方政府自然就没有积极性进行相应的工作。

地方政府及相关部门与教育培训机构之间也存在利益不相容。对于教育培训机构而言，承担退役士兵教育培训任务没有相应的政绩考评，更多的是一种经济收益以及社会责任。在具体实施时，更多的是考虑经济收益，在教育培训经费有限的情况下，就有可能减少教育培训的内容，降低教育培训的质量。而对于地方政府及相关部门而言，少花钱，多办事，希望能够以较少的投入取得较好的效果。同时，为了控制教育培训质量，往往在资金拨付方面设置若干规定。进一步导致相关部门与教育培训机构之间的冲突。

而在退役士兵本身与教育培训机构、相关职能部门之间也存在利益不相容。对于退役士兵而言，参加教育培训最大的利益是能够找到一份好工作，未来有较好的发展。同时，退役士兵参加教育培训主要耗费时间，存在较大的机会成本。而对于教育培训机构而言，希望能够尽快安排退役士兵就业上岗，提高就业率，这样就能支取相应的教育培训经费。在这种情况下，某些教育培训机构就可能提供一些层次较低的就业岗位，不能满足退役士兵就业期望与要求，引起两者之间的冲突。

激励不相容现象是事物发展中的客观存在，尤其是参与方越多，激励不相容往往越明显。对于退役士兵教育培训而言，必须深刻认识存在的激励不相容现象，不能否认。这样，才有可能通过制度或机制设计来调整各方利益，达到激励相容，形成合力。

二 "短、平、快"教育培训模式与人才培养规律相悖的矛盾

人才开发与培养有其自然规律。人才开发的累进率告诉我们：能力的发展度与付出的有效劳动量以及青少年时期所打下的基础之宽实程度在一定阈值内成正比。能力的发展也是连续性的，是一个由量变到质变的过程。能力发展累进率决定必须将士兵职业教育与技能培训前延到服役期间，不能指望3个月到6个月的培训使其迅速成才。此外，能力发展不是单一能力的发展，它的形成与开发是一个由低到高的累进过程，即能力的形成与开发是由基本能力到社会通用能力再到专业技术能力的层层递进过程，这就是能力开发的累进率。

而现在的职业教育与技能大多是3个月到6个月的专业技能培训，将退役士兵职业教育与技能培训切片化，追求"速成"。希望退役士兵能够快速掌握某一门技能。在经费有限的情况下，政府、相关部门以及教育培训机构也希望采取"短、平、快"的模式，能够尽快使退役士兵结业、就业。而对于退役士兵而言，退役后面临成家立业，需要承担的责任，也迫切希望能够尽快实现就业。这种"短、平、快"的教育培养模式难以支撑相应的全面能力、可持续发展能力的培养开发。

违背能力发展提升规律，只重视退役后专业技能的培训，造成职业教育的实效性较低，也往往造成短暂的繁荣，致使退役士兵产生较多的"就业失败"现象。

对于退役士兵而言，其就业能力提升不是短时间内"速成"的，其教育培训也必须遵循能力开发的累进率，不能建设空中楼阁。此外，联合国开发计划署所发布的《关于人的发展报告》中将人的发展界定为"人的可持续发展"。从"人的可持续发展"这个角度出发，职业教育与技能培训的本质在于实现人的社会化并促进其全面发展，即将自然人转变为社会人。而侧重于某一专业技术技能的职业教育与技能培训是无法满足退役士兵全面发展需要的。加之现代职业教育与技能培训的核心理念是注重人的"终身就业能力"，注重个体获得工

作并保持工作的能力。而这种"终身就业能力"的开发与培养需要长时间的积累,单靠短时间内的专业技术培训也是无法达成的。

而目前退役士兵教育培训的时间大多较短,大多是 3 个月到 6 个月的短期技能培训。如何协调两者之间的矛盾,是深入推进退役士兵教育培训工作必须解决的课题。

三 属地管理与异地服役、培训之间的矛盾

当前,退役士兵教育培训采取属地管理原则。士兵退役后,到所属地参与当地组织的教育培训活动。而在当前人力资源市场自由流动的情况,有的退役士兵希望在服役地就业,不愿意返回属地就业。同时,部分退役士兵来自农村、偏远地区。而这些地区的教育培训机构往往软硬件基础较差,难以达到退役士兵的要求与期望,也导致退役士兵不愿意参与属地组织的教育培训活动。而参与服役地或者高一级地区的教育培训活动,涉及教育培训资金的归属,教育培训的效果的评价等。在教育培训经费方面,退役士兵即使参加异地培训,也需要在属地报销相关费用。这就导致属地出资,外地培训,属地的教育培训经费外流。出于对当地教育培训机构的保护,属地政府是不希望教育培训经费外流的。此外,由于地区间经济发达程度存在差异,相应的教育费用扶持额度也存在差异。这就导致属地政府提供的支持资金可能不足以支付教学培训及生活费用,不能实现"免费培训"。同时,对于参加异地培训的退役士兵而言,如何根据其教育培训效果来支付相应的教育培训,也是现实难题之一。

属地培训也与教育资源整合,教育培训规模存在冲突。退役士兵教育培训活动也存在一定的规模经济效应与协同效应。所谓规模经济效应是指随着退役士兵教育培训规模的加大,教育培训机构的成本在逐渐下降。而协同效应是指随着退役士兵教育培训规模越大,其参与招聘的企事业单位越多,提供的岗位越多,退役士兵的选择也就越多,教育培训的效果越好。而属地培训则往往难以达到应有的人员规模,十几人、二十几人都要组织一个单独的班次,加大了教育培训机构的成本,参与招聘的企业数量也少,退役士兵的选择机会也少,就业效果不明显。现实中的这种矛盾也必须通过相应的机制设计来解决。

第七节　中国退役士兵职业教育与技能存在的问题

由于我国退役士兵教育培训开展时间较短，存在一些深层次的矛盾，必然导致一些问题的产生。系统归纳这些问题，有利于进一步明确退役士兵教育培训工作重点以及研究方向。

一是在教育培训理念上，侧重技能培训，忽视职业教育，缺乏以人为本，长远持续发展理念。现代职业教育理论以及就业能力模型说明职能能力或就业能力都是一个综合能力体系，是所用能力的综合。这决定了退役士兵职业教育培训应是持续的，贯穿于全过程的。而现在无论是在政策上，还是具体实践上，对职业教育与技能培训的理解还不够全面、深刻，比较侧重退役后的专业技能培训，而对其他相关能力的培养不够全面。在现实中，各参与方对退役士兵职业教育与技能培训的理解也存在较大偏差。不少部队尤其是基层部队干部认为职业教育培训是士兵退役后的事情，部队只抓军事训练。这种将职业教育与技能培训与军事训练对立起来的理念，必然会影响士兵服役期的职业教育活动。而对于牵头的民政部门而言，认为部队环境过于复杂，难以开展全程性的职业教育与技能培训活动。培训机构则从经济效益的角度出发，认为多一事不如少一事，做好主管部门要求的工作即可。

此外，根据联合国开发计划署所发布的《关于人的发展报告》，人的发展是"人的可持续发展"。从"人的可持续发展"这个角度出发，职业教育与技能培训的本质在于实现人的社会化并促进其全面发展，即将自然人转变为社会人。而目前退役士兵职业教育与技能培训并没有很好地贯彻"以人为本"，注重人的可持续发展能力的培养，只是侧重短时间内解决士兵退役安置问题。这种"短视"理念只是解决一时矛盾，无法满足退役士兵全面发展需要。同样，士兵需要的"终身就业能力"的开发与培养需要长时间的积累，单靠短时间内的专业技术培训是无法达成的。理念决定行动,理念上的偏差可能是退役士兵职业教育与技能培训工作目前存在的最大问题。

二是机制需进一步健全与完善。目前来看,退役士兵教育培训在资金保障机制、统筹机制、协调机制、利益分享机制、评价机制、资源整合机制等方面还需进一步健全与完善。

当前,由于资金保障机制的缺乏,导致市、县级财政配套资金缺乏,致使退役士兵教育实际资金缺口较大,经费不到位现象较为突出,往往需要教育培训机构垫付经费,严重影响了教育培训质量。故此,应结合实际,建立资金保障机制。这是开展退役士兵教育培训的基础。在资金保障机制方面,应逐步建立以中央财政、省级财政为主的资源来源渠道,只有这样才能为跨区教育培训奠定基础。此外,中央军委也应建立相应的教育培训资助机制,用于士兵服役后期的一些需要时间长、见效慢的职业能力的培训活动,或者是士兵自主学习某些职业技能。无论是中央财政、中央军委,还是省级财政,都应该形成相应的制度,保障退役士兵教育培训经费的稳定增长。

当前,退役士兵教育培训活动分散,教育培训资源分散,军地分散,缺乏必要的统筹机制,影响了退役士兵教育培训的效果和效率。在组织架构上,国务院、中央军委成立全国退伍士兵安置工作领导小组。这是一个类似于委员会式的组织架构,集中了众多部委人员。这有利于协调各部委制定相关的政策,推进退役士兵教育培训工作。但由于缺乏相应的机制,加之相关人员都是兼任,现实中很难解决诸如资源分散、军地分散的问题。省级层面上也是如此。这导致退役士兵所期望的跨地区培训很难落实。

退役士兵教育培训工作涉及民政、财政、教育、人社、武装等众多部门,需要多部门紧密协作共同完成。尽管国务院、中央军委提出建立由民政部门牵头,教育、财政、人力资源社会保障和军队有关部门参加的工作机制,但相关文件对各部门职能的描述较为笼统。现实中往往是民政部门承担完全责任,其他部门被动地参与的局面。由于民政主管部门职能限制,有时也很难协调其他部门,难以形成培训"合力"。如何解决退役士兵教育培训中的新问题,相关部门应承担什么样工作职责，如何实现各部门间的无缝衔接，都需要通过进一步健全与完善机制来解决。否则，就会出现退役士兵教育培训工作的"你动我不动，我动他不动"现象，以及新问题相互推诿扯皮，阻碍了退役士兵教育培训的深入开展。此外，如果要实现全程职业教育培训，部队就成为这个系统中的重要一环。而现在部队，尤其是基层部队并没有充分认识退役士兵职业教育培训的重要性，只是局限于退役前的政策宣传。

如上所述，我国实行的义务兵与志愿兵相结合的兵役制度。加之军队环境较为封闭等因素，导致了退役士兵各参与方激励不相容。这个深层次的矛盾不解决，就难以形成退役士兵教育培训的合力。解决这个矛盾，必须从先行兵役制度入手，建立相应的利益补偿机制，才能调动兵源大省、大市、大县的积极性。不然，"贡献越大，吃亏越多"将导致很多工作难以落实。

在评价机制方面，也急需健全与完善。尽管相关政策强调对承训机构的考评，但一直没有完善的考评体系。没有考评，就缺乏必要的推动力。故此，推动退役士兵教育培训工作的开展，不仅是要考评承训机构，更要形成层层考评的机制，国务院、中央军委要对全国退役士兵的参训率、就业率等进行考评，全国退役士兵安置工作小组要对省、省要对市、市要对县进行相应的考评，才能推动退役士兵教育培训的层层落实，才能切实提高退役士兵教育培训质量。此外，如果要推动部队参与退役士兵教育培训，也必须建立相应的考评机制，单靠思想教育，很到落实。

三是相关政策有待进一步整合、细化，某些政策的实效性较差。目前相关政策层次最高的是《中华人民共和国国防法》与《中华人民共和国兵役法》，下一个层次是《退役士兵安置条例》。以上三个法律条文并非完全针对退役士兵职业教育与技能培训，只是部分条款涉及此项工作。故其内容大多是方向性与指导性的，需要进一步细化或者需要进一步形成详细的政策文件才能保证其可操作性。同时，对于上级政策文件，下级机构多是复制上级文件，并没有多大的创新与发展。如"具有高职（高专）学历的，退役后免试入读成人本科或经过一定考核入读普通本科"就需要出台更为细致的规定。此外，由于退役士兵职业教育与技能培训开展时间较短，主管部门对其规律、特点还没有深入掌握，致使某些政策实效性较差，甚至流于形式。如《关于实施退役士兵教育资助政策的意见》中规定：从 2011 年秋季学期开始，对退役一年以上，考入全日制普通高等学校的自主就业退役士兵，根据本人申请，由政府给予教育资助。结合我国实际情况，大部分士兵通常高中毕业入伍，而且入伍士兵通常是成绩不好（成绩好的考入军校或考入相应大学，成绩好而因为家庭困难辍学的学生已经很少）。这样高中毕业入伍年龄已经是十八九岁，甚至年龄更大。而义务兵服役期为 2 年，如果再转为志愿兵（士官），服役期更长。在这种情况下，士兵退役时年龄已在二十三四岁，甚至更大。试想能有多少马上成家的士兵能够参加普通高考，能有多少士兵通过部队自学与普通高中生一同竞争。故此，政策虽好，但实际价值不是很大。

四是退役士兵教育活动开展时机不当，过程欠缺系统性。当前的退役士兵教育培训是在退役返乡后进行的，这直接导致教育培训时间短，不符合能力发展规律。一些需要时间、见效慢的教育培训根本没有开展，导致退役士兵缺乏必要的职业素养与社会通用能力，空有某一方面的技能，很难适应社会。即使是退役后的教育培训，培训时机安排也存在不妥当之处。士兵退役返乡一般是在每年的 11 月下旬至 12 月底，而培训却多是安排在 7—9 月，退役时间与教育培训时间间隔期太长。部分退役士兵退役后直接找到工作；没有找到工作的，也为了生计，四处奔波，难以集中，直接导致报名参训的退役士兵人数锐减，也增加了退役士兵教育培训组织的困难。而对于高学历教育，学制时间长，见效时间慢。这与退役士兵希望尽快完成学业，实现就业的迫切愿望不相协调。也导致退役士兵参加高学历教育人数减少。另外，对于参加高学历教育的退役士兵，存在边参加培训边找工作或边上班的现象，工学矛盾相当突出，造成旷缺课的人数较多，学习时间难以保证，学习效果不够理想，难以达到培训目的。

从退役士兵职业教育与技能培训的开展过程来看，也缺乏系统性。退役士兵职业教育与技能培训以就业为导向，包括了职业性向确定、职业性向的导引、现状评估与职业教育培训内容确定、培训课程确定、培训活动的组织实施、培训活动效果评估等环节。就目前来看，退役士兵职业教育与技能培训中缺乏必要的职业性向测试，导致相当一部分退役士兵是被动做出选择，或者"随大溜"地做出选择（部队里选择学习驾驶的士兵最多，而选择其他技能较少，这是一种"随大溜"的反映）。从退役士兵参与职业教育培训方式来看，自由选择与自愿参与对职业性向测试与导引要求更高。因为对于大多数士兵而言，缺乏对自身客观的认知，不知道自己适合做什么，能做什么，甚至抱有"先就业、再择业"的观念。这种情况下，如果源头环节缺失，退役即使暂时就业，也难以逃脱"就业、失业、再就业"的恶性循环之中。久而久之，也会对职业教育培训工作产生不信任，影响后续退役士兵参与的积极性。

五是教育培训机构数量多，力量不强，专业化程度不高，缺乏资源整合。尽管越来越多的教育培训机构加入到退役士兵教育培训中来，但大多数教育培训机构师资仍较为薄弱，设施较为落后，缺乏相应的课程开发，教学模式也较为单一与落后。某些县、市公办职业技术学校缺乏，且由于受生源减少和职业技术教育不受重视的原因，学校把教授文化升学课作为主课，职业技术培训类课程较少。而其他私营职业技术学校大多是针对企业培训的速成班或短训班，培训科目少，且受利益驱使，退役士兵选择范围狭窄。这也是退役士兵不愿接受培训的主要原因之一。

此外，尽管市、省级层面，参与退役士兵教育培训的教育培训机构多为高职、技师、技工院校，这些学校在实践训练方面有一定的优势，但对于退役士兵职业测试、理论教学、课程开发存在较大不足，往往侧重于培训退役士兵某一单方面的操作技能。这种教育培训必须建立在准确的市场需求以及职业测试上面，否则一旦市场或者退役士兵本人发生改变，培训成果就毁于一旦。

当前大部分短期一次性退役士兵教育培训活动由各地市、县自行组织，资源缺乏共享与整合。在上级要求下，每个市、每个县都要组织相应的退役士兵教育培训活动，客观上形成了次数多、规模小的现实。尽管每年退役的士兵总量不少，但分散到具体的市、县，人数规模就较少了，有的县甚至只有十多个退役士兵，也要组织进行教育培训。而人数少，就造成教育培训机构无法回收成本，只能削减课程内容，缩短教育培训时间。此外，人数少，也难以为其组织较大规模的人才交流活动，参与企业也没有积极性，提供的岗位也少，退役士兵也很找到称心的工作岗位。这种组织方式很容易造成教育培训没有效果，退役士兵参与率降低，参训人数减少，投入的教育培训经费降低，教育培训机构进一步削减课程内容，质量进一步下降的恶性循环。

六是存在师资队伍、课程体系、教学研究三大发展"瓶颈"。我国退役士兵教育培训工作开展时间短，承训机构基础差，尤其是缺乏一支专业的师资队伍。退役士兵是一个较为特殊的群体，与社会学员有一定的差别。而现有师资队伍多是从事普通学员的教育培训工作，对退役士兵的心理发展缺乏足够的了解，对退役士兵发展规律也缺乏足够的了解。其讲课方式、学员管理方式与退役士兵期望要求存在一定的差距，影响了教育培训的效果。同时，由于缺乏必要的专业性、针对性，"半路出家"或临时从事退役士兵教育培训工作的教师也往往感到力不从心，很容易形成倦怠感，进而陷入恶性循环。

在课程建设方面，还没有形成成熟、有效的课程内容体系，导致教育培训针对性不强，培训效果有待进一步提高。课程是教育培训的具体载体，课程体系决定了教育培训质量。目前来看，大多数承训机构沿用传统课程内容，有的内容较为陈旧，尤其是一些县级承训机构仅有计算机、办公自动化方面的培训。没有科学的、针对性、适用性强、具有时代特色的课程内容，课程自然缺乏活力，教育培训针对性自然不强，教育培训对退役士兵就业与发展帮助不大，必然形成"进得去，留不住人；上得了学，学不到东西"不良局面，影响了退役士兵参与的积极性与投入程度。

如何开发相应的课程体系，必然要在教研上下大功夫。但退役士兵职业教育与技能培训涉及社会化理论、教育发展理论、人力资源开发理论等众多理论，需要教育培训机构具有较为强大的研发能力，才能开发出针对退役士兵的课程体系与教学模式。这显然是部分高职、技师、技工，乃至民办培训机构很难做到的。目前，承担退役士兵职业教育与技能培训工作的多是职业技术院校，他们在实践基地、专业技能培训方面具有一定的专长，但也存在科研能力低、课程开发能力弱等不足。这个环节的缺失导致课程开发严重滞后于实践需要，培训内容单一，无法适应士兵全面发展的需要。课程研发能力弱，导致很难开发出符合退役士兵特点的课程体系，必然造成"无米下锅"的实际情景。

七是管理不成熟，市场竞争机制还没有完全建立起来，缺乏必要的优胜劣汰。退役士兵教育培训工作涉及多个职能部门，既有民政，也有财政、教育、人力资源与社会保障，还有军队及其他部门。这也造成退役士兵教育培训机构管理主体的多元化，很多部门并没有真正参与到退役士兵教育培训机构的日常管理中来。而民政部门的管理力量又较为薄弱，很难管理到位，不可避免造成某些教育培训机构作假的现象。此外，目前对于教育培训机构的选择开始采取公开招标，应该是一个进步，但更多仍是以协议或指定的方式选择教育培训机构。如何建立市场竞争机制，能够保证教育培训机构的优胜劣汰，是下一步退役士兵职业教育与技能培训市场发展的关键。

八是教育培训内容欠缺，偏重知识教育，缺乏退役士兵就业环境，职业发展的教育与辅导。当前的退役士兵教育培训大多侧重于知识的灌输，单一技能以及注重文凭学历的教育培训。使退役士兵步入社会后，就业弹性低，可持续性弱。这与当前注重终身学习、关注"发展性学力"等教育发展趋势是相违背的。正如埃德加·富尔在《学会生存》中所讲："未来的文盲，不再是不识字的人，而是不会学习的人。"[①] 简单地讲，学力是指学习能力和知识水平，是个体知识水平以及接受知识、理解知识、运用知识方面的能力，可以分为基础性学力、发展性学力、创造性学力等。也有人将发展性学力与创造性学力等同。与基础性学力对应，发展性学力是侧重于个体自我发展的

---

① 李海鹰：《浅议高中语文学习方法法》，《中国教育探索学刊》2014 年第 2 期。

态度、能力与知识的复合性学力，包括了基础知识的应用能力，新知识的获取能力，主动学习的意愿，具有开发性、多元性和灵活性等特征。当前退役士兵教育培训过多侧重知识与单一技能教育培训，缺乏发展性学力教育培训理念，很容易导致教育培训活动结束后，社会或工作环境稍一变动，退役士兵无法适应新环境、新组织、新职业。

此外，缺乏退役士兵就业环境，职业发展的教育与辅导，导致退役士兵对当前就业环境缺乏全面的认知，就业观念错位，就业困难。受传统因素影响，部分退役士兵认为找工作靠门路与关系，教育培训作用不大，导致在退役士兵群体中存在职业教育和技能培训的无用性认识。由于部队较为封闭，退役士兵对新政策的了解、学习不够，对社会接触不多，对市场经济体制下的就业形势认识不足，一心只想在事业、行政单位就业，导致退役士兵在择业上期望值太高。此外，退役士兵大多为青年群体，他们心智还不成熟，对自身缺乏客观与全面的判断，学习的方向性不强，甚至存在一定的盲目性，也影响了教育培训的效果。而由于是属地培训，县、市缺乏优秀的企业，很难吸引退役士兵，整体就业环境不佳，进一步导致退役士兵参加教育培训积极性下降。

九是退役士兵层次差异性大，地理分散，年龄较大，对教育培训要求不一，造成了教育培训组织难度大。当前，我国退役士兵层次差异性较大，这主要体现在他们的学历、来源地等方面。这种差异导致不同的退役士兵要求的培训内容也不相同。此外，退役士兵居住地理区域是分散的，加之年龄大，将其组织起来统一培训的难度较大，成本较高。

此外，在退役士兵家庭方面，很多家长对教育培训存在一定错误认识，认为只要能吃苦，培训无所谓。而经济困难、压力大的家庭，家长则希望其尽快外出打工挣钱，好早点成家立业。对于已经成家立业的退役士兵而言，已经结婚，受家庭拖累，也很难参与教育培训。

尽管我国退役士兵教育培训存在诸多问题，但可喜的是，中央政府、中央军委以及相关部门已经认识到问题的存在。相关部门不断进行探索，以期推动退役士兵教育培训的深入进行。如民政部、财政部、总参谋部 2014 年联合发布的《关于加强和改进退役士兵教育培训工作的通知》中提出了开展远程网络教育培训，省内异地教育培训等要求；甘肃省民政厅牵头，其他多部门配合，集团成员单位自愿组成"甘肃省退役士兵教育培训集团"，对于整合教育培训、创新教育培训资源建设机制、组织管理与实施载体，实行跨地区教育培训进行了有益的探索。

第四章 国外退役军人职业教育与技能培训

第一节 美国退役军人教育培训

美国有关退役军人职业教育的法律政策经过多年的积累与完善，已形成较为完善的职业教育培训体系。1918 年，美国国会通过《伤残退役军人资助法》(Disabled Veterans Financial Assistance Act)，明确提出要对第一次世界大战伤残退役军人提供包括职业教育在内的援助。1944 年通过的《1944 年军人权利法案》对退役军人接受职业教育培训的资格、时间、费用标准、管理及实施机构做了一一说明。1952 年通过的《1952 年退役军人再适应援助法案》(The Veterans' Readjustment Assistance Act of 1952) 提高了费用标准，满足退役军人接受高等教育的需求。1984 年，国会通过《1984 年退役军人教育资助法案》(The Veterans' Educational Assistance Act of 1984)。该法案使退伍军人职业教育培训计划更为完善与成熟。1987 年，美国国会取消试用期，将此法案正式确定为《蒙哥马利军人权利法案》（以下简称 MGIB）。"9·11 事件"后，小布什总统签署通过了《2001 年退役军人教育与利益扩大法》(Veterans Education and Benefits Expansion Act of 2001)，大幅度提高退役军人接受高等教育的资助额度，MGIB 资助标准也在两年内提高了 46%。2008 年，小布什总统又签署了新的《退伍士兵权利法案》，即《9·11 战后退役军人教育援助法案》(Post 9·11 Veterans Educational Assistance Act of 2008)，规定国家为退伍军人支付在公立大学接受4年学位教育的经费。

　　组织实施方面，美国退役军人职业教育培训组织实施机构主要由美国退役军人事务管理局、国防部、劳工部、教育部及非政府组织构成。美国退役军人事务管理局是退役军人职业教育培训的日常管理机构，负责退役军人职业教育培训相关法案的执行，教育津贴发放，并致力于与其他政府机构、社会团体、企业公司和教育机构等组织关系的协调。美国国防部职责则主要包括：①向白宫和国会提出退役军人的安置政策；②为退役军人提供法律制度、文化教育、就业去向等方面的咨询服务；③确立资助标准以及资格认定；④联系劳工部、退役军人事务部等有关部门，为退役军人及家属提供必要的就业信息；⑤组织退役前相关的技能培训，提供一定数额的经费。美国劳工部则下设"劳工部退役军人培训就业局"，与工业部门联合对退役军人进行职业技能培训。而教育部则主要为退役军人接受高等教育提供咨询和帮助，旨在帮助退伍军人更新他们的学术技能，帮助他们顺利完成中学后教育，如通过"退役军人向上跃进"办公室为退役军人提供写作、数学、实验和外语各方面的指导，帮助退役军人从退役军人事务部或其他退役军人组织中获得教育援助。美国还有大量的非政府组织参与退役军人的教育培训，它们的主要职能在于：①解决会员就业和生活上的困难；②游说国会与政府提高退役军人教育资助标准，扩展退役军人教育资助项目；③通过收集、调查会员对教育援助政策的意见、建议并向有关部门汇报，促进相关政策完善；④监督退役军人教育援助法案的实施。美国高校是退役军人职业教育培训的主要力量之一，负责为其提供学位课程，退役军人可利用相应的教育援助完成课程并获得学位。同时，美国高校之间的互认学分使退役军人可在协议内的任一高校学习某一学位课程，并在满足最低学分要求后可任选高校申请学位，此举极大地方便了退役军人学习的自由度和灵活性。

　　在职业教育培训模式与课程内容方面，美国退役军人职业教育培训模式比较注重"可持续发展"及"与社会并轨"的理念，注重退役军人终身学习培训等理念，采取现役职业教育培训与退役职业教育培训相结合，学历教育与专业技能教育相结合的模式。具体而言，军人服役期间可参加相关高校的学位课程，退役后可继续坚持未读完课程，完成相关学位的申请。对那些基础较差，又想接受高等教育的军人，教育部则提供诸如阅读、写作、数学、外语等的免费补习课程，以便退役军人能顺利进入高校。在岗培训方面，美国退役军人事务管理局规定，退役军人作为公司、企业或国家机构的正式职员，在受雇的1—2年内有50%以上的工作时间接受入门级的工作培训就可被视为接受学徒制或在职培训，即可获得教育援助的资助。参加在职培训或学徒制的退役军人除了获得正常的工资收入外，还可享受退役军人的教育津贴。美国许多知名公司（洛克希德马丁公司、丰田公司、梅克制药公司等）的退役军人员工都是这类培训的受益者。警察局、州巡逻队、消防队等地方机构也提供这类的培训，并对退役军人参加培训有政策上的倾斜。

课程体系方面，主要包括学位课程与非学位课程两大类。美国各高校都为退役军人提供各种学位课程，退役军人完成课程学习就可以获得相关学位。退役军人通常会选择进入社区学院或四年制大学中攻读副学士、学士学位，甚至进行研究生阶段的学习。美国对退役军人攻读学位课程的支持方式很多。近年来，教育津贴开始资助退役军人通过网络远程教育的方式学习相关学位课程，但退役军人事务管理局把教育援助的课程范围限定为得到全国性认证委员会或美国教育部联邦家庭教育贷款计划（FFEL）的认可的网络远程课程。非学位课程主要包括补习性课程与职业培训课程。补习性课程主要针对基础差的退役军人开设。美国教育部的"VUB"计划为一些基础较差的退役军人提供了数学、外语、写作、阅读等高中水平的免费补习课程，以帮助退役军人能顺利进入高校学习。美国也开设了进入社区学院、大学等教育机构所需的预备课程，供退役军人入学前学习。职业培训课程是劳工部、军人家庭援助中心等机构为退役军人组织的专门的职业技能培训课程，退役军人也可以利用教育津贴就近参加当地教育机构的各种职业培训课程或从业资格证书的培训课程。而且，退役军人凭资格证书或文凭考试的成绩单（无论是否合格）可以到当地的退役军人事务管理局分设的办公室要求利用教育津贴"报销"考试费用。对于已经拥有或想要开办自己公司或企业的退役军人,"小型企业发展中心"(SBDCs)、"全美退役军人商业发展公司(退役军人公司)"在全国范围内提供"企业家课程"。

此外,退役军人参加函授教育、飞行培训、教师资格培训等课程的学习也可获得相应规定的教育援助。需要注意的是,并不是退役军人参加的所有的课程都能得到教育津贴的资助。个人兴趣课程、之前已学习完成的课程、在现役阶段通过军方学费援助计划学习过的课程、作为联邦政府雇员按政府雇员培训法接受的课程、作为私立学校所有者或职员学习的本校课程等不在教育援助的范围。

第二节　欧洲国家退役军人教育培训

德国,全称德意志联邦共和国,是欧洲大国、强国,也是欧洲联盟中人口最多的国家。鉴于第二次世界大战中失败国地位,该国国防政策以防御性政策为主。近年来,随着"预先防范"安全战略思想的确定,军队转型进程不断加快,军事力量不断增强。德国《基本法》规定,联邦总理为战时军队的最高统帅,联邦安全委员会为最高国防决策机构。德国曾断断续续地实行义务兵役制,国家宪法规定了公民有服兵役义务。2010年12月,德国联邦政府通过提案,于2011年7月1日起取消了义务兵役制,联邦国防军由全职士兵、兼职士兵和自愿兵役组成。所谓志愿兵役是指以签订合同的方式来招募自愿服役的职业军人,合同期一般为2年到5年。通过兵役制改革,德国保证了军人的职业化水平。根据德国2011年推出的联邦国防军第二阶段改革计划,德国军队在2014年保留至18万人左右,其中有17万名职业兵和志愿兵。

德国退役军人安置完全采取市场体制,退役军人工作安置完全是自谋职业,由个体及各类组织双向选择。故此,德国十分重视军人的职业教育与技能培训,将其视为退役军人实现充分就业的基础与重要保障。德国《军人保障法》明文规定,为退役后找到合适的工作,并迅速融入新的"社会生活",军人服役期间,应接受相应的职业教育与培训。此外,德国《军人法》、《职业培训工作促进法》及《护理法》等也保障退役军人职业教育培训的权利。在组织分工方面,设在国防部联合保障司令部下面的职业促进服务局具体负责退役军人的培训与就业工作。在培训模式与方式方面,德国实行职业和国民教育两种模式。37所地方职业培训学校与55家行业协会职业培训中心负责军人服役期的职业培训,14所军队高校和地方大学,负责国民教育学历培训。

德国相关法律对军人的职业教育与培训的形式、时间、经费等做了详细规定。职业教育与培训工作原则在军人退役前完成,特殊情况下,可推迟到退役后一定时间内完成。职业教育与培训的时间和费用与服役期相关,服役期越长,职业培训时间越长,经费越高。除正常的职业培训费用外,德国军队还为受训者提供相应的交通补贴、租房补贴等。相应的职业培训形式采取直接授课或远程培训方式进行。军队职业促进机构选定的职业培训学校或职业培训中心具体承担相应的职业培训工作。对于位置偏僻、分散、距离职业培训学校或中心较远的部队,也可以采取"脱产集中"的方式进行,即离开部队集中到职业培训机构教学,这种培训一般集中在服役即将结束时进行。

在培训专业与内容方面,德国国防部职业促进中心每年要对军官进行调查和咨询,把有关培训的课程、内容详细介绍给每一位军官,再根据军官个人的志愿和要求调整培训课程和内容。此外,德国打通了高校专业性教育、职业教育之间的关系,两者均能获得地方认可,其教育经历也与地方职业教育一样。故此,可以用专业性在职教育来代替职业培训。同时,由于德国具有高度发达的工业基础,产业化程度高,分工细,其相应的职业培训也比较专业化。为促进退役军人充分就业,所有教育培训机构开设的专业,全部面向退役军人开放,涉及专业众多,选择空间大。职业培训完成后,通过相应的考核,退役军人能够取得国家认可的职称证、执业资格证、专业证等。

同时,服役期间,全体军官负有相应的"内心引导"职责,要承担起政治教育、思想引导、纪律教育、心理培养、人文关怀等工作任务，这是军官的必修课和必须具备的素质。德国军队内部还专设"内心引导中心"的教育机构，负责对军官的内心引导能力进行培训和考核。通过此方面的训练，一方面使德国军官具有较高的心理素质、守法意识以及人文素养；另一方面也使普通士兵具有较高的心理调适能力、人文素养等。

  英军各军种退役军人安置与就业联络办公室一般提前1—2年向预定退役的军人征询就业志愿。需要参加培训的退役军人可选择参加"安置培训中心"的行政、工商管理、劳动技能等40多项培训课程。培训采取分期训练的方式，学员结业后可参加地方行会组织的职业技能考试，合格者取得证书。军内开设教育课程，军官退役前可以选学一到两门，学习最短时间为3个月、最长时间为2年，以专业为主，考试合格者取得结业证书。军队无法开设的课程可以就近到地方单位培训，各军种人事部门根据政府有关机构开列的年度培训计划，结合个人的自愿安排预定的军官学习，学时一般为3个月左右，费用由军方支付，学时依学科而定。军官的就业培训一般在军官退役前结束。

  法国建立了国家机构和社会组织分系统。职业变动委员会作为国防部的一个处，负责预备役军人及其家属的职业安置和教育训练的拨款、计划和组织等任务，并与民用部门保持联系。在具体实施上，军人退役前两年，由"退役服务咨询师"协助拟定个人职业规划，并针对每个人建立档案。双方经过探讨后，制订就业或创业方案提交委员会受理。委员会根据方案并经过职业评定后确定军人是否需要培训。在职业教育培训领域，法国培训有160种职业供军人选择，并有相应的能力评定系统，形成官方评定，全国有效，与社会职业能力鉴定具有同等效力。借此，最大限度地保证了培训后人岗匹配，实现有效就业。法国退役军人职业教育培训的显著特点如下：一是由国防部统一组织管理；二是职业教育培训组织严密，形成了职业规划、培训需求与内容确定、能力考核、测试的一系列规定和制度，通过能力评定，完全实现个性化服务。

  俄罗斯1993年颁布了《军人地位和社会保障法》，规范了军人的社会保障及法律地位等，从法律上明确规定了退役军人的就业培训问题。其后，俄罗斯制定了数十个相配套的规范性法律文件，对退役军人职业教育培训做出了更详细的规定。对于退役军人职业教育培训具体由"俄联邦军人社会问题委员会"组织管理。该委员会直属总统委员会领导，成员由财政部、国防部、教育部、劳动和社会发展部等部门的负责人组成，由副总理兼任委员会主任。在培训模式上，面向劳动市场，实行对口培训，培训方式主要包括国家培训、军队培训、社会培训及同西方合作培训。国家培训是由俄联邦高等教育委员会和教育部通过国家教育系统对退役军人实施培训，所需经费由国家承担；军队培训是由俄国防部在总干部设置的培训中心对即将退役的军人及家属进行的培训；社会培训是在俄政府的统一安排下，由社会团体、企事业单位和有关民间组织成立退役军人劳动就业和职业教育培训中心或训练班进行培训。其职业教育培训过程一般分为职业定向、职业培训、就业跟踪培训 3 个阶段。培训类型分为退役前培训和退役后培训两种。军人可根据自己的需要，在退役前的 2 年培训时间里，向所在部队提出提前参加培训的申请，退役之后 3 年内同样可以享受培训的权利，培训期间有正常休假的权利等。

比利时实行志愿兵役制，属于终身职业，隶属公务员范畴。比利时政府和军队非常重视军人的职业培训。比利时国防部和地方中介培训机构退役军人的培训理念主要包括：一是重新激发退役军人为国效力的热情和业务能力；二是挖掘本人已有的才华和能力，使之投入到新的工作中。其具体做法为：

（1）专业培训前置，在部队进行。军队积极支持军人在服役期间，根据自己的兴趣爱好和个人需求，学习与地方工作有关的专业知识和技能。允许军人利用业余时间，就读于地方有关院校，获取所需文凭。学习培训经费全部由军队支付。

（2）转业期间侧重就业技能培训。军人从确定退役到就业大约需要一年时间。国防部在确定军人转业前一个月就进行宣传，让所有军人都了解有关信息，并将转业信息通过媒体、网络向社会公布。之后开始招投标，选择信誉好、推荐力强的中介公司，对转业军人进行培训和就业中介服务。因转业军人在服役期间已经学习了到地方工作的一定知识技能,所以转业期间培训的主要内容是就业技巧方面的知识,如怎样写求职信,如何包装推荐自己等。同时还对部分部队专业与地方工作不太衔接的退役军人进行一些有关知识的培训。培训费用全部由国防部支付。

荷兰与比利时一样,推行军人职业化,实行志愿兵役制。荷兰的专业军人教育培训工作隶属于国防部人力资源部对外就业部。他们以提高军人就业能力和就业技能为目标,开展了形式多样的培训。

(1) 服役期间的培训。军队根据每个军人的职业发展规划,组织各种培训。同时还根据军人个人的兴趣和需求,有目的地进行与地方就业有关的知识技能培训。所有的培训都与地方接轨,获取的文凭地方认可。服役期间军人所有培训费用都由军队支付,只要本人愿意学习,军队就提供经费支持。

(2) 转业期间培训。退役军人转业期间的培训由国防部统一组织并支付经费。国防部对转业期间的培训非常重视,每年通过招投标,与费用合理、能达到培训目的的政府或私营培训机构签订合同,对转业军人进行培训和就业推荐工作。培训内容主要是就业能力和一些相关的知识。目前,荷兰国防部通过招投标,确定了不少的培训机构,已经在全国形成了中介培训网络。

罗马尼亚属于东欧国家,全国现有人口2173万左右。2003年10月,罗马尼亚修改宪法,取消义务兵役制,计划逐步实行军旅制,以此推进军队职业化建设。罗马尼亚政府和军队均设有退役军人管理的常设机构,采取政府为主,军地共管的方式处理退役军人安置就业工作。罗马尼亚军队较为重视军人的综合素质,注重军地两用知识或通用知识的教育培训,也常常组织一些座谈学习,介绍军事技术和就业方面的知识或信息。在退役军人职业教育培训方面,罗马尼亚较为注重职业培训与军人日常军事训练的融合,将其渗透到日常军事训练之中,如要求军人必须学习、掌握地方所需要的科学技术、管理知识与理论以及各类职业的特征、规律等。

这样,在服役期间,罗马尼亚军人就学习相当多的军地通用知识,为其退役后就业奠定了很好的文化、专业以及技能基础。为提高军人军地通用能力培养，罗马尼亚军队设置各种应用学校，为服役军人开设相应的专业培训，其经费来自政府拨款，有相应的《军费预决算法案》进行保障。

第三节 亚洲国家退役军人教育培训

韩国实行义务兵兵役制度，规定20岁至30岁的男性公民必须服兵役，兵种不同，服役期限也不同。韩国军人分为军官和普通士兵，为了使他们能够顺利就业，韩国成立了专业的职能部门和机构负责他们的安置与教育培训。为使退役军人更好地适应地方工作需要，韩国在军人服役期就开始实行就业培训。按照规定，专业的军官和下士官必须接受再就业培训。培训时机安排在正式退役6个月前，拟退役军人根据自己的择业意愿，分别在军队院校、地方有关学校、劳动部认定的职业教育培训机构接受教育培训。所有相关培训费用一律由军方支付，培训合格者颁发资格证书。对于学历低、家庭条件困难的士兵，推行技能培训。士兵根据自己的意愿，在服役期利用节假日或晚间时间参加国家举办的各种职业培训，专业包括机械、电子、通信、航空、土木建筑等专业。培训结束时参加国家统一组织的"国家技术者资格考试"，合格者颁发"国家技术者资格证"。

过去，韩国退伍军人教育培训仅限于军内及地方行政机关内部，企业很少涉及。但随着就业形势严峻，退伍军人就业困难，开始逐步完善职业教育培训体制，与企业联合进行相关教育培训工作。如近年来，韩国国防部在士兵服役结束后，选择优秀士兵，推荐给三星集团。三星集团从中进行第二次遴选，按照岗位需要对他们进行为期四个月的教育培训，内容主要与岗位有关。这类教育培训门槛较低，只要拥有高中学历即可参与三星集团的该合作项目，意味着几乎所有新兵都有资格。韩国国防部表示，继今年与三星合作后，将来还准备将该合作计划拓展到其他公司。

以色列是一个全民皆兵的国家，实行义务兵役制，不管男女只要年满18周岁都要服兵役,是世界上唯一全民义务兵役制的国家。以色列的一般服役期限为2—3年,服完现役后,往往转为预备役,服役期间没有专门的职业教育培训。退出现役后,军人一般都可以进大学继续读书,完成大学学业,也有一部分进入高等职业学校学习。以色列职业教育由劳工和社会事务部人力资源发展局负责退役军人职业教育的工作。以色列职业培训中心遍及全国各地,其中政府开办11所,其余为企业和私人开办。对于退役后找不到工作的军人实行免费培训。培训层次有岗前培训、初级培训、中级培训、高级培训和转岗培训等。培训形式多种多样,有全日制、三三制、以师带徒制等方式。培训时间因人而异,短的几个月,长的四年。培训经费方面,政府开办的政府负责;政府委托社会培训的,政府给予资助;社会自办的可按有关规定收取培训费。被培训人员须接受考试(由政府、雇主、培训单位三方负责人组成测试委员会组织考试)。考试合格者发给相应的培训结业证书。被培训人员须持结业证书到职业介绍机构登记求职。按以色列规定,大约有60%的岗位必须凭证上岗。

尽管以色列在军人服役期间并没有相应的职业教育,但其军队文化、军事训练体系却为军人退役后就业奠定了较好的基础。首先,以色列军队倡导平等自由、不畏权威的精神与理念。其等级观念较为淡薄,能否取得别人的尊重与服从,不在于军衔高低,而在于能力与决策质量,其逻辑是"先说服我,再服从你"。这有利于培养士兵们的分析问题能力以及决策能力。加之全社会推行预备役制度,使军队环境与社会环境差别不大,士兵退役后融入社会的难度较小。其次,以色列军队注重培养军人独立思考、主动作为的作风。士兵不仅仅是完成军事训练,同时他们自行承担一些研究工作,改进自己的装备。而其推行的"任务式指挥",上级在命令中告知下级任务的目的、内容、时间、地点,而具体的完成方法则由下级单独决定。这有利于锻炼士兵们分析问题、解决问题的能力,对其退役参加工作大有帮助。最后,以色列基于实用、危机意识创建的军队制度,让士兵由上至下,都充满了变革的心态,以能力而不以位阶马首是瞻。而平时注重团队训练的模式也有利于锻炼士兵们的沟通能力、团队协作能力,要求成员学习"跨专业技能",每个人要有操作不同专业或部门的能力。

另外,从社会环境来看,其注重终身学习,注重自学精神的培养,也使退役士兵具有较高的素质,能够很好地融入社会。众所周知,以色列犹太人是爱书的民族,他们认为:学习是上帝赋予人的权利和义务。在教育理念上,他们倡导终身教育,强调知识是甜蜜的,并且是一种智慧,学习必须和现实生活紧密结合。在这种理念下,很多高中毕业的青年入伍后并没有放弃学习,积极参与成人教育计划,以巩固基础知识和技能,加强专业培训,扩大知识面以及探索新领域。

以色列国防军的良好声誉,也是提高退役士兵就业能力的重要砝码。以色列将国家安全视为生命,政府则视军人为国家最宝贵的财富。将社会精英人士吸引和保留在军队之中,是以色列政府建军思想的核心。以色列人也认为以军的军官都是以色列最优秀的人,让他们退役后参与地方经济建设,将会有力地保障以色列国民经济的发展。

以色列在退役军人教育培训方面注重创业教育培训与精英培训。成立的民间社会团体"8200联谊会"组织实施"创业家暨创新援助计划"(EISP),帮助大批退役军人实现创业。以色列国防部与希伯来大学合作的"Talpiot"项目,旨在汇集最优秀的高中毕业生,培养以色列顶尖科学家和创业精英,首先在军队培训41个月的科技、创新,以及军事问题跨行业解决方案能力,通过考核后,在部队服役6年。此后在大学接受3年的学术训练,进而成为社会精英。

印度属于南亚国家,是亚洲较有影响力的大国,是世界第二人口大国,也是世界军事大国。印度采取募兵制。因为军队在印度社会地位较高,待遇较好,加之服役时间长等因素,印度青年参军入伍的积极性较高,尤其是贫穷落后地区。目前,印度陆、海、空三军现役兵力约为100万。印度每年大约有10万军人退出现役,年龄多在20—30岁。与中国相似,印度也采用"市场与计划有机结合的安置体制",由地方政府与军队共同负责,其中,国防部退伍军人福利局制定相关的安置和福利政策,退伍军人安置总局实施和落实有关政策,并与联邦政府和各邦的士兵福利局、地区军人福利办公室间进行联络和协调工作。鉴于大多数退役军人职能技能较低，就业安置较为困难，印度国防部与相关教育机构合作，开办"军官管理培训项目"，印度政府在全国各地开办了各种"退伍军人自谋职业培训班"，以使退役军人尽快熟悉社会环境与工作。

　　印度退役军人职业教育培训与技能培训划分两个层次：一是针对退役军官的教育培训，主要是通过政府与各知名商学院合作"军官管理培训项目"来进行。通过商学院主办的管理培训课程，退役军官获得相应的管理知识与技能，为其就业奠定基础。同时，军官在退役前可以参加地方院校开办的课程，获得相应的学历证书；二是更加普及、涉及面更广的"退伍军人自谋职业培训班"。近年来，印度政府在各地开设了各种"退伍军人自谋职业培训班"，针对退役军人和即将退役的现役军人进行短期的技术培训。只要具备一定的文化基础，就可以参加这个层次的职业培训。培训地点通常设在退役军人集中、教育设施完善，教育资源丰富，就业机会较多的地区。此外，针对退役的残疾军人，印度还专门建有相应的培训学校，进行专门培训，所涉及的经费由退伍军人安置总局提供。

　　印度退役军人职业培训时间从 3 个月到 3 年不等。培训专业与内容方面，印度退役军人职业教育培训有效利用现有的社会教育体系，充分发挥社会机构力量，开设涉及农、林、渔、商、运输、保险等专业，涉及培训科目有 500 多项。在教育培训科目中，政府审核批准的有 300 多项，社会力量举办的则有 200 多项，有效地将政府与社会力量结合起来。面向退役军官的培训课程主要侧重于管理类课程，如市场营销、金融管理、经济学、财务报告与分析等课程；面向低级退役军官或士兵开设的课程通常包括安全管理、进出口管理、市场营销、旅游和旅行社管理等。此外，也开设诸如电器安装、证券和资金管理、消防、网络工程、职业咨询、办公室自动化、计算机应用、医学实验操作、制陶、有线电视管理等专业技能课程。

第四节 国外退役军人教育培训的特点

美国、欧洲及亚洲各国开展退役军人教育培训的时间较早，相应的教育培训管理较为成熟。各国的退役军人教育培训有其共同之处，但也有各自的特色。综合各国退役军人职业教育与技能培训现状来看，具有如下特征：

一是对退役军人职业教育培训高度重视，管理层次高，机制较为顺畅，由国家或某个部门统一进行管理。无论是美国，还是欧洲国际以及亚洲的韩国，在退役军人教育培训职能部门设置上，层次较高，有的隶属总统委员会，有的则是设立独立的职能部门，体现政府及军队对军人职业教育与技能开发的重视。从组织建设、机制建设方面保障退役军人职业教育培训的顺利开展。在军队建设的同时，以上诸国建立了相应的经费来源机制、制度，通过强化职业教育培训，解除了现役军人的后顾之忧，为退役军人的就业培训提供强有力的经费保障和就业支持。

二是退役军人职业教育培训系统性、科学性、规范化程度高，职业教育培训大多贯穿服役、退役整个过程，实施全过程教育培训。从以上诸国（除以色列外）退役军人职业教育培训经验来看，无不从参军入伍开始，就注重军人的职业教育培训，将职业意识教育、职业训练、就业准备有机结合起来，其职业教育培训过程如图4-1所示。尤其是职业意识教育方面，尤其值得我们学习。我们人为地将军队与地方社会分割为两种截然不同的环境，将士兵参军入伍与其后续发展割裂开来，尽可能避免服役期间职业意识教育，这违背了教育的连续性规律。荷兰公民一参军，军队就为其进行职业规划，根据本人的学历、能力情况，进行分析评估，制定职业发展规划，按照每个军人的职业发展规划实施不同形式、不同内容的培训。比利时在士兵服役期，就支持士兵服役期间利用节假日和晚上时间参加国家举办的各种职业培训。这种全程职业教育培训模式符合人才教育培养规律，贯彻了终身学习的理念，实现了军人就业能力的提高。

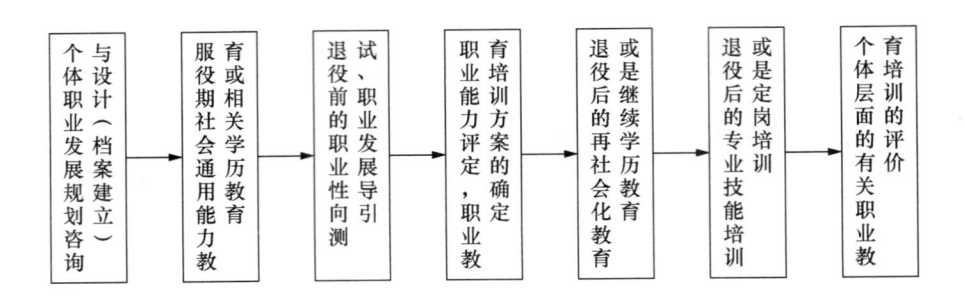

与个体职业发展规划咨询设计（档案建立） → 服役期社会通用能力教育或相关学历教育 → 退役前的职业性向测试、职业发展导引 → 职业培训方案的确定，职业能力评定 → 退役后的再社会化教育或是继续学历教育 → 退役后的专业技能培训或是定岗培训 → 个体层面的有关职业教育培训的评价

图 4-1 国外退役军人职业教育培训过程

对比国外退役军人职业教育培训的一般过程，发现我国在退役士兵职业教育培训方面还存在较大差距。这种差距不仅表现在法律的完备性上，更表现在职业教育培训活动的系统性、科学性上，服役期职业教育培训活动严重缺乏。而要想达到国外的全程职业教育培训，只有进行国家统筹，总体规划，顶层把控，才能保证退役士兵职业教育培训的科学性、规范性。

三是相关的法律政策较为完备，保障了退役军人职业教育培训开展的稳定性、连续性。以上诸国大多数通过法律的形式将退役军人接受职业教育培训的权利固化下来，将职业教育培训资助固定下来。通过法律形式将退役军人教育活动的事宜固定下来，保证了退役军人教育培训活动的有法可依，也有利于退役军人维护自身权益。

四是培训内容的多样与培训资源的整合程度高。以上诸国退役军人职业教育培训机构多种多样，服役期间有军队的各种军事院校，退役后有地方政府的培训就业中心、公务员培训学院、地方大专院校，还有私营公司的培训机构等，并且能够将各类型教育培训资源整合起来。在培训形式、内容、方法上也是不拘一格，多层次、多专业，能够适应个人需求。如荷兰军队根据军人的职业规划，安排军人在服役期间参加各种职业技能培训；比利时公务员培训学院向军人开放公务员入门培训；社会培训机构组织的各种专业知识的培训。在教育培训时间安排上，注重长期学习与短期培训相结合，个人学习与组织学习相结合。如比利时既有几个月不等的短期培训，也有3—5年的全日制学习，还可以利用晚上、节假日进行业余学习。培训机构、培训内容、培训时间上的多样性，为退役军人参加培训提供了方便。

五是职业教育培训内容全面性与适用性较高。综观以上诸国军人职业教育培训，其教育培训内容不是单一的某种技能，而是从职业教育发展规律出发，制定较为系统的教育培训课程，注重军人全面能力的培养开发。这种职业教育培养理念也为社会培养了众多高层次人才，如据美国商务年鉴统计，自第二次世界大战以来，荣登福布斯"世界500强企业"的董事长中西点军校毕业的有1000多名、副董事长2000多名，总裁、总经理则多达5000多名；资料显示，截至2004年年底，以营业额计，在中国排名前500位的企业中，当过兵的总裁、副总裁就有200人之多。教育培训内容的全面性保障了退役军人就业能力的提升，提升了其发展空间，也有利于实现其稳定就业。此外，以上诸国军人职业教育培训还具有较强的适应性、针对性，往往在不同时期和阶段安排不同的培训内容、课程，保障了能力提升的基础性、连续性。

六是注重终身学习、自主学习理念的培养与塑造，切实提高军人的学习能力。当前知识更新速度越来越快，要想适应社会，必须具备较好的学习能力。实践也证明，具有终身学习理念，自主学习精神较高的军人能够较好地实现就业，也能够实现较高层次的就业，以色列就是一个较好的典范。营造学习氛围，创造自主学习条件，发挥军人的主体性，提升其自主学习能力，对打造具有中国特色的退役士兵的职业教育培训体系是大有参考之处的。

第五章　中国退役士兵职业教育与技能培训顶层设计[①]

第一节　我国退役士兵职业教育、技能培训特征与未来发展

由于士兵所处的环境较为封闭，所接受的行为训练也较为模式化，导致了退役士兵职业教育与技能培训具有一些特殊性。结合国外退役军人职业教育培训的模式以及我国实践活动，对退役士兵职业教育培训的特征作如下概括。

第一，退役士兵职业教育培训具有较强的系统性。退役士兵职业教育培训是一项具有明确目的性的整体性活动，是一个有机的系统。在这个系统中，中央政府、中央军委、各部委、省级政府、地方政府、部队、培训机构按照若干规则组成一个整体。中央政府、中央军委起到领导责任，民政部起到牵头组织作用，其他部门起到配合作用，省级政府则起到组织实施作用，地方政府具体实施相关的政策，培训机构按照要求具体执行，他们环环相扣，任何一个组成要素的缺失都会导致系统难以正常发挥作用，或者是阻碍其完全发挥效能。同时，退役士兵职业教育培训也是一项逻辑性、整体性较强的活动，包括了退役士兵职业性向确定、职业兴趣与职业态度开发、教育技能培训需求确定、培训机构选择、培训活动实施、培训效果评估等环节。

---

① 本章内容曾获得山东省2013年全省民政政策理论研究优秀成果一等奖。

这些环节必须有序地开展，否则，就难以达到预期的效果。而且，由于士兵所处的环境较为封闭，对于以上各环节的要求也就越高，相关环节更是不能缺失。

第二，退役士兵职业教育培训具有较强的复杂性。依据系统一般模型，系统由投入、转换、产出及反馈四要素组成。退役士兵职业教育培训在这四个方面都存在较强的复杂性。投入方面，政府方面不仅涉及中央财政的投入，还涉及省级及地方政府的投入。具体某一活动，不仅涉及教育机构的资源投入，还涉及被培训者时间、精力的投入。资源投入的多维性、不可控性增加了活动的复杂性与难度。从转化来看，退役士兵层次、培训内容、培训组织以及管理都会影响转换，这又增加了复杂性。从系统产出来看，退役士兵教育能培训的产出是服务性产品，其产出形态是无形的。尽管现实中，将就业率作为职业教育培训的一个重要指标，而促进就业的因素是多方面的。故此，这种产出形态又增加了该项工作的复杂性。同时，由于职业培训时间较短，学员流动性较大，联系难度加大，使其做出客观的评价往往难以操作，致使反馈的复杂性增加。

第三，退役士兵职业教育培训具有基础性与职业性并重，培训内容全面的特征。退役士兵职业教育是以"就业"为导向的，但如果就"就业"而只进行专业技能培训，往往会"欲速则不达"。一般而言，很多退役士兵入伍时高中毕业（尽管近年来大学生入伍数量有所增加），他们大多直接从校门走向军营，社会经验少，适应社会的一般性能力还不具备。同时，由于部队环境较为封闭，尤其是野战部队，训练、生活、人际交往较为模式化。现有就业能力结构与职业教育理论也说明单一的技能是无法满足社会要求的。支撑专业能力的通用能力、核心能力或者是基本能力则更为关键，它们位于能力体系的底层，是基础、是依托、是支柱。所以，只注重单一的专业技能开发是行不通的，必须注重能力的综合开发。这两个方面决定了退役士兵职业教育培训既要注重"职业教育"，又要注重"专业技能开发"。这种基础性与职业性教育并重的特性对培训内容的全面性、科学性提出了更高的要求。要求培训内容要涉及社会通用能力、专业能力以及创业能力三个方面，并且要结构合理、科学。

第四，退役士兵职业教育培训具有全程性与阶段敏感性特征。职业能力结构以及能力教育开发的一般性规律要求必须对退役士兵进行全程性教育开发，即必须将服役期纳入教育开发中来。同时，对于不同的能力项目，其开发阶段的敏感期是不同的。在服役期间，士兵心态稳定，时间也较为宽松，各方面的压力都比较小，适合进行社会通用能力的开发。而在退役后，大部分退役士兵希望能够尽快走上工作岗位，能够成家立业，他们对技能更加渴求，也更容易接受相应的培训。全程性要求部队必须参与到职业教育培训中来，是整个系统不可缺少的组成要素，这样才能使整个职业教育培训活动连贯起来。阶段敏感性要求科学确定职业教育培训的组织工作，科学划分各组成部门的职责，确定科学的职业教育培训内容。此外，全程性与阶段敏感性表明不能把退役士兵的职业教育培训视为"突击"性工作，而是一项长期的系统工程。

第五，退役士兵职业教育培训组织实施难度大。退役士兵职业教育培训涉及多个部门，各部门之间需要紧密协调，组织实施的多方参与性增加了不确定性。同时，退役士兵本身具有特殊性，与一般学员有着较大区别，这为培训活动的组织管理增加了难度。最后，如果把服役阶段纳入职业教育培训中来，退役士兵职业教育培训的组织实施难度就会很大。一是士兵服役地地理分布较为分散，存在服役地与安置地分离情况。这导致服役地退役士兵职业教育培训主管机构缺乏足够的动力进行职业教育培训。二是部队地理位置较为偏僻，尤其是最需职业教育培训的野战兵部队，其地方更为偏僻，条件更为艰苦。环境越是封闭，越需要进行相应的职业教育与技能培训，才能提高士兵的社会适应能力，保证其顺利地走向社会。而地理位置的偏僻，条件的艰苦，也为职业教育与技能培训带来了较大的困难。因为地理位置偏僻，可利用的公共教育资源较少，公共基础设施也较为薄弱，组织相关的活动尤其是面授的难度加大。

一般而言，系统越复杂、操作越困难，涉及因素越多，地理位置越分散，就越需要整体规划，顶层设计。而退役士兵职业教育培训完全符合以上要求，其内在特征要求必须进行相应的顶层设计。

依据国外军人职业教育培训的经验与规律，结合我国退役士兵职业教育培训面临的问题及其特征，我国退役士兵职业教育与技能培训未来发展将呈现如下趋势。

第一，退役士兵职业教育与技能培训未来发展的规范性、科学性将更高。尽管对退役士兵实行了货币化补偿，但国务院、中央军委一直发文强调做好退役士兵职业教育与技能培训的重要性。李立国部长2012年在全国民政工作会议上对此也进行了再次强调。在2013年民政部拥军优抚安置工作要点中，退役士兵职业教育与技能培训被列为8个方面中的第2个方面。国务院、中央军委以及民政部拥军优抚安置工作重点的转移，对退役士兵职业教育与技能培训规范化、科学化发展提出更高的要求，也会对职业教育培训机构的考核与监督提出更高要求。

第二，退役士兵职业教育与技能培训未来发展将是跨界性、专业性与网络性。服役地与安置地的分离，职业教育培训连续性的需要对异地职业教育培训提出了要求，民政部已开始推广辽宁省省内异地职业教育培训的做法，也开始探索开展跨省（自治区、直辖市）异地职业教育培训。同时，人力资源流动性的加大，教育资源分布的不均衡性也使跨区域性职业教育培训成为一个重要的发展趋势。随着未来跨区域职业教育培训活动的开展，相应的职业教育培训规模可能越来越大，这对职业教育培训活动的专业性提出了更高的要求。未来可能会出现一批专业从事退役士兵职业教育与技能培训的机构或组织，他们具有较强的课程研发能力，能够针对退役士兵的特点，提供专业性较强的服务。此外，跨区域性职业教育培训以及军地环境的区别使职业教育培训手段趋向网络化，相应的网络远程教育将逐步发展起来。

第三，资源会进一步被整合，资源配置将日趋合理，相关的政策与机制也将日趋完善。伴随跨区域乃至全国性职业教育培训活动的开展，专业职业教育培训组织的出现，现有职业技术学校可能不再适应未来发展。教育资源的整合与融入将是未来退役士兵职业教育与技能培训的一大趋势。整合教育资源，融合进国民教育体系之中，使士兵服役期与退役后职业教育培训能够衔接起来,并根据不同阶段开展不同形式、不同内容的职业教育培训活动也是未来发展趋势。而跨地区培训,资源配置都需要相关政策的支持。可以预见,相关的激励政策、评估政策将会更加完善。

第四,由关注"技能"与"就业"发展为关注"就业"与"发展"并重。现在职业教育培训关注专业技能的培训,以期使退役士兵能够及时就业,完成相应的安置任务。而随着我国经济的发展,独生子女政策效应的显现以及入伍士兵素质提高等各方面的因素,使退役士兵职业教育与技能培训不能只满足技能培训,而要就业与发展并重。同时,中国知名企业家的军旅生涯(联想的柳传志、海尔的张瑞敏、华为的任正非、三九的赵新先、万科的王石、华远的任志强)也说明退役士兵是一个巨大的人才资源,不能也不应单纯看成是要完成某种任务来安置他们,不能也不应简单按一般性工人来培训。

解决中国退役士兵职业教育面临的问题,顺应其发展趋势,都需要做好宏观与微观研究,进行整体规划,做好相应的顶层设计工作才能满足及支撑退役士兵职业教育与技能培训的发展。

第二节 退役士兵职业教育与技能培训顶层设计可行性分析

以上五点充分说明了退役士兵职业教育与技能培训顶层设计的必要性。而遵循中国改革设计的一般路线,顶层设计往往经过基层试点,再进行规律总结。目前,我国退役士兵职业教育与技能培训已在全国展开,相关的政策也陆续出台,进行顶层设计的条件已经具备,相关的可行性条件如下。

第一,大量的实践活动为进行顶层设计奠定了实践基础。近年来,在国务院、中央军委的大力推动下,退役士兵职业教育与技能培训由地区试点已转向全面展开。各部委、省政府以及市县政府围绕贯彻中央政策要求,组织了大量的退役士兵职业教育培训活动。这些实践活动既有成功的经验，也暴露出一些深层次的问题。但无论是成功经验，还是问题，都为进行顶层设计提供了很好的素材，使我们可以充分吸收成功经验，规避或解决问题，构建具有中国特色的退役士兵职业教育与技能培训顶层设计方案。此外，各地方不同的实践活动，对于我们客观了解退役士兵职业教育与技能培训的内外部约束条件也提供了很好的参考。

第二，有关退役士兵职业教育与技能培训理论研究不断深入，为进行顶层设计奠定了理论基础。随着退役士兵职业教育与技能培训活动的开展，相关的理论研究不断深入，对其内在规律认识不断深入。这种理论研究不单是对实践活动的总结，还有相当多的研究者站在法律的角度，召开相关的研讨会，百家争鸣，从多个角度对此进行了研究。这对于我们全面了解退役士兵职业教育培训工作，明确其重点是大有帮助的。

第三，有关顶层设计的理论与方法不断发展，为退役士兵职业教育与技能培训顶层设计提供具体的方法论和工具。顶层设计最初是系统工程学的方法论，后引入到社会科学领域，成为政府统筹内政外交制定国家发展战略的重要思维方法。经过发展，顶层设计在社会科学领域方面的运用日益成熟与完善，出现了较多的顶层设计框架，如企业架构（EA）、美国联邦企业体系架构（FEA）、英国电子政府交互框架（e-GIF）、德国面向电子政务应用系统的标准和体系架构（SAGA）以及美国国防部 PPBE 框架等。借鉴西方理论，我国也陆续开展了有关中国文化建设、中国社会福利体系、中国林业集体产权、中国再生资源产业的顶层设计理论研究。在实践层面，国土资源部采用信息化顶层设计理念和方法，形成了《国土资源信息化顶层设计》，开启国土资源信息化顶层设计工作。我国国防部结合中国特色，形成了具有中国特色的军工革命战略规划的总体构想。顶层设计理论与方法为退役士兵职业教育与技能培训的顶层设计提供了参考，可以借鉴这些理论框架与设计方法。

第四，国外退役军人职业教育培训的总体设计及经验模式为退役士兵职业教育与顶层设计提供了现实参照。他山之石，可以攻玉。我们应当吸收人类文明中有价值的东西，结合国情，与时俱进，构建符合中国实情的，具有中国特色的退役士兵职业教育与技能培训体系。美、法、俄、德、澳等国甚至朝鲜、印度等国的退役军人职业教育培训体系都各具特色，但职业教育培训的内在规律是相同的，职业教育培训的总体宗旨是相同的。对照中国与其他国家的区别，参照各国的职业教育培训体系，可使我国退役士兵职业教育与技能培训顶层设计起点高，少走弯路。

第五，我国社会、经济、教育的快速发展，使退役士兵职业教育与技能培训具有很好的时机。近年来，我国社会经济快速发展，使深入开展退役士兵职业教育与技能培训具备了相应的物质基础。《中国高等教育系列质量报告》显示，2015年我国高等教育的毛入学率达到40%。预计到2019年，我国高等教育毛入学率将达到50%以上。综合国力的不断提升，使财政收入已具备援助退役军人进大学的能力。高等教育的发展，高校的数量及其招生数量为退役军人进高校提供了可能。

综上所述，条件已经具备，时机已经成熟，我国退役士兵职业教育与技能培训顶层设计完全是可行的。

第三节 退役士兵职业教育与技能培训顶层设计基础

一 顶层设计的内涵与框架内容

顶层设计是在党的十七届五中全会和"十二五"规划纲要中提出的，是来自系统工程学中的一个概念，后被借鉴到社会科学领域。而对于其内涵众说纷纭，观点不一。秦夏明、夏一鸣、李汉铃（2004）认为顶层设计包括两个方面的内容：一是战略设计，首先是进行"战略定位"，明确目标，确定实现目标的途径；二是系统设计，设计各分系统的结构、功能和制度。① 刘鹤（2011）认为顶层设计是主体结构与主要模式，包括主要目标与先后顺序。② 迟福林（2011）指出：顶层设计是对改革的战略目标、战略重点、优先顺序、主管方向、工作机制、推进方式等进行整体设计。③ 秦德君（2011）指出：顶层设计的前提是要尊重社会发展的内在秩序和规律，是整体性的考虑和安排，强调事物之间的关联性、平衡性和统筹性，其本质是一种创新。④ 刘光富、鲁圣鹏、李雪芹（2012）认为所谓"顶层设计"是指运用系统思维方式，对特定对象采取自上而下的设计方式，进行总体规划和设计，进而从全局的角度对对象的功能、结构、层次、标准和环境统筹考虑和明确界定。⑤ 对于顶层设计的框架体系，仇向洋、施正东、周晓梅（2011）认为发展愿景应成为顶层设计和总体规划的逻辑起点，认为顶层设计的内容不仅是愿景、目标和路径的"构筑部分"，还包括层级结构设计、各子系统功能的界定、任务分配、资源配置、执行方案、绩效评价和实施管控等一系列异常复杂的内容。同时，提出顶层设计方案至少要满足两项约束条件，即技术的可行性与现实的可能性。⑥ 王一木（2012）认为顶层设计是最高决策层对国家发展层面的战略规划、战略目标、战略重点、工作机制和推进方式等领域，进行带有全局性和根本性的整体设计，是全方位设计，是深层次设计，也是战略性设计。⑦ 高和荣（2012）在研究中国社会福利体系责任结构的顶层设计时指出：责任基础是社会福利体系总体框架、基本

---

① 秦夏明、夏一鸣、李汉铃：《区域创新体系建设顶层设计模型》，《当代财经》2004年第12期。

② 刘鹤：《关于改革的总体规划、顶层设计和重点内容》，《中国产业经济动态》2011年第10期。

③ 迟福林：《改革的新形势与顶层设计》，《决策》2011年第8期。

④ 秦德君：《顶层设计：是什么，不是什么》，《决策》2011年第5期。

⑤ 刘光富、鲁圣鹏、李雪芹：《中国再生资源产业发展顶层设计框架体系研究》，《华东经济管理》2012年第10期。

⑥ 仇向洋、施正东、周晓梅：《中国改革顶层设计和总体规划的方法探讨》，《东南大学学报》（哲学社会科学版）2011年第4期。

⑦ 王一木：《中国文化顶层设计的基本内涵和路径选择》，《江西社会科学》2012年第2期。

制度以及具体政策安排的支撑，责任结构是责任基础的展开。①张岭泉（2012）指出，政治、经济和社会文化诸领域的体系运行和要素互动已经系统化和网络化，任何一项改革措施都会牵一发而动全身。因此，改革越来越像一项系统的"网络工程"，这也是引入顶层设计的宏观背景与具体情境。②贺东航、朱春燕（2011）提出了一个包括有理念、总目标、路径、配套措施、组织机构的集体林权制度改革顶层设计框架体系。③

在实践方面，大部分的顶层设计框架是以企业架构（Enterprise Architect，EA）为基础的。普遍接受的 EA 的四个架构层次是：业务架构、技术架构、信息架构和应用架构。业务架构层描述组织的结构、高水平的业务流程、服务区域和传递渠道；技术架构层描述基础设施和网络架构；信息架构层描述组织的数据模型、数据库架构、内容管理和知识管理架构；应用架构层描述支持业务架构需要所要求的应用和应用架构。以企业架构为基础，美国构建了联邦政府组织架构（FEA）。该架构由 5 个参考模型组成，共同提供了联邦政府的业务、绩效与技术的通用定义和架构，是系统分析政府的业务流程、服务能力、组织构件与所用技术的基础，也是专门用于帮助跨部门分析、发现政府的重复投资与能力差距、寻找联邦机构内部与联邦机构之间的协作机会，具体框架模型如图 5 - 1 所示。

1961 年，美国国防部长麦克纳马拉采用系统工程方法，建立起"规划、设计与预算"（PPBS）制度，对国防资源进行综合管理，统筹规划国防和武器装备建设，较好地把长远规划、中期计划和近期安排结合起来，减少重复建设造成的浪费。2003 年，美国国防部长拉姆斯菲尔德在系统工程方法基础上，还从系统哲学、复杂性科学的层面看问题，全面修改原 PPBS 制度，制定了新的"规划、计划、预算与执

---

① 高和荣：《中国社会福利体系责任结构的顶层设计》，《吉林大学社会科学学报》2012 年第 2 期。
② 张岭泉：《论"顶层设计"的四个关键问题》，《人民论坛》2012 年第 7 期。
③ 贺东航、朱春燕：《集体林权制度改革顶层设计述评及启示》，《林业经济》2011 年第 4 期。

第五章 中国退役士兵职业教育与技能培训顶层设计

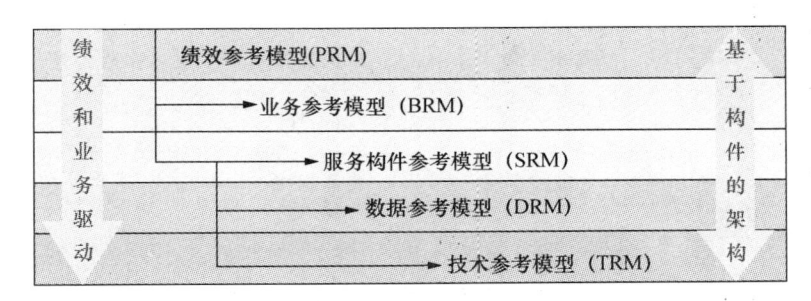

图 5-1 美国联邦企业架构（FEA）结构

行"（PPBE）制度，更加注重规划、计划与军事能力需求的结合，把新的战略需求及时有效地融入国防计划之中，更好地把资源分配、武器装备采办和军事能力过程融为一体。美国国防部顶层设计框架如图5-2所示。我国军事革命结合中国实际情况与实践，从未来把握现实，以使命决定能力，由能力选择结构、制造技术，构建了具有中国特色的军工战略规划顶层设计框架，如图5-3所示。

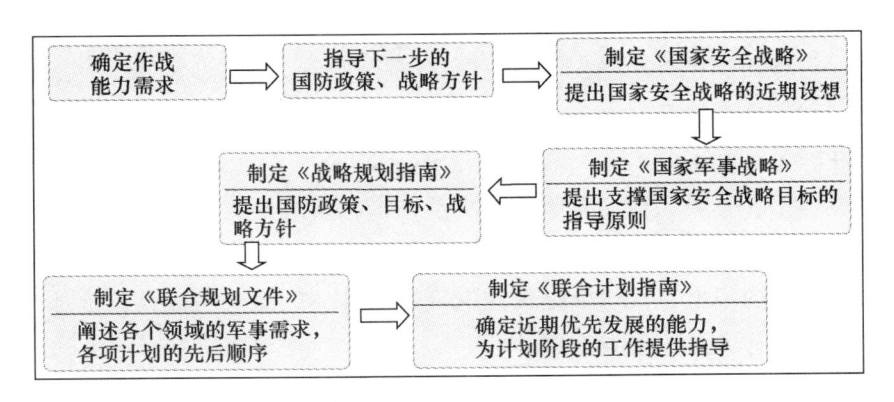

图 5-2 美国国防部顶层设计框架

二 顶层设计的特征

"顶层设计"作为引进的工程学概念，其实质上是将系统理念贯穿于该系统内的各子系统之中，每个子系统同样需要经过提炼的理念并向下一级系统延伸，直到阐明系统的基本要素为止。总结顶层设计理论研究与实践，可以发现顶层设计有如下主要特征：

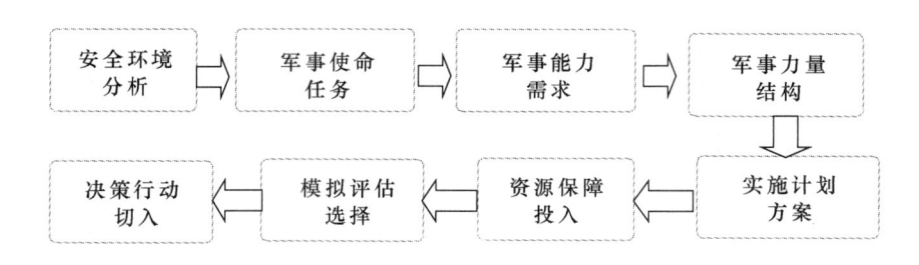

图 5-3 中国特色的军工顶层设计框架

一是顶层决定性。"顶层设计"的核心在顶层,高端决定低端,顶层决定底层。核心理念与顶层目标是"顶层设计"之魂。

二是整体关联性。"顶层设计"十分看重大系统与子系统、子系统与子系统之间围绕核心理念和顶层目标所形成的关联、匹配与有机衔接。

三是一体性。核心理念与路径、方法相一致。顶层目标与子系统功能相一致,设计愿望与实际可行性相一致。上述四个特征同时也是"顶层设计"的四项原则。即顶层优先原则、系统建构原则、精练简明原则和切实可行原则。

四是具有战略性与指导性。顶层设计是从全局、整体角度出发,站在国家高度确定其系统功能、愿景,要明确事物未来的发展目标、发展思路、发展途径,要能够解决事物未来发展的关键性问题。而顶层设计中的绩效评价、业务系统、相关的机制与技术标准等也是事物未来发展的依据,人们依据这些内容开展具体的活动与建设。这体现了顶层设计的具体指导作用。

五是较强的统筹协调性。顶层设计包括各个领域、各个方面、各个要素,全方位、多角度考虑其发展、系统设计与推进,发挥整体效应。而如何协调各个领域、各个方面、要素间的关系,顶层设计要对各种要素以及之间的关系进行统筹考虑和明确界定,强调从理想到现实的技术化、精确化建构,实现统筹、协调发展目的。

第四节 中国退役士兵职业教育与技能培训顶层设计内涵及模型开发

综合以上研究，退役士兵职业教育与技能培训顶层设计内涵就是：运用系统论的方法，对退役士兵职业教育培训工作的各个方面、各个层次、各种参与力量、各种正面的促进因素和负面的限制因素进行统筹考虑，理解和分析影响发展的各种关系，从全局的视角出发，对其未来发展的基本问题进行总体的、全面的设计，确定功能价值定位、愿景，确定其发展目标，选择和制定实现目标的路径和战略战术，并提出体制、法律和业务的改进建议，从而尽量规避规划的缺陷和不足，从根本上减少风险。

实现以上特征与功能，开发退役士兵职业教育与技能培训的顶层设计框架模型应遵循如下原则：

第一，立足现实，面向未来原则。所谓立足现实，是指顶层设计从现实出发，能够解决系统运行中的重大、根本性的问题。美国的FEA顶层设计架构就是为了解决现实中政府工作效率低下的问题，是一个面向联邦政府的、跨部门的政府体系架构；中国再生资源产业顶层设计框架也是为了解决产业发展中的诸多问题。所谓面向未来，是指顶层设计内容要能够顺应时代发展要求，适应未来环境要求，能够有效推动事物的发展。无论是美国国防部顶层设计框架，还是我国特色军工顶层设计框架，都是基于未来发展需要而做出的相关结构性安排。由此，任何顶层设计应能够解决面临的深层次问题，从大问题切入，分析自身优、劣势，然后对未来环境做出相应的分析，能够推动事物未来的发展。

第二，具有较强的可操作性原则。解决现实问题，推动事物未来发展，统筹资源，协调各要素关系都要求顶层设计一定是可操作性的，而不能是单纯的理论研究。无论是美国FEA框架还是美国国防部顶层设计框架以及中国特色军工顶层设计框架，最终都要形成可操作性的政策文件，用于指导具体的活动。

第三，无缝整合、紧密衔接原则。即通过相应的顶层设计，尽可能使相关因素紧密衔接起来，降低协调成本。当然无缝整合至今仍然是一个努力方向，至今尚没有一个国家能够完全做到无缝整合。但在开发顶层设计框架时应朝此方向努力。

第四，以人为本，贯彻客户导向原则。从整体上看，退役士兵职业教育培训是政府提供的公共服务。从过程上看，各参与部门应互为内部客户关系。所以，应以公众为中心。即重视公众利益，一切以方便公众使用和满足公众需求为出发点来设计顶层设计框架。

第五，创新原则。我国退役士兵职业教育培训面临新情况、新问题。中国是具有特色的社会主义国家，与西方国家存在较大差别。所以，在顶层设计中应重视创新原则，才能制定符合中国实情的，具有中国特色的顶层设计框架。

第六，坚持80/20原则。少数决定多数。退役士兵职业教育与技能培训也是如此，在开发顶层设计框架模型时，应重视关键性的因素与问题，抓住关键，推动前进。

从性质来看，退役士兵职业教育与技能培训是政府针对士兵进行的一项公共服务，而美国FEA架构对此具有较强的指导意义。由于此项工作开展时间较短，其价值功能定位、愿景及发展目标等内容存在缺失。这些内容需对外部环境做出深入分析后，才能准确、客观地界定，美国国防部、我国军工顶层设计框架设计思路正是基于外部环境做出的，有很好的借鉴价值。故此，本课题首先借鉴美国国防部、我国军工顶层设计框架的思想确定退役士兵职业教育与技能培训的功能价值定位、愿景及发展目标。进而，结合我国退役士兵职业教育与技能培训的基本规律，确定发展模式、发展重点及发展途径等。在功能价值目标、发展目标确定后，借鉴美国FEA框架，确定我国退役士兵职业教育与技能培训顶层设计的业务体系、绩效评价体系、机制体系以及组织保障体系等。

而对于顶层设计框架模型的开发，一般遵循环境分析、战略定位、确定愿景与目标，进而确定发展模式、重点领域及其相应支撑体

第五章 中国退役士兵职业教育与技能培训顶层设计 | 113

系。故此，采取以上规范开发流程。退役士兵职业教育与技能培训顶层设计框架模型开发步骤，如图 5-4 所示。

```
1.环境分析与功能价值定位
    ├─ 环境分析，确定退役士兵职业教育与技能培训的内外部约束条件
    └─ 确定退役士兵职业教育与技能培训的功能价值目标

2.顶层设计内容
    ├─ 确定退役士兵职业教育与技能培训顶层设计框架内容
    ├─ 确定退役士兵职业教育与技能培训顶层设计各结构模块
    └─ 确定退役士兵职业教育与技能培训的实施方案

3.顶层设计实施与修正
    └─ 退役士兵职业教育与技能培训顶层设计的实施、反馈及修正、完善

反馈、修正、完善
```

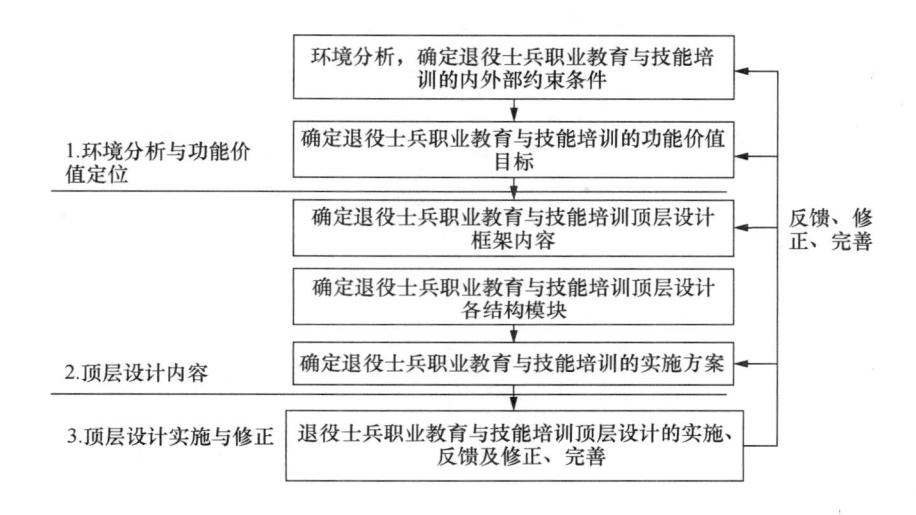

图 5-4　退役士兵职业教育与顶层设计框架设计步骤

根据以上开发思路与步骤，确定退役士兵职业教育与技能培训顶层设计框架模型，如图 5-5 所示。在此顶层设计框架模型中，功能价值定位是环境对退役士兵职业教育与技能培训的外在要求。对于任何一个系统而言，必须适应外部环境发展，否则，迟早会被淘汰。另外，对退役士兵职业教育与技能培训功能价值定位的深入分析，也有利于引起各方重视，强化各方共识，形成共同愿景，为形成发展目标奠定基础。而作为顶层设计来讲，就是为其发展提供具体指导。故此，要明确退役士兵职业与技能培训未来发展模式、发展方向、发展重点及其发展途径。这也决定了整个工作的结果性绩效、过程性绩效以及通用性绩效评价。而绩效评价也会影响发展模式与发展重点等。

在顶层设计具体框架内容方面，业务框架是基础，保障体系、机制体系以及技术设施框架都是以业务框架为导向的，都是为业务开展提供支撑的。业务框架并非基于现状开发的，而是基于业务本身的需要及士兵的需求开发的。这样有利于更加客观、全面地了解退役士兵职

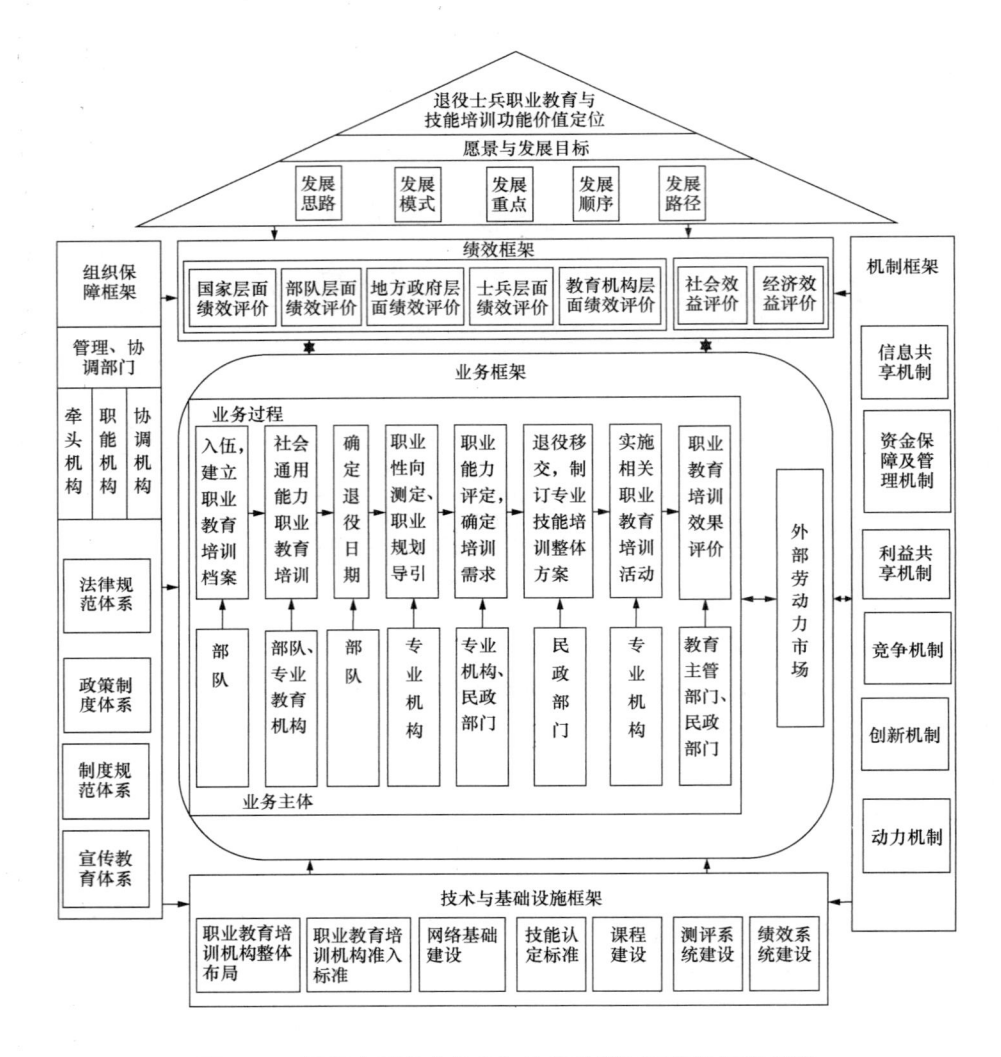

图 5-5 退役士兵职业教育与技能培训顶层设计框架模型

业教育与技能培训工作，更好地进行职能领域的划分。

基于退役士兵职业教育与技能培训发展目标以及具体的业务，可以从多个方面明确绩效评价内容。从国家层面来看，退役士兵职业教育与技能培训是政府提供的公共服务，国家应从结果、过程、交付方式等方面对其进行绩效评价。如果将职业教育培训延伸到部队，部队组织实施士兵社会通用能力培训，从部队的角度来看，相应的职业教育培训能否对军事训练有所帮助，是否有利于提升部队社会吸引力，是否能够促进兵源素质提升，促进部队可持续发展是其绩效评价的内容。而对于地方政府而言，更加关注退役士兵的就业状况，关注社会影响。

确定了具体业务以及其要达到的目标，还要确定与之相匹配的支撑体系、机制建设与基础设施建设，及完成这些业务，达到设定目标需要的组织分工、激励机制与资源投入等。以上内容层层分解，环环相扣，形成了自上而下，相互支撑的逻辑严密的体系结构。

第五节　退役士兵职业教育与技能培训功能价值定位及其愿景

一　退役士兵职业教育与技能培训功能价值定位

如果各方对退役士兵职业教育与技能培训承担的角色与责任认识模糊、判断不一，必然会影响其价值定位。而功能价值定位不清晰就会导致实践走样，好政策难以产生好效果。对于退役士兵职业教育与技能培训的功能价值，国务院、中央军委做出了高度概括，认为是贯彻落实科学发展观要求、加快培养现代化建设人才的迫切需要，是新形势下促进军政军民团结、服务国防和军队现代化建设的重要内容，是利国、利军、利民的大事，具有重要的政治意义和深远的历史意义。

国务院、中央军委从宏观上对退役士兵职业教育与技能培训做出了高度概括。为更加全面认识退役士兵职业教育培训价值功能，对此作如下进一步的详述：

（1）退役士兵职业教育培训是贯彻科学发展观的基本要求，也是政府、军队贯彻科学发展观的基本途径。科学发展观的第一要义是发展，核心是以人为本，基本要求是全面协调可持续性。正如军队人大代表、广州军区参谋长贾晓炜所说：退役士兵是一个巨大的人才资源，绝不能单纯看成是要完成某种任务来安置他们。事实也证明经过军队锻炼的士兵能够为社会创造巨大的价值，我国有一大批知名企业家都有从军经历，如柳传志、任正非、张瑞敏等。进一步发挥这个巨大的人才资源，以人为本，做好职业教育培训是基本途径。从另一个角度来看，社会、部队的可持续发展，人才资源是第一位的，搞好士兵职业教育与培训，提高他们的素质能力也是社会、部队可持续发展的基本要求。

（2）退役士兵职业教育是新形势下军政、军民团结的中枢环节，也是军政、军民团结的具体体现。军民团结，军民一致，军政一致，拥军拥属，拥政爱民是我国军民在中国共产党领导下，在长期革命和建设实践中创造和发展起来的优良传统，是我国革命和社会主义建设的重要法宝。而市场经济体制的建立与完善，士兵安置方式的变革对建立新型军政、军民关系提出要求。军政、军民关系的重点由"安置人"向"发展人"转变。职业教育培训是这种转变的基本途径和唯一途径，是新形势下军政、军民关系的中枢环节。不把职业教育培训做好，何谈士兵素质能力提高；没有素质能力提高，何谈士兵有好的发展，好的归宿。国外的成果经验也充分说明了这一点。

（3）退役士兵教育是国防和军队建设可持续发展的重要保障。近年来，我国国防事业快速发展，对士兵素质能力要求也日益提高。同时，由于我国人口政策的影响，大部分适龄兵源为独生子女，再加之其他方面的因素，部队的吸引力将会减弱。在这种情况下，如果退役士兵没有一个好的发展，将会产生不良的社会导向，征兵入伍的意愿将会大大降低，军队将可能出现兵源紧张，难以征召到合格的人员。故此，加强退役士兵职业教育培训不单单是一个安置问题，更是关系到部队和军队长远发展的问题。加大职业教育培训力度，提高职业教育培训质量，保证退役士兵有好的发展，是对国防与军队的最好宣传，也是国防和军队可持续发展的重要保障。

（4）退役士兵职业教育培训是国家责任的具体体现。按照我国的《兵役法》，人人都有义务履行兵役。而实际上每年只有百分之一的合格青年应征入伍。这就相当于一小部分人承担了全体人的共有义务。从这一点上讲，国家不应也不能让这部分群体只尽义务，而没有补偿。而职业教育培训是对人最好的投资，也是对士兵最好的补偿。故此，退役士兵职业教育与技能培训是国家应尽的责任。

以上是退役士兵职业教育与技能培训价值功能的宏观体现。而这些宏观的价值功能必须有具体的载体，必须通过微观的价值功能体现出来。而退役士兵职业教育培训的服务对象是退役士兵，微观价值功能最终是通过士兵来体现的。

对于士兵而言，退役意味着从部队回归社会，意味着从一名军人转变为社会人。故此，退役士兵职业教育培训最基本的价值在于要让其适应社会，成为一个社会人。其次，士兵退役后，走向社会后，要承担应尽的责任，就需要工作，成为一个职业人。而现代职业教育理论与就业理论告诉我们，现代的职业人是具有可持续发展能力的职业人。故此，退役士兵职业教育与技能培训第二个价值功能是在社会人的基础上将士兵教育发展为可持续发展的职业人。最后，士兵征兵入伍都期望能有一个好的发展，经过部队的锤炼，都有相当大的抱负，个人的自我实现需求较为强烈。故此，退役士兵职业教育培训还有个较高层次的功能价值，就是把士兵教育培养成具有较高成就动机的自我实现人，包括自我创业、自我发展等。

结合以上表述，从士兵的角度来看，职业教育培训承担的价值功能就是要把士兵教育培养成合格的社会人、可持续发展的职业人、具有较高成就感的自我实现人。其中，合格的社会人是基础，也是最基本的功能价值；可持续发展的职业人是具体要求，通过职业教育培训，退役士兵能够顺利实现就业，能够承担相应的家庭责任；较高成就动机的自我实现人是最高层次功能价值，能够保证退役士兵未来有一个好的发展空间，能够得到社会认可与尊重，实现自我价值，具有较高的成就感。三种之间的关系如图5-6所示。

合格的社会人首先是人格健全的人。当然对人格健全的认识还存在分歧，如马斯洛认为健全的人格具有更有效知觉现实；对自己、他人及客观现实可以高度接纳；以问题为中心；道德感强烈和有独立的善恶判断标准等。杰荷达（M. Jahoda）从对自己的态度，成长、发展或自我实现的方式；心理技能的整合程度；自主性或对于各种社会影响的独立性；对现实知觉的适宜性；对环境的控制能力六个方面提出的心理健康标准对我们理解合格的社会人也是大有帮助的。退役士兵职业教育与技能培训首先应能够保证退役士兵心理是健康与健全的，这是开展职业活动，获得可持续发展的重要基础。从这一点上讲，退役士兵职业教育培训与部队军事教育训练是不冲突的，而是有机融合的。其次，合格的社会人是全面发展的人。现代教育的根本目的是使人获得全面发展。人的全面发展是身心全面发展。这就要求退役士兵教育培训不能仅仅进行专业知识与技能的教育培训，还必须关注退役士兵的心理发展教育。当然，人的全面发展是社会关系的发展与丰富，也是人的社会交往的普遍性以及人对社会关系控制的发展。这对退役士兵职业教育与技能培训模式、课程设置与教学实施指明了方向。有必要将退役士兵纳入正常教育中来，在正常的条件下，开展相应的教育培训活动。此外，马克思指出教育与生产劳动的结合是人全面发展的方法与途径。退役士兵教育培训也应扎根于现实生活，充分结合复杂多元的社会关系网络，促进教育与生产劳动、社会活动的结合。

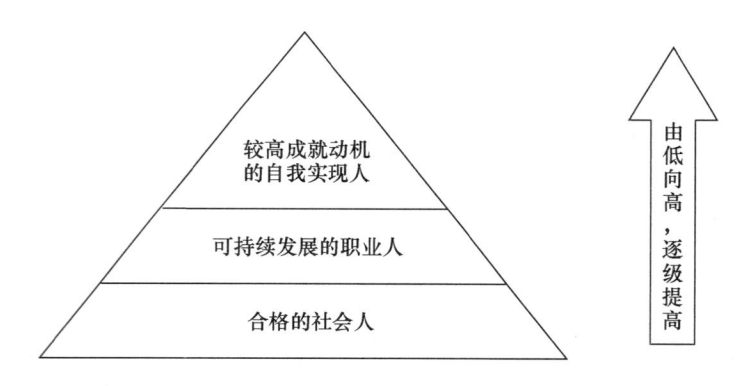

图5-6 退役士兵职业教育与技能培训微观功能价值

可持续发展的职业人是在合格社会人的基础上发展起来的。对于任何士兵而言，从部队退役，进入社会，从事特定的职业，是其生存与发展的基础，也是其社会价值的具体要求。但必须认识到，今天的社会变革速度日益加快，新技术、新组织、新产业等不断涌现，而传统的产业、组织也在不断消亡。这导致许多职业不断消失或正在消失，人一生中可能需要多次就业，需要从事多种不同的职业。退役士兵职业教育培训必须尊重这个客观事实，不能满足于或仅限于当前的退役士兵就业教育，而应立足于更长远的规划，将短期与长期结合，将其培养为可持续发展的职业人。

如果可持续发展的职业人是生存、发展的基本条件，而自我实现的功能则决定了退役士兵的心理满意度，决定了幸福程度。马斯洛认为人的自我实现决定了人的满意度，指出自我实现是充分发挥自身潜力，表现自身的才能。当然潜力和才能得到充分发挥以后，人才能感到满足。大部分退役士兵是有追求的人，成就动机较为强烈，相应的教育培训应是能正确认识自身的潜能与优势，尽可能将职业与其优势和潜能联系起来，提高其满意度。

退役士兵职业教育与技能培训的微观功能价值定位是制定教育培训目标的基础，具有导向功能，为退役士兵教育培训实践活动指明了方向，提供了依据。同时，退役士兵职业教育与技能培训微观功能价值定位也是评价相关实践活动的基本依据，是调控相关实践活动的基础。全面、系统、深入理解与把握退役士兵职业教育培训的功能价值定位是科学开展相关工作的基础，避免相关工作的盲目性。

二 退役士兵职业教育与技能培训发展愿景

所谓愿景，是未来的展望以及使命达成时的景象，是一个特定的结果与期望的景象，是由组织内部的成员所制定，获得成员一致的共识，达成大家愿意全力以赴的未来方向。从愿景的定义可以看出，愿景的意义在于为所有成员明确了努力方向，达成了共识并引导成员付诸行动。故此，好的愿景是凝聚力、动力和创造力的源泉。

退役士兵职业教育与技能培训涉及部门众多，更需要明确其未来愿景，达成共识，为此项工作统筹协调发展奠定基础。愿景构建方法大致有集成式、凝练式与影响式三种。集成式愿景是由具有相同个人愿景的人组成一个集体，在集体中再进一步实现共同愿景的构建。许多协会和团体共同愿景的建立属于这种类型。凝练式愿景则是把大家心灵深处的共同的意象挖掘出来，并进行凝练，进一步构建共同愿景。这一路径的特点是"从群众中来，到群众中去"，适用于那些组织成员同质性很强又积极面向未来的组织。影响式愿景主要是从个人愿景建立共同愿景。通常情况下，基于一个组织的领导者的地位和作用，共同愿景的构建常见的情况确实一般是从决策核心层的人发起的。

结合退役士兵职业教育与技能培训的特征及其现状，可以采取凝练式与影响式相结合的途径来构建。这是因为，国务院、中央军委作为决策核心层已对其进行了定位，而由于此项工作涉及部门众多，需要引导大家积极面向未来。在国务院、中央军委的定位基础上，分析所涉及各部门对此项工作的期望，进而提炼共同点，就可以形成较为规范的发展愿景。对于所涉及的各级政府部门而言，都期望此项工作能够科学化、规范化、有序化地开展，尽可能提高此项工作的效率，避免工作的扯皮及效率低下；而对于国家、部队、士兵而言，作为关注此项工作的实效性；对于职业教育培训机构而言，期望能够有相应的保障，能够公平竞争，获得相应的收益与发展。基于此，将退役士兵职业教育与技能培训的发展愿景凝练如下：

贯彻科学发展观，统筹、整合资源，形成以人为本、科学规范、注重实效，可持续发展的现代退役士兵职业教育与技能培训体系。成为能够满足退役士兵全面发展、可持续发展需求的，能够为国解忧，为社会育人才，为军队添光彩的多方共赢的职业教育培训系统。

科学发展观是具体指导，是各方理念的共识，是整个愿景的理念基础，而打造一个多方共赢的系统是最终目标。该发展愿景的具体要义详述如下：

（1）未来的退役士兵职业教育与技能培训体系能够有效统筹、整合资源，实现系统的低投入与高产出。这是国家以及各方对职业教育培训资源有效使用的期望和共识。目前部队、国家政府部门、地方政府及教育主管部门都拥有一定数量的资源，统筹、整合这些资源，才能有效利用。故此，未来的职业教育培训体系能够将各方有效衔接起来，各方也自愿为共同的目标投入相应的资源。

（2）所谓以人为本是指职业教育培训各参与方真正尊重士兵全面发展、可持续发展需求，把其放在主体地位，关注退役士兵的独特性，并采取各项措施建设符合士兵特点的职业教育培训体系，深入推动此项工作的开展。

（3）所谓科学规范是要尊重退役士兵职业教育培训的内在规律，要遵循相关规律开展职业教育培训活动。这是所有各方共同的期望。退役士兵职业教育与技能培训是一项利国、利军、利民的好政策，只有尊重规律、遵循规律，才能见到实效。而科学化必须通过规范化来巩固和保障，必须将有关要求以法规、政策、规范的形式稳固下来，必须使各项职业教育培训活动有章可依，有章必依。这也是各方共同的期望。

（4）注重实效是指各项职业教育培训活动应从实际出发，要达到预设的职业教育培训目的。未来的退役士兵职业教育与技能培训系统必须建立具体的、可操作性的绩效评价体系，建立最适合、最管用、最实在的制度，切实保证每一项活动都是在为退役士兵服务，每一项活动都能够见到效果，避免为培训而培训，致使职业教育培训活动流于形式。

（5）可持续发展是指退役士兵职业教育培训体系符合中国国情，符合时代需要，能够与时俱进，是不断创新发展的体系。伴随我国社会经济的发展，退役士兵职业教育培训必然会出现新情况、新问题。相应的职业教育培训也应能够符合时代发展需要，与时俱进，进行制度创新、机制创新，使职业教育培训紧跟时代步伐。

总之，退役士兵职业教育与技能培训的愿景能够为该项工作未来指明道路，即要走资源统筹整合，以人为本、科学规范、注重实效，可持续发展，多方共赢之路。围绕该愿景，还需进一步细化退役士兵职业教育与技能培训发展目标体系，才能将愿景进一步落实。

第六节　中国退役士兵职业教育与技能培训目标体系及发展思路

一　中国退役士兵职业教育与技能培训总体发展目标

围绕以上愿景，结合我国退役士兵现状及未来发展需要，将退役士兵职业教育与技能培训未来 5 年的总体发展目标概括为：搭建两个平台，构建一个体系，围绕一个重点（就业能力），完善三个支撑，达成"三全"职业教育培训目标。

两个平台：在五年内，打造形成两个科学、规范、统一的全国退役士兵职业教育与技能培训平台。一个是针对社会通用能力职业教育培训平台；另一个是退役后的再社会化与专业技能教育培训平台。

一个体系：形成一个贯穿服役期、退役前后期、退役后、就业后各阶段紧密衔接的全程化的、立体化、网络化、多层次化的职业教育培训体系，能够保证士兵职业教育培训从"源头"做起，针对每个士兵具体情况，实施有针对性的职业教育培训。

三个支撑：一是形成较为完善的机制支撑体系，包括相关的创新机制、激励机制、约束机制、协调机制等；二是组织支撑体系，包括组织分工、法律规范、政策制度等；三是基础设施支撑体系，包括职业教育培训机构建设、网络基础建设、课程建设等内容。

达成"三全"职业教育培训目标：一是全员参与，即所有退役士兵都要参与职业教育培训，将强制性与自愿性有效结合起来；二是全面培训，是指职业教育培训内容的全面性，职业教育培训内容不仅要包括社会通用能力、专业技能，还要包括自我发展类与再社会化类的内容，满足士兵各方面的需要；最终的目的是实现士兵的"全面发展"。退役士兵的发展不是某一项或几项能力的发展，而应是全面的发展，即要使其成为合格的社会人、可持续发展的职业人、具有高成就感的自我实现人。

二　退役士兵职业教育与技能培训具体发展目标

围绕上述总体发展目标，结合系统模型，从投入、转换、产出三个维度细化总体目标，形成具体发展目标体系。

1. 投入维度方面的目标

传统上的投入一般是人、财、物等有形资源的投入。而现代意义上投入范围更加广泛，不但包括有形资源的投入，还包括制度、信息以及关系方面的投入。结合退役士兵职业教育与技能培训的一般性特征，将投入维度分为资金投入、政策投入、人员投入三个方面界定发展目标，如表5-1所示。

表 5-1　　　　　　　　投入维度方面发展目标

类别	具体指标名称	指标内涵	发展目标
资金投入	人均职业教育培训费用	总投入与退役士兵总人数之比，从绝对数额与相对数量两个方面衡量投入	人均费用每年20%速度递增，5年内翻番
	基础设施投入	主要衡量士兵职业教育培训数据库及信息化管理建设、职业教育培训机构硬软件建设、相关职业性向与职业能力测评系统方面的资金投入	按省均5000万元投入，34个省、直辖市、自治区共需17亿元左右，加上信息化系统建设投入，5年内要投入资金20亿元左右
	师资队伍建设投入	衡量用于师资（包括职业辅导师）培养方面的资金投入	按人均年千元投资，每年应投入5000万元进行师资培养
	研发投入	衡量用于课程体系研究、教材研发以及相关政策研发投入资金情况	每年投入200万元，5年内共投入1000万元资金用于研发
人员投入	专业的师资队伍	衡量致力于退役士兵职业教育培训方面的专业师资队伍的数量	5年内建设一支涵盖军队、地方的5000人左右的专业师资队伍
	师资队伍的层次、结构	衡量专业师资队伍的素质能力	队伍学历、年龄、阅历、专业分布结构合理
	管理机构人员编制	衡量相应专业管理人员的规模与质量	增加政府主管机构人员编制，稳定承训机构管理人员数量
政策投入	资金投入保障政策	衡量政策是否健全，是否稳定，能否保障资金稳定投入	5年内，建立、健全具有长效的资金投入保障政策
	激励政策	衡量相关政策对士兵参与职业教育培训的促进作用	激励政策的衔接性、现实性、实效性
	职业教育培训流程	衡量保证职业教育培训活动是否规范、科学的文件	形成规范、科学的职业教育培训流程
	职业教育培训日常管理制度	衡量日常职业教育培训的管理水平、规范性程度	形成完善的、适合士兵特点的管理制度体系

2. 转换维度方面的目标

一般意义上的转换是指依据生产制造过程对加工对象进行一系列的操作，进而按照预定工艺、标准生产出产品的过程，这个过程中主要涉及空间组织、时间组织、劳动分工与协作等环节。退役士兵职业教育与技能培训是以士兵为加工对象的，不同于一般性的实物生产，从产品形态上看是服务产品的加工转换。从服务管理的角度来看，转换维度方面的发展目标主要在于要达到客户的期望，相关的质量指标有五个基本方面，即可靠性、响应性、保证性、移情性和有形性。结合退役士兵职业教育与技能培训特征，建议转换维度方面发展目标设置如下，见表5-2。

表5-2　　　　　　　　转换维度方面的发展目标

指标名称	指标内涵	发展目标
科学性	衡量职业教育培训活动是否符合规律，课程设置是否科学，内容是否全面，能否适应外部环境等，是可靠地、准确地履行服务承诺的基础条件之一	形成经多方论证通过的课程体系，形成合理的课程内容体系
规范性	衡量职业教育培训是否能够遵循既定要求，是否到位，也是可靠地、准确地履行服务承诺的基础条件之一	形成多方论证通过的职业教育培训指导体系与过程控制体系
便捷性	衡量士兵根据自身所处环境与特点选择职业教育培训方式、内容等所花费的金钱、时间与精力	形成立体化、网络化、层次性的培训体系
及时性	衡量在士兵需要职业教育培训时能够迅速提供的能力	建立士兵职业教育培训信息化管理系统与定点响应机制
移情性	衡量是否以士兵为中心，能够设身处地为士兵着想，根据士兵的实际情况，创新职业教育培训方式、内容，解决职业教育培训中的实际困难	建立职业教育培训考核体系，完善创新机制

3. 产出维度方面的目标

一般生产系统的输出主要包括实物产品、服务和知识。退役士兵职业教育与技能培训输出的是服务和知识。这种服务和知识的载体就是退役士兵。从退役士兵角度出发，衡量职业教育培训结果的主要是满意度。而从主管机构角度出发，参训率、合格率、就业率是其关心的结果性指标。故此，可以从以下几个方面确定产出维度的发展目标：

①退役士兵职业教育培训满意度：逐年提高，5年内达到90%。

②退役士兵参训率：5年内达到100%。

③退役士兵职业教育培训合格率：5年内达到85%。

④退役士兵就业率：首次培训就业率达到85%。

三 退役士兵职业教育与技能培训发展思路与重点

要实现以上总体目标，结合我国当前退役士兵职业教育现状与未来发展要求，其发展模式具体如下：

以科学发展观为统领，国家统筹，走内涵发展为主、外延发展为辅之路；打通军地、地地区域分界，夯实两个平台，各部门无缝连接，以科学规划、合理布局，提质增效为发展重点，推行全程教育；以专业职业教育培训机构为支点，创新服务内容、精细管理，创新发展思路，拓宽发展方式，破解发展难题，实现退役士兵职业教育与技能培训工作又好又快发展。

走国家统筹，内涵发展为主、外延发展为辅之路是资源整合，高效利用的必然要求。首先，无论是部队，还是地方都拥有大量的教育资源，再进行大规模的基础设施建设无疑是重复建设，会导致资源的浪费。对于部队而言，拥有大量的驾驶、烹饪、计算机、种植养殖等职业教育培训基地，也有专门的思想政治教育部门；对于地方而言，高等教育、职业教育的快速发展，高等教育、职业教育资源已经相当丰富。把这些分散的资源整合起来，经过适当的改造，就能很好地满足退役士兵职业教育培训的需求。其次，经过近几年的职业教育培训活动，退役士兵职业教育与技能培训已初具规模，未来发展的关键是提高资源的利用效率。最后，随着我国科技强军战略的实施，兵源素质的提高，相关的职业教育培训不在于基础设施规模有多大，而在于职业教育培训内容的质量。当然由于我国教育资源的不均衡性，在某些地区应该加大基础设施投资的力度。故此，未来退役士兵职业教育与技能培训应走内涵发展为主，外延发展为辅之路。而资源整合，尤其是跨地区的资源整合，离不开国家的统筹。同时，打通军地、地地的区域分解，也必须依靠国家的力量。

贯彻军民融合，打通军地、地地区域分界，夯实两个平台，各部门无缝链接，以科学规划、合理布局，提质增效为发展重点，推行全程教育是达到"三全"目标的必然途径。要实现退役士兵全面的发展，就必须开展全面的培训，也就必须拉长职业教育培训时间，这也是国外成功的经验。故此，只有打通军地、地地区域分解，才能将士兵服役期、退役前、退役后、就业后各个阶段贯穿起来，才有可能对士兵进行社会通用能力、专业技能、自我发展能力的职业教育培训。同时，如果离开各部门的紧密协作，很多政策就难以落实，职业教育培训可能在某个环节中断，难以产生应有的效果。由于部队环境较为封闭，社会专业职业教育培训组织难以直接融入部队之中。故此，两个全国性的职业教育培训平台建设就非常关键了。部队的职业教育培训平台应侧重于士兵的社会通用能力职业教育培训；社会的职业教育培训平台应侧重于士兵再社会化能力与专业技能的职业教育培训。两个平台的衔接要靠协调机制与信息化管理系统来解决。

之所以以科学规划、合理布局、提质增效为发展重点，是因为这是我国退役士兵现状及未来的发展的要求。现阶段，退役士兵职业教育培训活动较为杂乱，实效性较低是不争的事实。加强职业教育培训活动的科学性、规范性与实效性是最为迫切的课题。故此，科学规划退役士兵职业教育培训体系、组织分工以及相应的支撑政策是未来发展的关键点。此外，全国性、全过程性职业教育培训活动的开展也要求在职业教育培训资源方面做好科学规划，合理布局，满足士兵及时性、便捷性的需求。在未来的发展方向上，提高职业教育培训活动质量，增加职业教育培训活动的效果是其发展方向，也是其必然要求。

在整个职业教育培训体系中，实施职业教育培训活动的具体的承训机构，其他部门的价值也是通过承训机构的服务来实现的。承训机构也是培训活动中与士兵接触最多、最直接的机构，是影响职业教育培训质量的关键因素之一。故此，承训机构是退役士兵提质增效的具体抓手。应以专业职业教育培训机构为支点，创新管理方式，实施精细化管理，激励其进行培训方式创新、内容创新等。同时，以其为支点，以此后推，推动相关机构创新发展思路，拓宽发展方式，实现整项工作的深入开展。

综上所述，退役士兵职业教育与技能培训未来发展中，应着重做好以下几个领域的工作，进而带动整项工作的发展。

1. 两个平台建设是基础

退役士兵职业教育与技能培训未来发展中，两个职业教育培训平台实施国家统筹，是实现跨军地、地地职业教育培训的基础性条件。这两个平台之间的关系如图 5-7 所示。

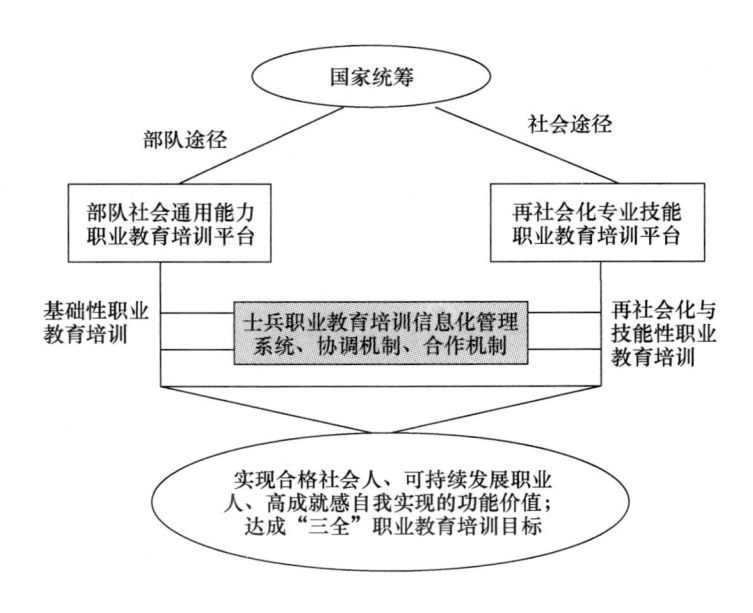

图 5-7 两平台关系

抓好两个全国性平台建设，必须依靠国家统筹，依靠国务院、中央军委的推动。对于社会通用能力平台建设需要军队从大局出发，从部队长远发展出发，全面认识退役士兵职业教育培训的重要性，更新观念，将以人为本的理念落到实处。当然，这个平台建设并不是要部队独自培养师资、建设基础设施，而是要部队发挥组织作用。部队可联合民政部，会同教育部门等，有效整合资源来搭建平台。

建设全国性的再社会化与专业技能职业教育培训平台需要发挥民政部门的牵头作用，以再社会化能力教育与专业职业教育培训为重点。当然，此平台的构建也是要发挥民政部的组织作用，通过整合社会教育资源而形成。在这个教育平台，不但要注重退役士兵的专业技能培训，更要注重退役士兵的再社会化教育。所谓再社会化是指一个人在一种与他原有经验不同规范与价值的环境里，重新社会化的过程，必须重新学习价值、角色及行为，它能导致与先前社会化过程不一致的新价值观和行为。部队环境较为封闭，尤其边远地区，生活较为模式化，与社会存在诸多差异，容易导致退役士兵的价值观、能力素质不适应新岗位角色需要。环境的改变，使退役士兵在行为上、心理上都会存在很多的顾虑，在短时间内难以转变观念、适应新角色，致使就业中产生诸多障碍。所以，再社会化职业教育培训应成为退役后职业教育培训的重点，也应是对所有退役士兵进行职业教育培训的内容之一。

此外，这两个平台是全国性的教育平台，一是体现在组织层次上，是国家统筹建立的职业教育培训平台；二是两个职业教育培训服务的对象是全国性的，不分区域；三是在职业教育培训内容方面，所涉及的内容带有一定的强制性。这两个平台之间是互通的，它们的服务目标是一致的，都是为了士兵的全面发展。两个全国性平台的联系可通过士兵职业教育培训管理信息系统以及军地之间的合作、协调机制来实现。通过职业教育培训管理系统把士兵接受的职业教育培训科目，职业性向、所缺的职业能力项目一一记录下来，通过相应的信息技术，完整地、高效地实现了信息的传递和共享，将服役期与退役后的职业教育培训有效地衔接起来。同时，通过管理信息系统以及相应的合作机制，也将教育机构融合进来，实现士兵学历教育的便捷性。

如部队可以通过民政部门与当地高校合作，签订合作机制，共同开发课程，确定考核制度，完成士兵的学历教育。

2. 专业师资队伍建设及课程研发是关键

师资是职业教育培训的第一资源，课程内容是职业教育培训的具体载体。提高退役士兵职业教育培训的质量离不开专业的师资队伍，也离不开科学课程内容体系。而这两个方面都是我国退役士兵职业教育与技能培训所急需的。在师资方面，由于我国退役士兵职业教育与技能培训开展时间较短，加之部队环境的封闭以及地理位置的偏远，很少有人专门研究退役士兵的特征，很少有老师了解部队及退役士兵的情况，造成职业教育培训中的"两头埋怨"的情况：一方面老师埋怨士兵素质低，不守纪律；另一方面士兵埋怨老师讲授的内容没有价值等。在教材方面，也没有根据士兵的特点编写具有特色的教材，一些教材大而笼统，内容空，无法满足士兵需要，也影响了职业教育培训的效果。

师资队伍与课程建设必须引起国家相关部门的高度重视，可以此为突破点，来推动退役士兵职业教育与技能培训的科学性与规范性。对于师资队伍建设，民政部门可协同教育部门、部队、相关职业教育培训机构开展专业资格认定活动，促使相关机构加强师资队伍的培养，而部队也应该敞开大门，欢迎老师进军营，深入了解部队情况。而对于课程建设，教育部门应发挥主导作用，划拨专门的研究经费，协调相关部门，研发适合士兵需要的课程体系。

3. 资金投入机制是保障

尽管退役士兵职业教育与技能培训要走内涵发展之路，但不意味着不投入。无论是两个平台的建设，还是师资队伍建设等都需要相应的资金投入。对于退役士兵职业教育与技能培训所需资金，应以政府、军队投入为主，职业教育培训机构为辅。首先，部队应测算士兵职业教育培训建设资金与日常运作资金额度，将其纳入每年的国防预算之中。而对于退役后的职业教育培训平台建设资金以及日常运作资金，应纳入中央财政预算之中，如需要地方政策配套的，也需要纳入地方财政预算之中。通过纳入年度预算之中，使退役士兵职业教育与技能培训有稳定的、可靠的资金来源。

此外，通过建立利益共赢机制、激励机制，也可以引导职业教育培训机构乃至教师个人投资参与到退役士兵职业教育培训中来，进而建立多元化的投资渠道。首先，退役士兵职业教育与技能培训是一块较大的市场，在国家投入稳定的情况下，相应职业教育培训机构肯定希望参与进来。这样，他们就具备投资的基本动力。可通过相应的评定机制与利益分享机制，引导职业教育培训加大基础设施建设投入，加大相应师资队伍培养投入。而对于教师个人而言，能力和潜力的开发，教师是受益的主体。教师应在观念上自觉主动开发自己，并承担部分培训成本。故此，可通过相应的资格审核制度，督促教师加大自身投入，提高自身素质能力，更好地为退役士兵职业教育培训服务。

4. 政策制度健全是固化与集成

平台的建设、资金的投入以及师资队伍建设都需要长效机制。而退役士兵职业教育培训各参与部门之间的关系也需要通过相应的政策与制度来固化与集成。国外退役军人职业教育的成功经验也充分说明了政策制度建设的重要性。故此，为保证退役士兵职业教育与技能培训的持续发展，必须强化相应的政策制度建设。目前来看，我国对此也有充分的认识和重视，陆续推动了法律的完善与一些政策制度制定。但相比国外与该项工作的复杂性而言，还远远不够，应成为我国退役士兵职业教育与技能培训未来重点发展的领域之一。

为此，今后应围绕主题主线搞好顶层设计，着力完善有利于退役士兵职业教育培训体系建设的体制机制和规划、政策、法律法规、标准规范体系。而对于未来的相关政策制度建设，应注重制度的层次性，涉及整体的事项应尽可能地通过法律形式固化下来，而对于一些需要一定灵活性的内容，可以通过规定、意见的形式确定下来。同时，相关的制度建设尽可能做到统一不冲突，尽可能形成制度汇编，便于各相关部门知晓。

第七节　退役士兵职业教育与技能培训的五大框架体系

业务框架、组织保障框架、机制框架、绩效框架及基础设施框架是具体的建设内容，也是落实发展目标、发展模式与发展重点的具体内容。其中，业务框架是基础，组织保障框架、机制框架是为其服务的，而绩效框架与业务框架两者相互影响。

一　退役职业教育与技能培训的业务框架

在美国 FEA 框架中，业务参考模型（BRM）是其基础。它在描述政府业务时，是以公众（客户）为中心，按照业务本身的需要进行梳理构建的，并没有涉及具体的部门。整个业务模型包括三个层次，最上面为"业务域"，代表政府业务运作的四个类别，如图 5-8 所示。"业务域"是由若干"业务线"构成的。所谓"业务线"可以是"特定的产品"。在此模型中，是指政府提供的特定活动或服务。现实中，一个业务线并不一定是由一个部门或机构执行，但同一条业务线具有相同的信息定义和数据结构，使各部门机构之间能够很好地协调与协作。"业务线"是由若干子功能集构成的，其实质是一系列的具体执行职能。

参照以上业务参考模型，可以确定退役士兵职业教育与技能培训所涉及的"业务域"与"业务线"。而对于具体的承训机构而言，此业务参考模型同样适应，只不过其服务的对象是客户，涉及的是自身资源的管理。故此，可以从政府与具体承训机构两个主体出发，确定各自的"业务域"与"业务线"。而由于本课题研究的是退役士兵职业教育培训的顶层设计问题，对具体承训机构的"业务域"与"业务线"不再详述，只对政府机构的"业务域"与"业务线"进行说明，如表 5-3 所示。

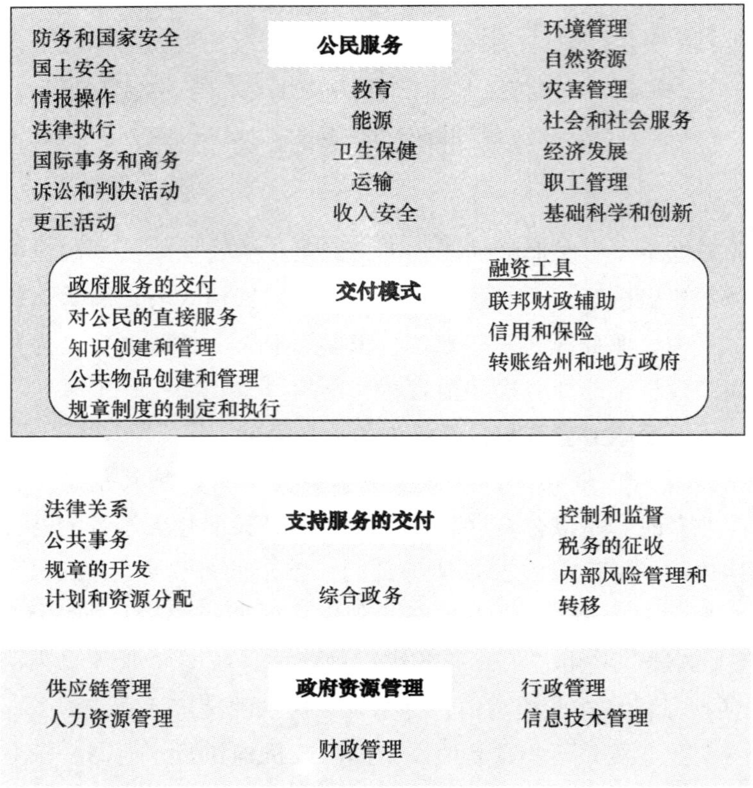

```
┌─────────────────────────────────────────────────────────┐
│  防务和国家安全          公民服务          环境管理      │
│  国土安全                                  自然资源      │
│  情报操作                  教育            灾害管理      │
│  法律执行                  能源            社会和社会服务│
│  国际事务和商务            卫生保健        经济发展      │
│  诉讼和判决活动            运输            职工管理      │
│  更正活动                  收入安全        基础科学和创新│
│                                                         │
│   ╭──────────────────────────────────────────────────╮  │
│   │ 政府服务的交付        交付模式    融资工具        │  │
│   │   对公民的直接服务              联邦财政辅助     │  │
│   │   知识创建和管理                信用和保险       │  │
│   │   公共物品创建和管理            转账给州和地方政府│  │
│   │   规章制度的制定和执行                           │  │
│   ╰──────────────────────────────────────────────────╯  │
└─────────────────────────────────────────────────────────┘

    法律关系        支持服务的交付       控制和监督
    公共事务                             税务的征收
    规章的开发        综合政务           内部风险管理和
    计划和资源分配                       转移

    供应链管理      政府资源管理         行政管理
    人力资源管理                         信息技术管理
                      财政管理
```

图 5-8　FEA 的业务参考模型结构

表 5-3　退役士兵职业教育与技能培训"业务域"与"业务线"

主体部门	业务域	业务线
政府机构	政府资源管理	供应链管理
		人力资源管理
		财政管理
		行政管理
	支持服务的交付	规章的开发
		计划和资源分配
		控制和监督

续表

主体部门	业务域	业务线
政府机构	交付模式	对公民的直接服务
		知识创建和管理
		公共物品创建和管理
		规章制度的制定和执行
		转账支付
	公民服务	教育
		职工管理
		社会和社会服务

围绕相应的业务线，进一步分解各业务线的职能集合，就可以进一步明确各环节相应的业务部门，为确定组织支撑体系奠定基础。以"为退役士兵提供教育业务线"为例，相应的职能就可以确定为：确定职业教育培训需求、设计职业教育培训内容、制定相关规划等职能，见图5-9。

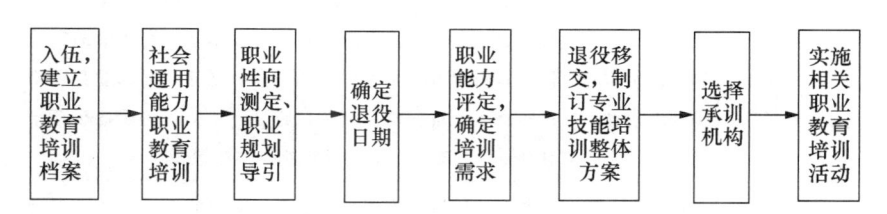

入伍，建立职业教育培训档案 → 社会通用能力职业教育培训 → 职业性向测定、职业规划导引 → 确定退役日期 → 职业能力评定，确定培训需求 → 退役移交，制订专业技能培训整体方案 → 选择承训机构 → 实施相关职业教育培训活动

图5-9　政府提供教育"业务线"的职能集合

针对"规章制度的制定和执行"这个"业务线"，相应的职能集合如图5-10所示。

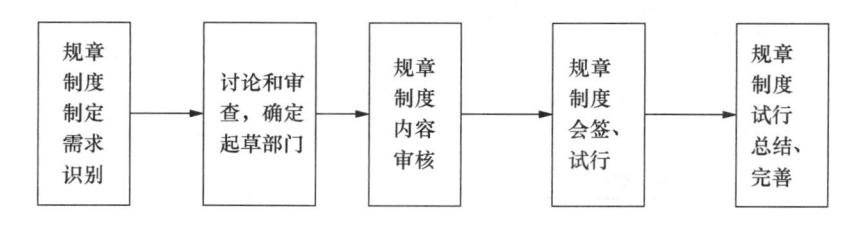

规章制度制定需求识别 → 讨论和审查，确定起草部门 → 规章制度内容审核 → 规章制度会签、试行 → 规章制度试行总结、完善

图5-10　"规章制度的制定和执行"相应的职能集合

二 退役职业教育与技能培训的组织支撑框架

根据业务框架分析,依据所确定的"业务线"及其相应的职能集合,就可以明确相应的业务主体。而将业务主体与职能结合起来,就可以明确相应的组织分工。同时,由于所处层次不同,所承担的职能也有所区别,对于顶层设计而言,关键是确定最高层次的组织分工框架。从退役士兵职业教育与技能培训高层次组织包括国务院、中央军委、民政部、教育部、财政部、工信部、人力资源与社会保障部及省级政府等。结合以上确定的"业务线"以及退役士兵职业教育与技能培训发展规划,确定各参与部门的分工,如表5-4所示。

表5-4　　　　　　　　　　高层次组织职能分工

部门	职能分工
国务院	发起建立最高统筹机构;就相关法律制定或完善提出申请;对重大、全局性问题进行研究并最终决策;领导建立再社会化与专业技能职业教育培训平台建设
中央军委	参与建立最高统筹机关;拟定相应的发展规划,确定相应的资金来源与投入;就相关法律制定或完善提出申请;建立士兵职业教育培训的宣导体系;组织建立社会通用能力职业教育培训平台;领导开发职业教育培训管理信息系统;整合职业教育培训资源,监督、评估相关职业教育培训活动效果;与其他部门协调,建立衔接机制与办法等
民政部	起草退役士兵职业教育与技能发展规划;牵头、组织职业教育培训平台建设;整合地方职业教育培训资源,建立工作协作、协调机制;研究起草相应的法规、制度、政策;跟踪相关法规、制度、政策的落实;协调建立与国民教育体系相衔接的制度、标准等;申请相关的资金投入并有效利用;组织相关职业教育培训活动的实施与评估;组织相关教育机构的筛选;多方筹措资金,建立多元化资金来源渠道
教育部	起草拟定退役士兵职业教育培训与国民教育体系的衔接机制与标准规范;领导组织专业师资建设与相关课程的研发;制定相关评价标准,组织对士兵的考核;提供专业职业教育培训机构信息,协调相关机制的建立;组织兑现教育领域的相关承诺;倡导相关理论研究

续表

部门	职能分工
财政部	参与发展规划制定；落实相关资源保障工作；按期拨付相应的资金；监督资金使用，评估资金利用效果
人力资源与社会保障部	提供社会就业与岗位信息；提供相应的职业性向测评、职业能力测评系统信息；牵头建立军地通用的资格认证体系；建立就业宣导体系，引导士兵客观看待职业
工信部	提供相应的管理信息系统支持；为军地远程网络教育提供便利与支持；提供信息系统开发标准并参与相关信息系统验收
省、直辖市、自治区政府	建立由民政部门牵头，教育、财政、人力资源和社会保障、兵役机关参加的工作协调机构；统筹协调、组织指导退役士兵接受免费职业教育工作；做好研究制定政策、拟定实施方案等重要事项

对于市、县政府及相关的机构主要是负责退役士兵职业教育与技能培训的承办工作，包括发布招生信息，组织报名、资格审查等。随着两个平台建设与运行，退役士兵职业教育与技能培训工作的全国统筹，市、县级政府的职责将转变为协助实施。这样也能解决跨区域、跨军地的职业教育培训问题。

在组织保障中，还需围绕职能，进一步建立相应的法规政策，使各部门能有效履行这些职能。为此，需结合新的组织架构与职能分工，构建标准统一、制度健全、流程规范、运转高效、持续改进的制度标准体系，形成包括法律、政策、制度一体化的、层次分明的制度规范体系。结合我国退役士兵职业教育与技能培训现状以及国外成功经验，建议相应的制度规范体系进行三个层次设置，如表5-5所示。

表5-5 退役士兵职业教育与技能培训制度规范体系设置

层次	名称	具体内容
第一层次	法律	1. 兵役法 2. 军人保障法 3. 士兵职业教育与技能培训促进法

续表

层次	名称	具体内容
第二层次	条例、规划、计划	1. 退役士兵安置条例 2. 退役士兵职业教育与技能培训发展规划 3. 退役士兵教育援助计划 4. 士兵教育资金保障条例
第三层次	办法、制度、规定、细则、方案	1. 士兵服役期职业教育培训管理办法 2. 士兵退役后职业教育培训管理办法 3. 退役士兵职业教育与技能培训实施方案 4. 退役士兵职业教育与技能培训管理细则 5. 职业教育培训机构评级准入管理办法 6. 职业教育培训机构动态管理办法

三 退役士兵职业教育与技能培训的机制框架

任何一个系统都是由若干要素组成的，退役士兵职业教育与技能培训也不例外。而对于任何一个系统的运行，机制都起着基础性的、根本性的作用。良好的机制能够使一个系统接近于一个自适应系统——在外部条件发生不确定变化时，能自动地迅速作出反应，调整原定的策略和措施，实现优化目标。对于退役士兵职业教育与技能培训而言，要实现持续发展，必须有相应的机制作支撑。

第一，应建立相应的统筹机制与信息共享机制，这是各参与部门有效衔接的基础。退役士兵职业教育培训涉及部门多，且军地、地地之间存在明显的分界。如何强化各参与部门的有效协作，必须建立相应的信息共享机制，实现信息实时传递，这样，才能实现无缝衔接。建立信息共享机制，信息平台建设是基础也是关键，通过退役士兵职业教育培训管理信息系统的建设和运行，能够有效推进各参与部门之间的信息共享。此外，也可建立联络员制度，进而实现跨部门、跨地域的信息共享。

第二，应建立必要的资金保障及管理机制。职业教育培训需要投入，各项活动需要资金保障。故此，建立长效的资金保障及管理机制是退役士兵职业教育培训健康发展的必要条件之一。为此，要将相应的资金投入写入到相应的法规中去，要将退役士兵职业教育培训所需资金纳入国防、中央财政预算中去。此外，还需进一步制定资金正常的、稳定的拨付制度，提高资金拨付的效率。最后，还需建立资金投入的增长制度，用以满足退役士兵职业教育与技能培训发展的需要。

第三，应建立利益共享机制。退役士兵职业教育与技能培训是一项较大的系统工程，应拓展投资渠道，建立多元化的投资体系。而多元化投资体系的建立离不开利益共享机制。应本着"谁投资，谁受益"的原则，建立相应的利益分享机制，鼓励专业职业教育培训机构，乃至企业积极参与到退役士兵职业教育培训中来。

第四，还应建立相应的竞争机制。没有竞争就没有活力，没有活力就没有创新。必须改变当前指定职业教育培训机构一成不变的做法。建立相应的质量评估体系，从师资、课程研发、基础设施、教学质量等多个方面客观评价职业教育培训机构，优胜劣汰，建立正常的淘汰制度，形成可进可出的局面，才能有效激励现有职业教育培训改进质量。此外，从中央政府及直属各部委角度来看，也可以采取相应的激励措施，鼓励省、市、县做好退役士兵职业教育培训工作。

第五，应建立相应的创新机制。创新是退役士兵职业教育与技能培训发展的源泉。随着社会的发展，退役士兵职业教育培训工作将会不断地遇到新问题、新情况。如何保持其持续发展，唯有创新。而这种创新，既可以是宏观上的政策创新，也可以是微观上的培训方式、培训内容创新。为此，要创建有利于创新的氛围和环境，要大胆吸纳更多的组织参与进来，要鼓励更多的机构和学者参与此项工作的研究。

第六，建立相应的动力机制与评价机制。动力来自两个方面，一个是激励力，另一个是压力。对于激励而言，可以是物质激励，对于退役士兵职业教育培训做得好的部门或组织，给予更多的名额，给予更多的经费支持；也可以是精神激励，颁发相应奖励证书，纳入政绩考核之中。对于压力而言，要建立相应的质量评估体系，开展相应的监督测评工作，督促各参与方积极开展工作。

四 退役士兵职业教育与技能培训的绩效框架

美国 FEA 框架中，绩效参考模型（PRM）是其最大特色之一，为整个联邦政府提供了一个统一的、通用的成果和输出度量标准。该模型详细说明了业务与成果之间的联结。整个参考模型由"评价领域"、"评价类目"、"评价指标"构成，如图 5-11 所示。一般而言，政务绩效评价分为两大类，一类是针对"政府项目"的评估，类似于对企业投资的评价；另一类是针对"政府行政"的评估，类似于对企业日常经营管理的评价。

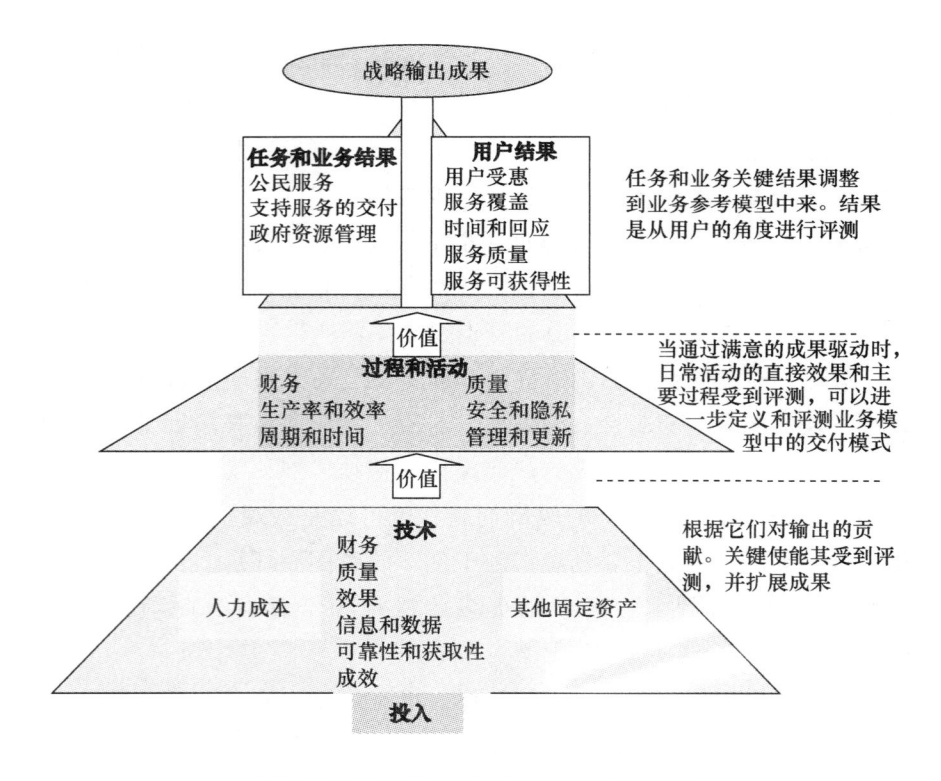

图 5-11 FEA 的绩效参考模型（PRM）

退役士兵职业教育与技能培训各参与部门都可以结合该绩效参考模型设定相应的绩效评价指标。结合我国实际情况以及美国绩效评价指标的分类，可以将绩效指标分为两大类，一类是社会效益评价指标，另一类是经济效益评价指标。社会效益评价指标对项目实现国家和地方社会发展目标所作的贡献和产生的影响，如人素质的提高、提高就业率、增加收入等。经济效益类指标是从投入产出的角度来衡量项目带来的经济效益，如利润率、投资收益率等指标。退役士兵职业教育与技能培训是政府提供的一项公共服务，所以应以社会效益评价为主；而对于具体承训机构而言，退役士兵职业教育与技能培训具有半公益性，在考虑经济效益评价的同时，也应考虑社会效益评价。

另外，由于各参与部门在退役士兵职业教育培训中所承担的职能不一样，绩效评价指标的侧重点会存在一定的差异。但该绩效参考模型为我们设置相应的绩效评价体系提供了一个通用的模型，即无论何种工作的绩效评价，都可以从投入、过程、产出三个方面来衡量。故此，可以确定退役士兵职业教育与技能培训的宏观绩效评价体系，如表5-6所示。

参照以上模型，省级政府部门、部队、各县市乃至承训机构都可以构建相应的绩效评价体系。在此不再一一赘述。

五 退役士兵职业教育与技能培训基础设施框架

基础设施是退役士兵教育培训活动的具体载体，包括职业教育培训承训机构及其设施、承训机构准入标准与制度、教育培训网络基础、课程体系、测评系统等具体内容。对于退役士兵教育培训基础设施建设，一方面应注重硬件建设，另一方面还需注重软件建设。目前来看，退役士兵教育培训主管部门以及相应的承训机构大多较为侧重硬件建设，而对软件建设有所忽视。

对于退役士兵教育培训基础设施建设框架，后文将逐一进行详述，本节主要针对基础设施建设中的一些原则与方向进行阐述。

对退役士兵教育培训机构布局而言，应积极采取"减量提质"的发展策略。目前而言，保守估计全国相关的承训机构不少于2000多家，数量之多，难以想象。这也造成了教育培训经费摊的面积过大，相关的承训机构也很难通过教育培训活动获得足够的资源，用于基础设施建设。提高进入门槛，减少承训机构数量，形成退役士兵教育培训的规模效应，促使承训机构投入资源用于基础设施建设，是未来的发展方向之一。

表 5-6　退役士兵职业教育培训宏观绩效评价体系

类别	具体绩效评价指标	绩效评价指标内涵
产出类	退役士兵职业教育培训满意度	衡量士兵对职业教育培训的事前期望与培训后所得到实际感受相对关系的指标
	退役士兵初次就业率	衡量士兵在完成职业教育培训后落实就业单位的比率,其就业形式包括自主创业
	退役士兵对口就业率	衡量士兵所接受的职业教育培训方向是否正确,是衡量所学是否能为其所用的指标
	退役士兵参训率	衡量实际参与职业教育培训情况的指标
	退役士兵职业教育培训优良率	衡量士兵职业教育培训成绩的指标
	退役士兵事故发生人次	每年因安置问题而出现的恶性事故的次数
过程类	科学性	衡量职业教育培训活动是否符合规律,课程设置是否科学,内容是否全面,能否适应外部环境等,是可靠地、准确地履行服务承诺的基础条件之一
	规范性	衡量职业教育培训是否能够遵循既定要求,是否到位,也是可靠地、准确地履行服务承诺的基础条件之一
	便捷性	衡量士兵根据自身所处环境与特点选择职业教育培训方式、内容等所花费的金钱、时间与精力
	及时性	衡量士兵在需要职业教育培训时能够迅速提供的能力
	移情性	衡量是否以士兵为中心,能够设身处地为士兵着想,根据士兵的实际情况,创新职业教育培训方式、内容,解决职业教育培训中的实际困难
投入类	资金投入计划完成率	衡量实际资金投入情况的指标,包括配套资金的投入
	基础设施建设完成率	衡量基础设施建设是否按计划完成

积极开源,使更多优质教育培训机构进入。随着我国高等教育以及社会教育快速发展,高等教育基础设施、师资力量获得前所未有的发展。同时,随着人们对教育培训的重视,社会教育培训机构也蓬勃发展,产生一批专业性强、影响力大的教育培训机构。将这些机构纳

第五章　中国退役士兵职业教育与技能培训顶层设计　141

入退役士兵教育培训中来，会对其基础设施建设起到立竿见影的作用，短时间内就能快速提高基础设施水平。

引导组团，建立退役士兵教育培训联盟。教育培训承训机构数量多，基础设施资源分散，把它们整合起来，也是提高承训机构质量的途径之一。近年来，随着教育开放性、民主性趋势的发展，各种教育联盟迅速发展起来，在教育领域发挥着独特的作用，成为教育发展的区域与重要推动力。教育联盟能够充分发挥协同创新作用，通过相关参与机构全方位的交流、多元化的协作，突破单个组织资源上的限制，发挥各种特长和优势。教育联盟通过开放式的资源整合，共享与分享极大促进了各成员不足，实现了大教育理念，也实现了教育培训机构的跨区域合作。以中国教育培训联盟为例，已经形成了包括我国香港、澳门在内的30多个分盟，提高了大量的资源，涵盖了教师培训、文化课等多方面资源。而中小学教育联盟网（http：//www.g12e.org/）也为退役士兵教育培训联盟建设提供了很好的参考，其内容包括教师空间、教学资源、教学资讯、方案、数字课堂、在线课堂等。

硬、软并重，协调建设原则。当前教育技术发展迅速，慕课、微课等新型课程不断涌现。同时，伴随着互联网及信息技术的发展，人的学习方式、学习途径也在发生翻天覆地的变化。在退役士兵教育培训基础设施建设时必须充分考虑这些变化，才能顺应时代发展，见到实效。尤其是针对退役士兵的全程教育培训，更应重视这些教育技术、信息技术的发展。此外，必须认识到，硬件资源的发挥离不开软件资源，没有好的师资力量，机器设备只是一堆钢铁。当然，软件资源也必须借助一定硬件资源才能发挥作用。故此，在重视退役士兵教育承训机构实验场所、实验条件、实践基地等硬件建设的同时，必须考虑其软件建设，尤其是师资力量与网络辐射能力建设。硬、软并重，使硬件资源与软件资源协调发展，产生最大价值。

充分利用军民融合的时代机遇，协同军、地，做好退役士兵教育培训的基础设施建设。当前，国家已将军民融合上升到国家战略高度。中国共产党第十八次代表大会指出：坚持走中国特色军民融合式发展路子，坚持富国和强军相统一，加强军民融合式发展战略规划、体制机制建设、法规建设。其后以习近平总书记为中心的党中央更是明确提出全要素、多领域、高效益的军民融合深度发展格局总体目标。军民全要素融合不仅包括技术、资本、信息的融合，还包括人才培养、设施的融合。这为充分利用军队资源，开展退役士兵教育培训提供了机遇，做好军队的协同，利用军队已有的部分设施。此外，军民融合也为退役士兵教育培训提供了大量的企业资源。在军民技术、产品研发融合中，将人才的双向教育培训纳入进来，积极引导企业参与到退役士兵的教育培训以及提供就业岗位中来，扩充相应的基础设施资源。

此外，对于基础设施框架内容，还应围绕退役士兵职业教育与技能培训管理信息系统、职业性向测评系统进行重点建设。同时还应进一步完善相关的准入机制、评价标准等。

第六章 中国退役士兵职业教育与技能培训机制研究

第一节 机制内涵

机制原指机器的构造和动作原理，也用来表示有机体内发生生理或病理变化时，各器官之间相互联系、作用和调节的方式。人们后来将"机制"一词引入经济学、管理学、社会学的研究，用以表示一定经济、组织或社会有机体内各构成要素之间相互联系和作用的关系及其功能，泛指一个客观事物（系统）的内在结构、要素之间的组合、联系、运作的方式和相互作用的机理。对于机制的理解，关键在于两点。一是有机体包括各个相对独立的组成部分（或要素），这些组成部分（要素）之间存在关联且相互制约，协调各个部分之间的关系就成为实现有机体整体目标的重要基础，这是机制存在的前提。二是协调各个部分之间的关系是通过具体的方式来进行，且较为稳定，它把有机体的各个部分联系起来，使能够实现整体目标与功能。而从机制的内容来看，主要包括构造、运行及功能三部分内容。构造涉及构成对象的组成，要素组成决定了运行的情况和功能；运行是要素之间相互作用而体现出的一种特有的秩序；功能是各构成要素组合在一起要达成的目标。另外，对于机制，也可以从因素之间的影响来解释，即一个因素如何对另一个因素产生的影响的，或者是通过什么产生的影响。

对于机制的分类，有的依据系统某个要素作用发挥来界定机制，如价格机制、风险机制等。从有机体整体来看，可以分为运行机制、动力机制、约束机制。运行机制体现了有机体各组成部分如何协调以及发挥怎样的功能，达成预定功能的，其运行原理是什么；动力机制表明了有机体各组成部分参与运行动力来源以及其内在机理；约束机制是对有机体运行进行限定与修正的功能与机理。而从机制的功能来分，科员分为激励机制、制约机制和保障机制。激励机制是调动各组成部分积极性的一种机制；制约机制是一种保证有机体活动有序化、规范化的一种机制；保障机制是为有机体运行提供物质和精神条件的机制。

对于机制的研究，机制设计理论从经济学视角为此提供了新的视野，使机制研究时更加关注各参与主体的动力，能够更好地调动各参与主体的积极性，协同他们的活动。机制设计理论假设个体的行为遵循博弈论所刻画的方式，并且按照社会选择理论对各种情形都设定一个社会目标。那么机制设计就是考虑构造什么样的博弈形式，使这个博弈的解最接近哪个社会目标。故而，机制设计理论可以看作博弈论和社会选择理论的综合运用。机制设计通常涉及信息效率和激励相容两个方面的核心问题。一是信息效率；二是激励相容。信息效率是要解决机制运行时的成本问题；激励相容是要解决各参与主体在整体目标下努力程度的问题。

退役士兵教育培训机制指退役士兵教育培训系统的结构及其运行机理，本质上是退役士兵教育培训系统的内在联系、功能及运行原理，决定其功能发挥与目标实现。对于退役士兵职业教育培养而言，应把机制的构建与完善作为重点来抓，这既有利于提高教育培训的效率，有利于提高教育培训的活动效果，充分利用教育培训资源，也有利于整个教育培训体系的优化与完善。

在退役士兵职业教育培训机制研究时，应参照机制的内涵及分类，借鉴机制设计理论，尊重各参与主体的利益，通过机制设计，凝聚共识，实现整体功能与目标。

第二节 退役士兵职业教育与技能培训运行机制

退役士兵职业教育培训运行机制包括其构成要素，各构成要素的活动方式、系统功能和运行原理。在退役士兵职业教育培训参与主体方面，可分为六个层次。第一个层次是中央政府、中央军委；第二个层次是中央政府、中央军委的相关部门，包括民政部、财政部、教育部、政治部等；第三个层次是省级政府及其相关职能部门，军区相关部门；第四个层次是地方政府及相关职能部门，军分区及相关部门；第五个层次是教育培训机构及用工单位；第六个层次是退役士兵。

不同层次的参与主体，其职能与活动方式存在区别。对于中央政府、中央军委而言，他们担负领导、统筹协调职能以及相关环境、氛围与理念的塑造，一般是通过行政命令与其他各组成部分进行联系，并把他们统一起来。第二个层次的参与主体承担了退役士兵职业教育培训活动的政策研究、制定与组织实施，监督检查等工作。他们之间的协作需要靠上层次的行政命令；与下一个层次的联系主要依靠监督、指导等方式。此外，第二个层次的部门也存在发起与配合之分，承担退役士兵安置考核任务的部门往往会承担发起责任，其他部门往往是配合。第三个层次的参与主体负责组织落实上两个层次所发布的政策决定，并根据其实际情况制订实施方案并组织实施工作，他们往往也是通过行政命令、监督考评与下级层次建立关联的。第四个层次参与主体的主要职能是具体实施，包括具体退役士兵的接收、培训的组织、对承训机构的考核等。第五个层次参与主体具体负责退役士兵教育培训活动的实施，包括学员招生、课程设置、课程讲授等，他们通过上层次参与主体实施招标、考核与他们建立联系，通过招生与培训，安置就业与下一个层次的参与主体建立联系。此层次的用工单位则往往与教育培训机构结为同盟，或者是自己建立教育培训机构，提供招、培、就业一条龙服务。第六个层次的参与主体是退役士兵，他们是具体的教育培训活动的参与者，但也是以上所有层次参与主体的中心，即他们是围绕退役士兵开展工作，决定了整个教育培训体系的功能与目标。

依据相关职业教育与就业理论，参照退役士兵职业教育与技能培训体系的定位、发展愿景与目标，退役士兵职业教育培训运行机制应承担提高退役士兵就业能力的职能，实现退役士兵稳定就业，可持续发展的目标，进而实现维护社会稳定，促进国防事业健康发展的间接目标。提升退役士兵就业能力是运行机制最基本、最重要的，也是判断运行机制是否科学的重要标准和依据。这也是衡量各参与主体活动成效的重要依据。参照就业能力的结构以及培养规律，各参与主体都应从自身职能出发，围绕就业能力，提高自身活动的实效性。在实现提升退役士兵就业能力的基础上，各参与主体还应积极营造、优化外部环境，实现退役士兵的充分就业、稳定就业与可持续发展。中国退役士兵职业教育培训运行机制如图6-1所示。

图6-1显示，退役士兵职业教育培训是由中央政府、中央军委主导实施的，其主要功能一是颁布政策、制度；二是营造、引导终身学习、主体学习的氛围与理念；三是通过政策改善、优化劳动市场环境。而中央政府、中央军委的各部门是具体的承办机构，要将中央政府、中央军委的政策、理念传达下去，并提供相应的业务指导及监督等。而省级政府、军区及其相关部门负责中央政府、中央各部门相关政策、理念的落实，要制订实施方案，确定实施步骤及相关支持措施，并组织实施。实施的结果是，从社会青年应征入伍环节开始，兵役机构就开始向应征入伍青年灌输教育培训政策、终身学习、主体学习的理念，引导其注重服役期间的学习。士兵所在部队建立、落实以人为本的理念，营造终身学习、主体学习的范围，并提供相应的条件与机会。通过各级政府、军区终身学习氛围、理念的营造，家庭也会更新观念，为退役士兵服役期间参加教育培训提供支持。士兵退役后，所在部队、地方政府及相关部门应发挥作用，而教育培训机构提供后续教育培训服务。由这些构成要素切实发挥功能，才能实现系统的整体功能与目标。

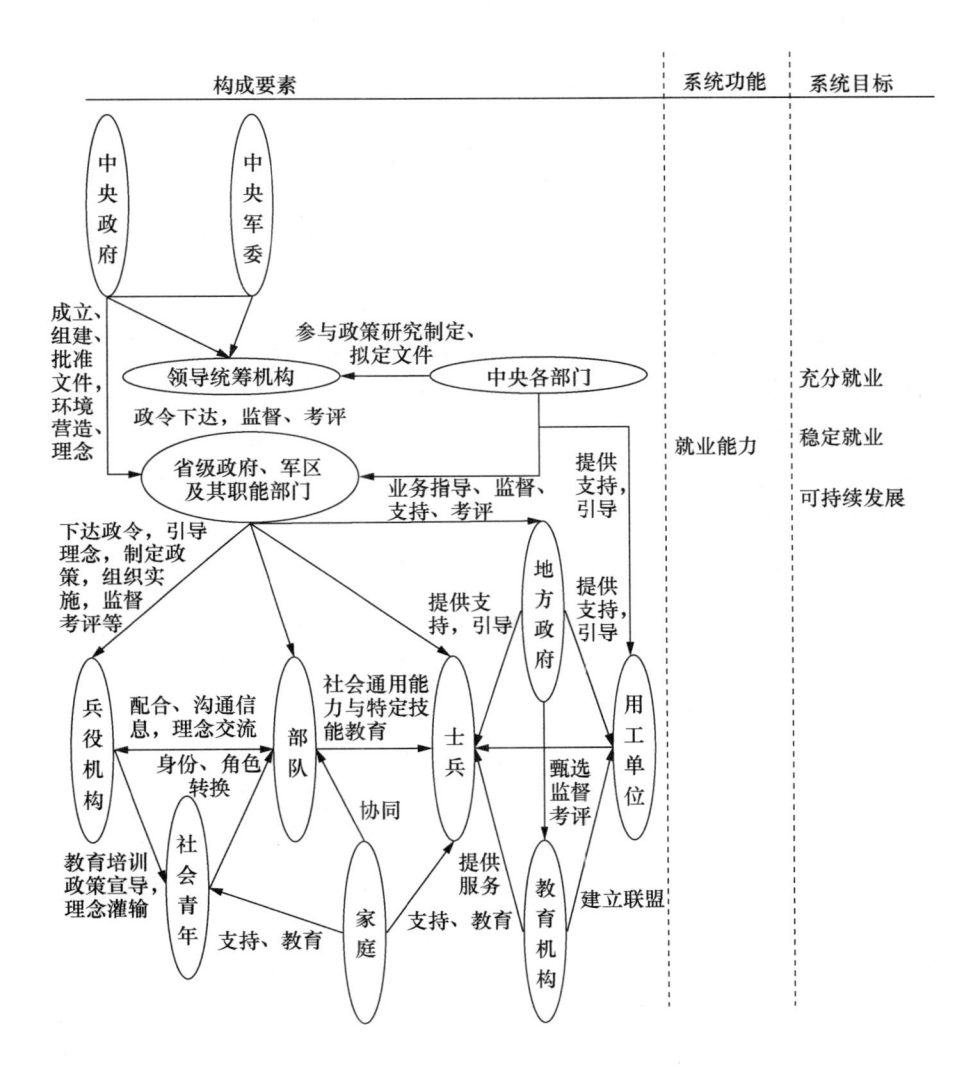

图 6-1 中国退役士兵职业教育培训运行机制

任何一个系统（或模型）都是由各种变量构成的，其中自变量与因变量是最基本的变量类型。简单地讲，自变量是最初变动的量，因变量是由于自变量变动而引起变动的量，将其描述为 $y=f(x)$ 的关系，其中 x 是自变量，y 是因变量，y 随 x 的变动而变动。除自变量与因变量外，还有中介变量与调节变量。中介变量是自变量对因变量发生影响的中介，是自变量对因变量产生影响的实质性的、内在的原因，可以描述为 $X \xrightarrow{M} Y$ 关系。如果自变量 X 与因变量 Y 的关系受到第三个变量 M 的影响，则 M 就称为两变量的调节变量，它影响因变量和自变量之间关系的方向（正或负）和强弱，描述为 $X \xrightarrow{\;\;M\downarrow\;\;} Y$ 关系。

  退役士兵职业教育培训运行机制的内在机理，就是分析、确定各组织部分（参与主体）是如何对系统功能与目标产生影响作用的，也就是分析确定整个体系所涉及的变量及其性质。遵循以上分析，退役士兵充分就业、稳定就业是运行机制的结果，是其他因素作用的结果，属于因变量。而实现就业是退役士兵就业能力与劳动力市场环境因素、部队的社会声望与信誉共同决定，而就业能力是中介变量，劳动力市场环境因素、部队的社会声望与信誉应是调节变量。

  而对退役士兵就业产生直接影响的是教育培训机构提供的课程、教育培训模式、教学管理等，还包括退役士兵本身的参与程度等，这是自变量，而不同学历层次（基础）、家庭背景的士兵对同类教育培训内容参与的关系会产生影响，属于调节变量。

  而影响退役士兵教育培训质量的因素有教育培训经费、监督评价政策、承训机构甄选政策等。影响士兵参与教育培训主动性、积极性的有政策因素，还有教育氛围、自主学习理念等环境因素，还有教育培训质量、前期的教育培训效果等因素，这些可以看作前一个层次的自变量。

  由此可见，退役士兵职业教育培训的结果充分与稳定就业受到退役士兵本人、劳动力市场、政府及相关部门、教育培训承训机构、家庭、部队等众多因素的影响。这决定了必须考虑多因素对因变量的影响，分析多层次变量对因变量的作用。参照退役士兵职业教育与技能培训各类变量的划分，其内在运行机理如图 6 - 2 所示。

  图 6 - 2 中相关变量名称如表 6 - 1 所示。根据以上关系，退役士兵职业教育与技能培训可以用以下函数进行表达：

$$y = f(x_1, x_2, x_3)$$

$$(x_{11}, x_{12}) = f(x_{21}, x_{22}, x_{23}, x_{24}, x_{25}, x_{26}, x_{27}, x_{28}, x_{29})$$

$(x_{21}, x_{22}, x_{23}, x_{24}, x_{25}, x_{26}, x_{27}, x_{28}, x_{29}) = f(x_{31}, x_{32}, x_{33}, x_{34}, x_{35}, x_{36}, x_{37}, x_{38})$

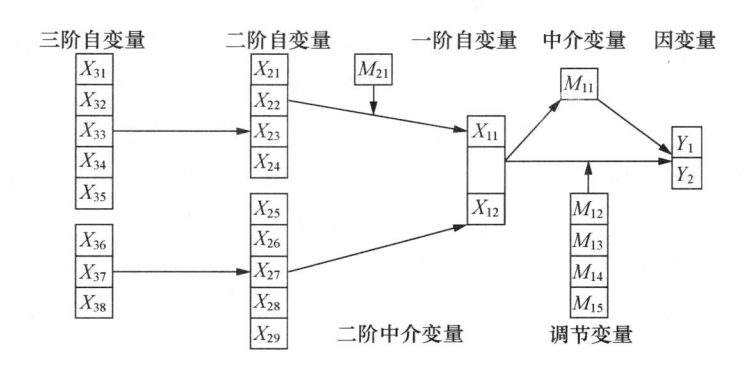

图 6－2　退役士兵职业教育与技能培训各类变量的划分及其内在运行机理

表 6－1　　　　　　退役士兵职业教育培训系统变量

因变量		二阶自变量		三阶自变量	
Y_1	充分就业率	X_{21}	部队终身学习氛围	X_{31}	政策的覆盖面
Y_2	稳定就业率	X_{22}	家庭支持	X_{32}	社会终身学习氛围
一阶中介变量		X_{23}	士兵的学习理念	X_{33}	信息系统与共享
M_{11}	就业能力	X_{24}	省、市、县政府理念	X_{34}	统筹管理
一阶调节变量		X_{25}	教育培训系统	X_{35}	教育政策
M_{12}	劳动力市场就业指数	X_{26}	教育培训内容	X_{36}	经费支持政策
M_{13}	家庭资源	X_{27}	教育培训模式	X_{37}	承训机构甄选与评价
M_{14}	部队知名度	X_{28}	教育培训经费	X_{38}	教育培训绩效评价
M_{15}	政府支持政策	X_{29}	师资力量		
一阶自变量					
X_{11}	退役士兵参与状态	二阶调节变量			
X_{12}	教育培训机构质量	M_{21}	士兵以往教育经历		

图 6－2、表 6－1 显示，退役士兵教育培训工作是一项复杂的系统工程，涉及部门多，存在多重委托—代理关系。而在多重委托—代理关系下，势必存在多方的相互博弈。博弈的结果会直接影响退役士

兵教育培训工作的开展。

博弈论思想古已有之，现代意义上的"博弈"是指个体或组织在一定的环境条件与规则约束下，依靠所掌握的信息，从各自可选择的行为或策略中进行选择并加以实施，并取得相应结果或收益的过程。对于退役士兵教育培训工作而言，我们期望各方的博弈是合作博弈，而非非合作博弈。所谓合作博弈，是参与者能够联合达成一个具有约束力且可强制执行的协议的博弈类型，强调的是集体理性与效率、公正、公平。在合作博弈中，每个参与者从联盟中分配的收益正好是各种联盟形式的最大总收益，参与者从联盟中分配到的收益不小于单独经营所得收益。故此，合作博弈的结果必须是一个帕累托改进，博弈双方的利益都有所增加，或者至少是一方的利益增加，而另一方的利益不受损害。

我们期望退役士兵职业教育与技能培训的参与方能够结成联盟，进行合作博弈。所谓联盟，是指一个人（或集团）为了克服自身弱点，寻求与他人（集团）进行合作，采取共同体形同，以完成单个人或集团所不能完成的事。联盟一旦形成，就作为一个整体共同采取行动，其目标是使联盟获得最大利益。在联盟形成过程中，收益分配是其关心的核心问题，合作剩余的分配既是合作的结果，又是达成合作的条件。

如何促成退役士兵教育培训参与方联盟的形成，签订强制性的合约是非常关键的。从目前退役士兵教育培训实践来看，中央政府与地方政府有了较为明确的合约（相应的制度、通知等），而军队还游离于退役士兵教育培训合约之外，影响了"收益"的扩大。

从退役士兵就业与职业教育培训的小样本研究来看，不同地域的退役士兵充分就业率存在较为显著的差别，经济越发达的地区，退役士兵充分就业率越高。这一是由于经济发达地区本身就业岗位就多，退役士兵即使在教育培训强度较低的情况下，也能实现就业；二是越是经济发达地区，社会对退役士兵就业提供的系统性支持越高，越能促进退役士兵就业；三是经济发达地区的兵员的素质也高，在军队中所获得的资源也就越多，也能够促进其就业。

从退役士兵稳定就业率来看,与退役士兵的学习理念、部队的终身学习氛围呈现较为显著的相关。实践也证明,退役士兵具有较为先进的学习理念,其发展目标也较为明确,其在部队中进行的活动、退役后的学习活动以及资源整合都具有较强的针对性。其进行的选择也较为明确,促进了稳定就业。小样本研究表明,当前退役士兵稳定就业率与教育培训模式、内容、师资的相关性不是很明显。这说明当前的退役士兵教育培训还不能较好地满足退役士兵的需求,需要进行质量提升。

第三节 退役士兵职业教育与技能培训动力机制

动力机制是系统运行的动力来源。组成有机体的各组成部分,其目的及利益是不同的,其行为方式可能有悖于整体功能与目标。故此,必须建立一个能够整合各参与方利益的规则,使其有足够动力按照系统的整体功能与目标进行活动。这就是动力机制需要确定的内容。

各参与主体参与系统的力量来源一般包括利益驱动、政令驱动、理念驱动等。利益驱动是动力机制中最基本的力量,是指参与方所获得的收益,这种收益不仅是经济或物质方面的收益,还包括荣誉或精神上的收益,凡是参与方所看重的东西都可以作为收益。故此,参与方的收益偏好不同,对同种获得的收益判断可能存在差异。政令驱动来自行政命令或者法律法规。与利益驱动相反,政令驱动产生动力的原因是导致参与者产生损失,如不执行上级命令,可能面临降级或调岗的损失,不遵循法律法规,可能面临监禁的损失等。理念驱动则是通过理念宣导,使参与者具有从事某项活动的责任感、使命感,从而产生一种内在的动力,如管理者通过对员工进行人生观教育,从而调动员工的主动性等。

退役士兵职业教育培训是国家主导的一项利国利民的工程,具有强大的政令驱动力。但也不能忽视各参与方的利益驱动力与理念驱动力，需要将三者有机结合起来，进而产生巨大的动力，推动退役士兵教育培训活动的深入开展。

在利益驱动方面，不同的参与主体，参与目的与所对应的收益各不相同。毫无疑问，中央政府、中央军委作为主导者，所代表的是国家利益、国防建设利益。他们是退役士兵职业教育与技能培训最大的动力来源。而对于教育培训机构，可能较为重视经济收益；而政府职能部门可能较为看中荣誉与表彰。参照退役士兵职业教育培训参与主体的六个层次划分，分别对其展开利益驱动分析，增加利益驱动力。

对于第一个层次的中央政府、中央军委而言，做好退役士兵职业教育培训工作，其收益主要是国家稳定，国防事业健康、持续发展。更为具体的收益就是部队吸引力大，征兵成本低，兵源多，质量好，能够满足国防事业发展需要。

对于第二个层次中央政府、中央军委的相关部门而言，则收益分析较为复杂。承担退役士兵安置就业任务的部门，其收益较大。通过退役士兵职业教育培训能够有助于其完成安置任务，这也是工作特色与政绩。而其他相关部门，则往往较为关注本部门绩效，退役士兵职业教育培训所带来的直接收益较少，往往是基于政令而参与，如财政部门、教育部门、人力资源与社会保障部门等。

对于第三个层次省级政府及其相关职能部门、军区相关部门而言，其收益与中央政府、中央军委有共同之处，但其收益值可能降低。一是因为在市场经济体制下，人员可以自由流动，退役士兵所导致的社会稳定问题可能不会影响到其户籍所在地；二是做好退役士兵教育培训工作，需要付出相应的费用与成本，而退役士兵则可以在全国范围内就业。而对于省级政府相关职能部门而言，该收益则更为分散。而对于军区及相应职能部门而言，退役士兵就业安置往往被视为地方政府的工作，加之理念上认为加强退役士兵服役期的教育培训会与军事训练相冲突，会产生诸多问题。当然，对于参与征兵工作的机构而言，对强化退役士兵职业教育培训工作收益的可能有更为全面、深入的理解。

对于第四个层次的地方政府及相关职能部门、军分区及相关部门而言，其收益往往体现在荣誉上。当然，如果上级政府拨付大量的教育培训经费，就能够有效增强地方政府的动力。因为上级经费的拨付，对拉动本地区的社会、经济事业发展会起到较好的作用，也有利于地方政府在民众中获得较好声誉，有利于做好征兵工作，还能够解决本地区一些教育培训机构生存与发展问题。

对于第五个层次的教育培训机构及用工单位而言，他们往往较为注重利益。在经济利益的基础上，他们关注社会影响。这是他们参与退役士兵职业教育培训的主要动因。

对于第六个层次的退役士兵而言，其参与教育培训的收益是多方面，且在不同的时期，收益侧重点有所不同。服役期间，参与教育培训可能是为了提升学历，或者掌握某种技能；退役后参与教育培训则更多地侧重于就业与发展。

通过以上分析，中央政府、中央军委、各地退役士兵就业安置部门以及退役士兵，他们的利益基本一致。而具体的省、市、县政府及除民政部门外的相关部分，军区、军分区及其相关部门在利益与中央政府、中央军委还是存在一定的分歧的。需要通过相应的机制设计来解决他们之间激励不相容的问题，激发他们参与退役士兵职业教育培训的动力。

一是应建立各省、市之间的利益平衡机制，调动省级政府及相关职能部门参与的动力。当前，我国实行义务兵与志愿兵相结合的兵役制度。这种制度对于兵源大省往往是提供兵源越多，就业安置任务越重，教育培训财政发出越多。此外，就目前兵役大省经济发展情况来看，多属于农业大省，经济发展水平较低，财政实力有限。兵役负担的不平衡已经带来经济利益及其他方面的不平衡。而又要求地方政府从财政中出资对退役士兵进行教育培训，进一步加剧了他们的心理不平衡，即使他们积极支持国防建设，往往也会带着情绪参与退役士兵教育培训。如何平衡各省、市之间这种利益分歧，征收专项兵役税是较好的解决办法之一。对于经济发展水平不同地区，按不同的税率进行征收，征收税额完全用于退役士兵的教育培训，由中央政府进行专项管理。在此专项资金分配上，按照如下程序分配，见图6-3。

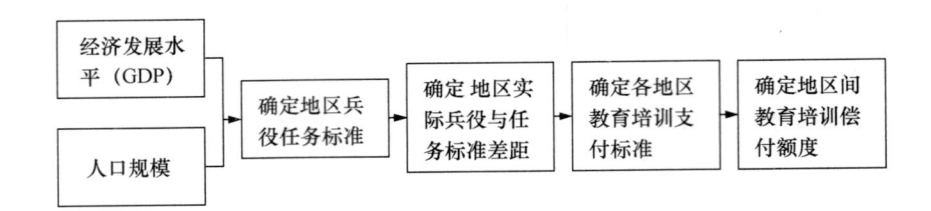

图6-3　各地区退役士兵教育培训经费补偿程序

此外，通过兵役税的征收，也解决了中央财政有关退役实行教育培训经费来源问题，减轻了财政支出压力。同时，财政收入的增加，也有利于提升其部门绩效，增加其动力，提高其参与积极性。而对于地方政府而言，也不再需要提供相应的配套资金，而且如果提供的兵役数量多，还能得到相应的补偿资金，也会提高他们参与的动力。而兵役税的征收，也有利于提高退役士兵教育培训经费的保障力度。

二是要健全、完善退役士兵教育培训绩效评价内容，定期发布退役士兵教育培训相关信息。如上所述，地方政府参与退役士兵教育培训侧重于政绩表现。故此，要在当前将教育培训与双拥评选关联的基础上，纳入地方政府社会经济发展考核中去，借此推动地方政府重视此项工作。此外，及时公布各地退役士兵教育培训进展信息，树立地方政府荣誉感，进而产生相应的动力。

三是要根据各参与主体部门职能，将退役士兵教育培训成绩与其关联，增加各参与主体部门绩效，提升其参与动力。中央政府对其各职能部门，地方政府对其职能部门以及军委对其职能部门的评价往往是依据其部门职能进行的。将退役士兵教育培训工作与其部门职能有机结合起来，无疑会提高各部门参与动力。如针对教育部门，如果将退役士兵教育培训经费（现纳入安置费用科目）纳入教育经费科目中来，则更能体现教育部门的工作绩效，促使教育部门制定更为紧密的政策来支持退役士兵服役期以及退役后的教育培训工作。

四是在利益驱动方面，中央政府、中央军委应联合建立相应的奖惩制度。对于退役士兵教育培训做得好的地方政府、部队应给予奖励，增加专项资金划拨比例，驱使其产生更大的动力。

政令驱动主要依靠上级部门的行政命令或者法律法规驱动下级部门从事某项工作。退役士兵职业教育培训涉及多个国家及军队部门，政令是他们从事该项活动的主要动力来源。增强政令驱动力一是要增强其权威性，应由更高层次、具有较大权威部门领导人担任退役士兵就业安置领导委员会的领导；二是相关的政令应尽可能上升到法律层面，如通过法律明确各参与方的职责；三是相关的经费应纳入财政预算之中，并有相应的拨付标准及程序，减少人为的影响。

而在理念驱动方面，就是要增强各参与方的责任感、使命感。对于理念塑造，无论是军队，还是各级政府都应树立"以人为本"的理念，树立"教育人，发展人"的理念，树立"问渠哪得清如许？为有源头活水来"的理念。真正认识到提高退役士兵的就业能力，解决退役士兵就业发展是我国国防事业发展的基础和重要保障。增强理念驱动力，中央政府、中央军委应审时度势，根据我国实际情况，提出部队、地方强化退役士兵职业教育培训的新理念，这在当前是缺失的。而中央层面的新理念应符合职业能力发展规律，充分体现以人为本的思想。只有中央提出新的理念，才有可能使下级政府、军区意识到退役士兵教育培训的真正目的与价值，才能深刻体会到这项工作的重大意义。此外，中央政府及军委的理念塑造不仅应针对退役士兵，还应在整个社会范围内塑造终身学习、主体学习的理念。这样能够充分引导士兵家庭的教育培训的重视和支持。以色列退役军人职业教育培训是此方面的典范。

对于军队各级军官而言，士兵犹如自己的手足兄弟，故而理念驱动能产生较好的动力。对部队而言，要破除"事不关己，高高挂起"，将军地建设分开的错误心态，要破除军事训练与士兵教育培训矛盾冲突的错误想法。要充分认识到退役士兵教育培训不仅关系到士兵的就业发展，还关系到未来部队兵员质量与来源，树立"士兵教育关系国防大局"与"谁使用，谁教育，谁负责"的理念。此外，应结合当前军队建设发展形势，向各级军官灌输重视士兵综合素质的理念。随着军事科技的迅速发展以及未来信息化战争，对士兵的综合素质提出了更高的要求，而不仅仅是军事技能，世界各国也都十分关注军人综合素质的提高。正如贾春志所讲：由于武器威力增大，作战节奏加快，战场情况瞬息万变，战争与以往相比更加紧张、激烈和残酷。为此，在提高士兵身体及技术等这些"硬素质"的基础上，还要在心理素质、适应能力和反应能力等"软素质"的培育上下功夫。这些"软素质"的培养对士兵退役就业十分有利，也可以把这些"软素质"的培训与士兵教育培训结合起来。此外，加强士兵服役期间的教育培训，使其掌握更多的知识、技能，也有利于士兵对新武器、新技术的学习与运用。如何采取有效手段使部队建立"以士兵为中心"，"教育士兵、发展士兵"的理念，一是要让各层次部队军官了解军队建设的新形势、新任务，了解国外退役士兵教育培训的做法；二是要让各层次部队军官掌握、了解全国征兵形势，可以定期召开全国征兵形势总结会议，编制、传达与组织学习相关材料，也可以搭配部队各层次军官参与每年的征兵工作，使其接"地气"，了解社会青年及其家庭的情况，触动其心灵；三是编制一些典型的"反面教材"，使部队军官了解退役士兵融入社会的困难，激发其做好教育培训的内在动力。

对于退役士兵家庭而言，是退役士兵建立终身学习、自主学习理念的一个重要支撑。但是现在大多数家庭并没有此理念，进而缺乏对退役士兵服役期参与教育培训的支持或者指导，任由其在部队自由发展。故此，要增强退役士兵家庭参与教育培训的动力，首先应引导家庭建立"就业发展靠能力"的理念，破除"当兵几年，回来再说"或者是"部队安置工作"的错误思想观念。建立退役士兵"就业发展靠能力"的理念，一要在征兵时应向应征青年家长讲清、讲全相关政策，灌输终身学习、自主学习的理念，引导家长关注士兵在部队的成长与发展；二要通过典型案例，向社会宣导退役士兵通过教育培训提升自己，实现较好的典型人物，引导家庭成员建立关注、支持士兵参与教育培训的理念。

对于士兵本人而言，其参与教育培训或者是服役期间学习的动力主要在于其个人价值观念。从有关调查来看，士兵参与教育培训的主要障碍还在于其错误的观念与认识，人为地设置障碍，错误地认为底子薄，学习困难，参加教育培训没有用等。对于普通士兵而言，无论是部队，还是教育培训机构、家庭都应引导其建立"天生我材必有用"的理念，引导其客观地看待自身的优势与劣势，端正其态度，增强其自主学习以及参与教育培训的内在动力。此外，还应借鉴社会学习理论，积极引导士兵建立"处处可以学习，时时可以学习"的学习理念，以驱动其参与各个阶段的教育培训活动。

退役士兵职业教育培训是政府主导的一项工作，但我们不能否认各参与方的利益。故此，应结合我国实际情况，建立以利益驱动为基础，理念渠道为支撑，政令渠道为主导的动力机制，提高各参与方的参与动力，形成政府、军队、教育培训机构、退役士兵、家庭、企业等各方参与的中国特色职业教育生态系统。

第四节　退役士兵职业教育与技能培训统筹机制

当前退役士兵职业教育培训运行系统之间不联系，教育资源分散，严重地影响了整体功能的发挥与目标的实现。退役士兵职业教育培训要实现系统的、整体地运行，必须强化统筹机制建设，加强统一领导，打通部队与地方的联系，打通教育培训资源之间的联系。

从统筹流程和方向上看，可以将其分为横向统筹与纵向统筹。纵向统筹主要按照退役士兵教育培训各参与主体的层次关系，进行统筹管理，使其遵循预定方向与目标。横向统筹主要是协调同级部门之间关系，使其完成系统预定的功能与目标。从退役士兵职业教育培训统筹的内容来看，包括政策统筹、教育培训经费统筹、教育培训机构资源统筹，教育培训运作过程统筹等。当然，统筹内容与统筹方向之间是相互交叉的。

从统筹内容来看，建立退役士兵职业教育培训统筹机制，首先要确定退役士兵职业教育培训的"纲"，通过"纲"来统筹"目"，进而形成"纲举目张"，牵一发而动全身。从以上研究来看，退役士兵职业教育培训的"纲"就是统筹军队与地方两个教育平台，形成社会通用能力、专业与岗位技能、发展与创新能力有机衔接的教育培训体系，实现合格社会人、可持续发展人、自我实现人的培养目标。所有的工作都应该围绕这条主线来开展。要实现以上内容统筹目标，退役士兵职业教育培训领导机构应研究、掌握、遵循退役士兵职业教育培训内在规律，严格按照其运行规律行事。不能只为培训而培训，也不能指望一夜之间就能大幅度提高退役士兵的就业能力，实现其充分就业。

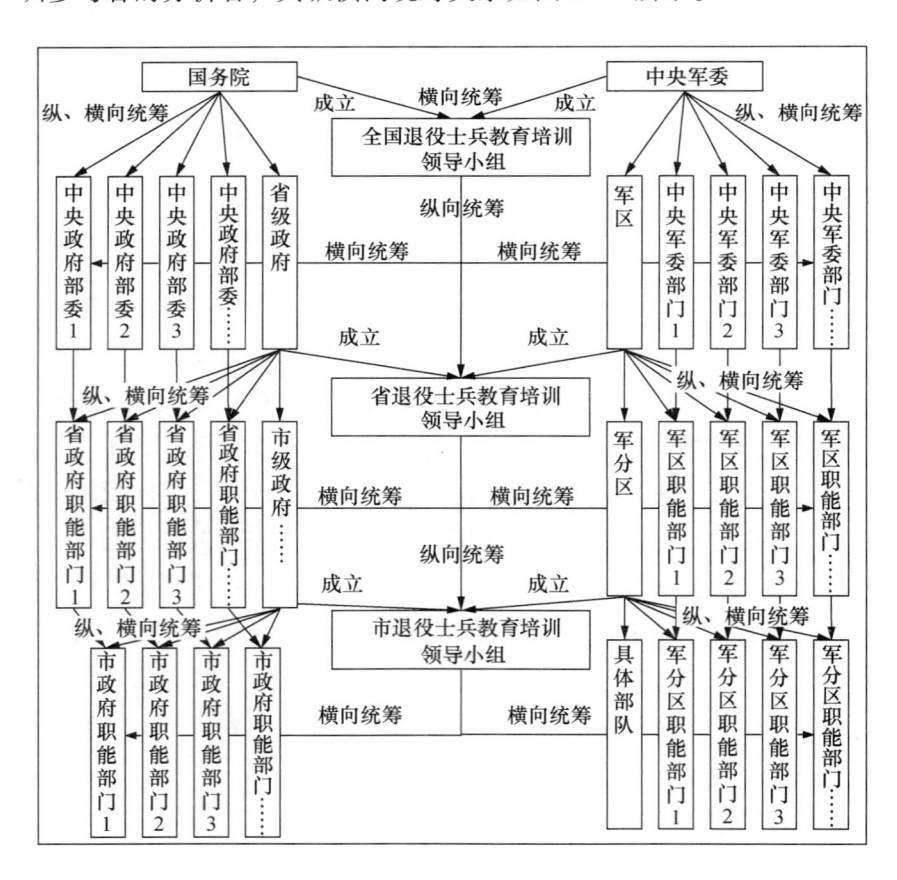

建立退役士兵职业教育培训统筹机制，还需分析其各类纵横向关系，确定纵横向统筹的重点与层次。依据以上对退役士兵职业教育培训参与者的分析看，其纵横向统筹关系如图6-4所示。

图6-4 退役士兵职业教育培训统筹运行

图6-4显示,各级政府负责其下级政府、所属职能部门的纵向统筹,也可以对所辖部门以及下级政府实施横向统筹。而对于军地之间的统筹,需要通过军地共同组建的教育培训领导机构实施横向统筹。不同层级教育培训领导机构之间可以进行纵向统筹。该种统筹方式既不打破现有的行政管理体制,又增强了纵、横向之间的联系,保持了教育培训方向与目标。

建立、健全退役士兵职业教育培训统筹机制,首先要完善与健全退役士兵职业教育培训领导机构。目前,国务院、中央军委成立全国退役士兵安置工作领导小组来承担退役士兵职业教育与技能培训的领导工作。而全国退役士兵安置工作领导小组工作具有典型的周期性,往往在士兵退役安置时才发挥领导职能。此外,该领导机构更多的是强调退役士兵的安置,而将教育培训视为安置的一种手段,缺乏应有的战略性地位。另外,该领导机构所有成员大多是兼任,即使有办公室也是由民政部相关部门人员兼任。这种机构设置很难对退役士兵职业教育培训日常工作的开展实施有效的统筹。应在全国退役士兵安置工作领导小组下设职业教育培训办公室,设有专门的人员负责其日常工作的开展。这样,才能有效地对退役士兵职业教育培训过程遇到的问题及时进行研究、分析,并提出指导性的意见,进行统筹管理。

此外,该机构一大重要职能就是承担军地统筹、协调职能。退役士兵职业教育培训涉及多个军地及其多个不同业务领域的部门,而且地理分散,如何统筹他们的工作,是难点,也是重点。而全国退役士兵职业教育培训领导小组起到联系军地的桥梁作用、纽带作用、协调渠道作用。如上所述,对于退役士兵职业教育培训的统筹首先应是思想理念上的统筹,即在中央层次应明确退役士兵职业教育培训的开展理念、总体目标、发展规划。这是各级地方政府、各级军区开展此项工作的依据和基础,也是打通军地界限,保证此项工作方向的基础。全国退役士兵职业教育培训领导小组应向军、地及其相关部门宣导退役士兵教育培训规律,依据国务院、中央军委的相关指示,组织各省分管领导、军区分管领导及相关部门主管领导召开相应的专题研讨会,宣导先进的经验,进一步凝聚军、地及相关部委理念共识,统一高层的思想认识。为相应制度、机制、资源统筹打下基础。在理念统筹的基础上，随着退役士兵跨省异地职业教育培训的开展，该机构应负责所有教育培训承训机构、退役士兵教育培训信息、教育培训经费的统筹管理。还负责有关涉及退役士兵职业教育培训整体性问题的组织研究和管理等工作。

相对于全国退役士兵职业教育培训领导小组，省级退役士兵职业教育领导培训小组则负责省内的统筹工作。在理念认识上，组织相关理念的宣导，在取得省、军区的授权下，组织相关职能部门及部队的领导开展研讨、学习，依据针对某些全局性问题开展研讨，制定政策。此外，作为省级退役士兵职业教育培训领导小组，接受全国退役士兵职业教育培训领导小组的纵向领导，应承担其交办的各项工作，如上报信息、问题反馈等。这样，对退役士兵职业教育培训就实现了从中央到省的较好统筹。而对于市级的退役士兵职业教育培训领导小组，其功能与省级领导小组相似，不再赘述。

在国务院、中央军委明确退役士兵职业教育培训理念、总体目标后，还应建立相应的职责分工，确定各业务领域工作方向与重点。从退役士兵职业教育培训运行机制来看，未来的教育培训模式应该是贯穿于退役士兵服役前后，教育培训内容应该涵盖公民素养、社会通用能力、职业能力以及发展能力等教育内容。这就需要根据能力发展规律，退役士兵发展特征统筹安排各职能部门的工作重点、工作内容与要求。

在明确各自业务重点的基础上，必须建立相应的工作协调机制，对需要统筹的各项工作予以协调。专题统筹协调会与工作进展通报制度是跨部门、跨领域协调的有效工具与方法。无论是全国，还是省、市层面的退役士兵职业教育培训领导小组都应建立专门的会议制度与工作进展通报制度，随时能够对一些全局性问题进行分析、研究及解决。当然，专题统筹协调会也可以经相关业务部门依据自身工作遇到的问题而提出，经由相应领导小组组织召开。此外，借助以上各业务单位的职责分工，同级部门之间也可以建立相应的协调机制。这种协调主要是基于主办与协办关系而建立的，需要在工作部署上给予明确。主办方与协办方根据工作进展情况，定期协调、统筹相应工作任务的开展。现场分析会也是统筹协调工作的有效方式，针对退役士兵教育培训中的现实问题，由领导小组或者主办部门组织相关部门、人员召开现场分析会，提出系统性的解决方案，统筹安排给予解决。

通过退役士兵职业教育培训纵、横向统筹机制的建立，凝聚共识，确定职责，建立关联，确保各项活动按照预定的方向与目标开展。也只有将其统筹起来，退役士兵职业教育培训活动才能按照预定的运行机制运行，才能实现预定的功能，实现预定的目标。

第五节 退役士兵职业教育与技能培训保障机制

任何一个系统的运行都需要相应的物质精神条件，而保障机制就是为系统活动提供相应物质及精神条件的机制。在物质保障方面，一般包括人力、资金、物质、信息等条件；在精神保障方面，包括制度、理念、理论等内容。对于退役士兵职业教育培训这个复杂的系统而言，其物资与精神保障都不可或缺。

在组织领导保障方面，退役士兵职业教育培训作为政府主导的系统工程，组织领导保障是其作为基础的保障。组织领导保障也决定了人力、资金、信息、制度等保障的力度。无论是全国领导小组，还是省、市级领导小组组长人选及其他组员组成都对退役士兵职业教育培训的运行、统筹协调起到极大的影响作用。这些职位的人选不仅要求领导层次较高，还要求必须懂行，对部队、对退役军人有感情。这样才能真正关注退役士兵职业教育培训，才能按照规律领导相关活动的开展。故此，退役士兵职业教育培训领导小组领导选用资质最好是：具有军、地工作经历，熟悉中央各部委工作，统筹协调能力较强，熟悉教育发展理论与规律的人。领导小组成员最好来源于相关机构或与此相关业务的主管领导。而对于常设办公室的人选则要求具有相关工作经验，执行能力强、协调能力强，能够推动各项工作的开展。

对于教育培训活动在退役士兵服役期开展的，更要求部队一把手提供绝对的支持。在具体的部队，也可以成立教育学习小组，部队首长担任最高领导，为士兵参与教育培训提供有力支持，也为军事训练与职业技能教育培训融合创造条件。而对于具体的教育培训活动而言，必须要求各承训机构一把手承担起领导责任，保障教育培训活动高质量地开展。

在人员保障方面，退役士兵职业教育培训各层次的领导小组应打破当前人员全部是兼职人选构成的局面，设置专门的编制，安排专门的人选来承担相应的职责。有了专门的人选，才能承担起退役士兵职业教育培训各项日常工作，统筹、协调各项活动，保障其正常运行。另外，相应的各教育培训承训机构，无论是在教学活动中，还是学员的日常管理中，都必须提供充足的人员保障。

在资金保障方面，应将退役士兵教育培训经费从安置费科目中单列出来，单设教育培训经费，与其他教育经费一起列入政府财政预算之中，并与其他教育经费一样具有正常的增长机制，以保障退役士兵教育培训经费稳定来源与正常增长。此外，应尽快启动兵役税立法与征收工作，从中央层面设立退役士兵职业教育培训专项资金，以支持未来退役士兵跨省异地教育培训的开展。在军队中，也应设立士兵教育培训专项资金，并列入国防预算，以保障退役士兵服役期教育培训活动的正常开展。在教育培训承训机构方面，要制定相应的制度，保障教育培训经费的定向使用，不得大比例地挪作他用。对于当前，要抓好退役士兵职业教育培训配套资金的管理，促使地方政府资金到位，保障相关活动高质量地开展。

在教育培训资源保障方面，一是建立公开的竞争机制，吸引更多的教育培训机构参与到退役士兵职业教育培训中来。应建立相应的教育培训机构评价体系，做好教育培训机构的甄选，改变当前教育培训承训机构单一、层次低的现状。二是引导及促使退役士兵职业教育培训承训机构做好自身建设工作。通过评价体系、教育培训考核等，引导教育培训承训机构做好师资队伍建设、课程体系研发、实验实践设施与基地建设等诸方面工作，全面提升其"软"、"硬"实力。三是做好教育培训资源的整合，实现优质教学资源、课程资源的整合，保障教育培训资源高效利用以及教育培训活动的针对性、有效性。四是在全国范围逐步建立一批高质量退役士兵专业教育培训机构，形成便捷的教育培训承训机构网络体系。为有效支撑跨省异地以及军地全程教育培训的开展，必须在全国范围内建设一批高质量的承训机构，形成相应的网络体系，以满足退役士兵教育培训的便捷性要求。

在信息保障方面，应实现退役士兵职业教育培训信息化管理，以有效支撑其统筹、协调以及全程、全系统运行。为此，一要建设退役士兵教育培训信息管理平台，实现退役士兵从参军入伍直至稳定就业的动态化管理。通过信息平台的建设，全面掌握退役士兵参与教育培训课程、就业等信息，为退役士兵教育培训专业优化、课程优化、就业服务等提供第一手资料，支撑退役士兵教育培训体系的优化与完善，提高运行效率。二要建设教育培训课程资源信息化管理平台，支撑优质教育培训资源整合与高效利用，满足退役士兵学习的灵活性、便捷性。三要依据部队实际情况，开发适合部队使用的远程网络教育信息平台，支撑士兵服役期的学习。部队环境具有封闭性、保密性等特征，决定了现有的远程网络教育平台难以适应部队环境。应根据部队实际情况，军、地联合做好远程网络教育平台的开发。

在政策、制度保障方面，一要提高相关政策、制度的层次，保证其权威性，提高政令驱动的动力；二要不断完善相关政策内容，使其与退役士兵实际情况更加紧密结合起来，提高相关政策、制度的针对性、有效性；三要建立政策、制度优化措施，保证相关制度、政策能够与时俱进，有效支撑退役士兵职业教育培训体系的运行；四要针对退役士兵职业教育培训面临的深层次问题，做好政策、制度的创新，以支撑其深入开展；五要做好政策、制度建设的统筹管理，保证制度内容的稳定性、统一性。

在理论保障方面，加大退役士兵职业教育培训研究工作，为其实践活动提供相应的理论支持。当前，退役士兵职业教育培训理论研究较为薄弱，导致许多深层次的问题难以得到理论支持，存在"摸着石头过河"的现象。为此，一是各相关部门要充分重视退役士兵职业教育培训理论研究的重要性，在课题立项、经费扶持方面适当向此领域倾斜，吸引理论研究者关注及加入到此领域研究中来；二是退役士兵职业教育培训相关部门应建立相应的渠道，主动与理论研究者相结合，组建理论研究攻关小组，解决某些深层次的重大问题；三是建立退役士兵职业教育培训课题研究信息公开发布渠道，面向全国公开信息，扩大其影响，吸引更多理论研究者。

在理念保障方面。一是要全社会，包括军队营造终身学习的氛围，倡导通过学习改变命运的理念，保障社会公众对学习的重视程度；二是将有关学习理念、发展理念编入征兵宣传材料之中，从征兵入伍之时就保障学习理念的树立；三是建立与士兵家长的沟通、联系渠道，保障家庭成员对退役士兵理念的引导、支持；四是各级政府、部队都要树立终身学习的理念，并坚持做好宣传教育工作，引导退役士兵树立健康的理念。

第六节　退役士兵职业教育与技能培训监督控制机制

所谓监督，一般是指对某一事物运行过程或者结果进行监视、督促和纠正，使其能够按照预定方向运行，达到预定目标。如果说动力机制对系统运行起到拉动作用的话，那么，监督机制就是对系统运行起到推动作用。退役士兵职业教育培训是军、地共同组织开展的教育培训活动，参与主体多，过程长，环节多，必须具备相应的监督控制机制，才能保证各项措施的落实，强化其执行力。此外，通过有效的监督控制机制，也能够及时发现退役士兵职业教育培训运行过程中的偏差，及时进行相应的修正与完善，更好地推进系统的运行。

监督控制机制的功能一是保证系统各项政策、职责得到落实与执行，强化相关政策、制度以及各项工作任务的执行力；二是了解、掌握系统的运行现状，分析其运行状态是否背离了预定方向，预期目标，背离程度如何；三是根据分析结果，决定是否采取纠偏行动或者是完善运行机制与相关政策等。故此，监督控制机制不仅是保证系统运行的方向，还具有保证系统自我完善、自我修正的功能，能够使系统在监督控制机制下，根据外部环境及内部条件变化，完善其运行、动力、保障机制向更高层次发展。

而要想达到以上功能，必须保证监督控制机制的有效性。对于监督控制的有效性，斯蒂芬·P.罗宾斯曾归纳了十个特性：准确性、及时性、经济性、灵活性、可理解性、合理的标准、战略地位、强调例外、多种标准、纠正行为。准确性是指有效的监督控制机制是可靠的，且产生真实、有效的数据；及时性是指能够提供及时的信息；经济性是指监督控制机制在操作上是经济的；灵活性是指监督控制机制能够根据变化和机会做出调整；可理解性是指相应的监督控制方法、标准能够被使用者所理解；合理的标准是指相应的监督控制标准必须是合理且可行的；战略地位是指监督控制必须有重点，应选择对目标有重大影响的环节、领域实施监督控制；强调例外是指监督控制应该遵循例外管理的原则，将重点放在例外行为与事情上；多种标准是指衡量应是多方面的；纠正行为是指监督控制不仅是要指出显著的偏差，同时要提供建议，采取合适的纠正行动。

根据监督控制的时机，借鉴管理学理论，可以将其分为前馈监督控制、同期监督控制与反馈监督控制三种类型。前馈监督控制是指在采取行动之前，就明确可能出现偏差的环节、领域，采取有效措施防范偏差产生；同期监督控制又称现场控制，是指在活动进行之中进行监督控制；反馈控制是指在行动之后，针对结果而进行的监督控制。而根据监督控制的具体方式、方法与工具，可以分为现场观察、工作报告、会议报告等。

退役士兵职业教育培训运行有两条主线，一是服役期部队所进行的教育培训活动；二是退役后地方组织的教育培训活动。这两个差异性较大的环境，加之退役士兵地理位置的分散，无疑加大了监督控制的难度与成本。如何建立较为完善的监督控制机制，需要创新思路，充分运用现代信息技术。

建立退役士兵职业教育培训监督控制机制，首先要确定监督控制主体，明确监督控制责任，解决监督控制主体"失位"现象。对于监督控制主体，负责退役士兵职业教育与培训的各层次领导统筹小组是最重要、最基本的骨干力量。故此，无论中央政府、中央军委，还是省级政府、省军区在联合成立领导统筹小组时，都应向社会、向各级机构明确领导统筹小组的监督控制主体地位，以便其能够名正言顺地开展监督控制工作。确定监督控制主体后，还应进一步确定其监督控制责任，使其明白职责所在，承担因未能有效履行监督控制责任所导致的后果。各层次统筹领导小组要对所辖范围内的职业教育培训活动进行有效监督控制，及时将不能解决的问题整理上报，强化各项政策、制度的落实。在确定总的监督控制主体之后，还需围绕军、地两条业务线确定各自的监督控制主体，强化相关理念、政策、制度在军、地的落实。在地方，应将实施主体与监督控制主体分开，不能"既当球员，又做裁判"。综合目标情况来看，由地方征兵机构执行监督控制责任较为合适，这是因为他们每年要承担征兵任务，而征兵的困难程度往往与士兵就业安置有很大关系。故此，他们有动力，也有责任监督相关部门做好退役士兵职业教育培训工作。而对于部队的监督控制主体，则可以借鉴现代企业管理中"内部客户"的思想，即在企业运行过程中，下一个环节（流程）是上一个环节的"内部客户"，对上一个环节的工作质量承担监督控制职责。遵循这种理念与思路，士兵从部队退役，下一个环节自然是地方。地方的就业安置管理部门就应该承担监督控制责任，了解其在上一个环节的教育培训情况。这样，通过监督控制主体与实施主体的分离，形成他们之间的相互牵制，能够更好地保证相关信息的真实性。对于具体的承训机构，也应建立内部的监督控制机制，保证日常教学的正常开展以及教学质量。

　　明确监督控制主体与职责，还需进一步确定监督控制的内容。不同层次的监督控制主体，其监督控制的重点不同；不同的业务领域，其监督控制也存在差别。在全局层面上，从当前退役士兵职业教育培训现状及其未来运行来看，塑造终身学习、自主学习的理念以及在服役期根据士兵意愿开展教育培训是监督控制的重点内容；从退役士兵职业教育培训整体来看，教育培训质量、就业能力、稳定就业率等是监督控制的重点内容；从退役士兵教育培训保障机制来看，资金来源与使用、人员配置、制度建设等是监督控制的重点内容。针对具体的业务领域，应根据自身职责分工，确定相应的监督控制主体，如财政部门应将资金拨付与使用作为监督控制的重要内容；教育部门应将承训机构的资质、教学质量作为监督控制的主要内容；民政就业安置部门应将就业率作为监督控制的重点内容；承训机构应将专业建设、课程研发与设置、校企联系作为监督控制的重点。

对于监督控制的途径、方法与工具，与监督控制的灵活性、经济性以及真实性等密切相关。如前所述，由于其特殊性，可能导致退役士兵职业教育培训监督控制难度大，成本费用高，效率低。这就需要既要重视传统监督控制方法的运用，还要积极创新监督控制模式、途径与方法，以实现监督控制的经济性、灵活性等。

对于由政府主导的工作而言，常见的监督控制方式有报告制度、现场考察、审计、问责制度、追究制度、复命制度等。报告制度是上级机构了解执行情况较为常见的方式，是下级机关将特定事项以报告形式向上级机构汇报。通过报告，监督控制机构可以及时了解相关信息，掌控各项工作进展情况及工作中出现的问题，协同有关部门给予解决。报告制度是一种经济性较高的监督控制方式，也适合对特定事项全方位地监督控制。现场考察也是一种常见的监督控制方式，是监督控制主体深入一线，在工作现场了解情况，发现问题的一种方式。现场考察有利于了解一线工作进展情况，通过人与人的直接接触，也能够了解一些深层次问题。但在实践中，往往由于存在心理压力以及受到现场管理人员的控制，可能导致弄虚作假，掩盖问题与真相。传统意义上的审计往往是指针对财务收支由专业人员进行审查，以确定相关业务活动的真实性、正确性、合规性、合法性、效益性。退役士兵职业教育培训经费使用有严格的规定，通过专业人员进行相应的审查，能较好地保证经费的利用效率。问责制度是针对不履行或不正确、及时、有效地履行规定职责，导致工作延误、效率低下的行为，以及工作质量差、任务完不成的一种工作状况进行督促、惩戒的监督控制方式。常见的问责方式有诫勉谈话、通报批评、书面检查、公开道歉、劝其引咎辞职等方式。问责制度对于强化政策、制度落实有较好的作用。追究制度是通过建立相应的责罚条例，让执行力弱或有过错者为其行为承担代价。对抵制、设置障碍，阻挠退役士兵职业教育培训顺利进行者，可给予警告、记过、记大过、降级、撤职、开除等行政处分或党纪处分；对在退役士兵职业教育培训中发生重大事故，形成恶劣影响的，可严厉追查，依法依纪严惩。复命制度是对上级机构或主管领导所安排的任何工作，不管完成与否，安排人都要在规定时间内向安排机构或人复命的监督控制方式。通过复命制度，保证事事有落实、件件有回音。

在这些传统监督控制方式的基础上，还应根据退役士兵监督控制的重点内容、教育培训整体运行要求以及当前信息技术发展，创新监督控制模式与方式。针对当前承训机构教育培训质量参差不齐的现实情况，可采取标杆控制方式，引导各承训机构对比设定的标杆机构，发现问题，提高自身。标杆控制是以在某一方面实践上业绩做得好的机构或行业中的领先机构作为基准，将被监督控制机构与标杆机构相关实践进行定量化的评价、比较，在此基础上制定、实施改进的策略和方法，并持续不断反复进行的一种管理方法。标杆控制充分利用人的成就动机导向，是很好的业绩提升与业绩评估的工具。另外，针对承训机构，还可以建立相应的信息化管理平台，实行信用管理与排名制，督促承训机构提高教育培训质量。

由于退役士兵无论是服役期，还是退役后，所在地较为分散，利用现代信息技术，建立退役士兵网络满意度调查系统也是一个较为经济的监督控制方式。通过该系统的开发与应用，可以广泛地调查、了解退役士兵参与教育培训的情况、他们的满意度、真实的就业情况。此外，利用现代信息技术，也可以对退役士兵课程学习情况进行监督控制，以了解实际的教学情况及质量。

此外，各级监督控制主体可以建立教育培训信息收集渠道，广泛地收集退役士兵的意见及合理化建议，及时给予反馈。通过意见收集与反馈，调动广大退役士兵参与监督控制的积极性，形成监督控制的群众氛围。各级监督控制主体还可以实行专项督察，针对特定事项，组建督察小组实施专项巡查，以加强政策、制度的落实。

监督控制机制最后一项内容是科学合理运用监督控制结果。对于监督控制结果，一是纠正偏差；二是完善、优化系统运行。而监督控制结果的运用往往与绩效考评相联系，也只有这样，才能发挥监督控制的作用。对于绩效评价，政府及军队的相关评价内容在前文已经进行表述，而承训机构的评价将在后文详述。故此，有关此方面的内容，在此不再赘述。

第七章 中国退役士兵职业教育与技能培训承训机构评价体系[①]

第一节 我国退役士兵教育培训承训机构评价现状与问题

1994年，我国退役军人安置制度实施改革，开始引入市场经济体制。安置制度改革后，相应的教育培训就成为退役士兵能否顺利就业的一个重要因素。鉴于此，党和国家、军委高度重视退役士兵的教育培训工作。而随着退役士兵教育培训工作的开展，对培训机构的要求自然提到日程上来。2010年12月，国务院、中央军委联合发布的《国务院中央军委关于加强退役士兵职业教育和技能培训工作的通知》（国发〔2010〕42号）就较早地对培训机构提出了要求。在该通知中，要求教育培训机构与各类企业等用人单位建立密切联系，建立完善校企合作培养机制，根据就业需求和退役士兵学员特点设置课程，大力开展"订单式"教育和培训。此外，要求主管机构建立健全退役士兵职业教育和技能培训目标考核体系和教育培训机构年检制度，加强对教育培训机构的监督和指导。2014年1月，民政部、财政部、总参谋部联合发布的《关于加强和改进退役士兵教育培训工作的通知》提出了更为具体的要求，包括过程和结果考核等。

围绕相关要求，各省市、县组织开展了退役士兵教育培训活动。

[①] 本章内容曾获得山东省2014年全省民政政策理论研究优秀成果一等奖。

在开展的过程中，必然涉及教育培训机构的选择。为此，相关机构按照上述文件要求，对教育培训机构的要求进一步细化。部分省市进行的探索性工作如表7-1所示。

第一，退役士兵教育培训机构的评价主体来自多个方面。在多省发布的相关文件中指出，对教育培训机构的评价是民政部门牵头，财政、教育、人社及军队多方参与，共同实施。市、县退役士兵教育培训机构评价同样如此。退役士兵教育培训机构评价主体的多元化看似增强了评价的客观性，但其协调难度同样在增加。同时，多个评价主体共同参与也难以明确责任，很可能使评价流于形式。此外，评价主体只是进行了笼统的界定，却并没有真正具体到相应的职能部门，评价的责任并没有真正落实，可能导致评价是临时凑班子的情况，很难达到评价专业性的要求。

第二，从评价内容来看，并没有专门提出相应的评价内容，而是通过一些定性的要求，指导选择相应的教育培训机构。从目前各省、市、县所发布的文件来看，大多是对教育培训机构的选择做出了定性的要求，如师资力量强，设施好，课程具有针对性等。这种定性的要求虽然增加了教育培训机构评价与选择灵活性，但也导致评价结果客观性不强，缺乏足够的权威性。此外，定性的要求也难以为评价实践提供可操作性、科学性较强的评价标准，导致评价工作的无章可循，也造成了部分评价工作与教育培训机构选择的随意性。

第三，评价指标过于单一，只重视结果，忽略了过程，没有形成相应的评价指标体系。从表7-1可以看出，绝大多数省份将就业率、培训合格率作为评价指标，且评价标准大部分都在90%以上。对于就业率而言，影响因素绝不单单是教育培训机构这个因素，还包括被培训者自身因素、经济环境、家庭等诸多因素。在较短的时间内，仅靠教育培训机构是无法解决退役士兵就业问题的。故而，过于侧重就业率的考虑无法全面客观评价教育培训机构的质量，甚至可能产生逆淘汰的现象。而退役士兵的就业也不会稳定。此外，侧重就业率的评价也要求具备完善的信息来源渠道，即能够得到准确、完备的退役士兵

表 7—1 部分省退役士兵职业教育与技能培训承训机构评价一览

省份	评价主体	承训机构要求	评价内容或重点	评估结果运用	评价方法
湖北省	发展改革、教育、民政、财政、人社和军队有关部门共同参与	师资力量强、实训设施好、教学质量高	规章制度建立情况、参训人数、培训时间、职业资格证书和学历证书获取情况、推荐就业、实际就业情况	对未完成教育培训任务、达不到要求的定点办退役士兵教育培训机构，取消其承训资格；违规使用资金的单位和个人，依法追究责任	目标考核制
湖南省	民政部门牵头，教育、财政、军队	师资力量强、实训设施好、教学质量高、就业稳定率高	教育培训合格率、获证率，都需达到90%以上	完不成任务，取消承训资格	目标考核制
北京市	市民政局牵头、市教委、市财政局、市人力社保局	学习生活条件、教学计划、订单式培训，与就业相结合、教育和日常管理	培训合格率和推荐就业率	完不成培训任务，达不到培训要求的取消资格；对违规使用培训资金的依法从严肃处理	目标考核制
广西壮族自治区	民政等有关部门	学以致用，针对性的教学计划，理论课实用，适度，实践操作课程	教育培训合格率、获证率和就业（含自主创业）率	培训推荐就业创业率达不到80%以上的承训机构，取消其资格	目标考核制

第七章　中国退役士兵职业教育与技能培训承训机构评价体系　173

续表

省份	评价主体	承训机构要求	评价内容或要点	评价结果运用	评价方法
四川省	民政、教育、财政、人力资源社会保障等部门	落实组织责任；健全规章制度、完善管理措施，校园（机构）无重大负面事件发生；按规定使用培训经费；重视思想政治教育	教育培训合格率、职业技能鉴定合格率、就业合格率取得职业资格证书和毕业证书后三个月内实现上岗就业率应达到95%以上；培训期间操行优良率95%以上	对绩效好的学校（机构）可增加年度培训计划；对绩效差的学校（机构），除给予批评外，视情况削减其年度培训计划，直至取消其培训资格	目标考核制
广东省	民政部门与有关部门	在每期开班前一周，向安置地民政部门提交开班申请报告、教学计划、受训人名册、受训人身份证复印件等材料	对发生下列情形之一的，取消承训单位资格，并依法追究责任。（一）将培训任务分包给其他单位或个人的；（二）弄虚作假，培训质量低劣，退役士兵反应强烈的；（三）向退役士兵滥收培训费的；（四）套取、骗取培训资金的；（五）违反法律法规政策规定，造成不良影响的	培训资金核拨要与培训任务、鉴定结果、就业效果挂钩	目标考核制
辽宁省	不明确	立足市场需求，教学计划大纲科学，教材合适，注重实习实训，重点技能	对师资力量、教学场地、实习设施、培训内容、教学管理、就业前景等进行验收和评估	动态管理，对完不成任务、达不到要求的，取消资格。违规使用培训资金的，依法严肃查处	目标考核体系，年检制度

资料来源：根据各省发布的退役士兵职业教育与技能培训政策整理。

就业信息，才能保证评价的准确性。而这一点，在实践中难度也较大。

第四，评价方法单一，缺乏相应的规范要求。表7-1显示，多数省份（下面市、县同样如此）采取目标考核与年检的方式对教育培训机构进行评价。这种单一的评价方式方法不能完全反映其实际的情况，必须要有专门的机构和专职人员负责这项工作的开展，不断研究和改进评估方法，才能推进工作的顺利开展。而目前部分机构在开展评估时，缺乏灵活多样的评估手段，方法呆板，方式单一，使考核评估难以长期有效地开展。

第五，评价结果缺乏科学性。尽管几乎所有的省份都将达不到培训要求、完不成培训目标与教育培训资格关联起来，看起来力度很大，但由于相应的评价结果缺乏一定客观性，难以责众，导致评价主体对教育培训机构造假"睁一只眼，闭一只眼"，致使评价结果并没有得到真正的应用。此外，多数省份的评价结果只与惩罚相关联，并没有与奖励相关联，也难以起到相应的激励效果，达不到通过评价促进培训质量提高的目的。

当然，目前的退役士兵教育培训机构评价还在评价重要性认识、评价周期、评价保障等方面存在一定的问题。如有的主管部门对教育培训机构评价重要性认识不够，抱有敷衍了事、应付差事的态度。在评价周期方面，随意性较大，评价的时间不确定，也缺乏评价必要的保障措施，导致某些评价流于形式，没有起到相应的作用。

退役士兵教育培训机构评价涉及面广，要做到整体规划、科学评估、提高质效，必须要明确评估的主体、内容和方法，应设置科学的考核评估体系，还应建立健全考核评估体制，规范评价过程，否则就难以开展考核评估工作，导致教育培训质量不高，经费利用效率不高，难以达到预期的目的和效果。

第二节 退役士兵教育培训承训机构评价体系建设目的与原则

一 退役士兵教育培训承训机构评价体系建设依据

任何一个评价体系的建立都应服务于特定的目的，退役士兵教育培训机构评价体系的建立同样如此。而对于退役士兵教育培训机构评价目的而言，可采取相关利益群体分析方法，从相关利益群体对退役士兵教育培训机构的期望与需求出发，明确教育培训机构评价的目的。当然，也应考虑当前教育培训机构的实际发展水平与退役士兵教育培训的发展趋势。

所谓利益相关群体是指影响退役士兵教育培训机构的组织、个人，或受其影响的组织及个人。对于退役士兵教育培训机构而言，其直接服务的对象是退役士兵，其次是出资的政府部门。退役士兵、政府部门是退役士兵教育培训机构的主要相关利益者。

从政府角度来看，最终的期望是通过教育培训活动提高退役士兵的就业与发展能力，顺利实现其安置就业。围绕提高退役士兵就业与发展能力，政府对教育培训机构提出了具体的要求，这是确定退役士兵教育培训机构评价内容的重要依据。

国务院、中央军委 2010 年发布的《国务院 中央军委关于加强退役士兵职业教育和技能培训工作的通知》与民政部、财政部、总参谋部三部委 2014 年联合发布的《关于加强和改进退役士兵教育培训工作的通知》都对退役士兵教育培训提出了总的要求，如表 7-2 所示。围绕以上两个文件，各省市进一步明确了对教育培训机构的要求，如表 7-1 所示。此外，江苏省围绕做好退役士兵职业教育与技能培训做了更为具体的工作，对退役士兵教育培训机构提出了更为具体的要求。

结合表 7-1、表 7-2 来看，政府对退役士兵教育培训的要求涵盖了各个方面，既有直接教学的内容，也有基础实施、师资力量，还

表 7-2　　政府对退役士兵教育培训机构的具体要求

发文单位	文号	对教育培训机构的要求
国务院、中央军委	国发〔2010〕42号文	**创新教学模式**：根据退役士兵学员的文化水平、自身特点和就业需求，制订相应的培训计划、大纲，采取学分制、半工半读、工学结合等模式，加大实际操作课程比例，重点培训就业所需知识和专业技能 **日常管理**：制定规章制度，加强对退役士兵学员的日常管理 **促进就业**：与各类企业等用人单位建立密切联系，建立校企合作培养机制，根据需求和退役士兵学员特点设置课程，开展"订单式"教育和培训。开设就业指导课程，将就业指导贯穿于教育培训全过程
民政部财政部总参谋部	关于加强和改进退役士兵教育培训工作的通知	**合理设置培训专业**：参照学员意愿和兴趣，市场用工需求，以就业为导向设置专业 **规范教学组织**：着眼于市场和社会需要，结合退役士兵实际情况，因材施教，制订教学计划，设置课程，改进教学方法，选用或编写高质量的施训教材。严格教学规程，确保教学、实训时间落实，强化实践环节，认真组织考试考核和相关职业技能鉴定 **严格教学管理**：完善规章制度，严格校纪校规，加强日常管理 **就业机制**："谁办学，谁负责推荐就业"，与各类企业等用人单位建立密切联系，开展"订单式"教育培训、定向教育培训、定岗教育培训，做到需求、培训、就业有机衔接，三位一体
江苏省政府	江苏省退役士兵职业教育和技能培训工作若干规定	**课程体系**：公共基础课、专业理论课和专业实践课（或技能训练课） **教学大纲管理**：课程的目标任务、课程的内容及教学时数分配、课程实施的要求及建议、选用教材及教学参考书等 **教学工作的检查与反馈**：检查教案、课堂教学、实训教学等，定期召开教师、退役士兵学员座谈会，了解实际状况、总结经验、发现问题、改进教学 **教学考核管理**：实行教考分离，每门课程均须考核；技能等级鉴定，取得相应的职业资格证书 **职业技能竞赛**：组织退役士兵参加各级职业技能竞赛 **教学管理各类台账**：教学计划实施、学员到课情况、阶段考试考核成绩、学历证书和职业资格证书发放记录等基础性资料的归档；毕业学员就业情况的跟踪问效，准确记录就业率、就业后用人单位满意率及学员就业满意率

资料来源：根据相关政策文件整理。

第七章　中国退役士兵职业教育与技能培训承训机构评价体系 ┃ 177

有就业方面的内容。这为做好退役士兵教育培训机构评价体系奠定了较好的基础。

从退役士兵角度来看。由于军队环境的特殊性，造成士兵退役后面临着重要的再社会化任务。根据社会化理论，退役士兵在完成军转民时就应当通过社会化，成为一个合格社会公民。在完成社会化的方法与途径中，教育是最为有效的途径。故此，退役士兵当然期望通过教育培训这一最捷径、最切合实际的方法来完成社会化。

另外，不同的环境对人要承担的角色要求不同。对于退役士兵而言，从部队走向社会，就要根据社会要求，完成相应的角色转变，要扮演好员工、社会建设者、家庭重要成员等一系列角色。完成相应的角色转变，就是一个需要培训教育机构协助退役士兵逐步了解和认识自己在专业群体或社会结构中的地位，领悟并遵从群体和社会对这一地位的角色期待，学会如何顺利地完成角色义务，以表现合宜角色行为的过程。

根据全人发展与现代教育思想的"可持续教育"科学观理论，人的发展是全面的发展，是可持续的发展。这就要求教育培训不仅教给退役士兵知识与技能，更重要的体现是培养他们学会学习，即学会认知、学会做事、学会合作、学会生存。当前，我国社会正处于前所未有的社会变革期，变化无处不在，无时不在。必须通过教育培训使退役士兵能够获得普遍提高和全面发展，这不仅包括知识与技能，还包括人的思维方式、价值观念、生活方式和行为方式等。

综上所述，退役士兵参加教育培训活动，显性的期望是获得知识或者某一方面的专业技能，而隐性的期望是获得更为全面的发展，能够顺利适应社会，具备可持续发展能力。故此，从退役士兵的角度来看，职业教育培训承担的价值功能就是要把退役士兵教育培养成合格的社会人、可持续发展的职业人、具有较高成就感的自我实现人。其中，合格的社会人是基础，也是最基本的功能价值；可持续发展的职业人是具体要求，通过职业教育培训，退役士兵能够顺利实现就业，能够承担相应的家庭责任；较高成就感的自我实现人是最高层次功能价值，能够保证退役士兵未来有一个好的发展空间，能够得到社会认可与尊重,实现自我价值,具有较高的成就感。三者之间的关系如图 7-1 所示。

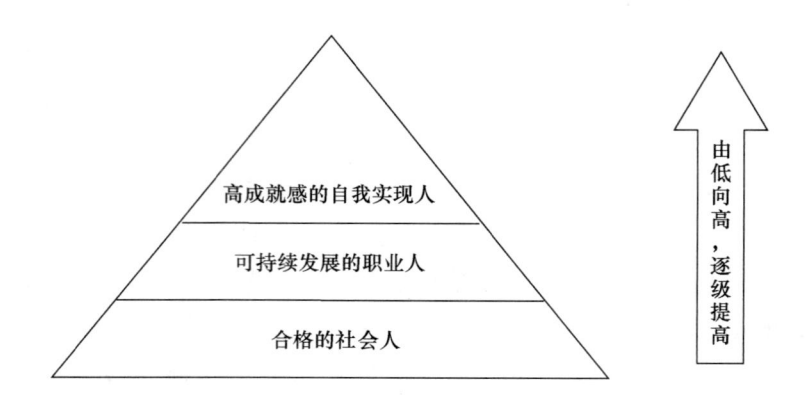

图 7-1　退役士兵对职业教育与技能培训的期望

（金字塔由上到下：高成就感的自我实现人；可持续发展的职业人；合格的社会人。右侧箭头：由低向高,逐级提高）

从这一点出发,退役士兵对教育培训机构的要求绝不仅是单纯的技能培训,还有相应的人文教育、价值观教育、职业发展教育等内容。这就对退役士兵教育培训机构的课程体系、教学模式、管理模式等提出了更高的期望和要求。这也是在教育培训机构评价体系设计时必须考虑的。

从政府实施部门来看。结合民政部、财政部、总参谋部 2014 年联合发布的《关于加强和改进退役士兵教育培训工作的通知》与其他相关文件的要求,退役士兵职业教育与技能培训下一阶段发展重点将转向质量、转向实效,其科学性、规范性要求更高,具体如下：

第一,退役士兵职业教育与技能培训未来发展的规范性、科学性将更高。尽管对退役士兵实行了货币化补偿,但国务院、中央军委一直发文强调做好退役士兵职业教育与技能培训的重要性。李立国部长 2012 年在全国民政工作会议上对此也进行了再次强调。在 2013 年民政部拥军优抚安置工作要点中,退役士兵职业教育与技能培训被列为 8 个方面中的第 2 个方面。国务院、中央军委以及民政部拥军优抚安置工作重点的转移,对退役士兵职业教育与技能培训规范化、科学化发展提出了更高的要求，也会对职业教育培训机构的考核与监督提出更高要求。

第二，退役士兵职业教育与技能培训未来发展将是跨界性、专业性与网络性。服役地与安置地的分离，职业教育培训连续性的需要对异地职业教育培训提出了要求，民政部已开始推广辽宁省省内异地职业教育培训的做法，也开始探索开展跨省（自治区、直辖市）异地职业教育培训。同时，人力资源流动性的加大，教育资源分布的不均衡性也使跨区域性职业教育培训成为一个重要的发展趋势。随着未来跨区域职业教育培训活动的开展，相应的职业教育培训规模可能越来越大，这对职业教育培训活动的专业性提出了更高的要求。未来可能会出现一批专业从事退役士兵职业教育与技能培训机构或组织，他们具有较强的课程研发能力，能够针对退役士兵的特点，提供专业性较强的服务。此外，跨区域性职业教育培训以及军地环境的区别使职业教育培训手段趋向网络化，相应的网络远程教育将逐步发展起来。

第三，资源会进一步被整合，资源配置将日趋合理，相关的政策与机制也将日趋完善。伴随跨区域乃至全国性职业教育培训活动的开展，专业职业教育培训组织的出现，现有职业技术学校可能不再适应未来发展。教育资源的整合与融入将是未来退役士兵职业教育与技能培训的一大趋势。整合教育资源，融合进国民教育体系之中，使士兵服役期与退役后职业教育培训能够衔接起来，并根据不同阶段开展不同形式、不同内容的职业教育培训活动也是未来发展趋势。而跨地区培训，资源配置都需要相关政策的支持。可以预见，相关的激励政策、评估政策也将会更加完善。

第四，由关注"技能"与"就业"发展为关注"就业"与"发展"并重。现在职业教育培训关注专业技能的培训，以期使退役士兵能够及时就业，完成相应的安置任务。而随着我国经济的发展，独生子女政策效应的显现以及入伍士兵素质提高等各方面的因素，使退役士兵职业教育与技能培训不能只满足技能培训，而是要就业与发展并重。同时，中国知名企业家的军旅生涯（联想的柳传志、海尔的张瑞敏、华为的任正非、三九的赵新先、万科的王石、华远的任志强）也说明退役士兵是一个巨大的人才资源，不能也不应单纯看成要完成某种任务来安置他们，不能也不应简单按一般性工人来培训。

退役士兵职业教育与技能培训发展趋势必然要求相应的教育培训机构在软硬件方面加大投入，具有相应的课程研发能力、远程教育设施与能力。而教育培训资源的整合利用也将对教育培训机构的社会影响力、品牌化建设提出更高的要求。而科学性、公开化对教育培训机构自身的实力、管理水平也提出了更高的要求。

二 退役士兵教育培训机构评价体系建设目的与原则

通过对政府、退役士兵以及教育培训的发展趋势分析，结合当前我国退役士兵教育培训机构发展现状及当前评价存在的问题，确定退役士兵教育培训机构评价体系建设目的与原则。

退役士兵教育培训机构评价体系建设的最终目的是促进教育培训机构发展，提高教育培训质量，实现退役士兵就业及全面可持续发展。围绕最终目的，退役士兵教育培训机构评价体系建设还需达到以下目的：

一是规范退役士兵教育培训机构组织管理。通过退役士兵教育培训机构评价体系建设，为客观评价各类教育培训机构提供依据，能够规范退役士兵职业教育培训机构的选择，避免随意性和盲目性。同时，通过退役士兵教育培训机构评价体系建设，也应起到规范教育培训机构教学组织、学员管理、课程研发等活动，提高退役士兵教育培训活动的规范性、科学性。

二是应达到引导各类退役士兵教育培训机构的健康、持续发展的目的。建立退役士兵教育培训机构评价体系的目的是为各类教育培训机构健康发展提供方向，引导其注重能力建设，实现各类、各层次教育培训机构的健康发展，强化软硬件条件建设，以适应及满足我国退役士兵职业教育与技能培训发展需要。故此，退役士兵教育培训机构评价标准、评价方法应科学、实际，符合当前教育培训机构实际状况。

三是达到建立竞争机制，优胜劣汰，建设一批高质量、专业化的退役士兵教育培训机构的目的。退役士兵教育培训机构评价体系建设的另一目的是建立相应的竞争机制，能够使一批实力强、影响力大、教育培训质量高的机构脱颖而出，承担更多的教育培训任务，承担更大责任。故此，要建立科学的评价体系，尽可能保证评价结果的公正、客观、公开，应将评价结果充分应用。

为达到以上目的，退役士兵教育培训机构评价体系在设计时应遵循以下原则。

（1）科学性原则。科学性原则作为一种普适性原则，适用于一切活动。对于退役士兵教育培训机构评价体系而言，其设计应遵循退役士兵教育培训的发展规律，应建立在相关理论基础之上。此外，运用该评价体系所得评价结果应该较为客观，可靠性较高。

（2）针对性原则。退役士兵教育培训有其较强的特殊性。这决定了退役士兵教育培训机构评价体系设计应该针对其具体特征，如培训机构的多种层次、多种类别等。此外，评价内容也应针对退役士兵教育培训的特点进行设计，评价标准应切合退役士兵教育培训机构实际，评价方法能够解决培训机构层次多、类别多的难题。

（3）系统性原则。对于评价体系而言，各指标之间存在严密的逻辑关系，共同反映事物的本质。故此，退役士兵教育培训机构评价体系中的各个指标也应存在严密的内在联系，机构领导者理念与重视、资源与设施、培训质量之间既相互独立，又彼此联系，共同构成一个有机统一体。同时，退役士兵教育培训机构评价指标体系的构建也应具有层次性，自上而下，从宏观到微观层层深入，形成一个不可分割的评价体系。

（4）全面性与重点突出相结合原则。尽管退役士兵教育培训机构的领导理念、组织落实、资源与设施都会影响教育培训质量，但其重要程度还是有区别的。故此，在退役士兵教育培训机构评价体系设计时，既要考虑到这些因素的全面影响，又要考虑它们的重要程度，科学、合理地确定各指标的权重。

（5）简明科学性原则。各指标体系的设计及评价指标的选择必须以科学性为原则，能客观真实地反映退役士兵职业教育与技能培训的特点和状况，能客观全面反映出各指标之间的真实关系。各评价指标应该具有一定代表性，不能过多过细，使指标过于繁琐，相互重叠，指标又不能过少过简，避免指标信息遗漏，出现错误、不真实现象，并且数据易获且计算方法简明易懂。

（6）可比、可操作、可量化原则。指标选择上，特别注意在总体范围内的一致性，指标体系的构建是为推进退役士兵教育培训机构科学管理服务的，指标选取的计算量度和计算方法必须一致统一，各指标尽量简单明了、微观性强、便于收集，各指标应该要具有很强的现实可操作性和可比性。而且，选择指标时也要考虑能否进行定量处理，以便于进行数学计算和分析。

（7）定性与定量评价相结合的原则。任何事物都是质和量的统一体。退役士兵教育培训机构也不例外。把定性分析和定量分析有机结合起来，可以更好地全方位把握退役士兵教育培训机构的质量与水平，有利于提高评价的全面性和准确性。

遵循以上目的与原则，更好地体现评价内容的内在逻辑性，根据领导作用、组织保障、资源与设施、教学力量与课程研发、教育培训质量的层层递进关系，拟采取框架式设计模式；依据不同评价内容的性质与衡量方法，综合采取定性与定量相结合的评价方法；针对当前退役士兵教育培训机构虽然多层次、多类别，但其教育培训发展要求相同的规律，采取一套体系，分类评价的模式。

第三节 退役士兵教育培训机构评价框架与指标体系

一般而言，领导班子的理念与对某项活动的重视会对该项活动的开展及质量产生关键性的影响。如果领导重视，理念正确，自然会加大投入力度。这些投入会用于软硬件建设，进而转变基础设施、师资力量等形态的资源。而基础设施、师资力量能否充分发挥其价值，还需要相应的管理作为保障。在完善的管理体系下，教师充分发挥积极性，进行教研活动，改进教育培训质量，进而产生较高的学员满意度、培训合格率、稳定就业率。按照以上逻辑框架，确定退役士兵教

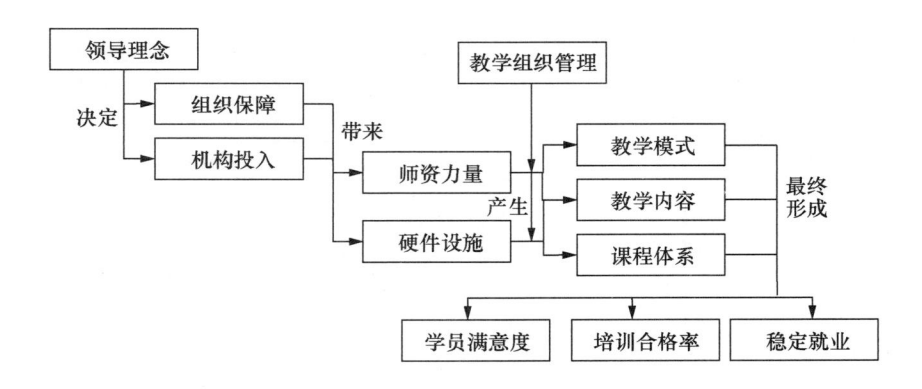

育培训机构评价框架，如图 7-2 所示。

图 7-2 退役士兵教育培训机构评价框架

评价指标是评价内容的载体，也是评价内容的外在表现。故此，可以遵循图 7-2 退役士兵教育培训机构评价框架，参照表 7-1、表 7-2 政府对退役士兵教育培训的要求以及未来其发展趋势，按模块确定相应的评价指标。按照数量化程度，指标可以分为定量指标与定性指标。定量指标是数值分析指标，较为具体、直观，评价时有明确的实际数值和可供参考的标准值，评价结果往往也表现为具体的分数。定性指标一般采用基本概念、属性特征、通行惯例等对被评价对象的某一方面进行语言描述和分析判断，达到剖析问题和解决问题的目的。同时，根据评价内容，对评价指标进一步细分，确定一级指标、二级指标。退役士兵教育培训机构评价一级指标、二级指标如表 7-3 所示。

在领导理念方面，可以从教育培训机构领导对退役士兵教育培训的认识，提出的理念与指导（质量）方针、领导分管情况等方面进行评价。该方面内容的评价属于定性评价。

对于组织保障与投入，直接与教育培训机构的师资力量相关联。故而，可将其纳入教育培训机构硬件实施与师资力量中进行评价。在教育培训机构实施中，考虑到教育机构的投入，追加一项指标反映硬件设施投入；在师资力量评价中，追加一项指标反映师资力量的投入。

表7-3　　退役士兵教育培训机构一、二、三级评价指标

一级指标	二级指标	三级指标
退役士兵教育培训评价	领导理念与责任落实	领导班子的素质与理念
		退役士兵教育培训指导方针与质量方针
		退役士兵教育培训发展规划
		高层领导分管与目标责任制
	基础设施	专业教室或教育培训场地
		办公场所
		实训场地与设施
		网络环境
		远程教学系统与课程电子资源
		年基础设施建设投入
	师资力量	教师数量
		专兼职教师比例
		教师职称结构
		教师平均工资收入
		职业指导教师配备
		教育培训经费投入
	教学组织管理	管理制度建设
		教学管理评价体系建设
		课程研发激励制度建设
		专业指导与督导
		教学管理台账建设
	教研成果与就业促进	教学模式与资源整合
		课程体系与教材建设
		教研活动、论文与获奖
		就业促进机构设置
		就业促进平台
	教育培训效果	社会影响
		学员满意度
		培训合格率
		资格证书获得率
		一次就业率
		对口就业率

对于教育培训机构基础实施的评价,主要应包括教育培训场地、专业教室、办公场所、实训场地、实训设施、网络环境、远程教学系统、课程电子资源、年基础设施建设投入等指标。

在师资力量方面,数量与质量是基础的评价指标,而教师收入能够反映教师能力,又能够反映领导对退役士兵教育培训的重视。鉴于退役士兵教育培训的一大重要目的是就业,故此,职业辅导老师配备也设为一个评价指标。

在教学组织管理方面,主要包括制度建设、教学管理评价体系与实施、专业指导与教学督导制度、教研活动与教研管理制度、课程研发制度等。

教研成果与就业促进主要衡量教育培训机构教学模式的先进性、专业设置合理性、课程体系建设、教材建设等。就业促进包括能否整合企业以及其他教育机构资源(资源整合)、就业促进平台建设、就业促进机构设置等。

以上二级评价指标与三级评价指标如表7-3所示。

当前,退役士兵教育培训机构良莠不齐,存在少数教育培训机构弄虚作假,教育培训实力差,根本无法承担退役士兵教育培训活动的情况。故此,当前有必要增设资格性评价这一评价内容。资格性评价属于门槛性评价,是最基础的标准,达到这一要求,才能进入正式的评价。主要应用在教育培训机构报名申请时。退役士兵教育培训机构资格性评价内容如表7-4所示。

表7-4　　　　退役士兵教育培训机构资格性评价内容

一级指标	二级指标	具体评价要求
退役士兵教育培训机构资格性评价	法人资格	以法人的名义独立地参加民事活动,享受民事权利、承担民事义务的资格
	教育培训资格	取得(人力资源和社会保障部门或教育行政部门颁发)办学许可证或具有政府主管部门的相关证明
	教育培训经历	至少具有2年以上职业技能培训或职业教育培训经历
	财务独立核算	在银行开设基本账户或证明,财务制度健全,能出具有效票据

续表

一级指标	二级指标	具体评价要求
退役士兵教育培训机构资格性评价	过去无重大过失	过去承担退役士兵教育培训有以下情况，视为具有重大过失：（1）将培训任务委培、转包给其他单位或个人的；（2）弄虚作假，培训质量低劣，退役士兵反应强烈，导致士兵投诉的；（3）向退役士兵滥收培训费、资格考试费等其他费用的；（4）套取、骗取培训资金的；（5）教育培训期间出现重大安全事故的；（6）违反法律法规政策规定，造成不良影响的

为鼓励教育培训机构创新发展，形成一批特色明显的退役士兵教育培训机构，在以上评价内容的基础上，考虑设置特色优势这一评价内容，主要评价教育培训机构的创新与特色，如表7-5所示。

表7-5　　退役士兵教育培训机构的创新与特色评价内容

一级指标	二级指标	具体评价要求
退役士兵教育培训机构特色与创新	培训模式创新	在退役士兵教育培训、教学研究、资源建设、教育科研等方面具有创新，形成显著的办学特色
	订单培训成效	在探索教育培训机构与企业合作办学，退役士兵教育培训就业质量方面具有创新
	教育培训专业化	在探索退役士兵教育培训机构专业化上做出新的探索、新的贡献
	其他	其他能够提供且具有说服力的创新与特色项目

第四节　退役士兵教育培训机构评价指标释义与计算方法

1. 领导班子素质与理念

指标释义：考察退役士兵教育培训机构领导班子的学历结构，教育培训组织发展理念。

衡量标准：教育培训机构领导班子成员具有大学本科及以上学历或中级以上职称、高级职称或研究生学历占50%以上。领导班子成员了解退役士兵教育培训需求，熟悉教育培训活动、有培训专业化的理念、注重长期发展。

计算方法：采取定性评价，划分三个等级，分数为该指标对应分值三等分。1级：领导班子成员学历或职称没有达到标准，且教育培训机构没有成文的发展理念、发展规划；2级：领导班子成员学历或职称，教育培训机构发展理念及发展规划两个条件达成之一；3级：符合以上衡量标准，两个条件全部达成。

评价依据：领导班子成员名单、学历与职称证书，教育培训机构发展规划书等。

2. 退役士兵教育培训指导方针与质量方针

指标释义：考察教育培训机构对确定的退役士兵教育培训指导理念、方针，退役士兵教育培训活动的质量宗旨、质量承诺等。

衡量标准：教育培训机构具有有关退役士兵教育培训的指导理念、质量宗旨、质量承诺的文件，且员工知晓，落实到实践之中。

计算方法：采取定性评价，划分三个等级，分数为该指标对应分值三等分。1级：教育培训机构无明确的指导理念、方针，无相应的质量宗旨、质量承诺；2级：教育培训机构有较为明确的质量承诺，但无明确的指导理念、方针以及质量宗旨；3级：教育培训机构具有明确、系统指导理念、方针、质量宗旨、质量承诺，且员工知晓。

评价依据：有关退役士兵教育培训的指导理念、质量承诺的文件以及宣导方式，员工访谈等。

3. 退役士兵教育培训发展规划

指标释义：发展规划指的是针对短期和长期战略目标采取的具体行动。活动计划包括活动完成所需资源的保证和时间期限等细节，使有关退役士兵教育培训的理念、质量承诺能在组织范围内达到有效的理解和贯彻执行。

衡量标准：纸质或电子版的发展规划，内容应包括具体的目标，行动及影响资源保障等。

计算方法：采取定性评价，划分三个等级，分数为该指标对应分值三等分。1 级：没有成文的发展规划，停留在口头上；2 级：具有简单的成文规划，内容不具体，员工不知晓；3 级：内容具体的成文规划，员工知晓。

评价依据：退役士兵教育培训发展规划文件、员工访谈。

4. 领导分管与目标责任制

指标释义：考察退役士兵教育培训活动领导重视与责任落实情况。

衡量标准：具有明确的分管领导与目标责任书。

计算方法：采取定性评价，划分三个等级，分数为该指标对应分值三等分。1 级：分管领导为中层领导，且具有明确的目标责任书；2 级：分管领导为教育培训机构高层领导（副校长或副总以上），没有实施目标责任制；3 级：分管领导为教育培训机构高层领导，具有明确的目标责任书。

评价依据：领导分管文件、目标责任书。

5. 专业教室或教育培训场地

指标释义：考察退役士兵教育培训机构专业教室（理论授课）或场地的建设情况，应具有与教育培训活动相适应的教室面积及其设备。

衡量标准：教育培训机构应拥有专业教室面积 300 平方米以上，教室内多媒体教学设备齐全（电脑、音响、投影仪、黑板）。

计算方法：评价得分 = $\dfrac{实际面积}{300}$ × 该指标对应分数 × 设备完好率

设备完好率由评价人员现场考察得出，最高分数为本指标对应分值，实际面积多余 300 平方米的，取最高分数。

评价依据：教室面积与设备实地考察。

6. 办公场所

指标释义：考察退役士兵教育培训机构行政、教务和教师办公场所设置情况。

衡量标准：三类办公场所齐全，教务、教师办公室相应的办公设施较为齐全（电脑、座椅、档案柜等）。

计算方法：定性评价，划分三个等级，分数为该指标对应分值三等分。1 级：教务、教师与机构其他人员混合办公；2 级：设有独立的教务、教师办公室，设施不齐全，面积小；3 级：三类办公室齐全、独立设置，设施齐全，人均面积较大。

评价依据：实地考察与报送文件。

7. 实训场地与设施

指标释义：实训场地、实验室、实验设备、设施与专业配套数量能满足退役士兵教育培训需要。

衡量标准：具有独立的或合作设立的实训基地，实训设备为近五年购置，完好率达到 90% 以上，能够至少满足 2 个班次（60 个实训岗位）实训需要。

计算方法：

$$评价得分 = \frac{实训基地提供实训岗位}{60} \times \frac{5}{实训设备实际生产年限} \times 设备工具完好率 \times 指标对应分值$$

实训设备工具完好率依据现场考察。

评价依据：实地考察、设备卡等。

8. 网络环境

指标释义：考察退役士兵教育培训机构教学活动支持情况。

衡量标准：具有与教育网、公网进行有效连接的网络环境，建有内部局域网，配备专用服务器，能为教育培训机构教师教学与学习提供网络有效的支持和服务。

计算方法：

$$评价得分 = \frac{内部区域网实际个数}{1} \times \frac{教育资源个数}{2} \times 指标对应分值$$

教育资源个数主要包括知网、万方等数字资源数据库。

评价依据：实地考察。

9. 远程教学系统与课程电子资源

指标释义：衡量教育培训机构为分散及远距离学员提供教育培训的基础性条件。

衡量标准：教育培训机构独立拥有远程教学系统，能够为退役士兵或在役士兵提供相应的电子资源。

计算方法：评价得分 = $\dfrac{\text{实际拥有远程教学系统个数}}{1}$ × $\dfrac{\text{实际拥有教育培训资源数量}}{300}$ ×指标对应分值

评价依据：实地考察，电子资源统计。

10. 年基础设施建设投入

指标释义：考察教育培训机构每年专门用于退役士兵教育培训基础设施的投入情况，用货币来表示，范围仅限于针对退役士兵的教育培训设施。

衡量标准：每年用于退役士兵教育培训基础设施的投入为当年退役士兵教育培训收入的10%。

计算方法：评价得分 = $\dfrac{\text{实际年投入}}{\text{当年退役士兵教育培训收入} \times 10\%}$ ×该指标对应分值

评价依据：财务报表，实际考察。

11. 教师数量

指标释义：指退役士兵教育培训机构实际拥有的师资数量，包括兼职人员、企业实训指导教师等。

衡量标准：按师生比1∶15确定。

计算方法：评价得分 = $\dfrac{\text{实际拥有教师数量}}{\text{按实际招生计划推算教师数量}}$ ×该指标对应分值

评价依据：教师名录、聘用协议、上课台账。

12. 专兼职教师比例

指标释义：专任教师是教育培训机构直接聘用的，负责其人事关系，担任退役士兵教育培训课程的教师；兼职教师是教育培训机构外聘的、不负责其人事关系，担任退役士兵教育培训课程的教师。两类教师的比例为专兼职教师比例。

衡量标准：专兼职教师比例为10∶6。

计算方法：评价得分 = $\dfrac{\text{实际专兼职比例}}{\text{专兼职标准比例}}$ × 此指标对应分值

评价依据：教师统计。

13. 教师职称结构

指标释义：衡量教育培训机构担任退役士兵教育培训课程的教师职称比例，职称包括各类职称（含企业中的会计师、工程师、经济师等）。

衡量标准：确定中高职称比例为7∶3。

计算方法：评价得分 = $\dfrac{\text{实际职称结构比例}}{\text{职称结构标准比例}}$ × 该指标对应分值

评价依据：教师职称统计。

14. 教师平均工资收入

指标释义：衡量教育培训机构担任退役教育培训活动教师收入情况，工资收入包括缴纳的各类保险及发放的福利等。

衡量标准：所在城市的平均工资1.2倍。

计算方法：评价得分 = $\dfrac{\text{教师年平均工资}}{\text{当地平均工资} \times 1.2}$ × 该指标对应分值

评价依据：教育培训机构财务报表、缴纳的社会保险等。

15. 职业指导教师配备

指标释义：为退役士兵提供职业辅导的专任教师数量。

衡量标准：以30人为一个班次，每班次配备职业指导教师1名。

计算方法：评价得分 = $\dfrac{\text{实际配备职业指导教师数量}/30}{1}$ × 该指标对应分值

评价依据：职业指导配备表、教育培训计划。

16. 教育培训经费投入

指标释义：教育培训机构每年用于从事退役士兵教育培训教师培

训提高方面的投入。

衡量标准：每年用于担任退役士兵教育培训课程教师培训提升的投入为当年退役士兵教育培训收入的10%。

计算方法：评价得分 = $\dfrac{实际年投入}{当年退役士兵教育培训收入 \times 10\%}$ × 该指标对应分值

评价依据：财务数据。

17. 管理制度建设

指标释义：涵盖退役士兵教育培训学生管理、教师管理、学员管理、学籍管理、档案管理、教学管理、教学设备、安全卫生等规章制度。

衡量标准：管理制度健全，过程管理规范，具有相应的文本。

计算方法：每缺少一类制度，扣该指标对应分值的10%。

评价依据：各类制度。

18. 教学管理评价体系建设

指标释义：退役士兵教育培训机构对针对教学所做的专门性制度建设，应包括质量监控和测评制度、质量评估机制等。

衡量标准：内容齐全、制度规范，具有较好的应用效果。

计算方法：定性评价。划分三个等级，分数为该指标对应分值三等分。1级：内容有所欠缺，规范性不高；2级：内容有所欠缺、较为规范；3级：内容齐全、规范。

评价依据：制度文件。

19. 课程研发激励制度建设

指标释义：激励教师从事退役士兵教学研究、课程研究的制度。

衡量标准：内容具体、明确，齐全。

计算方法：定性评价。划分三个等级，分数为该指标对应分值三等分。1级：有简单的激励制度规定，口头约定，没有成文；2级：内容较为具体，奖励项目齐全，有激励效果；3级：内容具体、明确、齐全、激励效果好。

评价依据：课程研发激励制度。

20. 专业指导与督导制度

指标释义：有关教育培训机构有关领导听课、组织听课、指导教师提高教学方面的制度规定。

衡量标准：是否有，是否实行。

计算方法：存在其实行赋予相应分值。

评价依据：文本制度。

21. 教学管理台账建设

指标释义：根据教学计划进行教学活动，并根据要求建立和完善好学习台账。

衡量标准：台账齐全，妥善保管，是否有，是否实行。

计算方法：定性评价。划分两个等级，分数为该指标对应分值两等分。1级：有简单的台账，但不连续；2级：台账完善，连续。

评价依据：现有台账。

22. 教学模式与资源整合

指标释义：衡量退役士兵教育培训教学模式中是否有效整合各类资源，以技能开发及应用型人才培训为重点，建立基于需求的教育培养模式。

衡量标准：教学模式带有鲜明的特色，能够将企业等各类用人单位整合，能够整合各类培训教育资源，注重人的全面培养开发，培养应用型人才。

计算方法：定性评价。划分三个等级，分数为该指标对应分值三等分。1级：采取通常的教学模式，企业及其他机构没有参与；2级：教学模式以技能培养为主，企业有所参与；3级：教学模式将现场、远程教学有机结合；延长教育培训时间段，将职业教育与技能培养相结合。

评价依据：教学模式，企业及其他机构合作协议。

23. 课程体系与教材建设

指标释义：退役士兵教育培训所开设的课程，以及围绕退役士兵教育培训活动所编写的教材、大纲、讲义等。

衡量标准：课程体系的独特性、适用性，编有教材。

计算方法：定性评价。划分三个等级，分数为该指标对应分值三等分。1 级：采取通用课程，没有针对退役士兵而专门开设的课程；2 级：针对退役士兵，开设了独有的课程，并编写相应的大纲、讲义；3 级：依据退役士兵教育培训规律，涉及有独特的课程体系，出版教材。

评价依据：课程、教材。

24. 教研活动、论文与获奖

指标释义：围绕退役士兵教育培训而进行的教研活动，发表的教研论文以及获奖。

衡量标准：今年 3 年内参加相关教研课题 3 项以上，获奖 1 项以上；每学期至少组织教研成果交流活动 1 次，每年发表论文 5 篇以上。

计算方法：每一项不达标，扣本指标对应分值的 10%。

评价依据：教研活动记录、论文、获奖证书。

25. 就业促进机构设置

指标释义：退役士兵教育培训机构专设的就业促进机构，主要是联系企业用工需求，组织人才交流等活动。

衡量标准：专设机构、专人负责。

计算方法：定性评价。划分两个等级，分数为该指标对应分值两等分。1 级：专设机构，无专人负责；2 级：专设机构、专人负责。

评价依据：实地考察。

26. 就业促进平台

指标释义：退役士兵教育培训机构为促进就业而搭设的人才信息发布平台、联合其他单位就业促进平台，包括就业信息网站等。

衡量标准：拥有人才信息网站、联合其他机构共建的人才交流平台。

计算方法：定性评价。划分两个等级，分数为该指标对应分值两等分。1 级：企业拥有基本的就业促进平台，如其他机构签订的就业协议等；2 级：在一级基础上，拥有用工、招聘信息发布平台，与人才交流中心、协会签订的人才交流协议等。

评价依据：实地考察。

27. 社会影响

指标释义：教育培训机构因退役士兵教育培训而引起的社会关注，包括媒体报道、电视报道、领导批示等。

衡量标准：年内相关报告或批示 2 次。

计算方法：评价得分 = $\dfrac{\text{实际报道或批示次数}}{2}$ × 该指标对应分值

评价依据：相关媒体。

28. 学员满意度

指标释义：参加教育培训活动的学员满意程度，可通过问卷调查得到。

衡量标准：学员平均满意度 95%。

计算方法：评价得分 = $\dfrac{\text{实际满意度}}{95\%}$ × 该指标对应分值

评价依据：抽查及教育培训机构自查记录。

29. 培训合格率（培训结业证书获得率）

指标释义：参与培训的学员获得培训结业（毕业）证书的人数占总人数的比例。

衡量标准：学员培训合格率 95% 以上。

计算方法：评价得分 = $\dfrac{\text{实际获得证书的人数}}{\text{参加教育培训的人数}}$ 100%/95% × 该指标对应分值。该评价指标为具有阈值性指标，即学员培训合格率低于 90%，本指标不计分。

评价依据：学员台账。

30. 资格证书获得率

指标释义：获得相关资格证书的人数占参与教育培训的退役士兵总数的比例。

衡量标准：学员资格证书获得率 85% 以上。

计算方法：评价得分 = $\dfrac{\text{实际资格证书获得率}}{85\%}$ × 该指标对应分值。

该评价指标为具有阈值性指标，即学员培训合格率低于 80%，本指标不计分。

评价依据：学员台账。

31. 一次就业率

指标释义：学员完成教育培训后的首次就业人数占总人数的比例。

衡量标准：学员一次就业率80%以上。

计算方法：评价得分 = $\frac{实际就业率}{80\%}$ × 该指标对应分值。该评价指标为具有阈值性指标，即学员一次就业率低于75%，本指标不计分。

评价依据：学员就业台账。

32. 对口就业率

指标释义：学员完成教育培训后的就业人数符合所有专业或技能的占总人数的比例。

衡量标准：学员对口就业率75%以上。

计算方法：评价得分 = $\frac{实际对口就业率}{75\%}$ × 该指标对应分值。该评价指标为具有阈值性指标，即学员对口就业率低于70%，本指标不计分。

评价依据：学员就业台账。

第五节　退役士兵教育培训机构评价指标权重

评价指标权重的确定是构建退役士兵教育培训机构评价体系中的一个重要环节。权重是指标在评价过程中不同重要程度的反映，是决策（或评估）问题中指标相对重要程度的一种主观评价和客观反映的综合度量。权重的赋值合理与否，对评价结果的科学合理性起着至关重要的作用；若某一因素的权重发生变化，将会影响整个评判结果。因此，权重的赋值必须做到科学和客观，这就要求寻求合适的权重确定方法。

目前国内外关于评价指标权重系数的确定方法有数十种，根据计算权重系数时原始数据来源以及计算过程的不同，这些方法大致可分为三大类：第一类为主观赋权法，第二类为客观赋权法，第三类为主客观综合集成赋权法。根据退役士兵教育培训机构评价的实际需要，采取层次分析法确定其指标权重。

层次分析法（Analytic Hierarchy Process，AHP）是把复杂问题中各因素划分成相关联的有序层次，使之条理化。根据一定客观的判断，对每一层次中每两元素相对重要性给出定量表示，确定出全部元素的权重。AHP法的基本步骤为：

1. 建立递阶层次结构图

采用1—9标度方法（见表7-6）进行每两元素间的相对比较，构造判断矩阵 $A = (a_{ij})_{max}$ 进行计算，求解判断矩阵 A 的特征根。$AW = \lambda_{max} W$，计算最大特征根 λ_{max}，找出它对应的特征向量 W，即为同一层各因素相当于上一层某因素相对重要性的排序权重，然后进行一致性检验。

表7-6　　　　　　　　　　比较标度

标度 a_{ij}	定　义
1	i 因素与 j 因素相同重要
3	i 因素与 j 因素略重要
5	i 因素与 j 因素较重要
7	i 因素与 j 因素非常重要
9	i 因素与 j 因素绝对重要
2，4，6，8	为以上两判断之间的中间状态对应的标度值
倒数	若 j 因素与 i 因素比较，得到判断值 $a_{ji} = 1/a_{ij}$

2. λ_{max} 和 W 的计算

一般可采用幂法或根法。根法的计算步骤如下：

A 的元素按行相乘；

所得的乘积分别开 n 次方；

将方根向量归一化得排序权重 W；

按下式计算 λ_{max}

$$\lambda_{max} = \sum_{i=1}^{n} \frac{(AW)_i}{W_i}$$

3. 判断矩阵的一致性检验

（1）计算一致性指标 CI

$$CI = \frac{\lambda_{max} - n}{n - 1}$$

式中：n 表示平均判断矩阵的阶数。

CI 越小，说明一致性越大。一般情况下，只要 $CI \leq 0.1$，则认为判断矩阵的一致性可以接受，否则就需要重新进行两两比较。另外，考虑到一致性的偏离可能是由于随机原因造成的，因此在检验判断矩阵是否具有满意的一致性时，还需将 CI 平均随机一致性指标 RI 进行比较，得出检验系数 CR。

（2）计算一致性比例 CR

$$CR = \frac{CI}{RI}$$

式中：RI 表示平均随机一致性指标，由表 7-7 查取。

表 7-7　　　　　　　　　评价随机一致性指标

阶数	1	2	3	4	5	6	7	8
RI	0	0	0.58	0.96	1.12	1.24	1.41	1.45

当 CR < 0.1 时，一般认为判断矩阵的一致性可以接受。

依据层次分析法的步骤，确定退役士兵教育培训机构评价指标权重。首先，依据表 7-6，确定建立退役士兵教育培训机构评价指标递阶层次结构图，如图 7-3 所示。

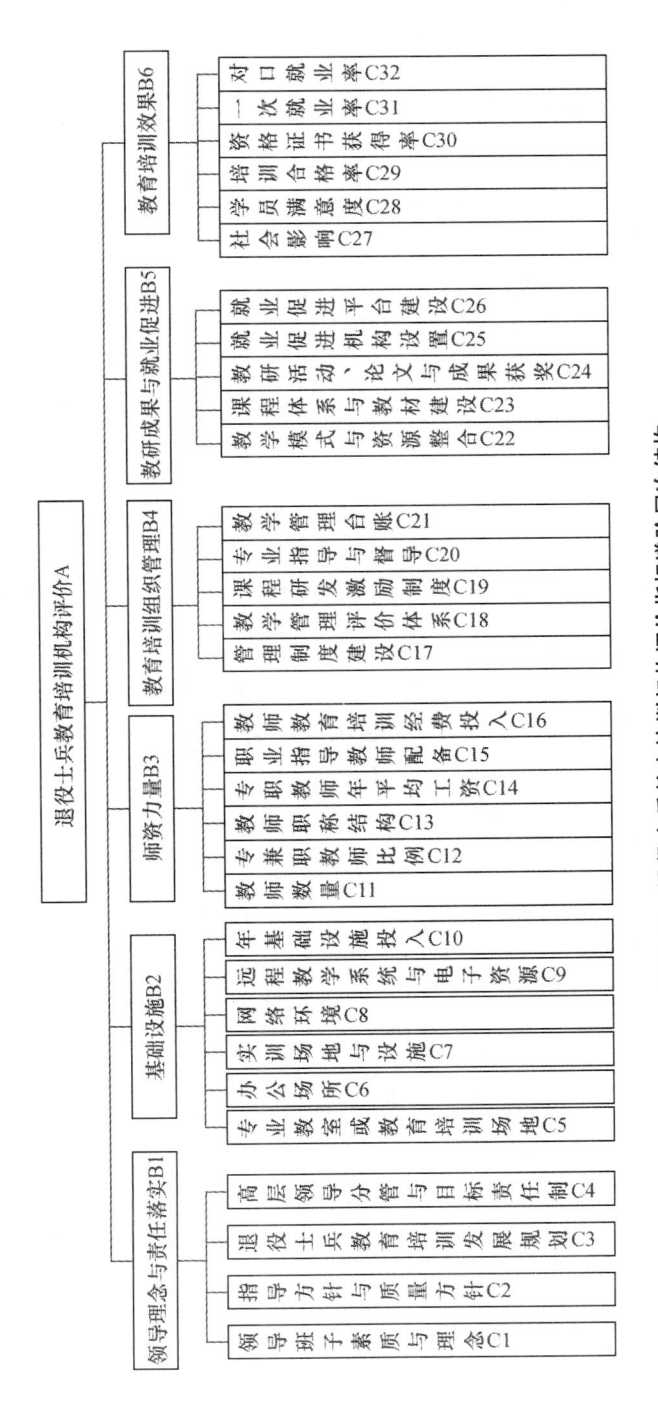

第七章　中国退役士兵职业教育与技能培训承训机构评价体系 | 199

退役士兵教育培训机构评价 A
- 领导理念与责任落实 B1
  - 领导班子素质与理念 C1
  - 指导方针与质量方针 C2
  - 退役士兵教育培训发展规划 C3
  - 高层领导分管与目标责任制 C4
- 基础设施 B2
  - 专业教室或教育培训场地 C5
  - 办公场所 C6
  - 实训场地与设施 C7
  - 网络环境 C8
  - 远程教学系统与电子资源 C9
  - 年基础设施投入 C10
- 师资力量 B3
  - 教师数量 C11
  - 专兼职教师比例 C12
  - 教师职称结构 C13
  - 专职教师年平均工资 C14
  - 职业指导教师配备 C15
  - 教师教育培训经费投入 C16
- 教育培训组织管理 B4
  - 管理制度建设 C17
  - 教学管理评价体系 C18
  - 课程研发激励制度 C19
  - 专业指导与督导 C20
  - 教学管理台账 C21
- 教研成果与就业促进 B5
  - 教学模式与资源整合 C22
  - 课程体系与教材建设 C23
  - 教研活动、论文与成果获奖 C24
  - 就业促进机构设置 C25
  - 就业促进平台建设 C26
- 教育培训效果 B6
  - 社会影响 C27
  - 学员满意度 C28
  - 培训合格率 C29
  - 资格证书获得率 C30
  - 一次就业率 C31
  - 对口就业率 C32

图 7-3　退役士兵教育培训机构评价指标递阶层次结构

首先构造 A—B 两两比较判断矩阵；对 B1、B2、B3 三指标之间进行两两对比之后，按 9 分位比率排定三评价指标的相对优劣顺序，构造出评价指标的判断矩阵，如表 7-8 所示。

表 7-8　　　　　　　　　A—B 判断矩阵

	B1	B2	B3	B4	B5	B6	权重	一致性检验
B1	1.00	0.50	0.33	1.00	0.50	0.20	0.08	
B2	3.00	1.00	1.00	2.00	1.00	0.50	0.17	$CI = 0.029218 < 0.1$
B3	2.00	1.00	1.00	1.00	2.00	0.50	0.18	$CR = 0.050376$
B4	1.00	0.50	0.50	1	1.00	0.33	0.11	符合要求
B5	0.50	0.50	0.50	1.00	1	0.20	0.13	
B6	4.00	3.00	3.00	2.00	3.00	1	0.33	

对该矩阵的最大特征值进行归一化处理，得到（0.08；0.17；0.18；0.10；0.11；0.33），即为三指标的权向量。通过一致性检验，均符合要求，通过检验。同时该权重也符合结果导向的实践要求。

再分别构造下一层次比较判断矩阵，分别如表 7-9、表 7-10、表 7-11、表 7-12、表 7-13、表 7-14 所示。

退役士兵教育培训机构评价体系是一个综合性评价体系，涉及领导理念与组织、基础设施、师资力量等六大方面的评价内容，32 个评价指标。评价指标又分为三个标准等级。采取百分制就很难对教育培训机构作出客观的区分。借鉴其他一些综合性评价体系，采取千分制评价方式，即退役士兵教育培训机构评价总分为 1000 分。

表 7-9　　　　　　　　　B1—C 判断矩阵

	C1	C2	C3	C4	权重	一致性检验
C1	1.00	1.00	0.33	0.50	0.15	$CI = 0.079822 < 0.1$
C2	1.00	1.00	1.00	2.00	0.29	$CR = 0.07127$
C3	3.00	1.00	1.00	1.00	0.32	符合要求
C4	2.00	0.50	1.00	1.00	0.24	

第七章 中国退役士兵职业教育与技能培训承训机构评价体系 | 201

表 7-10   B2—C 判断矩阵

	C5	C6	C7	C8	C9	C10	权重	一致性检验
C5	1.00	3.00	1.00	3.00	2.00	3.00	0.29	
C6	0.33	1.00	0.33	2.00	1.00	1.00	0.11	
C7	1.00	3.00	1.00	3.00	2.00	2.00	0.27	$CI=0.042721<0.1$
C8	0.33	1.00	0.33	1.00	0.50	1.00	0.09	$CR=0.00178$
C9	0.50	1.00	0.50	2.00	1.00	2.00	0.15	符合要求
C10	0.33	1.00	0.50	1.00	0.50	1.00	0.10	

表 7-11   B3—C 判断矩阵

	C11	C12	C13	C14	C15	C16	权重	一致性检验
C11	1.00	2.00	1.00	2.00	2.00	3.00	0.26	
C12	0.50	1.00	0.33	1.00	1.00	2.00	0.13	
C13	1.00	3.00	1.00	2.00	2.00	1.00	0.24	$CI=0.068294<0.1$
C14	0.50	1.00	0.50	1.00	0.33	1.00	0.10	$CR=0.002846$
C15	0.50	1.00	0.50	3.00	1.00	2.00	0.17	符合要求
C16	0.33	0.50	1.00	1.00	0.50	1.00	0.10	

表 7-12   B4—C 判断矩阵

	C17	C18	C19	C20	C21	权重	一致性检验
C17	1.00	1.00	2.00	3.00	2.00	0.30	
C18	1.00	1.00	3.00	3.00	2.00	0.32	$CI=0.064442<0.1$
C19	0.50	0.33	1.00	1.00	1.00	0.13	$CR=0.057537$
C20	0.33	0.33	1.00	1.00	3.00	0.14	符合要求
C21	0.50	0.50	1.00	0.33	1.00	0.11	

表 7–13　　　　　　　　　　B5—C 判断矩阵

	C22	C23	C24	C25	C26	权重	一致性检验
C22	1.00	1.00	2.00	1.00	0.33	0.16	
C23	1.00	1.00	3.00	2.00	0.50	0.22	$CI = 0.02353 < 0.1$
C24	0.50	0.33	1.00	1.00	0.33	0.10	$CR = 0.021009$
C25	1.00	0.50	1.00	1.00	0.33	0.12	符合要求
C26	3.00	2.00	3.00	3.00	1.00	0.39	

表 7–14　　　　　　　　　　B6—C 判断矩阵

	C27	C28	C29	C30	C31	C32	权重	一致性检验
C27	1.00	1.00	0.33	0.50	0.50	0.50	0.09	
C28	1.00	1.00	1.00	0.50	0.50	0.50	0.11	$CI = 0.083138 < 0.1$
C29	3.00	1.00	1.00	0.50	0.50	0.50	0.13	$CR = 0.003464$
C30	2.00	2.00	2.00	1.00	0.50	0.50	0.17	符合要求
C31	2.00	2.00	3.00	3.00	1.00	1.00	0.27	
C32	2.00	2.00	2.00	2.00	1.00	1.00	0.24	

根据层次分析法所得到的各指标的权重，就可以确定各指标的分值，如表 7–15 所示。结合上述各评价指标标准与计算方式，就可以确定某一具体的退役士兵教育培训机构评价总分值。

某教育培训机构评价总分 $= \sum_{i=1}^{32} p_i$

其中：i 表示评价指标；

p_i 表示指标 i 的实际得分。

表 7–15　　　　　　退役士兵教育培训机构评价指标分值

一级指标	二级指标	分值	三级指标	分值
退役士兵教育培训评价	领导理念与责任落实	80	领导班子的素质与理念	12
			退役士兵教育培训指导方针与质量方针	23
			退役士兵教育培训发展规划	26
			高层领导分管与目标责任制	19

续表

一级指标	二级指标	分值	三级指标	分值
退役士兵教育培训评价	基础设施	170	专业教室或教育培训场地	49
			办公场所	19
			实训场地与设施	45
			网络环境	15
			远程教学系统与课程电子资源	25
			年基础设施建设投入	17
	师资力量	180	教师数量	47
			专兼职教师比例	23
			教师职称结构	43
			教师平均工资收入	18
			职业指导教师配备	31
			教育培训经费投入	18
	教学组织管理	110	管理制度建设	33
			教学管理评价体系建设	35
			课程研发激励制度建设	14
			专业指导与督导	15
			教学管理台账建设	12
	教研成果与就业促进	130	教学模式与资源整合	21
			课程体系与教材建设	29
			教研活动、论文与获奖	14
			就业促进机构设置	16
			就业促进平台	51
	教育培训效果	330	社会影响	30
			学员满意度	36
			培训合格率	43
			资格证书获得率	55
			一次就业率	88
			对口就业率	78
	合计	1000		1000

第六节　退役士兵教育培训机构评价体系的实施与应用

当前，退役士兵教育培训涉及多个层次。这种多层次一是体现在教育培训机构上，既有高职院校、技师学校、技术学校，还有一般民办教育培训机构，他们各有所长；二是在地域方面，既有省市级的教育培训，也有县级的教育培训。地理区域不同，供选择的教育培训自然不同。如何针对这种多层次性实施相应的评价，如果构建多种评价体系，一是成本较高；二是容易导致评价体系选择的随意性，导致评价结果失去客观性；三是针对某类教育培训评价体系可能只反映其优势，限制了教育培训机构的发展。故此，通过评价引导退役士兵教育培训机构发展的目的。采取一套体系，分类评价能够较好地解决以上问题。所谓一套体系，即无论何种教育培训机构，还是市、县级教育培训机构，都采取了同样的评价体系进行评价。分类评价是指针对不同类别的评价机构，不同区域的评价机构按照类别、区域进行分类比较。其具体应用如图7-4所示。

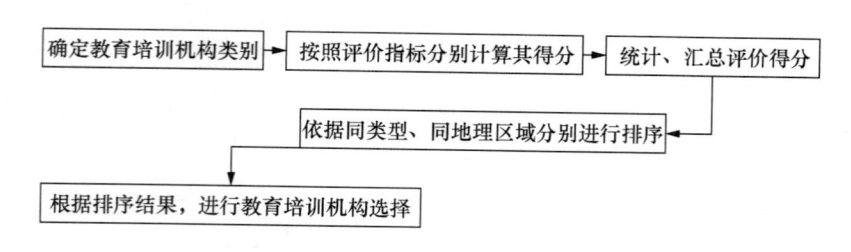

图7-4　一套体系分类评价操作模式

近年来，各级政府为推进退役士兵教育培训工作付出了艰辛的努力，也取得了一定成效。尽管如此，退役士兵教育培训质量仍需进一步提升。而提升退役士兵教育培训质量，强化与完善退役士兵教育培训机构评价是一项重要内容。切实做好退役士兵教育培训机构评价的组织工作，推进退役士兵教育培训工作的深入开展。

依据构建的退役士兵教育培训机构评价体系，建立相应的组织体系，确保退役士兵教育培训机构评价工作的顺利开展。首先，依据相应的文件要求，相关职能部门成立专门的退役士兵教育培训机构评价委员会。评价委员会为各职能机构联合组建的临时性组织，负责统筹管理退役士兵教育培训机构评价工作，包括评价体系、评价管理制度以及第三方评价机构选择等。其次，要求依据评级体系，各教育培训机构要建立相应的评价机构进行自评，切实发挥以评促进的目的与作用。相应的组织体系如图7-5所示。

组织	职能
省级职能主管部门联合成立退役士兵教育培训机构评价委员会	领导、统筹退役士兵教育培训机构评价整体工作； 负责评价体系的建立、完善、推广； 监督各地退役士兵教育培训机构评价工作的开展； 组织评价体系的培训工作。
市、县相关职能部门组织退役士兵教育评价体系实施	学习、掌握相应的评价体系，开展本地区退役士兵教育培训机构评价工作； 反馈退役士兵教育培训机构评价中的问题； 选择第三方评价机构，监督第三方评价工作。
退役士兵教育培训机构评价第三方机构或组织	学习、掌握相应的评价体系，组织专业人员开展第三方评价； 上报评价结果； 反馈退役士兵教育培训机构评价中的问题。
退役士兵教育培训机构	学习、掌握相应的评价体系，组织专业人员开展自我评价； 反馈退役士兵教育培训机构评价中的问题。

图7-5 退役士兵教育培训机构评价组织体系

退役士兵教育培训机构评价结果主要应用在以下几个方面：

一是可用于退役士兵教育培训机构的选择。通过相应的评价结果，选择教育培训实力强、效果好的机构从事退役士兵教育培训活动。

二是可用于对退役士兵教育培训机构的分类管理。根据评价结果，对连续三年排在前几位的教育培训机构列为 A 类教育培训机构，可不再参与公开的评价，以自我评价为主。这样，可以节约评价资源，提供评价效率。当然，对于 A 类教育培训机构也许有一定的重新评价周期。通过这种方式，起到较好的引导作用。

三是可以作为退役士兵教育培训机构改进自身不足的依据。通过评价结果，可以明确教育培训机构在哪些方面存在不足，进而为强化教育培训机构各方面的建设提供依据。

四是将评价结果公开，树立退役士兵教育培训机构榜样，引导其他教育培训机构向其学习，进而提升退役士兵教育培训机构的整体水平。

五是可作为退役士兵广泛选择教育培训机构的依据，为省内甚至国内区域教育培训提供依据。通过评价，可以确定一批省内优秀的教育培训机构，以供退役士兵选择。

第八章 退役士兵职业教育与技能培训推进步骤与策略

第一节 退役士兵教育培训与技能培训推进步骤

确定退役士兵职业教育与技能的顶层设计，明确其运行、动力、统筹、保障、监督控制5大机制，还要进一步依据其发展模式、原则、重点，确定发展步骤与策略。确定退役士兵职业教育培训发展步骤，应充分考虑退役士兵职业教育培训开展的现实状况，将现实与未来发展相结合，短期发展与长期发展相结合，围绕既定方向与目标，持续不断地改进与推进。这样，既可以在短期内避免对整体工作造成冲击，产生不必要的障碍，又可以积累资源，总结经验。

从我国退役士兵职业教育培训的发起与当前现状来看，首先是由广东省政府率先发起，后经中央政府批准全国实施的。从退役士兵职业教育培训的组织实施来看，省级政府是骨干力量。这也就形成了退役士兵教育培训各省有各省的"特色"，各有各的"办法"。此外，我国退役士兵职业教育培训发展时间短，无论是教育培训模式，还是发展经验都不足。这也决定了不能贸然打破当前的整体运行管理模式。此外，中央政府、中央军委在全面统筹退役士兵职业教育培训方面也存在能力不足，也需要时间集聚能力。对此，可以借鉴我国较为成熟的"先试点，再总结，后推广"的模式，将退役士兵职业教育与技能培训发展划分为三个阶段，也就是遵循塑理念，建平台，树模板；完善机制与制度，成规范；整合资源，集成体系，全国运行三步走的发展路径。

第一阶段：塑理念，建平台，树模板。在不干扰各地区退役士兵职业教育与技能培训的前提下，建立、健全退役士兵职业教育领导小组的职能。由该机构负责全过程退役士兵职业教育培训的试点工作，筹建全国性的职业教育培训平台。而无论是建设平台，还是进行试点工作，先进、科学的理念是基础。故此，第一阶段一项重要工作就是更新旧观念，塑造理念。要让军队、地方对退役士兵全过程、全系统的教育培训理念认同，能够理解能力与职业教育的内在规律，进而支持平台建设与试点。

全国性的教育培训平台分为地方政府与军队两个平台，即部队的社会通用能力职业教育培训平台与政府机构的再社会化与专业技能职业教育培训平台。依托这两个平台，分别在军队与地方试点进行全过程的职业教育培训活动。针对军队的教育培训平台主要侧重于退役士兵社会通用能力的教育培训，可以与学历教育相结合。地方的教育培训平台主要侧重于专业技能或创业能力教育培训，可以与职业技能认证相结合。

建设两个平台，应明确其功能、目标以及资金来源。作为全国性退役士兵职业教育培训平台主要功能就是要实现全过程教育培训，系统提升退役士兵就业能力，解决跨省以及军、地教育培训的矛盾。故此，其建设资金应来自国家财政资金及国防资金。对于两个平台的建设内容，主要围绕提高退役士兵就业能力，创新及打造标准化的教育培训管理一体化管理模式、教育培训模式、课程体系、承训机构、承训机构管理体系等内容。教育培训管理一体化模式是贯穿于征兵入伍直至稳定就业全过程的标准化管理，包括整个过程各节点的划分、各节点的工作内容等。教育培训模式是针对"三全"目标以及整个过程各环节的特征，将学历教育、专业技能教育以及发展创新教育结合起来，形成能够适应不同士兵需求的教育培训模式。而课程体系则是确定各个阶段、各个环节，满足不同士兵需求的课程类别、课程内容。承训机构标准化则是确定承训机构的甄选标准等。

在此阶段，全国退役士兵职业教育培训领导小组应侧重抓好平台建设。平台的建设和运行可以在全国所有部队进行，也可以选择具有代表性的部队进行试点。发现问题，总结经验，特别是应将关键节点管理、衔接工作做好。而对于国家政府统筹建设的再社会化与专业技能教育平台的建设与运行，目前不宜全国性地铺开，采取试点的方式较为妥当。当然，也可以将其作为大部分地区退役士兵职业教育与技能培训的有益补充。

通过两个平台的建设与试点运行，及时发现问题，总结经验教训，优化相关内容。同时，建立相应的信息共享机制、协调合作机制，使两个平台能够紧密联系起来。在运行的过程中，要围绕试点地区，评估效果，完善标准，形成典型，以方便今后推广应用。

第二阶段：完善机制与制度，成规范。通过两个平台的建设与试点，有利于深入分析退役士兵全过程、跨省开展中的矛盾，为完善相关机制、制度建设奠定了实践基础。应针对平台建设与试点运行中存在的问题，开展系统的理论研究，深入分析退役士兵职业教育培训系统运行的内在机理，保证相关机制、政策制定的针对性、实效性。

第二阶段应进一步健全全国退役士兵职业教育培训领导小组职能，赋予其机制、制度研究和制定的职责及相应的监督控制权。通过第一阶段平台建设的标准化工作，能够使全国退役士兵职业教育培训领导小组从繁重的平台建设任务中解脱出来，将工作重心放在机制与制度的完善、规范和统一上来。对于退役士兵职业教育培训机制建设内容，前文已进行详细表述，不再赘述。需要注意的是，该阶段领导小组应具备相应的权限，人员配置也应合理、科学，能够充分协调部队、各部委、各省级政府的关系，也应能够协调各方的利益关系。此外，该阶段所形成的机制和制度应较为完备，具有一定的超前性，能够保障退役士兵职业教育培训的未来发展。

第三阶段：整合资源，集成体系，全国运行。经过第一阶段与第二阶段的理念树立，平台、机制、制度建设，深层次问题的解决，退役士兵全过程教育培训条件基本成熟。故此，第三阶段的主要工作就是整合国家、各地方、部队的职业教育培训资源，将其纳入两个职业教育培训平台之中，实现退役士兵职业教育培训与国民教育的有机融合。

通过国家、地方以及部队职业教育培训的整合，形成国家统筹，部队、地方参与的退役士兵职业教育与技能培训体系。同时，职业教育培训资源的有机融合与相关合作机制的建立，也使退役士兵职业教育与技能培训自然而然进入到整个国民教育体系之中，实现了国家与地方、地方与军队、军队与教育机构的整体集成。通过集成后的退役士兵职业教育与技能培训体系，能够较好地解决基础教育、专业教育、学历教育的衔接融合问题。

通过第三阶段的工作，将退役士兵职业教育培训系统建设成为一个开发、自我优化的系统，实现中央政府、中央军委统筹领导的，以地方承训机构为依托的，集中社会各种资源力量的现代化的教育培训网络体系，满足退役士兵从征兵入伍开始直至退役稳定就业（包括创业）的教育培训需求。

为顺利实现以上发展步骤，必须制定科学、周密的推进策略。而发展策略的制定，必须统筹考虑退役士兵职业教育培训的有利条件与面临的困难，充分利用有利条件，抓住机会。从有利条件来看，中央政府、中央军委的重视是最有利的条件。而我国快速发展的经济也为其发展创造了机会。故此，结合多方面因素，退役士兵职业教育培训发展应综合采取"高推、后延、前展、中促"的发展策略。

第二节　退役士兵职业教育与技能培训"高推"策略

所谓"高推"策略，是指利用中央政府、中央军委对退役士兵职业教育培训的高度重视，通过政府及军委的力量推动退役士兵职业教育培训各项工作的深入发展。政府主导是退役士兵职业教育培训的基本原则。考虑到我国行政管理体系，中央政府、中央军委是退役士兵职业教育培训深入开展的最大依靠力量。尤其是未来退役士兵全过程、全系统的教育培训,更离不开中央政府及中央军委的拉动。

如前所述,做好退役士兵职业教育培训,提高其就业能力,保障其稳定就业与发展,事关中央政府、中央军委的整体利益。从国外退役士兵职业教育培训实践来看,政府及军队最高机构的推动作用巨大。随着我国兵役制以及安置政策的改革,中央政府、中央军委也已经认识到职业教育培训的重要性及战略性地位,高度重视,连续出台文件推动此项工作的深入开展。一方面,随着我国经济实力不断增强,国防事业不断发展,国家有实力拿出更多的资源支持退役士兵职业教育培训。无论是从主观条件,还是客观条件来看,中央政府、中央军委推动退役士兵职业教育培训发展都是可行的。另一方面,未来退役士兵职业教育培训要打破军地界限,实行全过程的系统教育培训,势必要求中央政府、中央军委加大统筹领导,从上往下推动此项工作的开展。

对于"高推"面临的障碍,一是中央政府、中央军委对加强退役士兵统筹领导,进行全过程职业教育的迫切性认识可能存在偏差。由于中央政府、中央军委对退役士兵职业教育培训信息、发展规律了解可能不够全面,加之当前缺乏科学、客观衡量退役士兵职业教育培训绩效评价系统,对一些问题缺乏深入分析;进而,可能较为认可当前的教育培训,缺乏统筹领导,开展全程教育的决心。二是与其他军队建设任务相比,中央军委、国防部可能认为退役士兵服役期职业教育的重要性较轻,主观上将其列入其他任务之后。对于这些障碍,现实中可能存在,未来一段时间也可能存在。但随着时间发展,征兵形势的变化,国防建设对人素质要求的提高以及军民融合的发展等,中央政府、中央军委的理念障碍将随之消除。当然,这也需要广大的退役士兵职业教育培训理论研究者、实践者积极开展工作,提供真实、全面、有深度的信息及研究成果,以便中央政府、中央军委更加客观、真实地了解退役士兵职业教育培训,进而在理念上实现较快转变。

中央政府、中央军委对退役士兵职业教育培训的推动是全方位的、整体性的。其推动策略主要是通过政策推动、政令推动、资源推动三方面的策略来进行。政策推动策略是中央政府、中央军委可采取的最高水平的推动策略，通过法律、法规、政策的制定，为退役士兵职业教育培训的深入开展保驾护航；政令推动策略是指中央政府、中央军委通过行政指令推动退役士兵职业教育培训的发展；资源推动策略是中央政府、中央军委通过提高组织机构设置、人员编制、经费等推动退役士兵职业教育培训发展。

在政策推动策略方面，中央政府、中央军委应遵循退役士兵职业教育培训发展规律，加快有关退役士兵职业教育培训相关立法或健全工作，如关于兵役税征收的立法工作，退役职业教育培训经费来源的法制建设工作等。此外，还应加大统筹政策建设，如企业参与支持政策，校企合作支持政策等，应尽早形成适应全国需要的退役士兵职业教育培训的政策、制度，保证其顺利发展。

政令推动策略在退役士兵职业教育培训的发展的第一阶段、第二阶段尤为重要。退役士兵职业教育培训第一阶段的发展主要是试点工作。在缺乏必要的法律、法规及政策的支持下，只能依靠强有力的政令指挥才能有效开展起来。在此阶段，中央政府、中央军委或者是国防部应该联合发文，提高相关政令的权威性、严肃性。对于通过政令推动退役士兵职业教育培训的发展，中央政府、中央军委还需进一步加大业绩考核制度的建设，与相关的政令进行配套，形成闭环系统，才能强化执行力度。

在资源推动策略方面，中央政府、中央军委必须给予其强而有力的支持，才能有效推动退役士兵职业教育培训的试点、推广，直至全国普遍推行。在机构设置上，中央政府、中央军委应加大对退役士兵职业教育培训专设机构建设的支持力度，成立专门的领导统筹机构，便于各项工作的开展。在人员编制上，也应加大支持力度，设立专职人员，监督控制退役士兵职业教育培训的发展。在经费方面，也应加大支持力度，尤其是退役士兵职业教育培训发展的第三阶段。第三阶段的退役士兵职业教育培训应是全国统筹，全过程进行，这需要中央政府、中央军委的强大支持。同时，对于地方政府而言，中央政府、中央军委出资也能较好地解决利益分歧问题，保证退役士兵职业教育培训自然而然地从"群雄割据"到"中央统筹"的转变。

无论是当前，还是未来发展，中央政府、地方政府都是退役士兵职业教育培训发展的巨大推动力。这也要求中央政府、中央军委切实发挥主导作用，综合采取各种策略，推动其深入发展，实现其目标。

第三节 退役士兵职业教育与技能培训"后延"策略

所谓"后延"策略，是指将当前退役士兵职业教育培训向后延伸至服役期。近年来，退役士兵职业教育与技能培训已经获得了较大发展。同时，随着我国社会经济文化的发展，军队也发生了较大变化。这些为退役士兵职业教育与技能培训"后延"提供了有利条件与机遇，使退役士兵职业教育与技能培训具备了一定的可行性。

第一，党和政府对退役士兵职业教育与技能培训的高度重视，资源投入会加大，相应硬件条件会日趋完善。尽管对退役士兵实行了货币化补偿，但党和政府并没有放松对退役士兵职业教育与技能培训的要求。李立国部长 2012 年在全国民政工作会议上强调：要继续落实国务院、中央军委《关于加强退役士兵职业教育和技能培训工作的通知》，实现民政部门、退役士兵和承训机构无缝对接，提高教育培训质量。对退役士兵职业教育与技能培训的高度重视，相关的投入会加大，这为退役士兵职业教育与技能培训"后延"奠定了较好的硬件基础。

第二，有关主管机构、组织部门加深了对退役士兵职业教育与技能培训的规律认识，理念上的变化，对于"后延"已经形成基本的共识。经过多年的实践，无论是相关的政府主管部门，还是相关的研究者以及具体实践者，已逐步认识到退役士兵职业教育与技能培训是一项系统工程，就培训而培训是无法达到预期目的的，必须将其工作向后延伸，才能真正将此项工作落到实处，见到实效。这种理念上的共识，有利于为退役士兵职业教育与技能培训"后延"扫清思想障碍。

第三，士兵的素质提高，希望获得较好发展，对提高职业教育与技能培训实效性的渴求，也有利于将职业教育与技能培训"后延"。近年来，大中专学生入伍数量日益提高，他们具有较高的文化素质，也希望获得较好的发展，对职业教育与技能培训也更为渴求。兵源素质的提高，会对职业教育与技能培训"后延"持积极态度，更加主动参与到"后延"中来。

第四，我国征兵形势也发生了相应的变化，必须注重士兵的全面发展，这为职业教育与技能培训"后延"提供了有利的时机。随着我国人口政策效应的显现以及士兵安置政策的变化，我国征兵形势出现了新的变化与趋势，兵源不足与征兵困难现象开始显现出来。如何提高应征入伍的积极性，进行国防宣传教育是一个方面，而保证入伍士兵能够获得较好发展则更为重要。保证入伍士兵的发展就必须注重其职业教育与技能培训，使其获得全面发展，这为将退役士兵职业教育与技能培训向后延伸提供了一个较好的时机。

第五，现代信息技术、教育技术、教育资源的发展，为退役士兵职业教育与技能培训"后延"提供了必要的方法、手段与途径。伴随着现代信息技术以及教育理念的发展，现代教育媒体、现代教育网络、卫星教育系统等教育技术与资源发展迅速，这使远程教育成为可能，士兵在服役期间能够较为方便地获得教育资源，进行相关的学习活动。

第六，退役士兵职业教育与技能培训组织体系已初步建立，已具备开展"后延"的基础性条件。近年来，退役士兵职业教育与技能培训工作已取得较大进展，相应的组织网络体系已初步建立，也建立了相应的培训基地，相应的资源也已形成规模。这些为其"后延"奠定了基础性条件。

退役士兵职业教育与技能培训向后延伸是必要的，也具备了一定的可行性，但现实中，将其向后延伸还面临着不少障碍，阻碍了此项工作的开展。深入分析这些障碍，有利于制定行之有效的推进策略。

一是对于退役士兵职业教育与技能培训向后延伸的最大障碍还是体现在理念与意识上。理念决定行动，意识决定行为，对于退役士兵职业教育与技能培训工作同样如此。在退役士兵职业教育与技能培训向后延伸中，不少部队尤其是基层部队干部对此不理解，甚至持否定的态度，将职业教育与技能培训与军事训练对立起来，认为会影响部队正常的军事训练。这种理念势必导致在部队难以开展相应的职业教育活动，也难以将职业教育、技能培训与军事训练结合起来。同时，部分退役士兵职业教育与技能培训主管人员在理念及认识上也存在一定的误区，如有的人认为普通士兵服役时间短，没有必要进行相应的职业教育与技能培训；有的人认为部队环境过于复杂，难以开展相应的职业教育与技能培训；还有的人抱有多一事不如少一事的态度。对于培训机构而言，多数从经济效益的角度出发，认为向后延伸会增加成本支出，缺乏长远的发展理念。

二是士兵服役地地理分布较为分散，存在服役地与安置地分离情况。这导致服役地退役士兵职业教育与技能培训主管机构缺乏足够的动力进行"后延"。兵种不同，军区不同，士兵服役地区往往不是其所属地，而是异地服役。对于服役地相应主管机构而言，公共资源毕竟是有限的，不可能拿出足够的精力与财力去培训异地士兵。因此，安置地与服役地的分离也是士兵服役期的职业教育与技能培训后延的一大障碍。

三是部队地理位置较为偏僻，尤其是最需职业教育与技能培训的野战兵部队，其地方更为偏僻，条件更为艰苦。环境越是封闭，越需要进行相应的职业教育与技能培训，这样才能提高士兵的社会适应能力，保证其顺利地走向社会。而地理位置的偏僻，条件的艰苦，也为职业教育与技能培训带来较大的困难。因为地理位置偏僻，可利用的公共教育资源较少，公共基础设施也较为薄弱，组织相关的活动尤其是面授的难度加大，进而阻碍士兵职业教育与技能培训的后延。

四是相关课程资源的缺乏，职业教育与技能培训体系的单一也阻碍了退役士兵职业教育与技能培训向后延伸。退役士兵职业教育与技能培训向后如何延伸，这是需要解决的两大关键问题。由于职业教育与技能培训机构的单一性，缺乏足够的课程建设能力，无法根据部队及士兵实际情况，将社会通用能力类课程与部队军事训练与生活相融合，开发出适合部队需要的具有特色的课程体系，造成了"无米下锅"的实际情景，自然难以向后延伸。同时，目前的职业教育与技能培训体系较为单一，大多是由各地的职业技术院校承担技能培训任务，没有形成一个立体化的职业教育与培训体系，造成培训内容单一，无法适应部队及士兵的需要，造成难以后延。

五是各机构未能有机结合起来，影响了退役士兵服役期职业教育与退役后职业教育的衔接。随着大学生入伍数量的增加，有关士兵服役期与退役后教育政策开始陆续出台，如财政部、教育部、总参谋部联合制定的《应征入伍服义务兵役高等学校毕业生学费补偿国家助学贷款代偿暂行办法》，各省政府军区出台的《关于加强退役士兵职业教育和技能培训工作实施意见》等。但现有规定与西方国家相关制度还存在较大差距，很多地方还需进一步细化，如"具有高职（高专）学历的，退役后免试入读成人本科或经过一定考核入读普通本科"就需要出台更为细致的规定；再如在部队接受的技能培训如何与社会技能培训衔接起来。如果不解决这些问题，会影响退役士兵服役期参加职业教育与技能培训的积极性，进而阻碍职业教育与技能培训的后延。

充分利用退役职业教育与技能培训"后延"的有利条件，针对其存在的障碍进行深入分析，提出如下后延推进策略：

（1）顶层设计推进策略。退役士兵职业教育涉及军、地，涉及民政、人事、教育、财政、培训机构等多个部门，是一项在时间上具有连续性的系统工程。开展至今，所暴露出来的问题都是一些深层次、根本性的问题，单靠某一部门的推动是无法解决的，如打通军地分界，确保部队接受并配合士兵职业教育与技能培训后延；解决异地服役，异地培训问题，建立相应的激励机制等。这些深层次、根本性、影响巨大问题的解决必须通过顶层设计，总体规划来解决，才能解决各个子系统各自为政，无法达到预期效果的目的。故此，通过顶层设计与总体规划，将退役士兵职业教育与技能培训"后延"通过法规的形式给予明确，是最有效的推进策略。同时，通过顶层设计与总体规划，明确所涉及各部门的职责，也有利于退役士兵职业教育与技能培训"后延"各项工作的落实。

（2）军地合作，紧密协作，共同推动向后延伸策略。退役士兵职业教育与技能培训不仅关乎社会稳定，也关乎我国国防事业的健康持续发展。在国务院所发布的《国务院中央军委关于加强退役士兵职业教育和技能培训工作的通知》（国发〔2010〕42号）中也强调了军地有关部门的协调与配合，要求军地有关部门密切配合，通力协作，及时妥善处理退役士兵职业教育和技能培训工作遇到的新情况、新问题，确保退役士兵职业教育和技能培训工作有序进行。依据此文件规定，军地各有关部门可就退役士兵职业教育和技能培训"后延"中的问题进行探讨，研究制定相关的政策，拟订实施方案，紧密配合，相互协作，共同推动退役士兵职业教育与技能培训向后延伸。

（3）进一步发挥民政部门骨干作用，主动向后延伸推进策略。随着社会的发展，民政部门在社会管理中的重要性越来越突出。同样，在退役士兵职业教育与技能培训中民政部门也发挥着重要的作用，在《国务院中央军委关于加强退役士兵职业教育和技能培训工作的通知》也已给予明确。故此，推动退役士兵职业教育与技能培训不断深入，是民政部门不可推卸的责任。进一步发挥民政部门的骨干作用、组织协调作用，系统集成教育机构、培训机构及其他政府部门，主动深入部队，广泛宣传，塑造良好的职业教育与技能培训氛围，引导部队配合、支持"后延"。

（4）引入竞争机制，推动相应的培训机构主动"后延"。培训机构是退役士兵职业教育与技能培训具体承办单位。他们也是整个体系中的重要力量，发挥他们的积极性与创造性，将有利于推动退役士兵职业教育与技能培训的"后延"。如何发挥他们的积极性，必须改变目前指定培训机构的机制，引入相应的竞争与激励机制，吸引更多专业机构加入进来。通过引入竞争与激励机制，优胜劣汰，推动相关培训机构创新课程体系、培训渠道，主动进行"后延"，吸引更多的士兵，提高职业教育与技能培训的实效性。

（5）注重长远发展，部队拉动"后延"策略。部队是士兵的第二个家，部队应树立长远发展的理念，在注重军事训练的同时，更要全面发展士兵，这也是培养新时代军事人才的需要。为此，部队可采取相应的激励措施，走出去，引进来，全面提升士兵的综合素质，这就是士兵的职业教育。

（6）打破地区壁垒，整合资源，整体推进策略。各地民政部门应打破地区间的壁垒，以大局为重，将退役士兵服役期职业教育与技能培训作为一项重要的拥军优属工作来抓，有效整合资源，整体推动退役士兵职业教育与技能培训的"后延"。

退役士兵职业教育与技能培训"后延"是非常必要的，也具有一定的可行性。但仍需建立相应的支撑体系，才能有效推进"后延"。

第一，更新思想观念，树立三大理念。首先要树立系统理念，退役士兵职业教育与技能培训虽然是一个较小的教育分支，但它涉及多个部门，同时军地环境差异较大，所以它是一项较为复杂的系统工程，必须建立系统的理念，多方面紧密协调、配合，方能产生实效。其次要树立全面发展理念体系。人的发展是全面的发展，只发展某几项专业技能是无法保证退役士兵适应社会的。最后应建立可持续发展理念。无论是对国防，还是社会，人力资源是第一要素，部队要更新观念，树立"以人为本"的发展理念，注重部队、国防事业的长期、健康发展。对于民政部门、教育培训机构而言也是如此，必须重视退役士兵可持续发展能力的提升。否则，即使退役士兵短时间就业也可能因为无法适应变化而导致就业失败，进而打击其自信心，妨碍其发展。

第二，进一步细化相关部门、机构的责任，逐步完善组织保障体系。国务院、中央军委对于退役士兵职业教育与技能培训建立初步组织分工体系。但其主要是针对士兵退役后做出的，对于服役期的组织分工并没有做出相对完善的分工。有必要结合退役士兵职业教育与技能培训的规律、出现的新问题，进一步细化、完善相关方的责任，来推进退役士兵职业教育与技能培训"后延"。

第三，建立、完善评价体系，推动各方进一步落实工作。从目前来看，各地对退役士兵职业教育与技能培训的评价指标主要是参训率与就业率，并将其纳入双拥模范城（县）考评体系中。这种只重结果，忽略过程的评价体系往往造成培训机构造假。而由于相应的能力体系没有建立起来，主管部门往往也没有较好的办法来处理，即面临"法不责众"的困境。故此，这对培训机构，从基础条件、能力、过程及结果等多个方面建立相应的评价体系，促进培训结构进行能力建设，创新培训途径与模式。此外，针对异地服役的问题，对于基层政府的评价体系也应进行完善，将其对退役士兵服役期间所进行的教育培训工作纳入评价体系中来。

第四节　退役士兵职业教育与技能培训的"前展"策略

"前展"策略与"后延"策略恰好相反，是指利用企业等用人单位的资源、力量促进退役士兵职业教育培训的发展策略。退役士兵职业教育培训是以"就业"为导向的教育培训活动。这是与其他教育培训的区别。企业参与到退役士兵职业教育培训中来，能够有效增强教育培训的针对性、有效性，能够保证稳定的就业率。

而对于企业参与退役士兵职业教育培训，我国也已经具备较多有利条件。一是国家的倡导。随着我国向制造大国的迈进，国家对职业教育愈加重视，职业教育的发展也开始转向内涵发展。而正如教育部部长袁贵仁曾在职业教育与成人教育工作会议上所讲：当前我国职业教育发展的致命弱点就在校企合作，行业企业参与校企合作是今后一个时期职业教育改革发展的重点。国家的倡导将有利于相关支持政策的出台，增强企业参与职业教育培训的动力。二是中国企业无论是在数量，还是规模上都为参与职业教育培训提供了有利条件。伴随着中国经济发展，企业数量不断增加，大规模企业不断涌现。这些企业实力较强，具有较强的动机参与职业教育培训，有很多规模较大的企业自行建立了企业大学，用于所需人才的教育培训，如联想、海尔、华为等兴建的企业大学。三是国外企业参与职业教育成功经验为我们提供了很好的参照。世界工业强国德国所开展的"双元制"模式就是企业与学校密切合作，将理论与实践紧密结合起来，使学员在接受文化基础和专业理论教育的同时积极参与到企业的实践教学和培训中的一种培训模式。据调查，超过千人以上的近80%的德国企业设立供职业院校实训的教学车间。德国"双元制"为德国现代工业发展提供了大量的高质量人才，奠定了德国经济腾飞的基础。四是国外开展的军队与企业联合进行的职业教育为我们树立了较好的典范。近年来，以色列、韩国国防部陆续开展部队与企业联合进行教育培训的项目，实现了在人才开发上的军民融合，为实现退役士兵高层次就业与发展奠定了基础。我国军队有优良的传统，退役士兵身上具有一些常人难以比拟的特质。让企业参与进来，与军队联合进行人才开发，无论是对部队，还是对企业，都是十分有利的。

另外，从我国当前企业现状以及教育管理体制来看，我国企业参与退役士兵职业教育培训也存在一定的障碍。在教育管理体制方面，当前职业教育与产业之间联系不够紧密，存在"校本位"的观念。职业院校是职业教育培训的主体，企业是用人单位，只管用人，不管教育人。这种教育管理体制及观念导致企业很难实质性地参与教育培训活动。同时，企业参与职业教育培训还存在相关政策不配套，法规不健全等，也严重影响了企业参与职业教育的积极性。德国的"双元制"模式之所以成功，其配套政策的完善、国家经费的支持是重要因素。20世纪50年代以后，德国就制定、颁布了十多项有关企业参与职业教育的法规。这些法律、法规对企业参与职业教育的责任、义务、权利等做出了明确的规定，为企业参与职业教育提供了完善的法律保障。政府通过建立中央基金，筹集资金，对企业参与职业教育培训制定了经费补贴制度。另外，德国规定企业通过提供培训还可以享受在税务方面的特惠，以及提高企业参与职业教育的积极性。对于企业而言，参与职业教育最直接、最根本的动机是获得经济利益。而我国目前还缺乏较为完善的政策、制度体系，以保障企业的利益。最后，众多企业"软"、"硬"件条件不足也是影响参与职业教育培训的障碍所在。目前来看，企业缺乏必要的师资力量，相关的教学条件也不具备，也影响了企业参与职业教育培训。

为吸引企业积极参与退役士兵职业教育培训，首先，应营造企业参与的氛围。近年来，政府对安置退役士兵力度大的地方企业进行了表彰，但很少对参与教育培训的企业进行表彰。应加大对参与教育培训的企业的表彰力度，并在社会范围内扩大它们的影响与知名度，营造尊重它们氛围。其次，建立、健全企业参与退役士兵职业教育培训的相关制度，落实企业参与的责任、义务与权利。目前，尽管我国也颁布、实施了《职业教育法》，但缺乏企业参与退役士兵职业教育培训的责任、义务与权利，也缺乏对其作用、地位以及相关条件的要求，尤其是有关企业参与退役士兵职业教育培训的利益保障，应加快明确。最后，加大宣导力度，引导企业转变观念，提高认识，调动其参与积极性。应充分发挥媒体的作用，宣导参与退役士兵职业教育培训对提高企业知名度、获得人才、提高竞争力方面的好处。同时，可以树立典型，激发企业参与退役士兵职业教育培训的热情。

对于企业参与退役士兵职业教育培训具体的方式，根据企业的参与程度，具体包括以下几种策略：

（1）企、校联合参与策略。这种策略特点是企业与相关职业院校有实质性的联合，共同完成退役士兵的职业教育培训工作。之所以突出强调"实质性"联合，就是与当前企业仅在形式上参与区别开来。"实质性"联合是指企业必须参与到退役士兵职业教育培训中的专业设置、课程设置与研发、教育培训目的与任务、实践环节开展、师资力量建设等一系列的实际工作中来。"实质性"的联合才能真正保证是企、校联合起来，才能真正实现通过企业参与推动退役士兵职业教育培训发展目的。

依据企业在企、校联合进行退役士兵职业教育培训的参与程度，又可以进一步分为企业为主、院校为辅，企业为辅，院校为主以及双主体参与策略。企业为主、院校为辅的教育培训方式优点是企业参与程度高，针对性强，缺点是适应面可能较窄。而企业为辅、院校为主则恰好相反。而对于双主体的参与策略，一般是指企业为主体，学校为主导，即校企双方共同组建理事会，实行理事会领导下的院长负责制，企业方出任理事会理事长（凸显企业主体地位），校方出任二级学院院长（强调学校主导地位），以理事会章程的形式明晰校企双方的责任、权利和义务,在确保企业赢利和学校育人的双原则下开展合作。

"双主体"模式较好地解决了以上两种策略的不足,既保证了企业的主体地位,也强化了企业在退役士兵职业教育培训中专业设置、课程设置、实践实训的平等作用。此外,这种策略也能明确企业的利益,建立企、校之间通畅的协调渠道、沟通渠道,能够较好地实现企、校合作。

(2)企、军联合参与策略。这也是国外军人职业教育培训新的发展策略。这种策略是在士兵服役期间参与军队组织的职业教育培训,其适用于一些军、企适用的技能教育培训或者是退役前一段时间的培训。随着军民融合以及企业技术的快速发展,企业与军队存在一些公用技术。但这些技术可能由于一般院校与专业设置或其他因素并没有设置,只能与企业联合。而与企业联合培养的士兵退役后也可以进入企业工作。他们适应企业较快,是企业所需的人才,企业也乐意接受。此外,针对某些前瞻性军用技术,企业与军队联合组建研发小组,这也是企业参与军人教育培训的方式。而对于退役前的时间,部队为了士兵未来发展,可以联合当地企业,由企业针对所需岗位人才,依据退役士兵意愿进行相应的教育培训。

企、军联合参与策略要求企业与部队关系非常紧密,对企业实力要求高,一般性的中小企业很难参与。而其联合培养的人才往往层次较高。故而,他们未来发展空间大、前景好,适用培养"精英"人才,不太适合培养大批的普通士兵。

(3)企、地联合参与策略。该种策略是指企业联合或者参与地方政府组织的退役士兵职业教育培训活动。为提高教育培训质量,中央政府或者是地方政府整合教育培训资源,会吸收一批有职业教育培训经验与能力、硬件条件基础好的企业参与到退役士兵职业教育培训中来。这时,符合相关要求的企业会参与进来。其参与形式可以为退役士兵提供实践实习、顶岗实习等,还可以外派具有实践经验的员工充实师资力量。当然,企业这种参与是建立在有偿参与基础之上的。政府提供相应的培训经费,企业为退役士兵提供相应的实习条件。这种策略有利于在短时间内以较为经济的方式建立相应的实践教学基地，丰富实践教学资源。同时，这种策略也利于退役士兵接触、学习到企业一线的专业技能，能够结业后迅速上岗。

（4）企业单独推进策略。这种策略是以企业为唯一主体来参与退役士兵职业教育培训活动。企业单独推进策略一般是企业成立专门的教育培训部门或独立的机构，进而承担退役士兵职业教育培训任务。随着我国企业的发展，以及人力资源重要性的提高，越来越多的企业成立专门的教育培训机构或者部门，如海尔集团成立的企业大学等。此外，也有部分企业采取依托高校的形式，成立专门的教育培训机构，如华为集团公司与多所高校共同举办的"华为学院"，阿里巴巴兴办的阿里学院也与多所国内相关院校合作。尽管与高校合作，但企业是主体，而且是唯一的主体，这是与校企合作的一个根本性区别。企业单独推进策略需要企业规模大，其所需要的人力资源数量也多，是退役士兵职业教育培训发展应积极采取的一种策略。

第五节　退役士兵职业教育与技能培训"中促"策略

所谓"中促"策略，是指利用退役士兵职业教育培训的中间环节力量来推动退役士兵职业教育培训的发展。这些中间环节力量是退役士兵职业教育培训活动的亲身组织者、实施者，他们对退役士兵职业教育培训进展有深入的了解，也最为关切其发展。他们所提出的建议、措施更切合实际，也更有利于退役士兵职业教育培训的未来发展。

所谓中间环节力量涵盖了除去中央政府、中央军委以及企业在内的所有力量，包括地方政府及其职能部门、各军区、军分区及相关职能部门、具体服役部队、承训机构等。这些力量既能够提出很好的建议、措施，也能够不断创新、发展退役士兵职业教育培训的组织、实施。这些都在不断地促进退役士兵职业教育培训的发展。

因为这些中间环节力量是退役士兵亲身组织者、实施者，他们有动力，也希望能够把此项工作做好。这对其自身也有利，如江苏省提出的退役士兵职业教育与技能培训改进版的计划。另外，对于这些中间环节力量，高层也希望他们进一步加深参与度，进一步促进其全面发展。当然，这些中间环节力量可能基于自身利益，对涉及自身利益问题不愿过多涉及。但在中央统筹领导下，向其阐述清楚退役士兵职业教育培训未来发展愿景、前景，相信他们还是能够积极参与进来的。发挥这些中间环节力量，可以综合采取如下策略。

（1）发挥地方政府及其相关职能部门地方优势，提供政策建议，推动教育培训资源整合。地方政府及其相关职能部门具有丰富的组织经验，也熟悉本地区各类教育培训机构的实际情况。他们对退役士兵职业教育培训发展的促进作用主要体现在三个方面。一是他们所进行的实践活动是退役士兵职业教育培训发展的重要基础。我国退役士兵职业教育培训是由地方政府发起，中央政府、中央军委主导开展的。地方政府承担了具体的组织实施工作。故此，地方政府及相关职能部门进行的实践是退役士兵职业教育培训未来发展的"基础"。"基础"的质量直接决定未来发展的高度。二是地方政府及其职能部门是整合地方教育培训资源，促进承训机构建设发展的重要力量。这是形成退役士兵职业教育培训承训机构网络体系的基础。地方政府及其职能部门组织实施退役士兵职业教育培训多年，与相关承训机构联系紧密，十分熟悉承训机构的情况，对他们的影响大。如果地方政府及其职能部门发挥协调作用，对当地的教育培训资源整合能起到较好的促进作用，如甘肃省民政厅牵头组织的跨地区、跨行业和多种所有制并存的"甘肃省退役士兵教育培训集团"，有效整合了当地教育培训资源、实践实训资源、就业资源。此外，地方政府及其职能部门还可以充分利用自身的影响力与协调能力，通过政策鼓励本地区的教育培训承训机构相互合作，建立联盟，形成一批高质量的承训机构。三是地方政府及其职能部门的创新为全国退役士兵职业教育培训开展提供了借鉴与参考。随着2014年《关于加强和改进退役士兵教育培训工作的通知》的发布，地方政府及其职能部门在改进退役士兵教育培训工作方面进行了大量的创新探索，如山东省提出退役士兵职业教育培训宣传"早"、"活"、"广"以及"以市为单位的规模培训"、"先安置就业，后教育培训"等。这些有益的创新探索无疑对正确把握退役士兵职业教育培训发展方向提供了借鉴与参考。此外，地方政府及其职能部门还可以采取政策倾斜、资源倾斜的策略，推动本地区承训机构的发展壮大，进而成为教育培训中的骨干力量。

（2）军区及军分区促进退役士兵职业教育培训发展策略。从未来退役士兵全过程职业教育培训运行来看，军区、军分区及其相关职能部门承担了具体的组织实施工作。他们的参与及支持，对形成全过程教育培训至关重要。他们通过如下策略能够促进退役士兵职业教育培训发展。一是支持、协调下属部队参与退役士兵职业教育培训试点工作。下属部队没有上级的指令或者协调，很难接受退役士兵职业教育培训的试点工作。没有这些试点工作，全过程教育培训很难获得相关经验，后期的全面推广必然面临众多障碍。二是直接组织实施，推动职业教育培训在部队的发展。三是通过军民融合，探索职业教育与军事教育、训练的结合，推动职业教育培训在部队的深入开展。如前文所述，退役士兵服役期的职业教育，能力发展不是完全与军事教育、训练相隔离的，尤其是在当今科学技术快速发展、社会形势快速变革的时代下更不可能隔离。如何将职业教育培训与军事教育、训练相结合，是职业教育培训能否在部队扎根、发展的一个重要影响因素。从另一方面来看，职业教育培训与军事教育、训练的结合可以看作是新形势下的军民融合。而这种教育上的融合，军区、军分区及其职能部门只有发挥更大作用，才有可能研发出一系列的军民融合教育培训课程。当然，军区、军分区及其相关职能的政策建议、措施也是退役士兵职业教育培训发展的参考。

（3）部队促进退役士兵职业教育培训发展的策略。在全过程职业教育培训过程中，部队是退役士兵服役期教育培训的发生地，也是具体的实施单位。他们通过为退役士兵参与职业教育培训提供机会、场地、时间等促进其在部队的发展，其具体的促进策略主要包括四个方面。一是相关教育培训承训机构进入部队提供支持，具体承训机构提供授课教室、组织士兵按时参与、协助参与学员管理等；二是协调安排相关远程教学系统在部队的安装使用，督促士兵利用这些设施，开展自主学习等；三是营造自主学习、终身学习的理念，积极开展退役士兵职业教育培训宣传教育活动；四是开展军民融合课程试点、总结、分析，提出优化建议，优化课程设置与内容等。

（4）承训机构促进退役士兵职业教育培训发展的策略。承训机构是退役士兵职业教育培训活动的具体实施者，他们自身的发展就是对整个教育培训的促进。故此，搞好自身建设，提高职业教育培训质量就是最好的促进发展策略。同时，承训机构对退役士兵职业教育培训发展的促进策略是多方位的。一是某些教育培训机构通过自身发展壮大，可以整合其他教育培训资源，拓展教育培训范围，使更多的退役士兵受益。二是实力强的承训机构可以做好教育培训资源的开发，如远程教育培训系统、在线学习系统、系统学习系统等。为士兵服役期、退役后的学习提供便捷的学习渠道和丰富的学习资源。三是承训机构本身的宣传活动也有利于形成退役士兵参加教育培训的氛围，提高退役士兵职业教育培训的参与度。四是承训机构可以为相关部门提供相应的政策建议，进而完善、优化相关政策。

第九章 中国退役士兵职业教育与技能培训模式建设

第一节 教育培训模式内涵

通俗意义上的模式是指某种事物的标准形式或使人可以照着做的标准样式，理论意义上的模式通常是指从实践经验中提取出来的，能够得到广泛应用的知识体系，是解决某一类问题的方法论。Alexande 对模式的经典定义是：每个模式都描述了一个在我们的环境中不断出现的问题，然后描述了该问题的解决方案的核心。通过这种方式，你可以无数次地使用那些已有的解决方案，无须再重复相同的工作。由此，可以看出，模式是在领域较为成熟时产生的一种具有普遍意义上的解决方案，能够提高人们解决该领域问题的效率和效果。

参照模式的定义，教育模式是针对教育领域中的问题，实现教育目标而采取的解决方案，体现出一定的程式。现实中，教育模式与人才培养模式、教学模式存在较强的关联，也常有人将其与人才培养模式、教学模式混用。但实际上，三者还是具有一定的区别的。人才培养模式是在特定的教育理论、思想指导下，按照特定的培养目标和人才规格，以相对稳定的教学内容和课程体系，管理制度和评估方式，实施人才教育的过程的总和。而教学模式则是在教育思想、教学理论、学习理论指导下，为实现人才培养目标而展开的，较为稳定的教学活动框架和程序，是教学活动的方法论，是教学理论与实践的桥梁。

从三者的指向以及所涉及的内容范围来看，人才培养模式的范围最广，决定了教育模式、教学模式。教育模式与教学模式是为人才培养模式服务的。故此，人才教育培训模式中包括部分教育模式、教学模式的内容。而对于教育模式与教学模式而言，教育模式解决是如何实现既定的教育发展目标，教学模式则是针对如何达成教学目标。例如"订单教育"是一种教育模式，其目标是满足企业特定的人才培养需求，是有关解决学校教育与学生就业的策略。而这种教育模式必然要求相应的教学模式，其具体体现在课程设置、课程目标、教学方法、教学策略上。

综合以上论述，教育模式具有如下几个特征：一是实践性。教育模式一方面是对教育领域实践活动的高度总结与提升，来自实践经验。另一方面，它应能解决实际存在的问题，指导实践发展，实现特定教育领域预定的目标。二是范式性。教育模式是对教育过程的组织方式及其相应策略的模式化概括，体现出较强的范式性。范式性决定了教育模式在特定领域可以被推广，具有广泛应用的价值。三是指导性。教育模式解决特定领域问题的解决方案，是策略集合，也是方法论。它对于特定领域问题的解决，特定领域工作的开展具有指导作用，这也是它的价值所在。四是中介性。教育模式是联系教育理论、理念与实践的中介、桥梁。通过教育模式使得教育理论、教育理念在现实中落地。教育模式可以看作教育理论、教育理念的具体化；教育理论、教育理念是教育模式的基础，保证了教育模式的科学性。五是限制性。教育模式是针对特定教育领域的，不同的教育领域，教育模式是不一样的。某领域的教育模式只能适用于该特定领域，不适用于其他教育领域。这决定了不能照搬、套用教育模式，应针对受教育者的特征、培养模式，构建针对性较强的教育模式。六是规范性。教育模式具有一定的程式，这种程式有助于规范教育行为、活动，保证教育行为的方向，提高教育质量。七是目的性。任何一种模式都是为特定目标服务的，教育模式也不例外。教育模式是为实现特定目标而制定的策略集合。目的性也是衡量教育模式是否科学、是否有效的根本依据。此外，由于教育模式是针对特定领域的，这也决定了教育模式呈现出相应的层次性。针对的领域越高，层次也就越高。如针对整个高等教育，则有相应的通才教育模式、专才教育模式等；针对成人教育的则有成人教育模式等。而成人教育领域又可进一步细分，如退役士兵教育培训领域的教育模式等。本书主要探讨的是针对退役士兵这个特定人群的教育培训模式。

应该看到，教育模式并不是一成不变的，而是随着时代不断发展的，是静态的样式与动态机制的统一体。近年来，教育理论与技术不断发展，新的教育模式也不断涌现。当代教育理论突出强调了"以人为本，因材施教"、"智力和非智力协调发展"、"创新发展教育"等理念，产生了素质教育、人本教育、自主学习、整合教育等教育模式。而随着信息技术发展，也产生了混合学习、Mooc模式、网校教育模式、移动学习等模式。

综上所述，退役士兵教育培训模式是针对退役士兵这个特定群体的，在相关教育理论指导下，综合考虑各参与者及教育技术发展，为实现特定的目标而形成的，按照一定的程式将策略、方法、体系、运作程序、参与者等集合起来的解决方案或策略集合。退役士兵教育培训模式针对的对象是退役士兵，这也决定了理论主要来源于成人教育理论、职业教育理论等。而对于具体教育培训模式的构建，必须充分考虑各参与主体以及相应的技术条件，才能保证教育模式的可操作性与经济性。尤其是当今教育技术不断发展，为创新发展教育模式提供了基础。而目标则是构建退役士兵教育培训模式的基本前提，必须围绕相应的目标来构建相应的教育培训模式。

第二节　职业教育模式影响因素

教育机构是社会环境中的一个子系统，各种外部因素必然会对其产生影响。现代职业教育体系是教育体系与现代产业体系的结合，更是人力资本与社会化的结合，还是人力资本和产业资本的结合。故此，职业教育模式、职业教育规模、职业教育课程都不是固定不变的，而是具有特定时空范围的概念，是随着社会、经济、技术、文化发展而发展的。借鉴教育研究理论与企业战略环境分析 PEST 分析框架，影响职业教育模式的宏观因素可以分为政治法律、经济、技术、人口文化四大类；中观因素包括产业结构、企业结构、教育结构；微观因素则包括职业教育机构、学生、家长等，如图 9-1 所示。

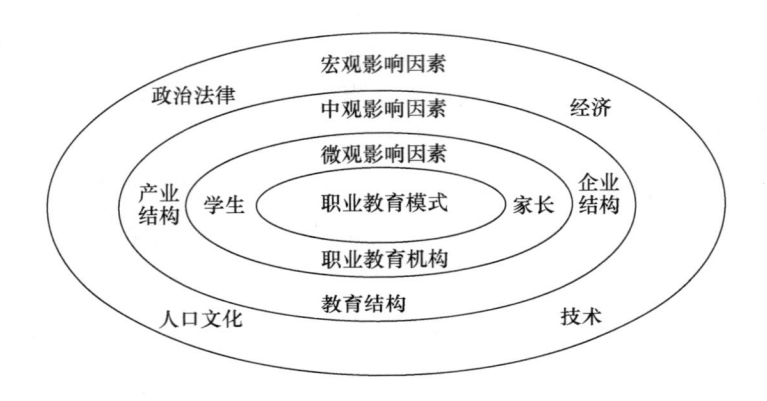

图 9-1 职业教育模式影响因素

政治法律因素包括国家的政治制度、相关的法律法规。教育是要服务于上层建筑的，国家政治制度决定教育办学宗旨、形式、力量等。而相关的法律法规则是开展具体教育工作的依据与规范。中国是社会主义国家，办学力量主要依靠政府出资，其教育模式必然受到政府主管部门较大的影响。这种影响也会通过相关法律、法规表现出来。对于职业教育发展，中国 1996 年颁布的《中华人民共和国职业教育法》对职业教育的定位、发展等进行了全局性部署。此后，随着中国经济以及科学技术的快速发展，提高劳动者素质，促进市场就业质量，减少结构性失业，中国政府对职业教育愈加重视，并出台了大量的政策文件。2004 年，教育部联合七部门发布《教育部等七部门关于进一步加强职业教育工作的若干意见》。2005 年，国务院再次发布《国务院关于大力发展职业教育的决定》，对职业教育目标、职业教育体系、职业教育教学改革、职业教育模式等做了统一部署，大力倡导工学结合、校企合作等模式。2014年，以发展现代职业教育为主题，不断出台新的政策。2014年2月，国务院总理主持国务院常务会议，对加快发展现代职业教育进行了部署，确定了职业教育地位。同年5月，国务院又专门印发了《关于加快发展现代职业教育的决定》，将发展现代职业教育作为国务院的重大战略部署，提出"到2020年，形成适应发展需求、产教深度融合、中职高职衔接、职业教育与普通教育相互沟通，体现终身教育，具有中国特色、世界水平的现代职业教育体系"。同年6月，教育部、国家发改委等六部委联合发布了《现代职业教育体系建设规划（2014—2020年）》，明确提出职业教育"分步走"战略。9月，教育部发出开展"招生即招工、入校即入厂、校企联合培养"的现代学徒制试点工作通知。国家对职业教育的重视，为职业教育发展提供更大的发展空间，有利于职业教育模式的创新与发展。

　　任何教育都会受到生产力发展的制约。生产力的发展为教育提供了基本的物质基础与相应的资源，也为教育发展提供了方向，教育应服务于生产力发展。当前的经济水平、经济特征等必然影响职业教育模式。当前，中国经济总量已经跃居世界第二的位置，这可以为发展职业教育提供充沛的经济资源。另外，中国面临"转方式、调结构、促升级"重要任务，正加快实施创新驱动发展战略，这为职业教育模式创新提出了具体要求。相应的职业教育培养必须能够满足国家经济发展要求，必须经济发展协调，做到产教融合。

　　一个国家或地区的文化传统、价值观念、风俗习惯等影响了教育水平、教育内容、教育性质。中国拥有悠久的"师徒制"传统。这为创新发展传统职业教育模式提供了有利条件。另外，人们的价值观念也会影响到职业教育开展。当前，职业教育社会认同度较低，职业教育社会声望不高，都会影响到职业教育开展，这也对职业模式创新提出了更高的要求。

　　科技水平，新技术的发展等是职业教育开展的"硬件"基础，也为职业教育模式创新发展提供了具体途径，尤其是现代教育技术的发展。技术发展带来人们学习资源、学习方式、学习途径的变化，特别是信息技术的发展，对人的学习带来了全方位的影响，也影响了教育理念、教育模式、教育方法与途径等。近年来，教育与新技术不断融合，产生诸多新型的教育模式，如在线学习模式、翻转课堂模式以及慕课、微课模式等。面向成人职业教育的美国凤凰城大学被视为开展远程教育的成功典范。该校当前注册学生约为33万人，其中在线学习的学生约为17万人。在线学习主要通过凤凰城大学的网上大学（Univ. On – Line）来进行。这克服了时空、时区的局限，也给学生带来了极大的便捷。通过在线教育模式，凤凰城大学极大地整合了社会教育资源，其拥有2.5万人的兼职教师，100多个分校或学习中心，教师与学生通过网络进行交流，其办学成本仅为普通高校的一半。

在中观层面，对职业教育产生影响的主要是产业结构、产业发展水平、企业结构、企业发展水平以及具体劳动力市场、教育业发展水平等因素。从产业结构来看，中国正大力发展第三产业，第二、第三产业所占比重逐步提高，《现代职业教育体系建设规划（2014—2020年）》详细列出了经济和社会重点领域技能人才培养需求，如表9–1所示。在产业发展水平方面，正逐步从工业社会向信息化社会发展，互联网、信息技术不断与传统产业相融合。在企业结构方面，中小企业不断发展，已占据半壁江山。在企业发展水平上，无论是企业规模、技术水平，还是管理水平都上了一个新的台阶。在劳动力市场方面，随着老龄化加快，中国人口红利逐步降低，加之就业观念等因素，技工类人力资源数量供不应求，出现"民工荒"现象。而在整个教育体系中，中国职业教育属于薄弱环节，无论是师资，还是生源质量都存在一定问题。此外，对于整个职业教育体系而言，正呈现出开发与融合的趋势，世界教育理念、教育模式、教育技术、教学内容的发展对中国职业教育模式带来了冲击与影响。

在微观层面，职业教育模式的形成与发展受到诸多利益相关者的影响。职业教育的利益相关者包括相关政府主管部门、教育机构、学生、家长、企业等。当前职业教育机构发展水平、能力与资源状况等都会对职业教育模式选择与发展造成重要的影响。而职业教育的对象（学生）以及重大决策者（家长）对教育模式的理解与认可，也会深

表 9-1　经济和社会重点领域与技术技能人才培养

现代农业	加强农业职业教育,培养适应农业产业化和科技进步的新型职业农民。加强适应现代农业生产方式的技术人才、流通人才、经营和管理人才培养,支持农业结构战略性调整
制造业	加快培养适应工业转型升级需要的技术技能人才,使劳动者素质的提升与制造技术、生产工艺和流程的现代化保持同步,实现产业核心技术技能的传承、积累和创新发展,促进制造业由大变强
服务业	面向金融服务、现代物流、商务服务、社会工作服务和高技术服务领域,培养具备高尚职业道德、较高人文素养、通晓国际标准和高超技术技能的专门人才,通过人才专业化提升服务业的竞争力。适应老龄服务事业和产业发展需要,加快相关人才培养
战略性新兴产业	坚持自主创新带动与技术技能人才支撑并重的人才发展战略,加强战略性新兴产业相关专业建设,培养、储备应用先进技术、使用先进装备和具有工艺创新能力的高层次技术技能人才
能源产业	适应现代能源产业体系建设需要,加强新能源、可再生能源相关专业建设,加快节能环保、污染物防治与安全处置、资源回收与循环利用等相关产业技术技能人才培养
交通运输	服务综合交通运输体系建设,改造提升交通运输相关专业,优化人才培养结构,加快轨道交通、民航、公共交通等急需技术技能人才培养,提高从业人员素质
海洋产业	加强海洋类职业院校和专业建设,加快海洋油气业、海洋渔业、海洋船舶业等海洋传统产业;海洋交通运输业、海洋旅游业等海洋服务业,以及海洋装备制造业等海洋新兴产业急需的技术技能人才培养,为发展壮大海洋经济和增强海洋开发利用能力提供人才支撑
社会建设与社会管理	支持职业院校围绕城乡发展、社会管理、社区服务、基层文化建设,培养基层管理和公共服务人才
文化产业	适应文化产业的发展需要,加强文化创意、影视制作、出版发行等重点文化产业技术技能人才的培养。依托职业教育体系保护、传承和创新民族传统工艺与非物质文化遗产,培养各民族文艺人才

资料来源:《现代职业教育体系建设规划(2014—2020年)》。

深地影响教育培训的创新与发展。如果学生、家长、教育培训机构以及相关的主管部门对某种教育模式不理解、不认可,那么,这种模式是很难发展的。

当然,以上三个层次的影响因素对职业教育模式的影响不是简单的单向、线性影响关系。首先,对于宏观环境因素而言,职业教育模式很难改变它们,而职业教育模式则可能影响职业教育机构的发展,影响资源在职业教育行业中的配置。当然,这些影响因素之间是相交互的。其次,对于这些影响因素而言,不是某种因素单独起作用,而是诸多因素通过相互作用,共同作用于职业教育模式,如日本的职业教育与技能培训模式与日本文化、企业结构、经济发展水平等有密切的关系。最后,以上三层次的因素对职业教育模式的影响并不是均等的,有些因素所起作用较大,有些因素所起作用较小。

第三节 退役士兵职业教育与技能培训层次及模式构建原则

结合以上研究,退役士兵职业教育与技能培训模式必须贯彻职业导向与能力导向原则,应符合教育培训模式的一般性特征。同时,对于退役士兵职业教育与技能培训模式而言,还必须结合退役士兵自身的层次与学习特点,才能得到退役士兵的认同。

近年来,根据我国征兵以及军队建设实际需要,我国制定了一系列政策吸引大学生参军入伍。2014 年,更是调整征兵时间,开通从校门到营门的"直通车"。此外,随着我国教育的发展,尤其是义务制教育制度的普及,我国人民学历层次普遍得到大幅度提高,初中生、高中生比例大幅度提高。在这种背景下,我国兵员学历层次和兵员质量得到明显提高和改善,大学生比例显著提升[1]。据《中国青年报》

---

[1] 王志刚:《军队实现士兵以大学生为主体条件已经具备》,《中国青年报》2014 年 8 月 15 日第 10 版。

报道，截至2014年，我国连续5年大学生入伍数量超过10万人，2014年则可能更大幅度增长。此外，据不完全统计，解放军基层连队大学生士兵比例已经占到10%—15%。而据《湖南日报》报道，2014年湖南省征兵报名人数超过6万人，有1/4是大学生，与2013年同期相比有较大幅度上升[①]。可以预计，随着我国征兵向大学生倾斜，军队中具有大学学历士兵的比例将持续提高。此外，考虑到我国教育快速发展，人民学历层次的普遍提高，未来兵员构成将以高中以上学历兵员为主。

参照我国职业教育体系，发现对于部分退役士兵而言，很难嵌入到该体系之中。2014年，教育部、国家发改委、财政部、人力资源社会保障部、农业部、国务院扶贫办联合组织编制了《现代职业教育体系建设规划（2014—2020年）》。在该规划中，确定了我国职业教育基本层次结构，如图9-2所示。其中，中等层次职业教育是面向初中学历的学生所开展的基础性知识、专业技术和职业技能教育。高等层次职业教育主要面向高中、大专学历，以培养本科层次职业人才为主。而专业学位研究生教育则是以提升职业能力为导向的高层次职业教育。

在现有职业教育层次中，对于学历较低，如初、高中学历退役士兵能够沿着既定的职业层次参加职业教育培训。而对于大中专学历的退役士兵，尤其是具有本科学历的退役士兵而言，则可能需要非学历职业教育。在将来一段时间内，我国退役士兵群体中仍将有相当比例的初高中学历者，该层次职业教育仍需保持一定规模，尤其是在偏远地区。而未来退役士兵的学历层次也将得到大幅度提高，低学历士兵将越来越少。这决定了我国退役士兵职业教育与技能培训的层次应以高等职业教育、中等职业教育为主。对于已经顺利完成本科学历或退役后完成本科学历的，应强化其职业技能教育，或者是参加专业学位研究生教育。

---

① 周小雷：《全省征兵报名人数超6万有四分之一是大学生》，http://hnrb.voc.com.cn/article/201407/201407220653252358.html. 2014-07-22。

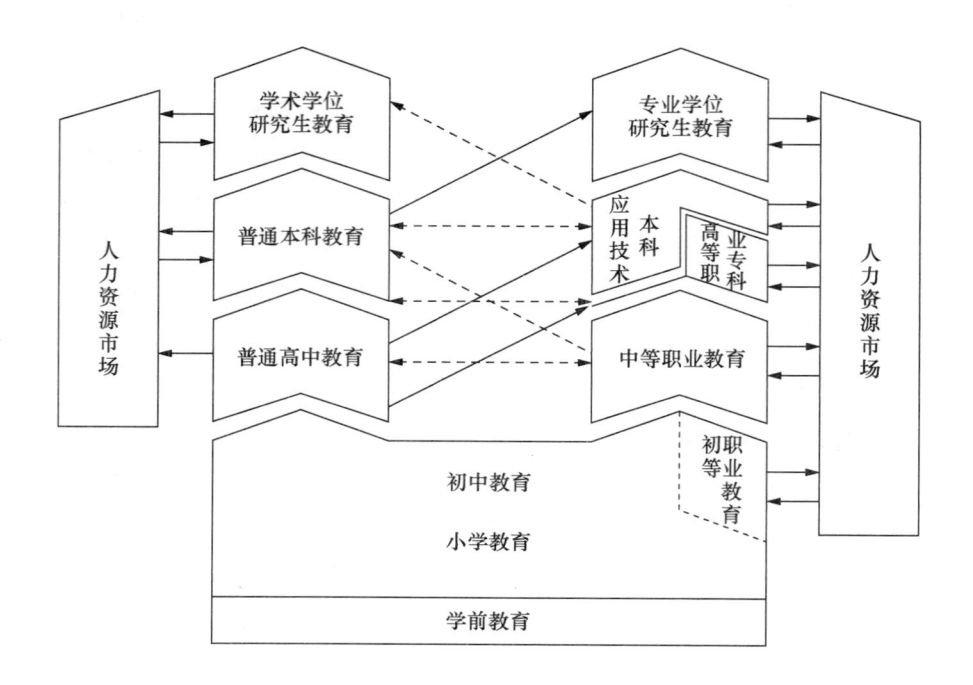

图 9-2 职业教育体系

资料来源：《现代职业教育体系建设规划（2014—2020 年）》。

就职业教育内容而言，包括职业意识教育、职业。结合终身学习理念等，反映在职业教育发展规律上，必然要求职业教育终身一体化。

对于职业教育而言，职业教育终身一体化是《现代职业教育体系建设规划（2014—2020 年）》倡导的重要理念。在建设规划中，明确提出职业教育终身一体化的具体内容，如表 9-2 所示。当然，对于退役士兵而言，承担职业辅导教育的主体可能有所不同，需要部队相关机构以及相关专业教育机构组织实施。

第一，退役士兵已经属于成年人，其学习特点有成年人学习的特征。而现代信息技术的发展，使得退役士兵的学习规律也呈现出碎片化学习的规律。但对于退役士兵而言，整体性学习是必不可少的。对于成年人而言，其学习是建立在一定的经验与经历基础上，即成年人

第九章　中国退役士兵职业教育与技能培训模式建设 237

学习不是建立在"白板"基础之上。以往的知识、经验、经历对于退役士兵职业教育培训学习，既可能起到促进作用，也可能起到阻碍作用。尤其是退役士兵先前所处环境较为封闭，而在开放性社会中的学习内容、观念可能与其部队形成的观念、经验、环境相冲突，不可避免地会产生心理抵抗情绪。最大限度地利用、扩展退役士兵原有知识、经验的积极作用，降低其消极作用，克服职业教育培训学习中的障碍是构建退役士兵职业教育培训模式必须考虑的。

表9-2　　　　　　　　职业教育终身一体化内容

职业教育阶段	职业教育主体、职责与职业教育内容
职业辅导教育	普通教育学校为在校生和未升学毕业生提供多种形式职业发展辅导。普通高中根据需要适当增加职业技术教育内容。职业院校和普通教育学校开展以职业道德、职业发展、就业准备、创业指导等为主要内容的就业教育和服务
职业继续教育	各类职业院校是继续教育的重要主体，通过多种教育形式为所有劳动者提供终身学习机会。企事业单位举办职工教育，建立制度化的岗位培训体系。社会培训机构是职业继续教育的重要组成部分，依法自主开展职业培训和承接政府组织的职业培训
劳动者终身学习	增强职业教育体系的开放性和多样性，使劳动者能够在职业发展的不同阶段通过多次选择、多种方式灵活接受职业教育和培训，促进学习者为职业发展而学习，使职业教育成为促进全体劳动者可持续发展的教育

资料来源：《现代职业教育体系建设规划（2014—2020年）》。

第二，成人学习具有明显的功利性，注重实用和结果导向，退役士兵也不例外。只有当退役士兵认为学习内容对其有价值时，才能产生相应的学习兴趣，才能投入精力去学习。而对学习内容价值的理解，退役士兵往往依据即学即用原则，能立即解决其实际工作中遇到的难题，有效性体现得较快。这种功利性的特征要求退役士兵职业教育与培训模式必须从实际出发，实践与理论并重，注重课程设计的"功利主义"倾向。在实际教学中应能够结合"干中学"，有效设置教学培训情境，充分运用案例教学、游戏、录像等方式。

第三，退役士兵学习培训的高期望特点。退役士兵来自部队，经过部队的锤炼，其综合素质较高，对未来职业发展期望自然较高。这也导致其参与职业教育培训的期望值较高。他们希望通过学习快速提高自己，希望学习效果能够立竿见影，对自己的就业与工作有较大的帮助。这种高期望值的特点，容易导致其学习急躁，容易走极端，因为短期内未见到效果而学习积极性迅速下降。

第四，退役士兵学习的碎片化与高感知化。随着现代科技发展，尤其是信息技术与网络技术的快速发展，手机、平板电脑等移动通讯社会迅速普及，几乎人手一机，随身携带，高度便利。而随着现代技术的发展，中国社会呈现出"碎片化"特征。所谓"碎片化"最早在传媒研究中是指：社会阶层的多元分化，进而导致消费者细分、媒介小众化。当前，碎片化已成为社会发展的趋势，影响到社会的方方面面。据《人民日报》调查，读者阅读呈现时间减少和碎片化趋势。一方面，新媒介的快速发展，各类移动终端在人们生活中的普及，如微博、微信、电子图书阅读等，改变了原有的学习时间、学习习惯；另一方面，对于成年人而言，工作压力大，节奏紧张，也很难抽出大量时间进行学习，利用碎片时间，借助移动端读物，学习真正地变得随时随地、方便快捷。

碎片化学习较好地实现了因需学习、因用而学，将个体的主动性、能动性充分发挥起来，也能够很好地实现终身学习。当然，碎片化学习要求学习者必须具备相当的理解能力、学习能力，有自主学习的基础。此外，对于退役士兵而言，从军队步入社会，存在一定的社会化问题，所需的知识较为薄弱，往往还需要一定的有组织性的系统学习或整体学习。否则，单靠碎片化学习，可能造成某一问题的片面认知，缺少整体、多角度的认识与理解，从而影响其就业和发展。

而信息技术、网络化以及移动终端所导致高质感化要求必须高度重视退役士兵学习情境的设计，才能有效激发退役士兵学习的兴趣，提高学习注意力。这对退役士兵教育培训课程建设也产生相应的影响，必须借鉴微课理念，结合退役士兵学习规律，建设相应的课程体系。

第五，退役士兵学习的多种需要与动力性。退役士兵参与教育培训活动，既有提高自身知识、能力的需要，也有提高自身学历获得相关证书的需要；既有同伴影响的需要，也有谋得更好职业发展的需要；既有解决当前就业、生活问题的需要；也有未来长远发展需要。甚至对于部分退役士兵而言，参加教育培训活动仅仅是抱着试试看的态度，退役后暂时没有找到工作，抱着"有枣没枣打三竿"试试的态度参加教育培训活动的。还有部分退役士兵是在政府与相关机构的引导下，产生了兴趣，参加教育培训活动的。退役士兵参加教育活动的多种需要决定了其动力多样性，也为退役士兵教育培训工作的开展带来了难度。

综合以上分析，结合退役士兵职业教育培训模式创新与发展，在退役士兵职业教育培训模式构建过程中应遵循如下原则。

（1）实效性原则。构建退役士兵教育培训模式一定要以教育培训目标为中心，以解决现实问题为落脚点，以未来发展为导向。目标是衡量退役士兵教育培训模式有效性的基本标尺，故而，必须明确退役士兵职业教育培训的目标。如前文所述，退役士兵职业教育培训目标可以分为直接目标与间接目标，间接目标是将退役士兵教育培养成为"合格社会人、可持续发展职业人、高成就感的自我实现人"，其培养重点是就业能力。直接目标就是实现退役士兵的充分就业、稳定就业与可持续发展。从退役士兵职业教育培训发展目标来看，就是在未来要达到"三全"，即全员参与、全面培训、全过程培训。退役士兵职业教育培训模式就是达成以上目标的策略集合、解决方案。此外，退役士兵职业教育培训构建还应落脚于具体的问题，如教育资源不足、教育培训质量不高等现实问题。通过相应的职业教育培训模式设计，能够较好地解决这些问题，促进退役士兵职业教育培训发展。而未来导向要求教育培训模式必须考虑未来发展过程中可能出现的问题，所构建的教育培训模式在未来具有一定的稳定性、适用性。

（2）就业与职业发展导向原则。中国退役士兵职业教育培训的直接目标就是实现充分、稳定就业，这也是整个系统的功能价值，相关主管部门、机构应突出强调。这就要求退役士兵职业教育培训模式必须以就业能力提升，实现充分就业为主线，必须切实强化教育培训内容与市场人才需求的无缝对接。这就需要着重考虑在退役士兵职业教育培训模式的构建中，如何使企业紧密地参与到教育培训中来，如何针对企业需求进行针对性的教育培训。另外，社会是不断发展的，相应的工作要求也在不断发展，新的岗位不断出现，传统岗位不断消失。这就要求所构建的教育培训模式不仅能解决退役士兵当前就业问题，还能解决未来一段时间的发展问题，保证其问题就业。这就要求退役士兵职业教育培训模式构建过程中充分考虑退役士兵未来发展，将职业发展的理念吸收到设计中来。此外，在教育培养模式设计中，还应关注外部就业能力问题，促使政府及相关机构、部门积极采取措施，为退役士兵营造良好的外部环境。

（3）人本原则。教育培训模式客体是人，其目的也是教育人、发展人。而人与人之间是存在差别的，同样的教育模式未必适合所用人。这决定了教育培训模式必须充分考虑受教育者的特征，才能提高其参与积极性、主动性，发挥主体作用，提高教育培训质量。退役士兵是一个特殊的群体，既有成人的特征，又与成人一般特征有较大差异。在退役士兵职业教育培训模式构建时，充分研究退役士兵的特点，尊重其特殊性与差异性，依据退役士兵的发展规律设计相应的教育培训内容、方式等。正如退役士兵职业教育培训运行机理所展示，退役士兵本身学历、经验、家庭背景等是重要的调节变量。这些调节变量本身就说明了退役士兵间存在明显的差别，会影响他们对教育培训内容、方式等的需求。此外，人本原则还要求必须尊重退役士兵的发展权。参军入伍，保家卫国是一方面，另一方面是士兵希望通过在部队锤炼，能够获得更好的发展机会。这就要求退役士兵职业教育培训模式必须包括能力发展的内容与方式。

（4）系统性原则。在退役士兵职业教育培训运行中，涉及六个层次的因素参与主体，而退役士兵从参加入伍直至退役参加工作，涉及军、地、企多个环节。这些参与主体在其教育培训中都会发挥作用，也都影响了退役士兵的教育培训质量。需要采取系统的观点，将他们统一地纳入到相应的教育培训模式中来。另外，对于教育培训模式而言，其包括多个组成部分，他们共同发挥作用，实现了教育培训模式的预定功能。对于这些组成，也需要采取系统的观点，确定它们的逻辑关系，使它们紧密地衔接起来，才能发挥整个教育培训模式的作用，实现预定目标。故此，在退役士兵职业教育培训模式设计时，应充分考虑各参与主体的联系以及各组成部分间的逻辑关系。

（5）可操作性原则。模式是解决问题、完成目标的策略集合，是解决方案。这就要求教育培训模式在构建时必须充分考虑其可操作性。这是推广教育培训模式的基础。这就要求在进行退役士兵职业教育培训模式设计时，必须充分考虑现实条件，尊重现有教育培训模式，将退役士兵职业教育培训现状与发展有效结合起来。此外，在对退役士兵职业教育培训模式进行设计时，可考虑在一个大的模式下，设立若干相对独立的子模式。这样，即使由于客观条件不具备，也可以操作一些子模式，推动退役士兵职业教育培训发展。而对于客观条件，可以从退役士兵职业教育培训的保障机制出发，全面分析其客观条件。

（6）经济性原则。模式是解决方案。那么，评价解决方案的一个重要标准就是经济性，即使用该模式所需耗费的资源。退役士兵职业教育培训是在一定的资源约束条件下开展的。故此，在其教育培训模式设计时，应遵循经济性原则，最大可能调动、整合资源，能够最大限度地利用相关资源。故此，在设计退役士兵职业教育培训模式时，尽可能调动政府、军队现有资源，也应尽可能地发动社会组织积极参与教育培训。

（7）碎片化、整体化与情景化并重原则。如上所述，成人学习呈现碎片化发展趋势，并且对于退役士兵而言，利用碎片时间进行学习，也有利于提高学习的主动性与能动性。但是，应该看到，由于退役士兵长期接受军事训练生活，对知识与理论缺乏系统性的了解，必然会影响到对碎片知识的接受、理解能力，也会影响其未来的长远发展。故此，对退役士兵而言，系统的整体学习还是必不可少的。同时，对退役士兵而言，还应先建立整体性的知识框架，对某一领域的知识理论有大致了解，才能更好地促进其碎片化学习。在具体的教育培训模式与课程体系设计中,可以利用阶梯式认证将碎片化知识集成,也可以借鉴建构学习理论,将碎片化知识整合。

当前,人们越来越呈高感知化的发展趋势,要求学习的刺激性大大提高。而外部刺激则主要体现在学习情境中,包括课程呈现形式、学习的地点、学习的组织方式等都需要精心设计,才能吸引退役士兵的积极参与,保持学习过程高度注意力。

从这些原则出发,从退役士兵职业教育培训功能目标与发展目标出发,依据退役士兵职业教育培训运行过程,综合考虑多方力量,构建相应的教育培训模式。

第四节　退役士兵职业教育与技能培训整体模式

如上所述,教育培训模式的构建受多方面因素的影响与制约,既要服从于、服务于教育培训的功能目标与发展目标,还要遵循相应的教育培训理论及能力发展规律,保证其科学性。故此,退役士兵职业教育培训模式构建逻辑应从功能目标与发展目标出发。退役士兵职业教育培训的直接目标决定了整体教育培训模式,间接目标决定了整体模式中的子模式。教育培训理论、就业理论是教育培训模式构建的理论依据,也是教育培训模式创新发展的源泉,如终身教育理论、社会学习理论等都为创新教育培训模式提供了新的理念和视角。能力发展规律决定了教育培训模式构建的方向,也决定了其相应的策略等。而退役士兵发展规律决定了教育培训子模式。

根据以上构建逻辑,对应退役士兵职业教育培训直接功能与发展目标,即"合格社会人、可持续发展职业人、高成就感的自我实现人"、"充分就业、稳定就业"、"全员参与、全面培训、全过程培训"等。

退役士兵职业教育培训模式应综合采取中央统筹,六层次主体联动,全过程、全系统、全面的,多种教育培训模式并存的综合教育培训模式框架。

中央统筹，六层次主体联动说明了退役士兵职业教育培训的组织管理模式。要实现以上目标，目前的短时间培训是无法达成的。必须遵循能力开发规律，注重能力的长期开发。而退役士兵教育培训涉及的主体多，环境差异性大，任何一个层次主体当前缺位都会影响其教育培训效果。各层次参与主体必须在中央政府、中央军委的统筹领导下协同起来。

全过程教育培训表明了退役士兵职业教育培训应该贯穿于参军入伍直至稳定就业整个过程。这是能力发展规律的要求，也是教育理论的要求。全过程教育培训模式意味着从征兵环节开始，就对家庭成员、士兵本人进行相应的理念教育，灌输自主学习、终身学习的理念，引导士兵注重自身发展。入伍后，军队在军事训练的同时，应注重士兵的通用能力、发展能力教育培训，做好军民融合课程的研发与设置，与其他机构联合，开展教育培训活动。随着士兵退役时刻的来临，部队与地方政府，部队与相关承训机构联系日益紧密，做好就业形势教育、专业技能基础教育等。退出现役后，地方政府或相关承训机构开始强化专业技能训练，注重校企联合。全过程教育能够保证士兵不会在能力发展过程中形成"中断"，能够保持能力开发的连续性。

全系统教育培训是职业教育发展，就业理论的要求。现代教育理论与职业发展理论认为，人存在差异，导致了人的职业性向不同，职业应与人的特质匹配起来，才能达到较好的就业效果。对于退役士兵教育培训而言，起点应是退役士兵的职业兴趣与职业性向。然后，围绕退役士兵的职业兴趣与职业性向，将其与外部就业环境与形式结合起来，开展相应的职业规划与发展教育，注重其相应职业能力的提升，使其具备相应的胜任能力，顺利实现稳定就业与发展。

全面的教育培训模式主要针对的是教育培训的内容，另外也包括教育培训的对象。对于退役士兵而言，应首先成为合格的社会人，能够适应社会，具备一个合格社会公民的基本素养。其次才能够成为具有一定职业能力的可持续发展职业人，实现充分、稳定就业。最后才是自我发展人。这个具有较强层次性的教育培训目标要求退役士兵职业教育培训的内容是全面的，不仅仅是专业技能，还包括社会通用能力、职业能力的内容，甚至还应包括一些博雅教育的内容，才能使退役士兵形成融合于社会、欣赏他人、欣赏自然、欣赏自己的品格。当然，这也要求退役士兵应进行全方位的学习、整体的学习。此外，退役士兵职业教育培训的对象也是全面的，是以退役士兵为主，相关人员为辅的教育培训模式。退役士兵参与职业教育培训离不开相关方的支持。而相关方的教育培训理念也需要进行教育培训，尤其是家庭成员、部队领导干部、企业家等。通过对相关方的教育培训，使他们树立起科学的职业教育培训理念，能够营造良好的氛围，为退役士兵职业教育培训提供有力支持，实现其充分、稳定就业与可持续发展。这是当前教育培训模式所忽略的。

多种模式并存的教育培训模式框架，说明了退役士兵职业教育培训整体模式是由若干子模式构成的综合性模式。这些子模式针对退役士兵职业教育培训的具体环节，调节变量，参与主体的合作方式以及教育培训技术而建立的。如可以针对入伍前、后，正常服役期、退役前后、就业前后设置不同的教育培训模式；针对不同教育背景、家庭背景的士兵设置分类分层次教育培训模式；针对不同参与主体的协同方式，设置军、地合作，军、政合作，军、校合作，校、企合作等多种教育培训模式；针对教育技术设置在线学习模式、远程网络教育模式、Mooc模式等。整体模式下的多种模式并存为退役士兵参与教育培训提供了选择的自由，也为其参与教育培训提供了便捷性。当然，多种模式并存也是退役士兵职业教育培训发展的客观要求。

第五节　退役士兵职业教育与技能培训全过程全系统模式

退役士兵职业教育培训整体模式下包括若干子模式，也就是具体模式。这些具体模式有的正在运用，有的因条件不成熟，需要在未来开展。同时，这些按照不同依据划分的具体模式，它们中间有的相互交叉，共同发挥作用。对于具体模式的划分，可以遵循全过程、全系统两条主线，辅以其他教育培训模式来确定，如图9-3所示。

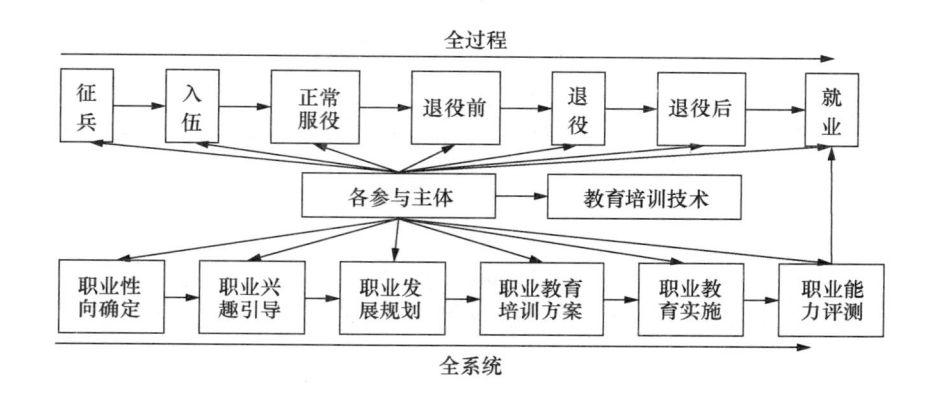

图9-3 退役士兵职业教育培训具体模式构建

图9-3显示，退役士兵职业教育培训参与主体将士兵发展过程与职业发展过程有机连接起来，在不同的发展阶段，不同的环节，不同的参与主体，不同的教育培训技术，形成了不同的教育培训具体模式。依据两条主线的箭头方向，分别构建其具体模式。

在征兵环节，形成征兵机构、家庭、士兵三方联动的理念教育模式。这种理念教育模式主要由征兵机构向社会青年及其家庭宣传征兵政策、教育培训政策时，引导他们重视学习，建立军队是所大学校，自身发展靠学习的理念，使家庭成员也树立起支持学习的理念。

在入伍环节，士兵要完成从社会青年到军人的转变，可以形成军、校、家庭、教育机构四方联动教育培训模式。以部队为主导，学校或教育培训机构、家庭共同参与的模式，注重心理教育与辅导、理想教育、职业发展教育等。这种教育培训模式所开展的心理教育不但有利于士兵快速适应部队环境，也有利于其掌握心理调适理论与方法，为以后再次步入社会打下基础。

在正常服役期间，各参与主体结合士兵职业性向以及士兵的具体情况，结合各种教育培训技术，形成多种教育培训模式。针对不同的士兵，开展分类、多层次教育培训模式。针对大学参军入伍未完成学业的士兵，部队可以与所属学校联合，开展远程网络教育培训模式，保证其服役期完成学历教育；针对初、高中学历背景的士兵，可以与当地学校联合，形成成人自学模式，获得成教类证书。除完成学历教育外，部队可以与企业、高校联合，采取军、校、企联合培养模式，侧重于培养一批底子好，发展空间大，军队与企业都急需的专业化技术人才。这种模式一般适用于某些军民两用技术，军队与企业可以联合培养，也可以委托相关高校培养。培养后先为部队服务若干年，后转至企业就业上岗。另外，针对某些军民两用专业技能，如信息技术等专业技能可采取此种模式。以色列、韩国等采用此模式培养了大批高层次的专业人才，也很好地提高了部队的社会声望。当然，这种模式只适用于少数人。在服役期间，结合军队发展以及社会发展需要，将军事训练与社会通用能力训练相结合，既可以全面提升士兵素养，也为士兵退役后进行职业能力教育培训奠定基础，这些能力如表达能力、心理调适能力、分析问题与解决问题能力等。当然，这种教育模式是士兵所在部队为主导，需要加大军、民课程研发力度，才能有效推行。此外，对这些社会通用能力的开发，也可以综合运用当前的教育技术，通过与教育机构合作，整合教育培训资源，开展教育培训活动。这类教育培训模式通常利用互联网技术或者移动技术，开展网络教育培训，如 Mooc 模式（大规模开放网络课程）、水平课程平台模式、网校教育模式、软件模式等。这些模式对高效利用现有教育培训资源，降低退役士兵教育培训成本极为有利。此外，当前的微课课程模式对提高退役士兵学习兴趣，发挥其自主学习能力也有较大的促进作用。而软件技术的发展，也为移动学习、仿真模拟提供了现实条件，可以实现退役士兵随时随地的学习。

在退役阶段，需要军、政、校、企四方联动模式开展退役士兵职业教育培训。这个阶段，围绕预先设定的职业能力发展方案，军队应进一步强化退役士兵参与教育培训的理念，为其提供相应的支持与帮助。地方政府发动有人才需求、有教育培训资格的企业提前联系退役士兵。根据退役士兵的职业性向及已接受教育培训程度，提供相关岗位信息，并确定需要进一步教育培训的内容。形成以企业为主后向延伸教育培训模式。如果企业不具备教育培训资格，则其可联系具备资格的承训机构，采取校企合作模式，由承训机构在地方政府的协调下，与退役士兵取得联系，发布岗位信息，确定退役士兵职业性向及需要的教育培训内容，组织开展教育培训活动。对于部分实践实训内容，企业提供实践实训机会或是顶岗实习。如果承训机构严格按照企业所需岗位人员进行，且退役士兵教育培训完全是针对企业岗位要求，则这种模式就是所谓的"订单培养模式"。当然，对于具有承训资格的企业也可以直接与部队取得联系，在退役前一段时间发布岗位信息，与有意向的退役士兵达成共识，开展针对性强调教育培训活动。在退役阶段开展教育培训活动往往时间较短，内容侧重于岗位的专业技能，内容较窄，往往只适用于企业的具体岗位，很难保证退役士兵的未来发展。所以，如果该阶段退役士兵没有接受较为完善的社会通用能力教育培训，此阶段应进行强化。

退役后阶段，退役士兵往往回到其所在地。这就需要地方政府及相关职能部门发挥作用，联合承训机构、企业共同做好教育培训。此阶段，多是以校企合作，开展订单式培训，以尽快实现退役士兵的就业。退役后的教育培训模式应符合短期、高效的要求。这个阶段的培训模式要求承训机构与企业联系非常紧密，企业要积极参与到教育培训中来，积极为教育培训提供相应的资源。如果条件允许，最好采取"师徒制"，以便强化退役士兵相关知识、方法的吸收，尽快掌握相关岗位技能。当然，此阶段也可以采取移动学习模式，使退役士兵能够更加便捷地开展学习。

退役士兵从参军入伍到退役就业，时间历程较长，涉及的参与主体较多，加之士兵们本身差异大等多重原因，故而，没有必要过度强调其形式。而应在整体模式下，围绕退役士兵职业教育培训的功能目标，鼓励各参与主体能够紧密协同，进行教育培训模式的创新发展。此外，对于退役士兵职业教育培训具体模式而言，它们之间是相互衔接与相互补充的，而且在不同的阶段，可以重复采取同样的模式。故此，对于退役士兵职业教育培训而言，应加强它们之间的统筹管理。

第六节 退役士兵职业教育与技能培训具体模式

退役士兵教育培训全过程、全系统模式由众多子模式组成。这些子模式是退役士兵教育培训开展的具体模式。总的看来，根据退役士兵职业教育与技能培训实施的地点和手段，可以将其分为以下几种具体模式。

一 在线教育模式

在线教育模式是成人教育培训中常采用的一种有效模式，有利于退役士兵随时随地开展学习活动，大大降低了退役士兵学习成本，也便于退役士兵终身学习的实现。一般而言，在线教育是指利用互联网以及现代教育技术为学习者提供教育服务的教育模式。互联网尤其是移动互联网的发展，打破了时空的限制，实现了跨时空的工作、学习方式，使得人们学习不再受时间、地点、空间等条件的限制，知识获取途径更便捷、经济与多样化。从在线教育产业链分工来看，在线教育模式可以分为内容提供商、平台提供商、技术提供商三种模式。

内容提供商模式是指教育培训内容主要由提供商提供，包括教育培训视频、学习资料、教育培训工具等产品，其实质是线下课堂教学向线上的转移，课程内容没有大的变化，典型的传统网校与远程教育就属于这种模式，其形式如图9-4所示。

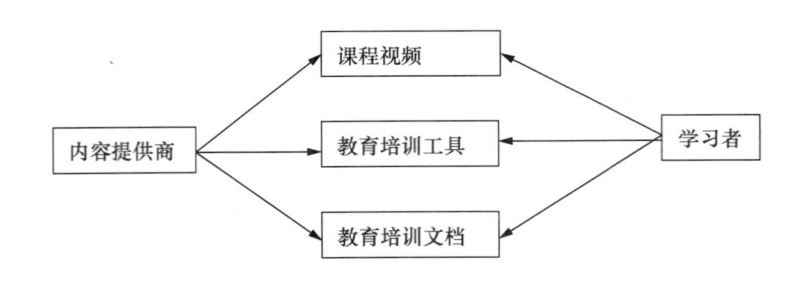

图9-4 在线教育内容提供商模式

在内容提供商模式下，由于部分学习内容没有经过提供商甄选，或者内容提供商对规模的追求，会导致学习内容杂乱，需要学习者进行相应的收集、甄选。

在线教育平台提供商模式是指为教与学提供中介的平台，该平台具有开放性等特征，交互性较好。目前来看，平台提供商模式分为B2C模式（Business – to – Customer）与C2C模式（Customer – to – Customer）两种。其中B2C模式是指专业教育机构向学习者提供教育培训，又包括交互B2C和单向B2C两种方式。C2C是学习者之间互相提供学习资源，进行互动学习的模式，又可以分电商C2C和社区C2C两种方式。其中电商C2C是指专业机构提供在线平台，学习者和资源发布者利用该平台进行资源交换或交易，电商为其提供相应的服务。对于C2C平台模式而言，存在无法控制教育内容质量，并且个体提供相应的教育内容不稳定、不连续，进而影响学习质量。这也是C2C平台模式与B2C模式相比存在的一大缺点。当然，C2C平台模式比B2C模式更加注重互动，充分利用学习者资源，有利于形成较好的学习氛围，提高学习者学习的主动性、积极性，也有利于知识的内化吸收。

对于在线教育模式而言，存在学习者与教师缺乏面对面互动的缺陷，学习者学习过程中产生的疑问、困惑不能及时提出与解决。另一方面，在线学习模式很难控制学习者的学习状态，导致学习者学习过程中缺乏必要的监督，很难保证学习质量。此外，在线学习模式取得的成绩很难得到社会认可。在当前较为功利化社会中，人们参加学习拓展知识是一个方面，而更多的是为了获得相关的证书，或者是为了谋得职业发展。而当前的在线教育模式是很难满足学习者这些需求的。

退役士兵职业教育培训在线教育模式必须充分考虑在线教育的优缺点，充分考虑退役士兵的学习特点与学习需求。综合以上分析，在退役士兵职业教育培训在线模式构建中，一是要贯彻职业（工作）导向；二是要建立以退役士兵为中心的理念；三是要注重个性化、情景化的教育方式的实现。在这一方面，美国的翻转课堂教育模式为其提供了很好的借鉴。

当然，退役士兵分布区域广，很难集中。同时，退役士兵学习时间要求更短，要求在较短的时间内达到要求。而全过程、全系统教育也要求注重退役士兵的闲散时间，切实提高退役士兵自主学习能力。当然，在线教育模式在退役士兵服役前开展有一定的难度。

二 翻转课堂模式

对翻转课堂最早进行探索的是孟加拉裔美国人萨尔曼·可汗，他为了解决其亲戚子女教育与辅导问题，想到了通过教学视频解决困难孩子的教育劣势问题。而真正打破传统课堂教学模式进行探索的是美国科罗拉多州林地公园的两位高中化学老师乔纳森·伯尔曼（Jon Bergmann）和亚伦·萨姆斯（Aaron Sams）。由于该校是一个山区学校，导致有些学生常因各种原因错过正常的课堂学习，并由于缺课而无法跟上学习进度。2007年，该校化学老师乔纳森·伯尔曼和亚伦·萨姆斯两人使用屏幕捕捉软件录制Powerpoint演示文稿的播放和讲解声音，并把结合实时讲解和PPT演示的视频上传到网络，以此为缺课的学生补课。更具开创性的一步是，他们逐渐以学生在家看视频听讲解为基础，开辟出课堂时间来为完成作业或做实验过程中有困难的学生提供帮助。后来，他们的录制的视频被学生广泛接受与传播，人们也开始关注两位老师的教学实践改革，并邀请其介绍经验。

在他们的影响下，越来越多的老师开始尝试利用在线视频来在课外教授学生，利用课堂时间则进行协作学习和概念掌握的练习，世界各地的教师也逐步采取这种模式进行小学、初中、高中和大学的教育。2011年，可汗学院的创办人Salman Khan在TED上的演讲《用视频再造教育》，更引发出大众对翻转课堂的关切热潮，促进了翻转课堂在全球的发展与推广。

与传统教学模式相比，翻转课堂模式将学习的自主权、主导权交给学生，将课堂转变为师生互动与交流，加深知识吸收的场所。2014年，FLN（Flipped Learning Network 翻转学习网络）将翻转课堂定义为：翻转课堂是一种教学方法，是将直接教学的行为从小组学习空间转移到了私人学习空间，而小组讨论空间变成一个动态的、互动的学习场所，在这个场所，学员们将概念应用于实践，更加积极主动地参与课堂主题，而教师的角色是指导者。同时，FLN 提出了翻转课堂教学模式的四大支柱，即 F-L-I-P，如表 9-3 所示。

表 9-3　　　　　　FLN 提出翻转课堂模式的四大支柱

序号	支柱	具体内容
1	灵活的教学环境（Flexible Environment）	建立灵活的教学环境，学生们可以随意选择自己想要学习的时间、地点；教学者对学生完成资料学习的时间及学习结果评估的时间也是灵活的
2	学习文化（Learning Culture）	学生们应能够积极参与知识的构建，具备自主学习的理念，学习氛围好等
3	精心组织与构建的课程内容	教育者需要精心设计课程内容，将课堂时间最大化利用，采取以学生为中心的，学生主动学习的策略
4	专业的教师	教师能够持续对学生进行观察，及时对他们的相关问题进行反馈，对学习进程进行评估；能够及时提供反馈，与其他教师沟通，改善教学方法，能够接受建设性批判建议，同时也能够忍受教室内一定程度的混乱

与传统的老师课堂教、学生回家做作业的教育模式不同，这种教育模式的步骤是教师首先设计课程内容开发，创建教学视频，并针对教学视频制定课前练习内容。其次学生在家完成相关教学视频的学习与练习。最后在课堂上师生讨论，共同探究问题，进行探究式学习，学生将知识内化、吸收。该模式的具体步骤如图 9-5 所示。

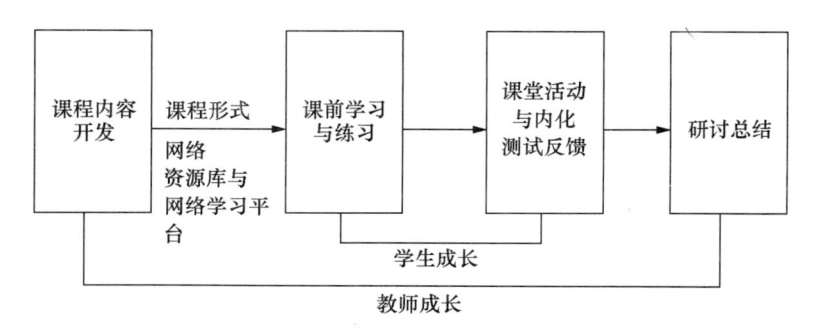

图 9-5　翻转课堂模式的开展步骤

翻转课堂模式是大教育运动的一部分，它与混合式学习、探究性学习、其他教学方法和工具在含义上有所重叠，都是为了让学习更加灵活、主动，让学生的参与度更强。翻转课堂是教育模式的一次重大变革，不单纯将课堂搬到网络上，与网络学习有着很大区别，它利用现代教育技术，构建了一个完整的在线学习闭环，无论是在教育观念、教育体制，还是在教学方式、人才培养过程等方面都带来了深刻变化。正如《翻转课堂：每天每节课都与学生互动》一书的合著者Aaron Sams 所说，"（人们对翻转学习）最大的误解是翻转学习最重要的部分是视频的应用……然而，尽管视频确实在翻转学习中非常重要，但是最重要的是提升课堂时间，让学习更多地参与深入思考。"翻转课堂的创始人乔纳森·伯尔曼和亚伦·萨姆斯通过"翻转课堂不是什么"与"翻转课堂是什么"的问答更准确阐述了翻转课堂的含义，如表9-4所示。

表 9-4　　　　　　　　翻转课堂不是什么与是什么

序号	翻转课堂不是什么	翻转课堂是什么
1	不是在线视频的代名词。翻转课堂除了教学视频外，还有面对面的互动时间，与同学和教师一起发生有意义的学习活动	是一种手段，增加学生和教师之间的互动和个性化的接触时间
2	不是视频取代教师	是让学生对自己学习负责的环境
3	不是在线课程	老师是学生身边的"教练"，不是在讲台上的"圣人"
4	不是学生无序地学习	是混合了直接讲解与建构主义学习
5	不是让整个班的学生都盯着电脑屏幕	是学生课堂缺席，但不被甩在后面
6	不是学生在孤立地学习	是课堂的内容得到永久存档，可用于复习或补课
7		是所有的学生都积极学习的课堂
8		是让所有学生都能得到个性化教育

与传统的教学模式相比，翻转课堂由"以教师为中心"转向"以学生为中心"，为学生提供全方位、个性化、持续的学习服务，具有

如下特征或优势：一是打破了传统的"灌输式"弊端，变成了学生主动学、主动问的模式，发挥了学生在学习过程中的主体地位。翻转课堂教学模式鼓励学生尽可能自己获取知识、发现问题。二是有利于实现个性化学习与发展。"翻转课堂"利用最近发展区理论，基于学生认知起点打造课程内容，并且学生有较大的自主权，能够根据自身情况安排和控制自身的学习。这使得个性化学习成为可能，也有利于培养学生自主学习能力，增强学生终身学习能力，让学生学会分享与交流。三是互动性强。在翻转课堂中，教师的角色由过去的知识呈现者、灌输者转变为学习的教练、辅导者，更多的是去理解学生的问题和引导学生去运用知识。这使得教师有充分的时间与学生交流，回答学生的问题，参与到学习小组，对每个学生的学习进行个别指导。同时，基于互联网的翻转课堂也使得教师随时、随地与学生交流，解决学生问题。在课堂上，师生共同组建学习小组，对问题进行探讨，交流也更加充分。而学生之间也可以利用相应的平台，组建学习社区，学生之间的交流也更加充分。四是有利于优质教育资源的共享。在课程内容上，教师广泛收集相关教学材料，学生也不局限于教师所发布的内容，通过互联网去使用优质的教育资源，自主地去收集学习内容。通过这种方式，实现了优质教育资源的共享。同时，基于互联网的翻转课堂模式，也打破了地域限制，使得优质教育资源能够广泛传播。发展至今，翻转课堂已经形成一些较为成熟模式，如表9-5所示。这些模式能够为后续的实践活动提供借鉴和参考。

无论何种模式，翻转课堂都具有教学视频短小精悍、教学信息清晰明确、复习检测方便快捷等特点。在翻转课堂中，大多数视频只有几分钟的时间，较长视频也只有十几分钟。每一个视频都针对一个特定的问题，具有较强的针对性。而视频的时间长度较短，将学习活动控制在学生注意力能比较集中的时间范围内，符合学生身心发展特征。同时，网络发布的视频，都具有暂停、回放等多种功能，可以实现学生的自我控制，有利于强化学生的自主学习。而对于翻转课堂中的视频后面大多附带四五个小问题，可以帮助学生及时进行检测，并对自己的学习情况作出判断，也有利于教师掌握学生的学习进度与掌

表 9–5　　较为成熟的翻转课堂模式

序号	模式名称	具体特征
1	林地公园高中模式	把观看在线教学讲座视频作为家庭作业，把本该是家庭作业的练习题放到课堂上完成，为没有电脑或无法上网的学生准备了DVD光盘，可以让学生在电视机上观看，课堂上除了练习外，还加入了探究活动和实验室任务
2	可汗学院模式	课堂练习系统能快速捕捉到学生被问题卡住，教师能及时施加援手进行帮助；同时还引入了游戏化学习机制，对学业表现好的学生给予徽章奖励
3	河畔联合学区模式	采用了数字化互动教材，里面融合了丰富的媒体材料，包括文本、图片、3D动画和视频等，还结合了笔记、交流与分享功能，互动教材更节省教师的时间，更吸引学生沉浸其中
4	哈佛大学模式	课前，学生通过看视频、听博客、阅读文章或调动原有知识思考问题来做准备；然后要求学生反映出所学到的知识、组织问题和提出不懂的地方。接下来，学生登录到社交网站，发表提问。教师对各种问题进行组织整理，有针对性地开发教学设计和课堂学习材料，不准备学生已经明白的内容。课堂上，教师采用苏格拉底式的教学方法，学生提出质疑和难点，并相互协作共同回答质疑或解决难题
5	斯坦福大学模式	大约每15分钟，在线讲座就会弹出一个小测验以检验学生掌握的情况，允许学生互相之间提问，进行"共同学习"

握情况，使教师真正了解学生。

　　对于退役士兵而言，首先，传统的教育模式授课时间较长，加之其长时间地脱离传统的学校教育，很难保证其在课堂环境保持较长注意力，进而影响其学习效果。再者，退役士兵在军队环境由于高强度的应激性作用，使得思维力降低，也很难吸收传统课堂教育45分钟的多知识灌输，使得其接受难度较大，也很难对其迅速消化和巩固。其次，传统教育重课堂、轻课下，师生之间互动性差，退役士兵往往在知识吸收内化方面得到的帮助少，使其产生挫败感，丧失学习的动机和成就感。最后，传统的课堂教育也无法满足退役士兵多样化学习需求与碎片化学习的要求。

如上所述，而翻转课堂模式无论在师生互动，应对学生突发事件多，还是在提高学生学习的自主性以及满足学生多方面的学习需求等方面都具有明显的优势。同时，翻转课堂对于退役士兵强调实用、针对性的学习需求也尤为适用，通过理论知识的一般性学习转移到课下进行，课堂上学生与教师进行基于项目或实际问题的学习，共同研究、讨论现实中或理论中的问题，从而获得对课下理论知识更好的理解以及对理论知识的内化吸收。

当然，参照 FLN 提出翻转课堂模式的四大支柱，退役士兵在学习文化方面有所欠缺，学习的自主性、学习理念都需要提高。同时，相对于一般学员，退役士兵的知识基础较差，也会影响其参与翻转课堂的自主性。所以，利用翻转模式开展退役士兵职业教育与技能培训，最好采取"线上线下互动"教学模式，即将传统的课堂教育与翻转课堂有效结合，退役士兵可以用看视频来代替上课，在课上则完成相应的作业，并由教师或已经明白的同学帮助其他同学。此外，退役士兵职业教育与技能培训翻转课堂建设一定要建设成为开放式平台，尤其是吸引众多用人单位的广泛参与，也可以吸引一些明星讲师参与，提高视频的感染力与影响力。当然，对于翻转课堂课程内容建设、平台建设可以提供一定的规范要求，以保证翻转课堂课程内容的完整性、系统性。该规范建设应从学生学习任务出发，进行设定，可参照图 9-6 的格式要求来进行。

三 离线教育模式

由于军队特殊性，在线教育模式与翻转课堂模式很难在军队大面积普遍应用。如何根据军队的实际要求，既保证军队安全保密要求，又能够实现退役士兵服役期间的快速、便捷学习。离线教育模式是一种较为可行的模式。

在林地公园高中采取翻转课堂模式时，针对部分没有电脑或者无法上网的学生，采取录制 DVD 的方式让学生在家中学习，也是一种离线教育模式。目前，市场上独立的软件、课件和各种各样所谓的软件教学系统等都是一种离线教育模式。尽管这种教学软件、课件模式

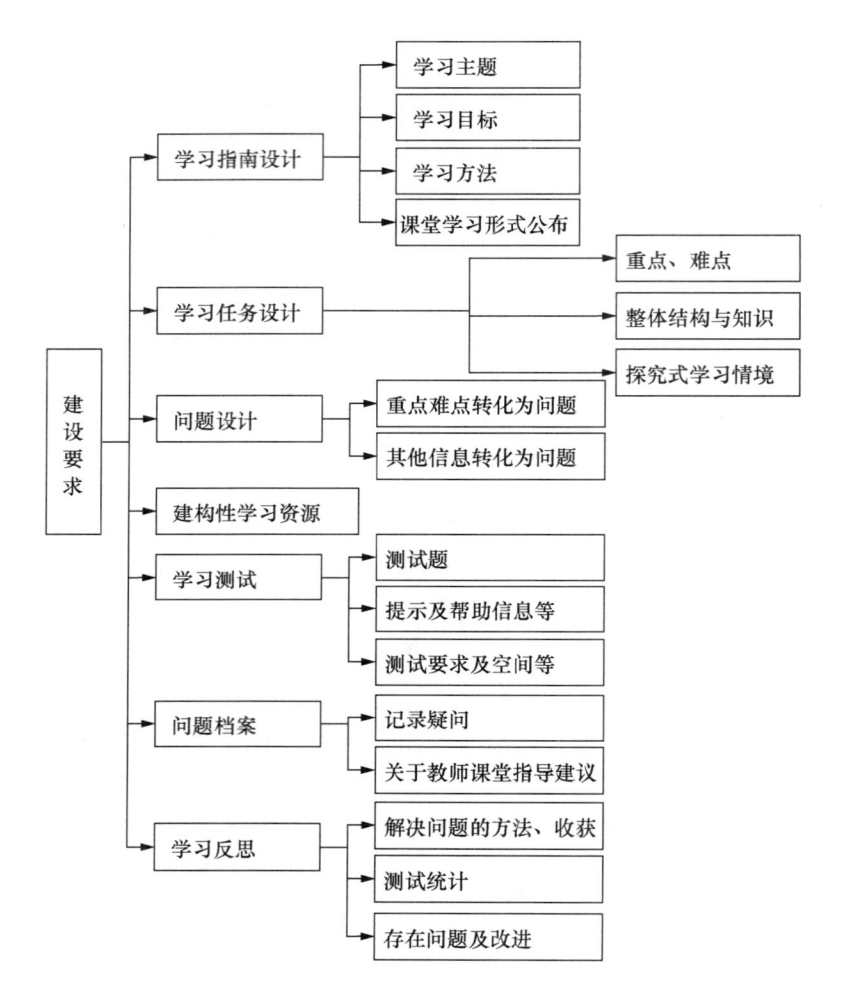

建设要求
- 学习指南设计
  - 学习主题
  - 学习目标
  - 学习方法
  - 课堂学习形式公布
- 学习任务设计
  - 重点、难点
  - 整体结构与知识
  - 探究式学习情境
- 问题设计
  - 重点难点转化为问题
  - 其他信息转化为问题
- 建构性学习资源
- 学习测试
  - 测试题
  - 提示及帮助信息等
  - 测试要求及空间等
- 问题档案
  - 记录疑问
  - 关于教师课堂指导建议
- 学习反思
  - 解决问题的方法、收获
  - 测试统计
  - 存在问题及改进

图9-6　反转课堂模式建设规范

以及相应的各种教材或教辅材料与建立在互联网基础上的在线学习在互动、内容更新等方面存在较大差距，但对于在部队中开展某些职业教育与技能培训还是较为适用的，还有较大的发展空间。

对于退役士兵而言，离线教育模式可以广泛地运用于服役以及退役后各个时期。在服役期间，利用离线教育模式可以开展某些基础技能的教育培训，如听、说、读、写等基础技能；退役后，利用离线教育可以进行某种专业技能教育培训。与在线教育模式相比，该种模式

第九章 中国退役士兵职业教育与技能培训模式建设 257

成本更为低廉，同时，也适合一些偏远、网络不发达的地区。

而现代信息技术与现代媒体的发展，使得离线教育形式又获得了新生，使得离线教育的内容更新，接触方式等发生了较大的变化。在离线教育的运作方面，《人民日报》电子浏览设备的发展与推广为退役士兵的在线教育提供了很好的借鉴。为了有效应对传统媒体向现代数字化媒体转型的需要，人民日报社大力推进媒体融合，积极利用信息技术，开发新媒体，电子阅报栏就是一种较为典型的方式，如图 9-7 所示。

图 9-7 《人民日报》电子阅报栏

这种电子学习设备与方式融互联网、高清引擎显示、多点触控等多种技术为一体，不仅适合于阅读报纸，还可以汇集各种网络视频信息，进行查询信息与资料等多种功能。同时，这种技术无论是在互动性、稳定性、安全性以及信息及时性等方面都具有较大优势，可以广泛地运用于信息查询、文化学习、时事了解等方面，大大提高了学习的效率，实现了优质教育资源的共享，也实现了"4A"（Anytime、Anywhere、Anybody、Anyway）学习模式的要求，可以实现在任何时间、任何地点、以任何方式、从任何人那里学习，也满足了个性化学习的需要，"因材施教"，大大提升人才的培养质量和成才率。

借鉴这种《人民日报》电子阅读栏这种模式，可以针对退役士兵服役期间开发离线学习系统。当然，这种离线学习并不是完全离线，而是借助特定的网络，有专门的组织进行运行、维护，定期、定时进行课程内容优化的一种模式。这种离线教育模式主要由专业的组织、互联网、课程教育平台、学习终端等要素组成，如图9-8所示。

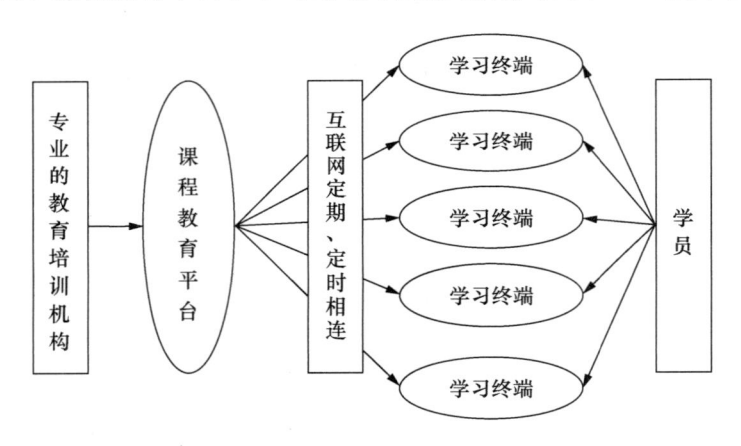

图9-8 退役士兵职业教育与技能培训离线教育模式的构成

为了保障军队的安全性，离线教育模式必须有可靠的专业组织来承担相应的建设、维护与运行。可选取能力强，在退役士兵职业教育与技能培训方面经验丰富的机构来承担此项任务，也可以采取政府投资、机构运行的模式来开展这项工作。

在离线教育平台建设方面，为了弥补离线教育互动性不足的特点，应增加离线教育问题与信息收集的功能，将士兵的问题及时收集起来，利用在线联通的时机进行反馈，增强离线教育的互动性。同时，离线教育平台建设应充分结合电子课件、小视频、业务测验等多种形式，将学习、测试有效结合起来，增强学习的趣味性，提高学习的效率。

对于学习终端，既可以是《人民日报》电子阅览栏的形式，也可以开发类似自动取款机的学习终端，还可以开发随身携带的学习终端。《人民日报》电子阅览栏适合于在公众场合下设置，随时利用士兵们的闲散时间、碎片时间了解相关资讯；自动取款机式学习终端便于专业知识、技能的学习，实现学习的"自助"、"互动"和"分享"的管理精华，引导士兵自愿自发地去了解、吸收信息。而随身携带的学习终端则可以实现移动学习，退役士兵可以根据自身需要与实际情况，利用各种事件进入学习终端，寻找相关的内容，安排自己的学习任务。

四 混合教育模式

混合教育模式来源于混合学习。所谓混合学习，既包括不同学习环境的混合，尤其是传统的教学环境与现代数字技术教学环境的混合，还可以是在线教育与离线教育的混合。由此可见，所谓的混合学习至少包括一部分在线学习，学员能够自我控制学习时间、进度、地点的学习方式。混合学习将在线学习与传统学习有效结合起来，避免了两者各自的不足。

结合混合学习的定义，所谓混合教育模式就是综合采取在线教育与传统面授教育模式，充分利用两者模式的优势，将线上自主学习与线下学习结合起来的一种教育模式。创见机构的研究报告将混合学习划分为循环模式、弹性模式、自混合模式、增强虚拟模式四种模式，如图9-9所示。

循环模式是对某种给定学科或课程，在规定的时间内，学员在在线教学、教师主导教学等多种教学形式和活动中循环进行的学习模式，其具体的教学形式包括在线学习、小组协作、集中授课、分组项目、个别辅导、书面作业等。对于退役士兵而言，该种模式有利于将其自主学习与教师理论讲授充分结合起来，也有利于解决退役士兵层次差别大的问题。

```
┌─────────────┐
│  混合教育模式  │
└─────────────┘
   ┌────┬────┬────┐
   1    2    3    4
 循环模式 弹性模式 自混合模式 增强虚拟模式
```

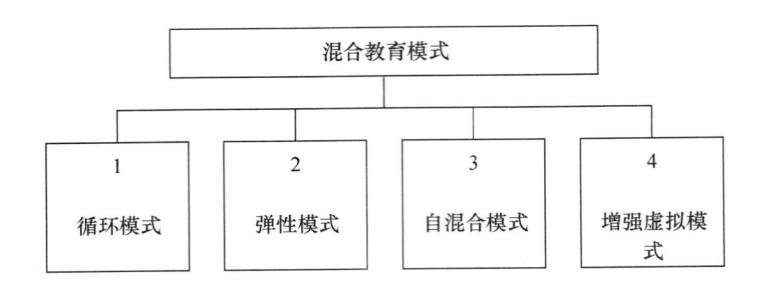

图 9-9　混合学习的分类

弹性模式是授课内容与讲座通过网络进行，学员根据自身需要进行定制化，然后由教师提供现场支持的方式。该模式无论是在学习内容上，还是在学习时间上，其弹性都比较大，教师提供支持的弹性也较大，是根据学员需要，提供或多或少的面对面的支持。退役士兵就业过程并不是一帆风顺的工作，即就业以后，还会面临诸多障碍，适时的面对面支持、辅导是必不可少的。同样，退役士兵之间存在差别，所需要的支持不同，这就需要借鉴这种模式，开展相应的职业教育与技能培训。

自混合模式是由学员选择一门或多门课程，以作为传统课程的补充，进行完全在线学习，教师通过在线给予支持的学习模式。该种模式不受地点限制，既可以在学校进行，也可以在家中进行。学员所选择的在线课程，也并不是由教育机构统一运作，而是学员根据自身学习与开设课程需要自主选择。

增强虚拟模式则是一种由教育机构统一运作，学生把在线学习和教室学习时间完全分离开的一种模式。该模式是发端于全职在线学习学校，进而通过给学生增加实体学校体验而发展起来的一种混合学习模式。该模式与翻转课堂的区别是学生每周很少出席实体学校的面对面课程学习。

对于退役士兵职业教育与技能培训而言，必须从退役士兵本身出发，充分重视当前信息技术、教育技术的发展，通过综合各种模式，为退役士兵提供更好的教育培训。

第七节 "互联网+"退役士兵职业教育与技能培训模式

随着现代信息技术以及硬件设备的发展，互联网成为各行业创新发展的载体，"互联网+"成为一大发展趋势，教育培训也不例外。2014年，李克强总理在世界互联网大会上指出，互联网是大众创业、万众创新的新工具。次年，腾讯公司董事会主席马化腾先生在全国两会上提交了《关于以"互联网+"为驱动，推进我国经济社会创新发展的建议》的提案，提出了"互联网+"。2015年3月5日，在全国十二届全国人大三次会议上，李克强总理在政府工作报告中首次提出"互联网+"行动计划。同年7月，国务院印发了《关于积极推进"互联网+"行动的指导意见》，有效促进了"互联网+"的发展。对于"互联网+"，并不是把互联网与其他行业简单相加，而是两者的高度融合，进而形成新的发展生态，即利用信息技术与互联网技术，充分发挥互联网优势与低成本集成作用，使其与其他行业高度融合，提高资源配置与使用效率，提升创新力与生产力。"互联网+"的发展对行业以及社会带来了种种冲击，具体如下：

一是创新驱动与跨界融合。"互联网+"首先是传统行业在运营方式的创新，更是理念的创新。互联网拓展了人们对市场、产品、服务、客户等的理解，打破了人们传统理念的束缚，新理念、新思维、新模式不断涌现，不断改变现实的市场运行规律等。

二是传统行业边界不断被打破，跨界融合成为趋势。长尾理论表明互联网打破了传统市场细分理论的约束。互联网的发展也促使社群经济产生与发展；众筹使得消费者转变为投资者。在此背景下，各个行业借助互联网技术，业务不断交叉，行业之间的界限不断被打破。

三是结构重塑。现代互联网技术的发展，打破了传统的时空限制，人与人的交流通过网络就可以进行交流，也可以随时随地进行学习、消费等。可以说，当前社会已经成为互联网社会，原有的社会结构、经济结构以及地缘结构、文化结构已经被打破，这也使得人们的行为发生很大变化，原有的社会规则、经济规则、文化规则等受到较大冲击。

四是促进社会经济发展的开放性。互联网本身具有开放性，"互联网＋"也使得各行业呈现更强的开放性，参与门槛在不断降低，参与群体与组织不断增大，相关者的力量也日益强大，使得企业更加贴近客户。

五是提升运行效率，拉近了企业与消费者的距离。通过"互联网＋"，借助互联网，可以与客户进行实时沟通，能够快速了解客户需求，让客户参与企业产品开发决策以及实现定制化等。

对于教育培训行业而言，互联网也打开了一扇窗。退役士兵作为一个地理位置分散，教育培训实效性要求高的群体，借助互联网，将互联网与教育培训有机融合，创新教育培训模式，优化教育培训生态势在必行。退役士兵"互联网＋"教育培训模式是借助现代互联网技术，依据现代教育理念，将线上、线下有机融合，贯穿退役士兵需求、工作、生活、发展的教育培训模式。归纳起来，这种模式具有以下优点：

一是借助互联网技术，低成本汇集优秀师资，实现优质教育资源的共建、共享，优化教育资源配置，保证退役士兵教育培训师资队伍质量。

二是打破时空限制，具有较强的互动和交流的优势。利用互联网，使得学员能够与教师、学员以及其他人员进行适时的全方位交流与沟通，能够有效发挥社群学习的优势，也能够随时解决学习中的困惑。

三是学习模式具有选择性。退役士兵可以根据自身实际情况，进行个别化学习，也可以进行协作式学习，还可以根据职业选择，进行定制化学习。这使得退役士兵学习的主动性、积极性、创造性得到充分发挥。

四是可以有效利用退役士兵的闲散时间完成学习。移动学习技的发展，使得退役士兵可以充分利用闲散时间，通过 PC、手机以及其他学习终端等进行学习，提高时间利用效率。

五是可以有效收集退役士兵教育培训与工作发展数据，完成数据库建设，并通过大数据分析，促进退役士兵教育培训需求管理、就业与发展管理等。传统的教育培训很难建立学员动态发展的数据库，而"互联网＋"模式则可以利用现代计算机技术，高效地储存、分析相关的培训、就业与发展数据。利用这些数据，可以进行大数据分析，更加精确地分析退役士兵职业教育与就业发展的一般规律，将培训、就业、发展有效连接起来，优化教育培训生态系统等，实现退役士兵的精准培训、精准就业、精准发展。

六是有利于实现退役士兵教育培训的知识管理为课程研发、课程资源建设、课程创新等提供基础。课程建设过程也是一个知识挖掘、知识管理的过程。"互联网＋"教育模式有效利用了退役士兵群体联系紧密、乐于分享的特征，形成了一个高效的学习社群。通过学习社群，人人可以贡献知识，人人可以传播知识，人人可以分享知识。在这个过程中，有效地积累了退役士兵教育培训课程开发的基础资源。同时，"互联网＋"模式还可以实现知识的高效、低成本储存，形成传统教育培训模式无法与之比拟的知识库优势。

七是集成多种学习方式，以手机、平板电脑等为载体，融合人脉、圈子、分享、互动交流、社区等非正式学习元素，结合正式学习、知识管理、游戏化学习及"即学即用"（工作绩效支持）功能，有效激发退役士兵学习的热情。

八是有利于整合资源，组建退役士兵职业教育与就业发展联盟。"互联网＋"模式使得能够围绕退役士兵，整合各类资源，包括招聘企业、创投机构、政府机构、金融机构等。

九是"互联网＋"教育培训模式还有利于将退役士兵转变为教育培训者、知识创造与提供者、课程资源建设者，使得每个退役士兵都成为知识创造者、传播者、利用者。

综合"互联网＋"教育培训模式的优势分析以及退役士兵教育培训实践，"互联网＋"模式的功能主要有线上教育、线下教育、人才供需、职业测评、学习社区建立、移动学习、跟踪服务、大数据分析、知识管理、虚拟组织建立等，能够有效融合 PC、手机、iPad 等硬件设施。退役士兵"互联网+"教育培训模式分为线上与线下两大部分，且两部分存在紧密的联系，其具体内容如图 9-10 所示。

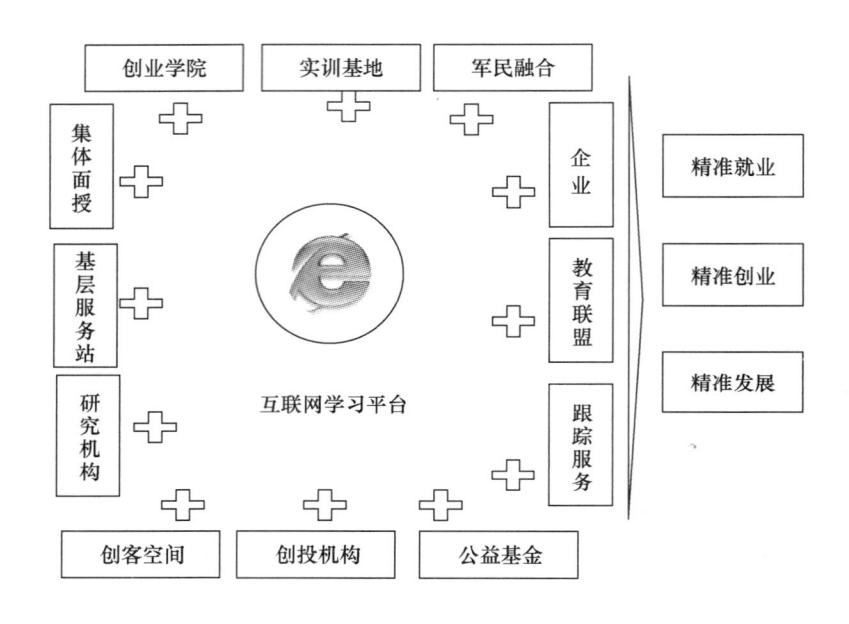

图 9-10 "互联网+"教育培训模式内容

线上部分，集中了专业技能课、个人发展课等海量课程资源。通过互联网学习平台，退役士兵实现了随时随地的在线学习。同时，该平台能够有效满足退役士兵就业与发展的现实需要，将"当下"与"将来"有机衔接起来。退役士兵通过专业技能课程学习，掌握当下谋生的需要；再衔接职业发展线，选择相应的职业发展课程进行学习，为后续发展奠定基础。线上部分应充分利用如云平台技术等，实现微信、APP 与 PC 端三者融合的一体化学习，形成融合"学习"、"培训管理"与"数据统计分析"的平台。线上必须能够进行学习行为分析，能够使用大数据技术记录退役士兵学习与就业发展过程的关键信息，形成报告描述其"能力肖像"，匹配企业用工需求，并跟踪退役士兵就业发展情况，根据反馈，完善教育培训课程与内容等。

集体面授主要通过相应的专题课程、职业测评、发展规划指导等工作解决退役士兵返回社会后面临心态调整、角色定位、发展茫然等问题。退役士兵就业创业服务工作站是设立在社区（乡镇）的，为退役士兵发展贴身服务的基层单元。通过基层服务站，当地的退役士兵可以定期进行政策咨询、谋求就业指导、了解就业岗位与创业项目信息等。通过基层服务站，可以更加深入了解退役士兵就业、发展中困难，可以提供更为全面、系统的包括就业指导、推荐与双选、再培训、创业帮扶、心理指导、人文关怀等服务。此外，基层服务站也是培养社会经济发展带头人的重要载体。合作企业与实训基地建设主要解决退役士兵教育培训出口问题。承训机构通过与行业龙头企业深度合作，针对具体岗位，定制专业方向与课程体系，实现了退役士兵与市场岗位需求的精准匹配，提高就业质量与稳定性。创客空间、创投机构等主要帮扶有创业意愿的退役士兵，除创业教育培训外，还提供大量的创业项目，并针对退役士兵创业进行一对一的指导、测评，将退役士兵与创业项目有效匹配，实现精准创业，提供创业成功率。针对退役士兵创业中的困难，可以整合资源，利用发起成立的公益慈善基金等，对创业项目进行孵化，解决退役士兵创业中的现实问题。

退役士兵"互联网+"教育培训模式的建立要求承训机构必须具备平台思维、客户思维、规划思维、大数据思维以及社群思维。平台思维要求承训机构建立开放、共享、共赢的理念，建设一个开放性的平台，要搭建开放性社区；客户思维要求承训机构以退役士兵、所服务的企业为中心，关注退役士兵学习体验，能够激发其学习兴趣，并将学习内容与工作、发展相结合。规划思维是承训机构应对如何吸引退役士兵参与学习、如何调动其积极性等作出细致的规划。大数据思维要求承训机构对退役士兵学习行为、学习偏好、学习内容都能够实现数据化呈现，通过定量的数据进行管理；还能分析不同数据之间的相关性，探索不同类型的退役士兵学习规律与认知倾向，进行精准化课程内容设计。社群思维要求承训机构充分发挥退役士兵的主体性，促使他们之间相互学习，形成学习社区。

第十章 中国退役士兵职业教育与技能培训专业设置及课程体系建设[①]

第一节 专业内涵及退役士兵职业教育与技能培训专业设置

专业具有多重意义，可以指专门从事的某种学业或职业；可以是高等学校或中等专业学校所分的学业门类；还可以指对一种事物的了解程度非常透彻。本书中的专业是指高等学校或中等专业学校所分的学业门类。专业设置是人才培养的基础工作，规定了专业划分、名称及所属门类，是实施人才培养、招生、授予学位、就业以及教育统计和人才需求预测等的重要依据，关系到教育与经济社会发展的协调与适应。目前，中国教育部负责制定与修订有关普通高等学校本科专业的目录，学校依据专业目录进行招生。从培养层次来看，我国设有研究生专业目录、本专科专业目录、普通高职高专专业目录以及中职专业目录等。在专业目录设置上，本科专业设置按照学科门类、专业类、具体专业的逻辑进行展开；高职专业则按照学科门类、专业类、具体专业、专业方向的逻辑展开，更加突出学校特色以及应用型，目录设置格式如表 10-1 所示。

---

① 本章部分内容曾获民政部 2012 年全国民政政策理论研究二等奖。

表 10 - 1　　　　　　　　　　我国专业目录设置框架示例

研究生专业目录框架			
学科门类	一级学科	二级学科	
经济学	理论经济学	政治经济学	

本专科专业目录框架			
学科门类	专业类	专业名称	

高职高专专业目录框架				
专业类	专业代码	专业名称	专业方向举例	主要对应职业类别

从我国各层次专业目录设置来看，随着人才培养层次的降低，专业设置越来越具体，与社会需求、职业的联系也更紧密。如高职高专专业目录框架中突出的专业方向就赋予高职高专在人才培养上的较高灵活性，使其能够根据社会需求、自身优势有针对性地培养学生。

随着社会经济发展，我国也对各层次专业目录进行了相应的调整。分析影响我国专业调整的影响因素，可以为退役士兵职业教育与技能培训专业设置提供很好的借鉴。从历次专业调整说明来看，影响专业调整的因素主要是社会、经济、科技、文化及教育等，关注点在于专业与社会发展的适应性。

教育学告诉我们，教育与环境、社会的关系是相互的。首先，不同的社会生产力发展水平对人才培养规格和质量的要求是不同的。这就要求专业设置必须适应经济发展要求，符合产业发展趋势，促进人们就业。当前，我国正经历转型升级，正实施"互联网+"行动、《中国制造2025》等国家战略，专业设置必须符合国家发展战略要求，在专业方向上进行创新发展。同时，新型产业不断涌现，行业不断跨界融合，新技术、新产品、新业态、新商业模式不断出现。这也要求必须通过优化专业设置，推动教育与经济社会发展实际相吻合，更好地服务社会主义现代化建设。

其次，专业设置作为招生、就业、教育统计等的基本依据，较为重视规范性与继承创新。这是国家专业目录调整遵循的一条重要原则。随着我国教育管理水平的发展，专业设置也日趋科学规范，与专业内涵及其对应职业的相符程度日趋提高。

最后，专业目录调整中赋予高校的自主权日趋扩大，尤其是高职、高专院校。尽管我国专业目录实行动态调整机制，但为了更好地服务于社会经济发展，在保证专业内涵的前提下，灵活设置专业方向，增强学生就业创业能力和适应职业变化的能力。

退役士兵职业教育与技能培训是一项重要的教育活动，其科学性、规范性应从专业设置开始。当前退役士兵职业教育与技能培训一大弊端就是专业的无序性与雷同，厨师、驾驶、电焊等中职专业遍地都是，无法满足退役士兵的教育培训需要，也无法适应快速发展的社会经济。对此，民政部有关部门曾专门出台专业目录，指导此项活动的开展。如前所述，专业设置是人才培养的基本依据，也是退役士兵职业教育与技能培训选择的范围。科学、规范地开展退役士兵职业教育与技能培训工作，必须重视专业设置。退役士兵职业教育与技能培训专业设置的基本原则应遵循以下几个要求：

一是规范性，从国家有关专业目录出发，合理设置专业。对于专业设置，我国已经有较为规范的专业目录。这为退役士兵职业教育与技能培训专业设置提供了基本依据。必须认识到，专业设置是一个较为严肃的问题，其专业内涵、课程体系、人才培养规格以及课程安排等，都需要投入较大的资金、时间、精力，需要通过大量的调研，科学的研究才能确定相应的专业。对于大部分教育培训机构而言，还不具备这个能力。同时，其自设的专业也未必能够获得社会认可。故此，退役士兵职业教育与技能培训专业设置遵循国家设定的专业目录是基本要求。通过吃透专业目录，结合自身优势，可以灵活地设置专业方向。

二是专业设置必须符合社会需求，贯彻、落实就业与发展导向。专业设置要服务大局，即要服务于退役士兵高质量的就业与发展。而当前的退役士兵就业安置是由市场主导的，这就要求退役士兵职业教育与技能培训专业设置必须从市场需求出发，结合退役士兵自身特征，科学合理设置专业。

三是专业设置应符合退役士兵本身的特点。退役士兵是一个较为特殊的群体，有其明显的行为特征。这决定了退役士兵的就业有一定的规律性，具体表现在行业、企业、职位的类似性上。故此，在专业设置上应深入研究退役士兵的就业特征、职业取向、就业愿望等，设置合理的专业，不盲目跟风。

四是专业设置应符合教育培训机构自身的实力与优势。每个教育培训机构都有自身的优势，这决定了各教育培训应避免走"大而全"的模式，设置较为全面的专业，造成自身实力不够，影响教育培训质量。故此，退役士兵教育培训主管机构应引导教育培训机构建立合作意识，从自身优势出发，设置专业。教育培训机构自身也应本着为退役士兵负责的态度，充分分析自身实力与优势，设置合理的专业。

五是专业设置应具有层次性与较大的选择空间。退役士兵尽管有一定的相似性，但随着我国军事制度的改革，服役人员层次与专业性的提高，使得当前退役士兵差异性在加大。这就要求专业设置必须考虑这种差异性，为退役士兵提供更大的选择空间，既要有符合初高中退役士兵的专业，也要有符合高职高专，乃至本专科退役士兵的专业。

结合以上当前退役士兵实际情况、社会需求，目前专业设置还应以应用型为主，总体上应采取高职高专的专业设置框架，如表10-2所示。

在专业设置上，还应充分考虑各层次学历教育的有效衔接，实现退役士兵教育培训的持续发展，并推动退役士兵的终身发展。

表10-2 退役士兵职业教育与技能培训专业设置示例

专业类别	专业方向	专业课程
物流管理	商贸物流片区管理	物流与运营管理概论
		仓储与配送管理
		物流设施与设备管理
		快递员礼仪与服务规范
		快件收派与处理
		物流配送人员调度与激励

续表

专业类别	专业方向	专业课程
物流管理	超市采购	超市概论
		货源与供应商管理
		经济法与合同管理
		谈判技巧
		商品组合与定位管理
电子商务	微商运营	互联网技术发展与移动营销
		微商运营与微商运营系统
		互动营销与社群经济
		项目（产品）选择与规划
		产品微营销推广技巧
		微商运营实战模拟
	网站美工	美术基础
		电脑绘图软件基础
		软件工具学习及应用
		网页布局、设计、开发流程
		网站（网店）美工工作实例

第二节 退役士兵职业教育与技能培训课程的价值与目标定位

价值是构成课程重要的维度，正如斯宾塞在《什么知识最有价值》一书所说，在能够制定一个合理的课程之前，我们必须确定最需要知道些什么东西；或是用培根那句不幸现在已经过时的话说，我们必须弄清楚各项知识的比较价值。而价值却有一个运用较为广泛的概念，关于课程价值论的基本问题就有知识本位、经验本位、活动本位、学习经验本位等，较为典型的价值观就有斯宾塞的功用主义课程价值观、杜威的工具主义课程价值观、布劳迪的课程价值观以及课程内在价值观等。

价值作为运用较为广泛的概念，归纳起来，价值论包括主体说、客体说以及关系说三种。主体说认为价值是主体对客观事物的感受和体会；客体说认为价值是客观事物的属性，不以评判者的感受或主观意志为转移；关系说认为价值存在于主客体关系之中，是客体属性和主体需求之间具有的一致性和适宜性。在马克思主义哲学中，价值就属于外部客观世界满足人的需要的意义关系的范畴，是指具有特定属性的客体对于主体需要的满足程度。对于课程而言，尽管其是对人类各种科学知识、文化的反映和凝结，反映的是人类认识和主体的特点，但因为人类社会的科学知识、文化是客观的，故此，课程本身具有客观性。那么，课程价值就可定义为课程满足特定主体一定需要的程度，也就是课程的存在、作用及其变化对特定主体需要及其发展的适应，简单讲就是对人和社会的意义。

对课程价值而言，在主观因素方面，就在于其对主体（包括人与社会）需要的满足程度，也就是对人及社会的有用性；其客观依据在于课程满足人及社会需要的属性和功能。课程价值就体现两者之间的特定关系上。在这种关系中，课程属性（包括课程的知识性、科学性、教育性等）是课程价值的具体载体，但只有与特定的主体发生联系时才能体现其价值性（课程内在价值论对此持否定态度）。同时，课程价值又不能脱离课程而存在，否则课程价值只能是虚无的、抽象的、不可捉摸的。故此，课程价值的实质就是课程属性（知识性、科学性、教育性等）和主体（人与社会）的需要的辩证统一。

对于人类而言，课程需能够满足其自身发展的需要，能够满足其精神文化的需要以及间接满足人的物质需要等。当然，人的需要并不完全取决于主观，还决定于其所处的社会生产力和生产关系，取决于其生活的特定的社会背景。生产力和生产关系决定了人在多大程度上需要课程，通过课程满足和实现什么样的需求。这也决定了课程价值并不是一成不变的，而是随着社会变化而变化的，生产力的发展、生产关系的发展以及科学技术、社会文化的变化等都会引起课程价值的变化。

在现实中，课程价值不是单一的，而是一个完整的价值系统。按照课程价值指向对象，可以将其分为人类社会发展价值与人的发展价值两大类。这两类价值对任何社会与人种，都具有普遍价值，可以称为课程的终极价值或一般价值。进一步按照主体需要与课程属性的组合关系，可以把课程的社会终极价值或一般价值划分为经济价值、政治价值、文化价值等；而人的终极价值进一步划分为个性发展价值、谋生价值等。当然，针对不同特定个体，课程的价值可以进一步地细分，如审美价值、自我展示价值、发展创造价值、心灵塑造价值等。

对于退役士兵职业教育与技能培训课程体系建设而言，自然受到课程价值观的影响，也需要深入分析相应课程的价值，才能有针对性地开发、建设课程体系。在当前退役士兵职业教育与技能培训课程体系中，存在过度强调课程的政治价值，忽略课程的经济价值；强调课程的知识经验价值，忽略智能价值；重视课程的技能价值，忽略课程的情感价值等错误做法，这对退役士兵职业教育与技能培训带来了不良的影响。

退役士兵职业教育与技能培训课程的本质是什么？对于国家、社会而言，退役士兵职业教育与技能培训课程具有扶持特殊群体，促进社会稳定与国防事业持续发展的价值。对于退役士兵个人而言，课程价值一方面是人生要义的探索，人生道路的指引，人格的健全，良好心态的建立等具有的价值；另一方面，退役士兵职业教育与技能培训课程还具有传输知识，发展智力的价值；此外，退役士兵职业教育与技能培训还具有促进退役士兵谋生技能提升的价值，使其能够有好的职业发展。故此，退役士兵职业教育与技能培训课程价值也是一个体系，包括了人格发展、职业发展等方面，是"育人"与"育才"的有效统一。

如何实现课程价值，应该从退役士兵职业教育与技能培训组织体系与课程价值本身来源进行分析。①退役士兵职业教育与技能培训具有很大的公益性，其社会价值充分体现了这一点。这也决定了政府机构在开展退役士兵职业教育与技能培训中的重要作用，一方面，政府机构提供了必要的资金，使退役士兵职业教育与技能培训具备了开展的基础；另一方面，政府机构直接与退役士兵联系，它们对退役士兵的课程价值认同起到重要的影响，通过舆论宣传与教育引导等会影响退役士兵及其家人对教育培训课程的认知。退役士兵是课程价值实现的最重要的主体，没有退役士兵的参与，实现相应的课程价值是根本不可能的，这需要退役士兵的主动参与，即在态度上应重视、主动、积极，而不是消极地参与。对于课程学习而言，学员的学习兴趣，即带有感情色彩的渴望获得知识的个性心理特征，积极认知倾向，会影响其学习效率与效果。同时，学习责任也会对课程价值产生较大的影响。如果退役士兵能够充分认识到学习是个体适应社会的责任与义务，那就会对学习目标和意义产生更加全面的认识，进而学习态度会更加积极，促进课程价值的实现。所以，退役士兵本身也是实现相关教育培训课程价值的重要因素。②课程价值的产生需要退役士兵积极将所学的知识、经验与原有的知识、经验相结合，进行内化，才能发展自己的个性潜能、智力、情感等，才能真正体现课程价值。教师作为具体课程的教授者，其自身的能力与素养也是影响课程价值实现的重要因素。尤其是对于退役士兵而言，这是一个特殊的群体，不同于普通学生，理解他们，研究他们的学习规律，都需要教师具有特殊的能力与素养。这种素养第一方面体现在要求教师具备课程主体意识、生成意识、课程资源意识，要成为课程实施的主体，要具备课程开发的意识与能力；第二方面要求教师具有较强的专业技能，专业实践能力要突出，引导学员动手能力要突出，这是退役士兵职业教育与技能培训课程所要求的；第三方面是教师具备反思能力、总结能力，能够及时根据退役士兵学习发展，反思相应的课程，促进自身"实践性学识"的提升。③教育是一个生态系统，教育培训机构构成了退役士兵职业教育与技能培训的"隐形课程"。故此，教育培训机构的文化与氛围也会影响到相关显性课程价值的实现。教育培训机构的文化会通过各种抽象的制度、规范、价值观等影响学员学习的效果。研究表明，教育培训机构具有的效能文化、控制文化、信任文化能够影响学员学习绩效与社会情感发展。将学员置于主体地位，与学员保持密切联系，教学相长，多元沟通，行为开放等文化能够有效促进课程价值的实现。教育培训机构的氛围也会对课程价值产生很大影响，开放、和谐、健康的氛围更有利于课程价值的实现。良好的氛围能够促进教师与领导的合作与尊重，激发教师的工作动机，提高合作意识，以及更好的资源支持等保障课程价值的实现。④退役士兵退役后，家庭对其就业与培训也会产生较大影响。家庭成员对退役士兵职业教育与技能培训是否认同，也会直接影响相关课程的实施及价值的实现。

在明确退役士兵职业教育与技能培训课程价值的基础上，进一步分析其定位。从面向对象来看，退役士兵职业教育与技能培训课程是面向退役士兵这一特殊群体的；从课程类别上看，它属于职业教育与技能培训课程，而又因退役士兵已经达到成人阶段，故其又属于成人教育类课程；在课程目标上，该课程主要目标是促使退役士兵顺利完成再社会化，具备一定的职业能力，能够从事某些界定职业并有所发展，终极目标是促进退役士兵的全面发展。

由此可以看出，退役士兵职业教育与技能培训课程与一般意义上的职业教育、成人教育课程既有联系，又有区别。造成有区别的根本原因在于退役士兵是来自较为封闭、高度机械化的环境。环境导致其必须进行再社会化，才能有效适应外面的社会。所以，退役士兵职业教育与技能培训课程不能仅仅包括专业技能课程，还必须包括注重退役士兵心理发展、情感发展，乃至思维训练方面的课程。

综上所述，退役士兵职业教育与技能培训课程的价值在于促进退役士兵的全面发展，更为具体一点讲就是就业与发展。从这一点出发，退役士兵职业教育与技能培训课程体系应该涵盖基础性课程、发展性课程以及创造性课程。基础性课程主要侧重于让退役士兵对某个事物有基本的认知，培养退役士兵掌握某一专业的基本概况。当然，基础性课程的设置也必须贴近社会实际，结合退役士兵实际情况设定，能够使退役士兵充分了解自我、了解社会、接触社会，帮助其顺利实现再社会化，提高其选择能力，为其专业选择、职业选择以及后期发展奠定较好的基础。发展性课程面向退役士兵人身发展与未来的职业发展，引导退役士兵形成具有个体特征的素养结构，能够适应未来职业发展的需要。创造性课程主要培养退役士兵自主发现问题、分析问题、解决问题的能力，能够适应当前双创社会的发展需要。

第三节　退役士兵职业教育与技能培训课程体系构建原则与逻辑

课程体系是要解决退役士兵职业教育与技能培训需要开设哪些课程，课程之间有什么联系，以及具体的课程标准是什么等问题。在确定课程体系时，首先应确定课程体系建设的原则。原则一方面来源于实践经验的归纳和概括；另一方面来自理论演绎和推论。另外，任何一种编制课程的原则都有其具体的社会历史实践，有其具体的针对性，是历史的、具体的、相对的。故此，在确定退役士兵课程编制原则时，不应机械地搬用理论条文，而应努力关注各种原则体系所针对的课程编制过程中的各种矛盾关系，比如，知识逻辑和心理逻辑的关系，社会要求和个人发展要求的关系，各种类型的知识之间的关系等。综合以上分析，退役士兵职业教育与技能培训课程体系构建应遵循以下原则：

1. 能力本位与职业导向原则

如前所述，退役士兵职业教育与技能培训课程的价值与目标决定必须遵循能力本位与职业导向。作为培养目标的载体，退役士兵职业教育与技能培训课程体系建设必须遵循这个原则，相应的课程应围绕职业能力培养进行设置，才能提高退役士兵的职业技能，促进就业。

为此，在退役士兵职业教育与技能培训课程体系构建时，首先应确定相应的基本素质能力、职业能力等，围绕这些能力开发相应的课程，将课程与职业能力培养对应起来。在这个方面，素质能力模型（又称胜任力模型）为退役士兵职业教育与技能培训课程体系建设提供了很好的理论依据。

2. 连贯性和整合性相结合原则

退役士兵职业教育与技能培训课程是一个体系，由众多的课程共同组成。这些课程之间具有一定的独立性，又有必然的联系，共同围绕课程价值、目标发挥作用。故此，在构建退役士兵职业教育与技能培训课程体系时，必须充分考虑到退役士兵已有的知识、经验；充分考虑到其原先的生活环境，将教育与培训课程结合，将职业通识教育与职业专业教育、职业技术教育与人文素质教育、专业技能与综合素质等课程紧密结合，既能培养"人"，又能培养"才"。建立课程之间的联系，应遵循从简单到复杂的递进关系，还要增强课程体系信息的框架，使退役士兵能够清楚、全面地认识课程之间的联系，每门课程的价值、定位等，切实提高退役士兵学习课程的目的性、针对性。

课程设置遵循连贯性，体现课程是一个有机的系统，同时需要注重课程之间的整合。整合既体现在退役士兵职业教育与技能培训整个课程体系中，也体现在具体一门课程之中。整合是指在课程体系中，相关知识应能够包容其他相关知识，课程内容之间具有较好的横向联系。课程整合有助于退役士兵更好地获得完整的知识、技能，建立系统的知识体系。

3. 校内与校外相结合，课堂课程与网络课程相结合原则

如前所述，当今的教育是一项系统工程，需要校内、校外的共同参与。职业教育与技能培训是面向个体职业发展的，它必须能够发展个体的多种专业技能，才能适应职业或岗位不断变化的需求。职业与岗位上的变化也要求必须开发校内、校外两种课程。

退役士兵职业教育与技能培训尤其如此，这是因为其具有典型的成人教育与职业教育的特征。这决定了退役士兵职业教育与技能培训必须重视校内、校外课程建设，并强化两类课程之间的有机联系。对于校内课程而言，其目的性、计划性与组织性更强，更能体现教育的系统性。对于校外课程而言，更多体现了开放性、针对性、专业性、侧重于培养退役士兵的动手能力、实操能力，直接为从事相关职业做好准备。

建立退役士兵职业教育与技能培训校内、校外两种课程就需要教育培训机构与企业、行业协会等建立紧密的联系，建立相应的协作、

协同机制，整合各类资源，协同全社会共同参与此项工作。

4. 专业技能本位与社会本位相结合原则

尽管退役士兵职业教育与技能培训是面向职业技能，但必须认识技能发挥存在积累性规律，即一种技能的发挥必须建立在其他技能基础上，否则就成为"空中楼阁"。职业技能的学习、培养与发挥同样需要建立在基本的、综合的素质能力基础之上。此外，正如联合国教科文组织所指出的那样，人类的问题已经不能单独靠科学来解决，必须从社会的角度包括社会准则、伦理道德来考虑，应把生物、社会问题与人们生活密切相关的事件包括在课程里面。在教学中，应当涉及有用的、有实际价值的课题，把它们作为贯穿学科的线索而选为全部课程的一部分；还应鼓励学生综合具有普遍性的问题，提高其解决问题的能力、风险的意识、生态的方法和决策的能力等。

故此，在强化退役士兵职业教育与技能培训面向专业技能、职业技能的同时，必须提高其认识社会、适应社会的能力，建立起自我学习、终身教育的理念，提高其获取信息、理性思考、有效交流、持续学习的能力。在当今及未来"大众创新，万众创业"的时代背景下，还要注重退役士兵在思维、洞察力、决策、身心健康等方面的课程开发，以适应时代发展。

5. 传统课程与网络在线课程相结合原则

信息技术的发展，使得学习方式、学习渠道发生了翻天覆地的变化，也使得人们的学习方式、接触媒体的方式发生了变化。而整合资源、课程的开放性以及知识更新速度的加快也使得必须重视网络课程的开发。此外，退役士兵作为一个成人群体，其学习时间的碎片化也使得利用网络在线课程可以有效提高其学习效率和效果。通过网络在线课程的开发，也能为退役士兵营造探索和创造的空间，满足其个性化的学习与发展要求。通过网络在线课程的开放，退役士兵可以随时、随地就感兴趣的问题收集信息，提出疑问，同人交流，进而促使其协作能力、探索能力、创造能力等得到提升，个性得到发展。

在重视网络在线课程的同时，必须认识到退役士兵是一个较为特殊的群体，一方面，其基础较差，需要系统的知识，并有效激发其学习兴趣，这些需要通过传统课程，由教师面授较为合适；另一方面，也需要通过传统课程将网络课程内容有效整合起来，否则，将会"只见树木，不见森林"。

　　在确定退役士兵职业教育与技能培训课程体系的基础上，还应进一步确定具体课程编制的原则。所谓课程编制，是针对具体而言的，是如何选择材料，并按一定顺序将材料组织合成为结构的过程、技术与方法。这个过程包括确定课程目标、拟订课程形式与结构、选择和组织教学内容、实施课程和评价课程等不同的阶段和环节。教育家史密斯（B. Smith）曾提出课程编制应遵循系统知识、历久尚存、生活效用、兴趣需要、社会发展5项准则。对退役士兵职业教育与技能培训课程编制而言，以上五原则中的生活效用、兴趣需要与社会发展尤为适用。生活效用原则是以个人的社会生活为着眼点，编制的课程应对人有用；社会发展原则强调课程编制应从整个社会发展需要出发，帮助学习者了解社会以及社会中的个人权利和义务，并使其具有在民主社会履行个人义务的能力。此外，伊藤信隆在充分考虑了教育学、教育心理学原则以及社会要求后，提出了互补性、准备性、教育转换、价值统一、法规依据5个原则。其中的准备性原则提醒我们在课程编制时应考虑退役士兵的成熟度，保证其较为轻松地学习，避免因困难产生抵触感；教育转换原则提醒我们注意退役士兵的年龄特征，根据他们的认知心理编制课程内容。此外，1968年联合国教科文组织"普通教育（初等教育及中等教育阶段）课程专家会议"提出的囊括性、连贯性、可行性原则也为退役士兵职业教育与技能培训课程编制提供了借鉴。在坚持以上一般性原则外，退役士兵职业教育与技能培训课程编制还应遵循开放性、实用性、差别性原则。

　　遵循以上原则，进一步研究退役士兵职业教育与技能培训课程体系构建的一般性逻辑。首先应分析退役士兵所需的能力结构，其次在能力结构的基础上再参照退役士兵一般性发展过程与胜任力模型理论等，确定相应的课程体系。社会就业能力结构为分析退役士兵职业教育与技能培训提供了很好的借鉴。还有必要结合士兵的发展过程及其自身特点进行分析。士兵的发展过程说明应充分重视节点期的教育培训，尤其是心理教育与辅导。我国士兵大多是高中学历，学历层次偏低，文化基础差异大，总体水平不高。故此，对退役士兵来讲，无论是选择正常就业，还是选择创业，社会通用能力教育培训都是非常必要的。专业与岗位技能事关退役士兵就业时能否胜任工作岗位，能否顺利实行就业。故此，专业与岗位技能培训是退役士兵就业的保障，也是退役士兵最为关心和重视的。

随着我国经济发展，创业机会越来越多。同时，创业作为最高形式的就业，能够带动一般性就业，受到国家政府的大力支持。党的十七大早就提出，"实施扩大就业的发展战略，促进以创业带动就业"的总体部署；2008 年 9 月，国务院办公厅转发《关于促进以创业带动就业工作的指导意见》强调："强化创业服务和创业培训，改善创业环境，加快形成政策扶持、创业培训、创业服务'三位一体'的工作机制，不断激发劳动者的创业激情。"在当前国家大力鼓励和扶持自主创业的大好形势和政策下，创业已经成为退役士兵实现就业的一条有效途径。此外，士兵在部队接受的锻炼与教育使其具有较强的大局观、执行力以及韧性等良好的创业品质，为其创业打下了良好的基础。退役士兵自主创业的成功范例（CCTV2《商务时间》建军 80 周年特别节目《商界里的退伍兵》曾对退伍兵自主创业的案例进行了广泛的宣传）也大大激励着退役士兵选择自主创业。可以预见，无论是现在还是将来，将会有更多的退役士兵选择自主创业。故此，创业能力培训也应是退役士兵职业教育与技能培训体系的一部分。结合退役士兵发展历程来看，在其发展过程中的各个阶段存在明显差异。故此，节点期的教育培训也应是退役士兵职业教育与技能培训体系中的一部分。综上所述，退役士兵职业教育与技能培训的整体结构如图 10 -1 所示。

在该体系结构中，社会通用能力培训是基础，专业与岗位技能培训是保障，节点培训是重要的衔接，创业能力是最高形式。各部分之间层层递进，相互衔接，构成了一个有机的培训体系，从结构上保证了退役士兵职业教育与技能培训的实效性。

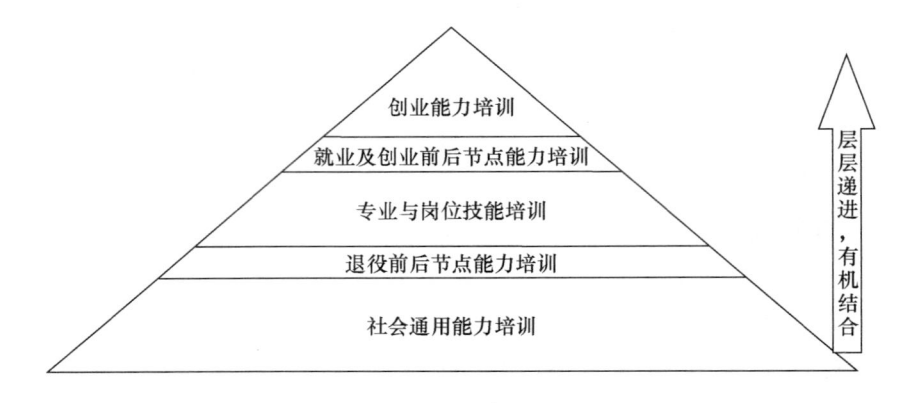

图 10 – 1　退役士兵职业教育与技能培训结构

综合以上三类能力体系，不难看出，它们之间大部分能力项目是相互重叠与交叉的。这样体现了能力的延展性与继承性，形成了如图 10 – 2 所示的关系图。

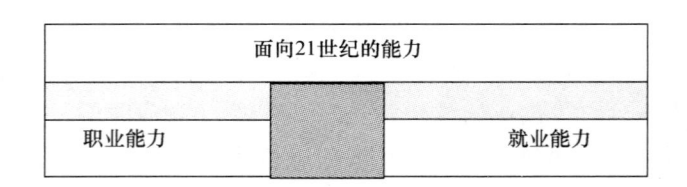

图 10 – 2　三种能力体系的关系

结合三种能力体系综合分析，可将上述三种能力体系归纳为如图 10 – 3 所示的能力体系结构。2002 年，劳动社会保障部张小建副部长在《必须为经济发展注入新的动力源》一文中指出："将开发核心能力作为提高劳动者技术技能的新基础。核心能力是指在不同工作领域中取得成功所需要的基本的、关键的能力……在科技进步和经济变化迅速的时代，劳动者如果只掌握目前工作岗位上的单一技术技能，很快就会落后和过时。因此，在培训劳动者学会一种具体的职业技能的同时，必须突出核心能力的培养和开发，使他们掌握这些能够作为发展基础的最重要的能力,掌握持续发展的能力,从而终身受益。"①

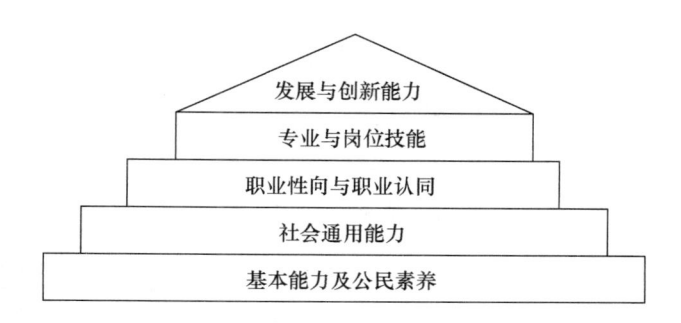

```
        ┌─────────────────┐
        │  发展与创新能力  │
      ┌─┴─────────────────┴─┐
      │    专业与岗位技能    │
    ┌─┴─────────────────────┴─┐
    │   职业性向与职业认同    │
  ┌─┴─────────────────────────┴─┐
  │       社会通用能力          │
┌─┴─────────────────────────────┴─┐
│      基本能力及公民素养         │
└─────────────────────────────────┘
```

图 10 - 3　整合后的能力体系

对于部队服役的士兵而言,某些基本能力已经具备,也具备了一定的公民素养,服役期针对某些能力项目结合社会发展进一步发展即可,如读、写、算、听、说能力等。而对于社会通用能力(核心能力)则需要全面加强,这部分内容构成了退役士兵职业教育与技能培训的主体内容,如沟通协作能力、学习能力、资源统筹能力、信息素养及计算机能力等。而对于职业性向与职业认同的教育也应在退役士兵服役期间进行,这样有利于退役士兵尽早明确自身职业生涯、做好人生发展规划,提高其参与职业教育与技能培训的主动性。参照图 10-3 的能力体系模型,将退役士兵职业教育与技能培训课程划分为基础性课程、职业性课程和发展性课程,三者有机结合,形成连贯、开放、整体的课程体系,从而保证退役士兵的全面和谐发展。

在此基础上,为更好地实现退役士兵的精准就业与发展,可利用胜任力理论,建立更为精细的退役士兵职业教育与技能培训课程体系开发模型,如图 10-4 所示。

---

① 张小建:《必须为经济发展注入新的动力源——关于提高劳动者素质、培养技术技能人才的几点思考》,《中国培训》2001 年第 1 期。

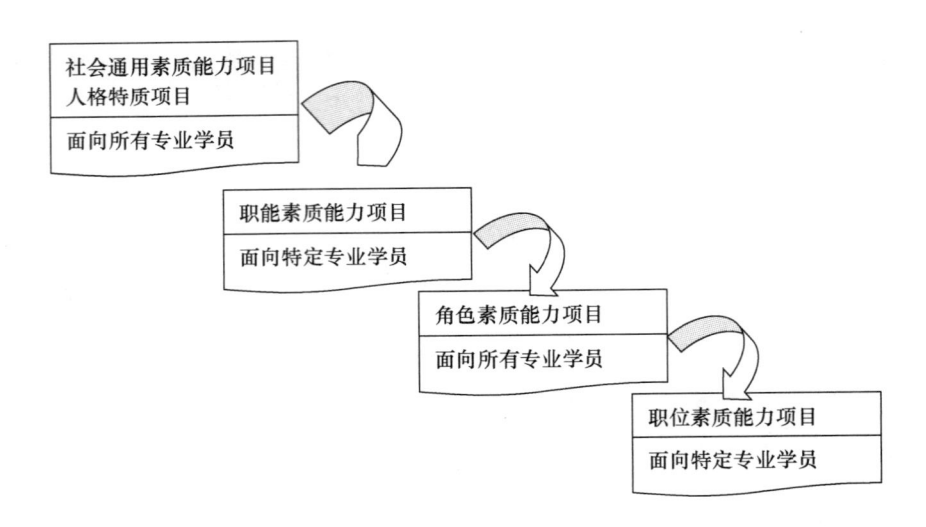

```
┌─────────────────────┐
│ 社会通用素质能力项目 │
│    人格特质项目      │
├─────────────────────┤
│   面向所有专业学员   │
└─────────────────────┘
        ↓
   ┌─────────────────────┐
   │   职能素质能力项目   │
   ├─────────────────────┤
   │   面向特定专业学员   │
   └─────────────────────┘
            ↓
      ┌─────────────────────┐
      │   角色素质能力项目   │
      ├─────────────────────┤
      │   面向所有专业学员   │
      └─────────────────────┘
                ↓
          ┌─────────────────────┐
          │   职位素质能力项目   │
          ├─────────────────────┤
          │   面向特定专业学员   │
          └─────────────────────┘
```

图10-4 素质能力模型下的应用型大学培养模式

如图10-4所示，退役士兵职业教育与技能培训是一个合、分、合、分的过程模式，即首先是对所有学员进行社会通用素质能力的培养。在此基础上，根据学员职业性向，进行专业基础与展业核心素质能力项目的培养。在专业素质能力项目培养的基础上进行拔高，也就是对所有专业学员进行专业发展能力培养（角色）。最后是根据学员的就业情况，进行针对性的专业发展与核心素质能力项目的培养。故此，在课程体系建设上，也应是一个合、分、合、分的模式。

第四节　退役士兵职业教育与技能培训课程开发

一　常见的课程开发模型

本节主要针对课程的微观设计（针对单门课程的开发设计）。微观课程开发是对课程结构、课程基本要素的性质以及这些要素的组织形式或安排的设计，主要包括目标、内容、学习活动及评价程序等要素。目前，较为常用的课程开发模型有教学系统设计模型（ISD）、分析—设计—开发—实施—评估模型（ADDIE）、绩效技术模型（HPT）、战略分解模型（SDM）、能力本位教育与训练模型（CBET）、基于岗位技能开发课程模型（DACUM）等。

1. 教学系统设计模型（Instructional System Design，ISD）

该模型是以传播理论、学习理论、教学理论为基础，运用系统理论的观点和知识，分析教学中的问题和需求并从中找出最佳答案的一种理论和方法。ISD 模型的操作步骤如图 10 – 5 所示。

分析 → **设计** → **开发** → **实施** → **评估**

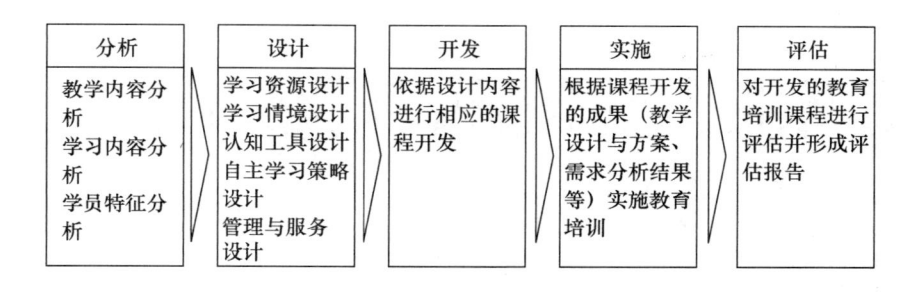

- 分析：教学内容分析、学习内容分析、学员特征分析
- 设计：学习资源设计、学习情境设计、认知工具设计、自主学习策略设计、管理与服务设计
- 开发：依据设计内容进行相应的课程开发
- 实施：根据课程开发的成果（教学设计与方案、需求分析结果等）实施教育培训
- 评估：对开发的教育培训课程进行评估并形成评估报告

图 10 – 5　ISD 模型的操作步骤

在实践中，以上操作可以进行进一步的细化，以强化课程设计的应用型、针对性（见图 10 – 6）。

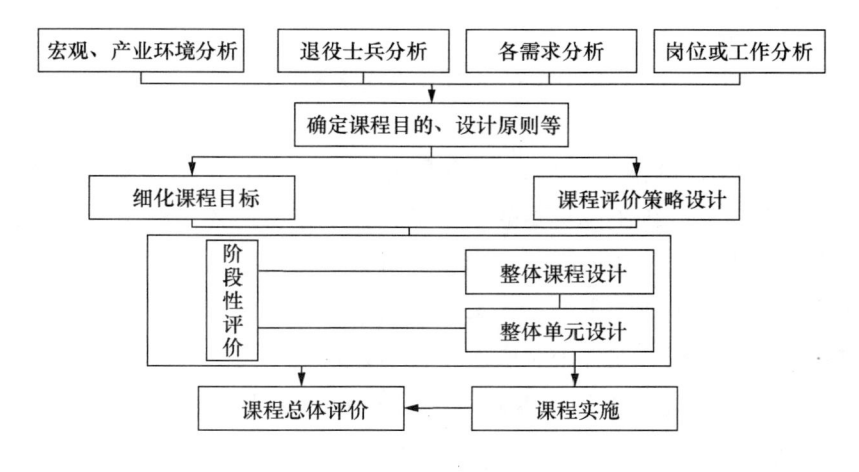

宏观、产业环境分析　退役士兵分析　各需求分析　岗位或工作分析
↓
确定课程目的、设计原则等
↓
细化课程目标　　　　课程评价策略设计
↓
阶段性评价 ← 整体课程设计
　　　　　　　整体单元设计
↓
课程总体评价 ← 课程实施

图 10 – 6　ISD 模型的实际操作

在 ISD 模型课程设计中，需求分析是起点，也决定了课程内容、学习资源等设计的有效性。故此，ISD 模型往往需要组织、退役士兵、培训机构的深度合作。

2. 分析—设计—开发—实施—评估模型（ADDIE）模型

在以上常用的模型中，ADDIE 模型最为经典，运用也最为广泛。该模型由美国佛罗里达州立大学的两位教授开发，共包含有分析（Analyze）、设计（Design）、开发（Develop）、实施（Implement）、评估（Evaluate）五个要素与 17 个步骤，见图 10 - 7。

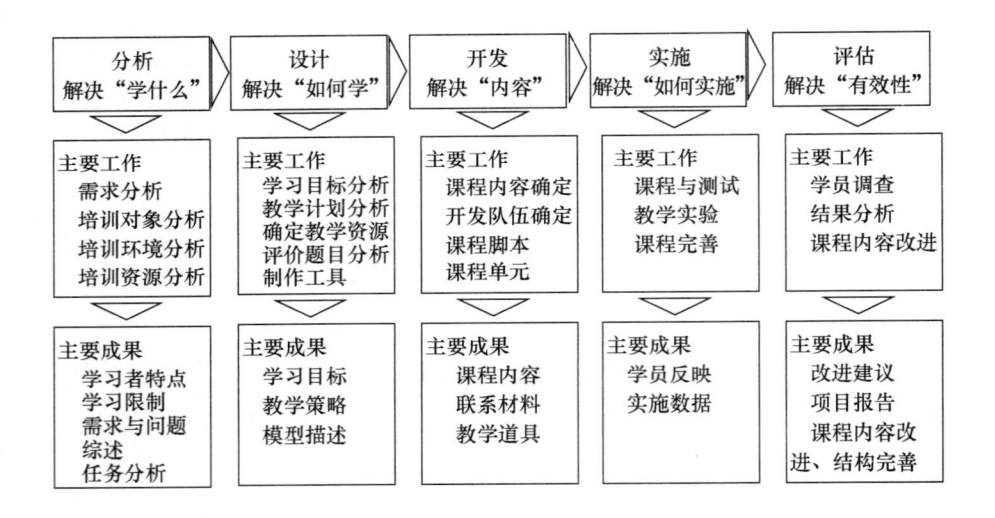

分析 解决"学什么"	设计 解决"如何学"	开发 解决"内容"	实施 解决"如何实施"	评估 解决"有效性"
主要工作 需求分析 培训对象分析 培训环境分析 培训资源分析	主要工作 学习目标分析 教学计划分析 确定教学资源 评价题目分析 制作工具	主要工作 课程内容确定 开发队伍确定 课程脚本 课程单元	主要工作 课程与测试 教学实验 课程完善	主要工作 学员调查 结果分析 课程内容改进
主要成果 学习者特点 学习限制 需求与问题综述 任务分析	主要成果 学习目标 教学策略 模型描述	主要成果 课程内容 联系材料 教学道具	主要成果 学员反映 实施数据	主要成果 改进建议 项目报告 课程内容改进、结构完善

图 10 - 7　ADDIE 模型实施步骤

在 ADDIE 模型中，分析阶段是首要的环节，是确定课程目标、计划的前提。分析阶段重要的是需求分析。如前所述，退役士兵教育培训需求不应只站在退役士兵本身进行分析，还要分析宏观需求、产业发展需求、企业需求等。需求分析也不应仅局限在分析阶段，而应贯穿于整个过程，在各个阶段进行分析，通过问卷、约谈、电话等各种形式，了解退役士兵教育培训委托机构、承训机构、退役士兵个体、企业等各方面的需求。

在设计阶段，要形成课程基础要素，重点明确为什么（Why）、何时（When）、何地（Where）、目标（What for）、内容（What）、形式（How）、对象（Who），形成课程目的、目标的文件，创建目的和目标的流程图。进一步创建课程的评估策略、内容。针对在线教育课程，还要设计用户端界面、设计面授教学的材料等，并撰写教学策略（交互式演讲、游戏、团队活动、情景模拟活动）等。

在开发阶段，要完成课程整体内容设计。开发阶段的重点在于开发创建课程材料的方法和流程，需要整合设计阶段中创建的内容。如果是在线课程，还需要程序员进行相应的技术开发和整合工作，测试员进行相应的调试。课程开发人员应根据反馈结果进行修订。

实施阶段主要进行开发课程的实施，一般情况下，还需要课程预测试或者课程实验，组织相应的专家进行课程审核。通过与测试或课程审核等，了解课程效果、课程内容、课程实施流程、课程实施情境中的问题，并进行相应的完善。

评估阶段贯穿于整个课程的始终，各阶段的开始都应将上一阶段的评估报告作为分析的重点依据，并在后期培训中不断改善和改良培训。课程开发的整个过程可以分为两个方面，即阶段性和总结性评估。阶段性评估是指在课程开发过程中各个阶段的评估和诊断，确保课程开发每一步都最大限度地契合各方的预期；总结性评估则是在课程开发实施后，可采用问卷、约谈、电话等各类形式，对学员的直观感觉以及培训效果的达成进行评估。

ADDIE 模型将 A、D、D、I、E 五个步骤综合起来考虑，使得课程成为一个有机的系统，避免了课程的片面性、盲目性等。

3. 绩效技术模型（HPT）

1992 年，国际绩效改进协会（International Society for Performance Improvement）发布了 HPT（Human Performance Technology）模型。从 20 世纪 80 年代起，该模型对教学设计产生影响。该模型是通过运用涉及行为心理学、教学系统设计、组织开发和人力资源管理等多种学科的理论，实施的广泛干预措施。绩效技术模型（HPT）可以分为 Byron Stock & Associate 模型（BSA 模型）、Branson 模型、ISPI 的 HPT 模型。其中 BSA 模型分为 BSA85 模型、BSA96 模型。BSA85 模型是根据绩效因素的控制源将绩效因素分为执行、管理、个体三个层面（见图 10-8）。

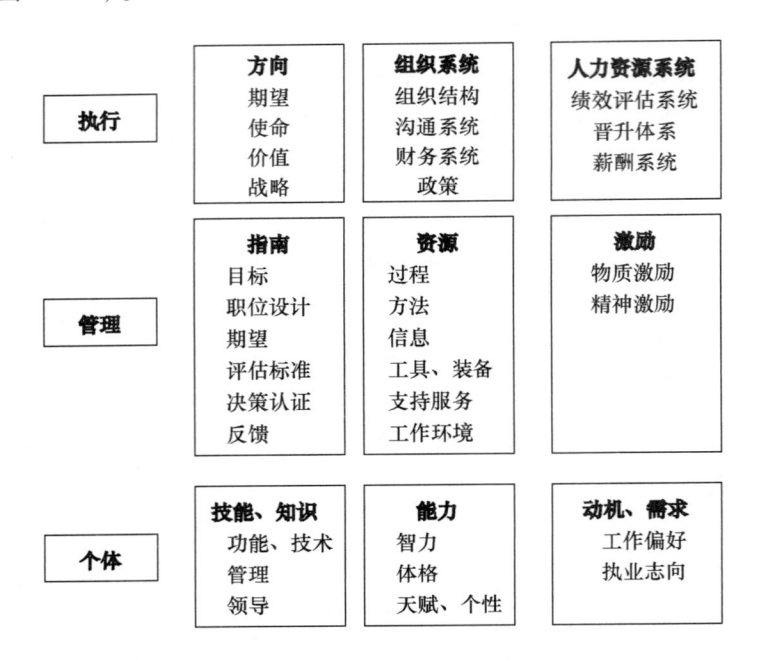

执行	方向 期望 使命 价值 战略	组织系统 组织结构 沟通系统 财务系统 政策	人力资源系统 绩效评估系统 晋升体系 薪酬系统
管理	指南 目标 职位设计 期望 评估标准 决策认证 反馈	资源 过程 方法 信息 工具、装备 支持服务 工作环境	激励 物质激励 精神激励
个体	技能、知识 功能、技术 管理 领导	能力 智力 体格 天赋、个性	动机、需求 工作偏好 执业志向

图 10-8　BSA85 模型

在 BSA85 模型基础上，BSA96 模型很好地运用了系统理论，将影响绩效的因素分为外部与内部两大类，教育培训主要侧重于内部因素（见图 10-9）。BSA96 模型较为适合开发某一类的教学方案，对一些特定问题情境的课程开发较难适应。

Branson 模型是由美国佛罗里达州立大学绩效技术中心主任 Robert K. Branson 提出的。该模型认为绩效技术由系统总体设计、职位和角色设计、筛选系统设计、培训系统设计、绩效评估设计、绩效支持系统、指导管理行为七个子系统构成的环形结构，如图 10-10 所示。

该模型遵循系统方法解决绩效问题，首先依据"需求"设计职位并建立筛选系统，确定绩效差距。根据绩效差距设计培训系统，并以绩效支持来实施。而绩效评估则是对培训系统实效性的验证。过程循环反复，并伴之以质量保障，使得绩效螺旋上升。

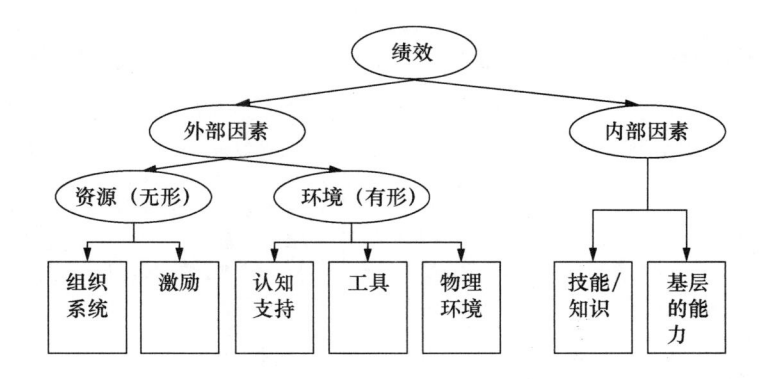

第十章　中国退役士兵职业教育与技能培训专业设置及课程体系建设　287

图 10-9　BSA96 模型

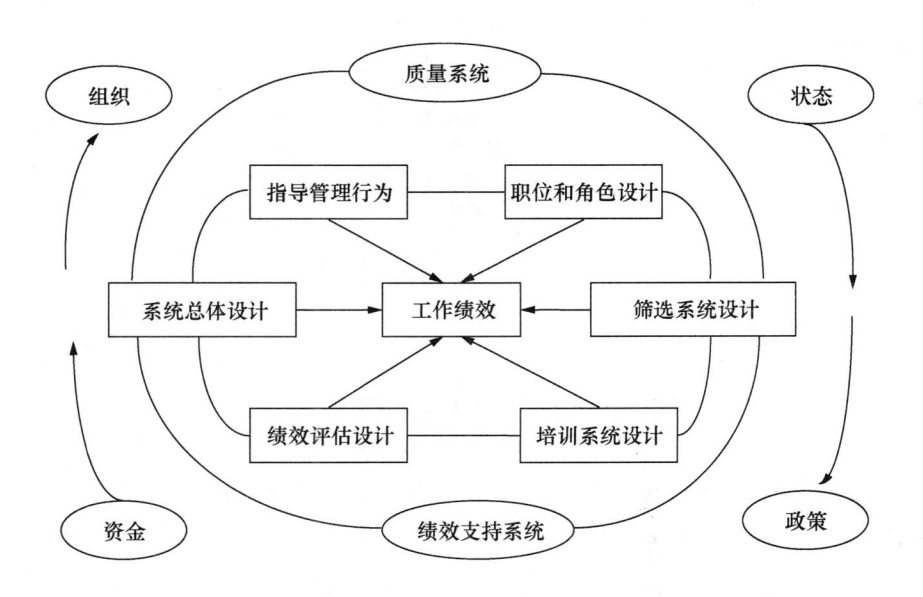

图 10-10　Branson 模型

国际绩效改进协会（International Society of Performance Improvement，ISPI）认为绩效技术是指使用从其他学科（行为心理学、教学系统设计、组织发展、人力资源管理等）引入的各种问题解决方案，来解决组织中的绩效问题。ISPI 总结出绩效技术的四项原则（关注结果、系统思考、增加价值、伙伴合作），并提出了自身的绩效技术模型（见图 10-11）。

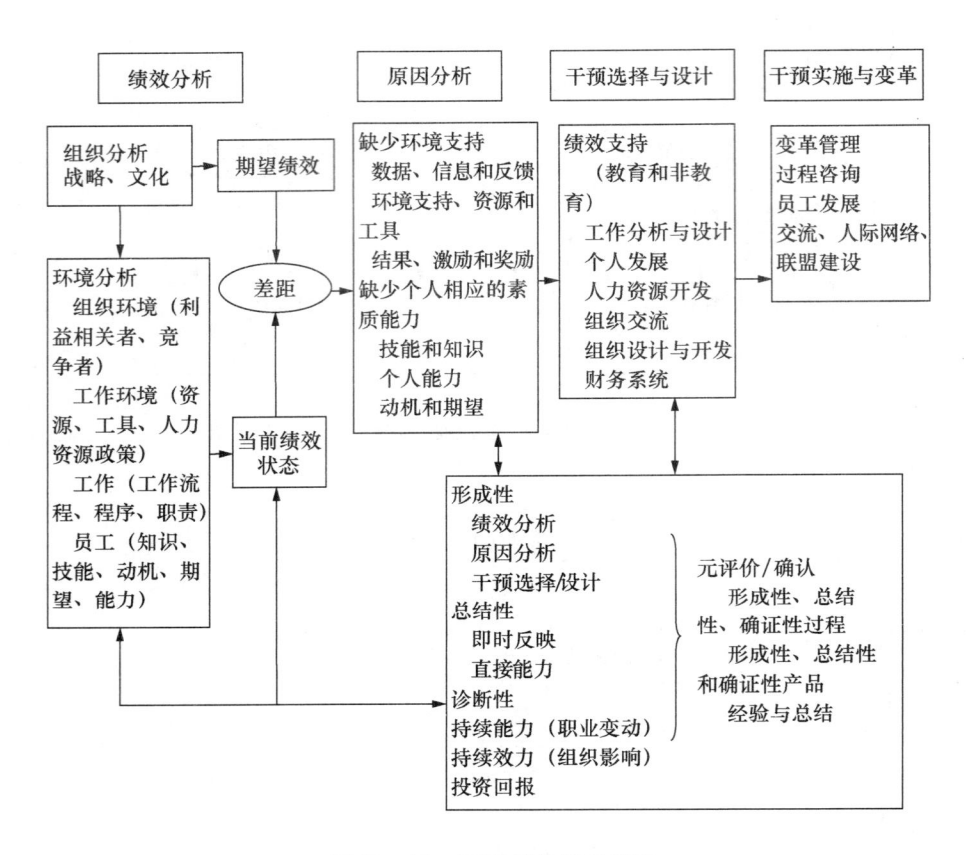

图 10-11 ISPI 绩效技术模型

该模型注重绩效差距及其原因分析，将绩效影响因素分为员工、工作、企业、社会四个维度，其中社会文化对组织内的所有要素都可能造成影响；组织结构、文化氛围则直接影响流程设置与工作标准，进而引发员工技能、态度的改变。该模型以"持续改进"为核心，"关注结果"贯穿整个绩效活动过程，是指南，也是绩效技术成败标准。而"系统思考"是持续改进的方法，是思考与解决绩效差距问题的方法，也是工作方式。"增加价值"是持续改进的焦点，应关注解决方案、动作和结果带给客户的价值；"伙伴协作"是持续改进的基础。

4. 能力本位教育与训练模型（CBET）与战略分解模型（SDM）

能力本位教育与训练（Competency-Based Education and Training,

CBET)，是职业培训的一种模式，侧重针对从事某项工作所需的能力系统进行课程设置与培训。能力系统一般由1—12项综合能力构成，每项综合能力又由专项能力构成。该种模型设计原理与胜任力模型或素质能力模型类似，不再赘述。

战略分解模型（SDM）则是从组织战略出发，通过战略分解，从组织发展的角度界定培训需求，确定培训课程，如图10-12所示。

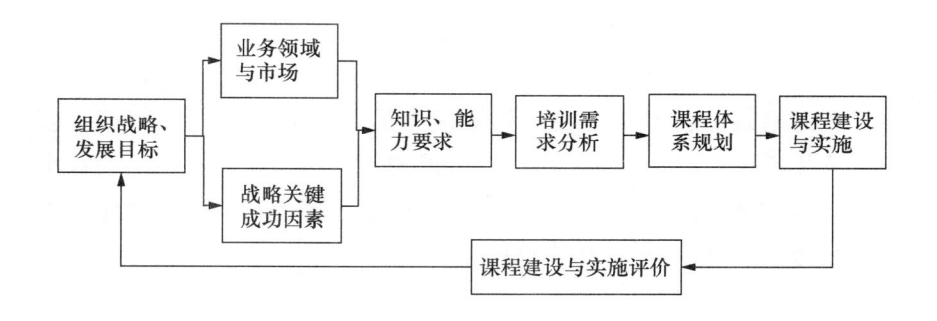

图10-12　战略分解模型

5. 霍尔模型与纳德勒模型

美国成人教育专家霍尔（Hole）根据自身的研究指出，成人教育活动可以分为四大类、11种类型，必须考虑在何种情况下，设计类型才更为有效（见表10-3）。

表10-3　　　　　　　　　霍尔成人教育活动类型

四种大类（主导者）	子类
个人	（1）个人为自己设计的教育活动 （2）个人或团体为另一个人设计教育活动
团体	（3）一个团体（不一定有固定领导）为自己设计教育活动 （4）一个教师或一群教师为一组学习者或与学习者一起设计其教育活动 （5）一个委员会为一个较大的团队设计活动 （6）两个或更多的团体为扩大共同的课程服务范围设计教育活动

续表

四种大类（主导者）	子类
机构	（7）设计一个新的教育机构 （8）一个机构在新的形态中设计教育活动 （9）一个机构在既定的形态中设计教育活动 （10）两个或更多的机构为扩大其共同的课程服务范围设计教育活动
大众	（11）个人、团队或机构为大众设计教育活动

在此基础上，霍尔构建了针对成人的课程开发模式，即霍尔模型。该模型包括七个步骤，即确认可能的培训活动、对培训活动做出进一步的决策、确信与精选目标、设计合适的课程、使课程适应更多培训对象的生活方式、实施课程计划、测量和评价结果。

确认可能的培训活动主要对学习作出决策，即培训需求的分析。对教育活动的选择作出进一步决策往往在第一步骤之中，霍尔为强调其重要性，将其单列出来。这也就是说，成人应更加理性地选择学习内容与机会。在确认与精选目标步骤中，设定教育目标应考虑环境、学习者、内容、内容的设计、抱负和动机六个影响因素，并且需要考虑它们相互适应性。针对教育目标，霍尔提出了三类目标：一是行为目标（行为的预期结果或变化）；二是引导过程的原则性目标；三是促进性目标。在设计合适的课程步骤中，应从资源、领导者、方法、时间安排、顺序、社会强化、个别化、角色和关系、评估标准以及设计方案的阐明十个方面进行考虑。资源是指支持或帮助学习活动的人、物和环境。领导者是指引导学习者完成目标的教师或促进者。方法是指帮助学习者完成目标的各种方法，学习目标、学习时间、学习者数量、资源情况、对学习方法偏好、领导者等都会影响方法的选择，其中领导者起决定作用。因成人生活的复杂性，时间安排是成人培训设计的难点。顺序是学习内容编排的顺序，学员基础与知识逻辑是影响因素。社会强化是指不同学习情境中社会层面对学习活动的促进力量。个别化是指课程应符合学员个体不同的需要以及能力基础。

角色和关系是指学习过程中学员所发挥的作用及与其他相关者的关系。在使课程适应目标对象的生活方式中，霍尔指出应从指南、社会方式、经费和解释四个方面使课程适应成年人生活方式。培训指南包括培训条件、培训时间、课时安排、食宿安排等。社会方式是预期成人参与学习活动后在生活上形成的变化。经费是指培训中的投入。解释是培训之前向学员的介绍内容。实施课程计划应建立在领导者和学习者相互讨论的基础之上。测量和评价结果应体现主、客观相结合的原则。

霍尔模型面向成人教育培训，具有较好的普适性，关注的因素较少，很好地考虑了成人需要的特点与生活复杂性等，也凸显了成人课程的特殊性。

纳德勒模型就是一种开发企业培训课程的模型，由八个步骤组成，即确定企业需求、明确工作绩效、明确学习需求、确认课程目标、建立课程、选择学习策略、选择教学资源、实施培训课程（见图10-13）。

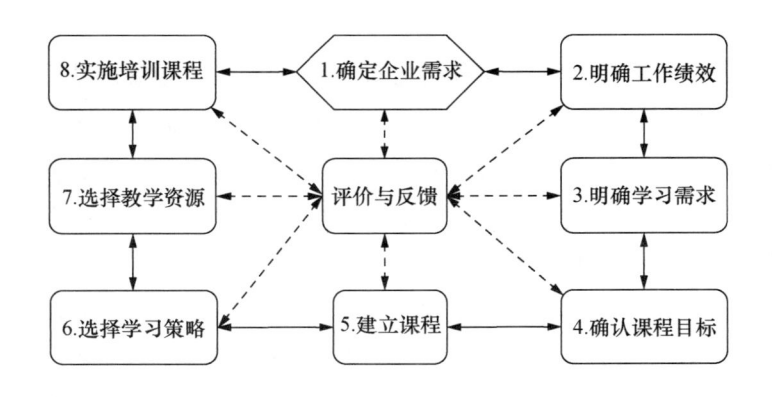

图 10-13　纳德勒课程开发模型

二　课程开发模型的发展

1. PRM 课程开发模型

PRM 是 phenomenon、reason、measures 三个英文单词的首写字母组合，是现象呈现—原因分析—解决措施的简称，是一种借鉴咨询项目操作流程发展起来的课程开发模型，适用于组织内教育培训课程开发，其开发示例如图 10-14 所示。

第一部分：P—现象呈现	退役士兵就业常见的十个误区（占时20%)		构建情境，引入问题
第二部分：R—原因分析 产生误区的原因（占时20%)	1.经济发展因素 2.战友、朋友因素 3.家庭因素 4.个人因素	如果有，简单提及 淡化 淡化 远离社会 眼高手低 缺乏对职业的客观认识	背景讲解 问题聚焦
第三部分：M—解决措施 如何精确、客观地选择职业（占时60%，5W1H)	1.传道：择业的基本理论		问题、互动
	2.授业：择业的方法、技巧、工具		案例教学
	3.解惑		讨论、分析典型
课程定稿	课程名称：退役士兵择业技巧		提炼、归纳

图 10 – 14　PRM 课程开发示例

现象呈现阶段主要是课程面向对象存在的不良情境，尽可能把所有的现象罗列出来。现象呈现主要目的是较好地体现学员面临的情境，让学员感觉到真实性，激发学员学习兴趣，获得学员的认可。对于现象呈现，麦肯锡咨询公司提出了"相互独立，完全穷尽"的原则，即各现象之间必须保持独立性，能够单独地进行阐述和说明。

原因分析是对现象的分类和归纳，分析和挖掘导致以上现象的原因。原因分析应尽可能地把与之相关的所有原因都找出来，绝不遗漏。同时，应分析导致现象的最重要的原因，做好轻重缓急排序。在原因分析时，应找到核心要素，进行重点说明。

解决措施是依据以上原因分析，通过系统分析，找到解决问题的方法、技巧、工具，可以按照"传道、授业、解惑"设置内容。传道主要包括专业知识，解决问题的原则、原理和指导思想；授业是给出解决这类问题的具体方法、技巧、工具；解惑是答疑解惑，设置问题解答环节。

PRM 是一种非常简单可行的课程开发操作模型，课程开发人员依据实际观察，进行相应的课程设计。需要注意的是：PRM 比较适合微课类型的课程开发，课程展现形式也较为灵活；"现象呈现"和"原因分析"应通过调查获得，需要课程开发人员深入一线，不能凭借自己想象来获得；同样地，"措施和解决方案"也需要课程开发人员深入一线，将专业知识与实践有效结合，才能找到系统性的解决措施。

2. SAM（迭代课程开发）开发模型

教育心理学博士迈克尔·W. 艾伦（Michael W. Allen）和理查德·塞兹（Richard Sites）研发了迭代课程开发技术模型——SAM（Successive Approximation Model），该模型的本质是迭代。迭代源自计算机领域，是利用计算机运算速度的优势，对一组指令进行重复执行（称为迭代），每一次迭代的结果作为下一次迭代的初始值。SAM 就是通过快速的实验找到正确的课程解决方案并通过实证验证其设计效果。在当今时代，创新速度加快，知识更新速度也在加快，就要求教育培训课程需要不断创新、不断更新。相比其他课程开发模式，SAM 具有速度快、评估早、成本低、统合综效四大核心优势。SAM 能够将复杂的需求简单化，从快速评价环境、需求和目标开始，快速加以思考并准备一份粗略的设计方案进行讨论，随后，尽可能快地提供一种设计理念。结束一个评价、设计、开发的流程后，会进行多次快速迭代，直至最好的结果产生。由于 SAM 过程具有迭代性，为达到最高质量的教学设计，迭代过程将进行多次修改和试验，保证尽早且尽可能连续地展示正在开发的课程。即在创意的初始阶段，也就是设计阶段就开始评估，由使用课程的学员参与评估、提供反馈，由专家进行内容的评估，由管理者进行课程需求的评估等。SAM 技术缩短了用时，降低了人力、财力和时间等显性成本。同时，在设计阶段就频繁多次修改，可以减少后期错误的产生，很大程度上降低了后期修改、返工和重新开放等隐性成本。SAM 技术让专业的人做专业的事情，具有明显统合综效的优势。课程开发过程中，不同的人扮演不同角色发挥各自优势，有的专门负责提供专业的知识、经验、内容、架构等，有的专门负责原型设计，有的专门负责成果制作，有的专门负责组织实施等。这种实施方式解决了目前很多课程开发中"懂专业的人不懂开发，懂开发的人不懂专业"或"懂专业的人没时间开发，有时间开发的人不懂专业"等问题。该模型分为准备阶段、迭代设计阶段、迭代开发阶段三个阶段（见图10-15）。

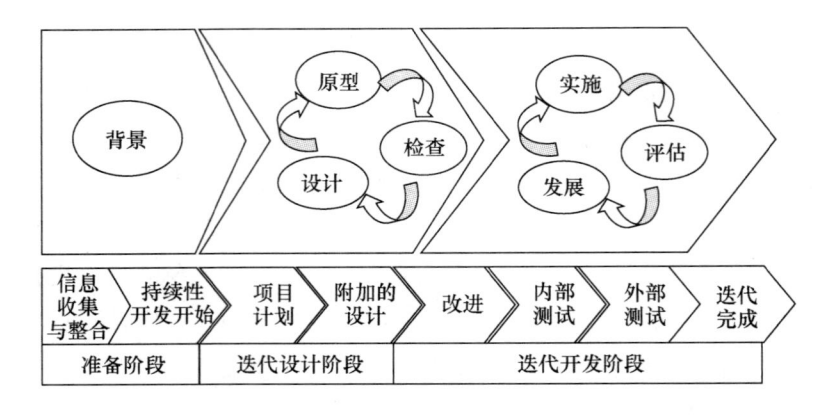

图 10-15 SAM 模型开发的三个阶段

准备阶段主要包括信息收集与整合，并迅速进行持续性开发。从这一点上讲，SAM 模型大大提升了课程开发的效率。这也意味着起始的课程开发可能并不成熟，是通过不断的迭代解决问题，提升课程质量的。该阶段的主要工具是认知启动会议，将收集的信息交给课程开发参与者进行讨论、获取反馈，并将取得的共识进行质疑、优化，进而进入迭代设计阶段。

迭代设计阶段应遵循有意义、好记忆、可激励三个原则。有意义是指课程能够保证实际工作绩效得到提升；好记忆是指学员能享受过程，将内容记住并带走；可激励是指课程内容有趣，能够激励学员将所学应用到工作中去。为了更好地体现以上三个原则，体现课程的应用以及提高课程开发效率，SAM 迭代设计应关注学员面临的情境、遇到的问题、相应的活动。课程开发首先要明确设计原则，要体现学员需求，符合组织需求与团队期望。在课程内容设计上，最好能够设计真实情景与结合工作的绩效挑战等。

三 退役士兵职业教育与技能培训精准化课程设计

如前所述，大部分退役士兵返回社会后，经济压力、工作压力较大，加之长期脱离社会环境，很多时候难以安静下来进行学习。这决定了退役士兵职业教育与技能培训工作不同于一般的教育培训工作，要承受较大的压力，必须能够准确、高效地完成相应的工作，实现就业与发展的预定目标。故此，在退役士兵职业教育与技能培训课程开发中应坚持精准化的原则。所谓精准，是指精确、准确，在这里表示准确、高效。所谓精准化课程设计就是以就业与发展为导向，遵循退役士兵职业发展的基本规律，准确地面向社会需求，根据退役士兵本人特点，做好精确测量，实现精确定位，设定精确的技术手段，组建精确的师资队伍，开发精确的教学内容，进而实现精准就业与发展。退役士兵教育培训精准化课程设计体系，如图10-16所示。

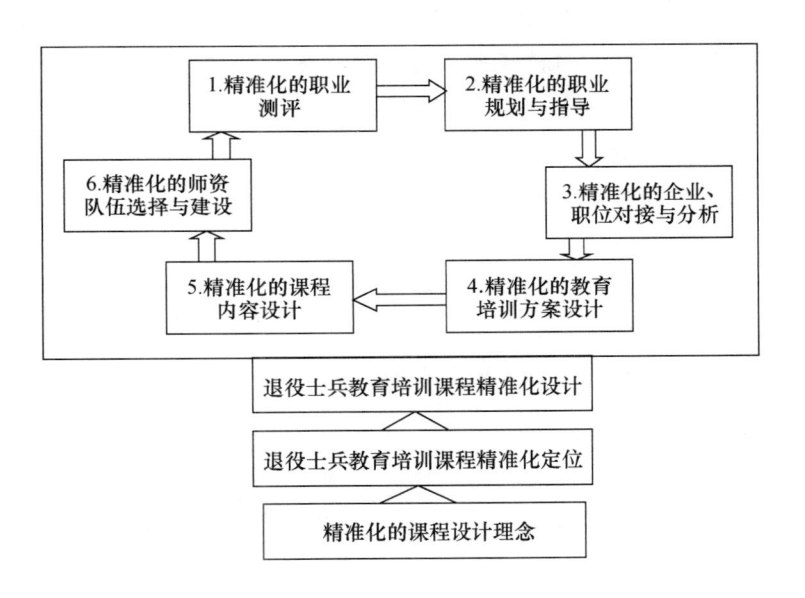

图10-16 退役士兵教育培训精准化课程设计模型

第一，要建立精准化的课程设计理念，清楚退役士兵教育培训课程设计目的与指向，实事求是地根据退役士兵实际情况、社会经济发展现状与未来趋势等有针对性地设计课程，不能盲目地追赶潮流，片面地要求专业与课程的"新"。同时，退役士兵教育培训课程设计务必从"实"出发，追求实效，不能为课程设计而设计，片面地追求形式，而忽略了实效性。建立精准化的课程设计理念，就要求承训机构及相关人员必须深入教育培训第一线，掌握退役士兵参与教育培训以及企业用工的第一手材料；要求承训机构必须与企业等组织建立深度的战略合作关系，共同就专业设置、课程开发进行深入研讨，共同进行课程开发工作，确保实现退役士兵、企业、职位之间的精准匹配。此外，精准化的课程设计理念，也要求承训机构必须建立精益求精，追求卓越的价值观与文化，不断进行课程优化与完善。

第二，要针对退役士兵教育培训课程做好精细化定位。这既要做好退役士兵教育培训课程的总体定位，还要针对不同层次、不同区域的退役士兵做好细分定位。对于退役士兵教育培训课程的总体定位就是职业教育类培训，服务于退役士兵的就业与发展。在总体定位下，围绕参与退役士兵的具体情况，如服役年限、地理区域、学历层次等分别做好课程定位工作，真正能够将总体定位落实到具体课程之中。如上所述，针对退役士兵职业发展中的具体问题，细化课程目标，也需要做好具体课程的精准化定位工作。

第三，在以上精准化理念与精准定位的基础上，还要形成具体的精准化课程设计模式。如前所述，所谓课程是指包括教师、学生、教材、环境四因素动态交互作用的"生态系统"。故此，要围绕以上四个要素形成精细化的操作系统。针对退役士兵，首先应明确其职业倾向，即其适合从事什么样的工作。这是工作的第一步，相应的教育培训课程内容设置应以此为基础，进行精细化设置。当然，所谓精细化测评，并不是简单地明确退役士兵职业倾向即可，还要保证其与行业、企业、职位的精细化匹配。故此，在基本的职业倾向测评基础上，还应与企业或其他组织一起，开发针对企业的测评系统，以求得退役士兵与企业在文化上的认同，价值观上的匹配。此外，为尽可能使退役士兵与职位相匹配，增加教育培训内容设置的科学性，还可以进一步进行职位胜任能力的测评。

在精准测评的基础上，要针对退役士兵开展一对一的职业规划与指导。这需要专业的职业规划与指导人员针对退役士兵职业倾向、现实的社会就业环境与退役士兵开展面对面的一对一服务，通过这种服务,实现精确规划、引导等。

退役士兵是一个较为特殊的群体,其就业与发展也是有一定的特殊规律可循,这是由于退役士兵在部队环境形成的行为模式很难彻底消失。从另一方面来看,如果能够恰当地利用这一点,是可以成为退役士兵就业与发展的优势。故此,企业的选择也是退役士兵就业与发展的关键影响因素。企业也理应成为退役士兵教育培训课程建设的重要因素。从定性来看,具有较强执行力文化,尤其有一定涉军背景的企业,较为适合退役士兵就业与发展。当然,可以针对退役士兵就业与发展,可以开展大数据分析,得出其行业、企业规律,更好地实现精准化配置。

有了以上精确化的操作,就可以形成精准化的教育培训方案。方案高效针对退役士兵就业与发展形成具体的教育培训目标、具体的教育培训要求、具体的教育培训模式与计划等。围绕精准化的教育培训方案,可以具体设计精准化的课程内容,形成精准化的课程。对于精准化的课程而言,还需要更加精准化的考核方式、督学方式,使退役士兵能够保质保量地完成学习任务,并针对学习中的困难,能够开展精准化的服务与咨询等。此外,对于课程的其他辅助内容,如教材、教具、实验器材的开发等,也需要精准化,这样才能真正符合退役士兵教育培训的需要。

退役士兵作为一个较为特殊的群体,对师资与服务人员也有一定的要求,最好是由懂他们,并且具有爱心与责任心,同时具有较高的专业性的人担任课程的教师。故此,还应围绕具体课程,建设精准化的师资与服务人员队伍,这样才能有效支持教师与退役士兵之间的互动,形成一个有机的生态系统。

四 退役士兵职业教育与技能培训情景化课程开发

当前社会科学技术迅速发展,相应的电子、信息、通信等技术领域都取得举世瞩目的突破与进展。这也使得人们接受的媒体呈现多元化发展趋势,四大传统媒体已经被手机、平板电脑等移动多媒体逐步替代。一是光电、媒体制作等技术的发展,也使得当前媒体会利用各种影像、声音,乃至感觉对人进行感官刺激。这使得人们越来越倾向于个体感知，注重自身的体验，甚至呈现娱乐化趋势。鲍德里亚就曾提出，在从生产性（productive）社会秩序向再生产性（reproductive）社会秩序转变的过程中，技术和信息的新形式将占据核心地位。在再生产性社会秩序中，人是用虚拟、仿真的方式来构建世界，削弱了现实世界与表象之间的区别。这使得人们陶醉于众多画面、影像所造成的紧张和感官刺激。这也使得当前人们割裂了现实与表象，追求日常化的感官感觉，在心理上也倾向于接受轻松、娱乐、个性化的信息。

二是信息技术、移动互联技术以及终端设备的发展，使得人们面临信息超载。这也使得现在的人们更多地倾向于通过互联网终端快捷地获得相应的知识、信息。同时，信息技术、互联网技术的发展，也使得知识、信息传播呈现多样化、多渠道化，通过全方位的刺激获得受众的认可。这个追求体验的时代，使得传统的侧重于理论知识、文字、叙述的课程难以吸引人们的注意力。这就要求相应的课程必须首先能够吸引退役士兵，其次能够满足退役士兵需求，真正帮助其发展。这也使得退役士兵教育培训课程开发必须关联相应的情境，应有相应的情感诉求，这样才能更好地满足退役士兵学习需求和情感诉求。

三是从学习方式与学习技术发展来看，也必须注重情景化课程开发。当前，为了更好地提高学习效率，行动学习、案例学习、社会化学习、游戏化学习乃至复盘等学习方式不断被开发与推广。这些学习方法为人们学习提供了更多的选择。但这些方法最后还必须以课程为载体，才能有效实施。另外，尽管学习技术互联网化趋势日趋明显，微课、慕课成为流行趋势。但无论是微课还是慕课，如果没有高质量的课程载体，也是很难落地的。

综上所述，退役士兵职业教育与技能培训必须顺应时代发展潮流，与时俱进，充分吸收、充分认识到场景是学习的发生地和作用地，应利用当前各类技术发展，开发情景化课程，满足退役士兵多感官学习的需要。所谓多感官学习，是指通过多种方式、途径，对学员进行看、听、感觉等各个感官刺激，有效调动退役士兵学习的积极性。

所谓情景化课程设计是课程内容、教师等来源于现实工作、生活的，依据职业要求和工作开展步骤的课程设计方法。该类课程能够使退役士兵身临其境或产生极高的共鸣，将可操作性、趣味性、实效性有机结合，也使理论知识与实际应用高度融合。这种课程开发方式也将学员、教师、工作、生活等统一纳入到课程之中，使其相互之间产生催化反应，保证学员学习过程的投入。相比其他课程开发模式，情景化课程开发具有以下几个特点：

（1）具有较高的实践性。情景化课程是模拟现实情境，通过情境仿真，使学员如身临其境，面对真实问题，进行知识点设置与讲解。由于这种课程开发方式直接来自现实实践，其课程内容、讲解方式等都具有较高的实践性。

（2）能力导向。情景化课程开发是面向实际问题，是以现实工作中的问题为导向，但高于现实问题，其主要目的是使学员通过具体化的情境，提高自身分析问题、解决问题的能力，能够将课程所学尽快地运用到实际之中。

（3）具有较高的融合性。情景化课程开发是理论与实践的融合，也是理论知识与具体情境的有机融合。这种融合不是"1+1"的简单累加关系，而是相互交融、相互产生反应的融合。同时，情景化课程的融合性也使"学"与"教"有机融合。

（4）高度参与性。情景化课程开发打破了传统课程开发以教师为主导的局面。无论是学员，还是教师，都是课程的参与者，围绕的情境与知识点，并不是完全固定的，而是具有较强的开放性与外延性，使教师也需要高度参与其中，与学员共同进行观察、分析、探讨与交流，实现教学相长。

（5）实效性。运用情景模拟教学手段，形象直观，环境与过程逼真，有利于实践能力开发；同时利用模拟情景，可有效解决某些理论原理难以形象化讲授、某些课题知识点难以通过实践加以验证的问题，是解决理论知识与实际工作脱节的有效方法，具有很强的实效性。

从系统角度来看，退役士兵情景化课程开发包括工作情境、发展情境、教师等方面的因素。相应的情境可以分为以下几个方面：一是退役士兵就业创业典范。退役士兵就业创业典范本身就是很好的课程素材，让他们现身说法，总结自身就业、创业经验，能够很好地触发学员的共鸣，产生较大的学习兴趣。二是退役士兵学员本身。退役士兵退役后面临的心理、工作、生活上的困惑，自身的打算也是很好的课程素材。可以不断地收集历年退役士兵学员学习时的素材，编排为具体的情境，用于后期的教育培训。三是具体的工作场景。现实的工作情景能够对退役士兵带来最为真实的冲击。现实的工作情景包括工作中的各种问题，为教育培训提供了明确的指向。通过对现实工作中的各种困难以及挑战的分析，凝练课程知识点，保证相应的课程能够解决退役士兵工作中的难题，推动课程学习的落地。现实中，基于情景的课程开发可遵循如图 10 – 17 所示的步骤。

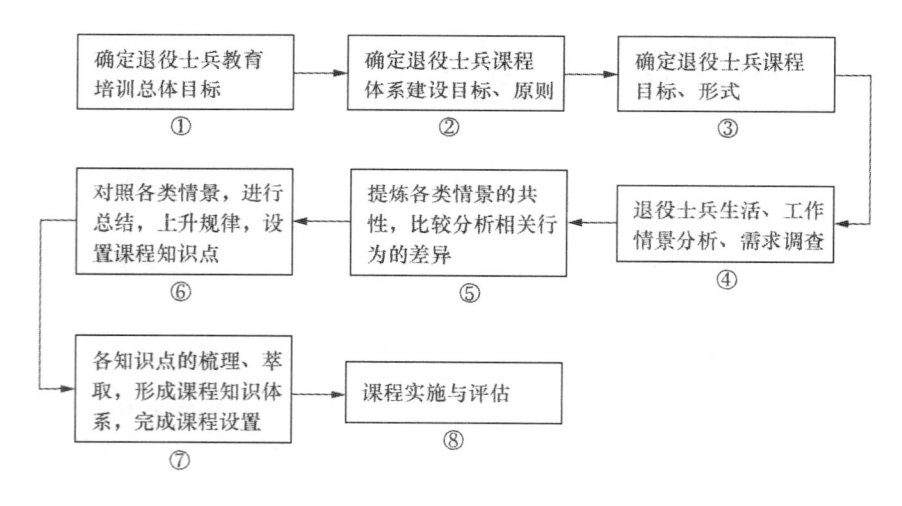

图 10 – 17　基于情景的课程开发步骤

在退役士兵生活、工作情景分析以及培训需求调查时，应从多个角度进行相应的分析与调查工作，既包括企业、工作岗位方面的，也包括退役士兵自身方面的。从企业来看，不同的企业对员工的行为有不同的要求；从工作要求来看，不同的工作有不同的职责、不同的业务流程；从退役士兵来看，其发展需求也有所不同。从多个维度分析退役士兵教育培训需求，将相应的情景较为全面地嵌入到课程之中。在进行情景分析时，可以借鉴关键事件法，把握各类情景中的关键要素。关键事件法是美国学者弗拉赖根和贝勒斯于1954年提出的。所谓关键事件是指影响工作成功或失败的行为特征或事件。通过对特定工作进行比较分析，分析相应的关键行为与特征。抓住特定工作的关键事件，就能够有效保障工作成功。

将知识点与相应的情景有效地关联起来，是情景课程开发的关键。这种关联可以依据关键事件中出现的问题进行影响逆向确定，即根据特定岗位关键事件中的相关问题，设定知识点，建立问题与知识点的有效连接。当然，对于相关的问题也并不是完全能够依据教育培训来解决的，只有能够设计出解决方案的问题，才能进行知识点设计。一般而言，知识、态度、技能方面的问题可以通过教育培训得到解决。这些问题应与相应的概念、模式、方法、工具等一一对应起来。在设定了相应的知识点后，还应进一步将其整合，建立相应的知识体系，从而形成课程。

情景课程设计是一种分总模式。这种模式有利于为每个知识点选择相应的教育培训模式，可以通过案例模式中角色情景模拟等进行有效的知识点讲解。为了让退役士兵更好地将知识内化，应将角色模拟与知识点对应情景有效结合，采取角色情景模拟的教学模式来进行培训。通过角色模拟，使退役士兵将相应的理论学习与实际操作有效结合，从而提升能力。角色情景模拟教学模式由情景背景资料、角色背景资料、角色演练任务说明以及相应的道具组成。它们围绕课程知识点，形成了一个有机的系统，如图10-18所示。

随着现代教育技术的发展，视频情景展示日益成为一种重要的情景模拟教学模式，如利用各种视频资源，展示相应的情景，引导学员就相关的问题进行分析、讨论和思考，进而掌握相应的知识与理论，提升自身能力，该教学法，如图10-19所示。

与角色情景模拟相比，视频情景需要教师做大量的资料准备工作，通过知识点分析，对应课程目标，设计相应的讨论主题，引导学

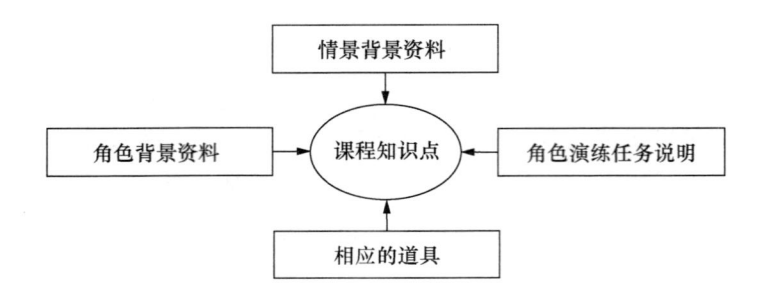

图 10–18　情景教学模式内容

图 10–19　视频情景模拟教学模式过程

员根据展示的视频情景进行深入讨论。这种方法的有效性与视频是否来源于实际的工作情景有关。

此外，还可以通过情景案例的方法进行相关知识点的讲解。这种方法与普通案例教学相似，区别在于案例更倾向于实际的生活或工作情景，更加具有开放性。通过典型的情景案例，将退役士兵带入特定的生活、工作现场，提高注意力，发挥其学习主动性。情景案例教学，如图 10–20 所示。

图 10–20　情景案例教学模式

在情景案例教学模式中，应以课程知识点为中心，收集相关的工作情景案例。在选择情景案例时，应注意案例的难度、复杂性等，以现实为导向，充分调动学员的积极性。案例应包括故事的相应要素，如时间、地点、任务、情景、矛盾以及结果等。通过案例的展示，引导学员分析案例中的问题，提高其分析问题、解决问题的能力。

由于情景课程开发是基于特定的情景而开发的，这导致情景课程具有一定的时效性与特定适应性。在时效性方面，无论是生活、工作的情景都是随着时间发展而动态变化的，也会随着退役士兵的发展而变化。如果这种变化较大，就会导致原先设置的知识点失去作用。故此，对于情景课程开发而言，定期的课程评估非常关键，要结合退役士兵的变化，及时进行相应的知识点、知识体系的优化完善。在工作情景方面，不同的企业、工作岗位所遇到的问题是有差异的，导致情景课程内容大多适用于企业内部培训课程。这也决定了情景课程特别适用于退役士兵上岗前的教育培训。只有退役士兵明确了企业、工作岗位后，通过情景课程的学习，才能保证所学即所用。

在大课程观下，课程本身就是包括了教师、学生、教材、环境四因素动态交互作用的"生态系统"。这也为退役士兵情景化课程开发提供了相应的思路，即应从教师、退役士兵、教材、环境等方面寻求相应的情境，建立相应的课程。也只有将这些因素真正整合起来，情景化课程才能达到生态系统的要求，才能发挥应有的作用。

教师在情景课程教学过程中，如同一个导演，主导整个教学过程的发展、分配角色、设置内容、掌控节奏、推动进程，并及时进行点拨与升华。教师还在教学过程起到"顾问"的作用，在学员讨论过程中，适时进行相应的理论指导与启发，回答学员的疑问。教师还是"催化剂"，引导、激发学员积极参与和投入，促进学员深度思考，提升其能力。对于退役士兵教育培训师资队伍建设，应注重及时将优秀的退役士兵吸纳进师资队伍。退役士兵是一个朋辈关系较为紧密、黏性较强的群体，他们之间彼此相互信任的程度也较高。退役士兵本身的现身说法也更具有说服力。选择优秀的退役士兵作为师资能够很好地起到相互影响的作用。在退役士兵队伍中，也存在具有较大影响力的个体。他们既可能是理论知识较为丰富的退役士兵，也可能是热爱学习、热身公益的退役士兵，还可能是喜欢分享的个体。选择这些退役士兵进入培训的师资队伍，能够起到很好的黏合作用。

五 基于胜任力模型的退役士兵职业教育与技能培训课程开发

能力的框架日益成为教育培训的重要导向。从能力的角度来看，工作行为、绩效必须有相应的能力做支撑。如果说基于情景开发课程是从"出口"形成课程，基于胜任力模型的课程开发则是从"入口"设计相应的课程。在现实中，也存在以能力为中心与以工作为中心的争论。但实际上，这两种观点并不矛盾，从工作中寻求行为要求，行为要求需要对应相应的能力，培养完成任务需要落实到能力培养上。当然，在完成工作任务时，需要多种能力，也会受到组织环境、个人意愿或者其他客观情景因素的影响。对于刚刚进入或者即将进入职场的退役士兵而言，能力培养可能更为关键。对于退役士兵而言，单纯的能力培养很难起到应有的作用，也需要结合相应的工作情景，进行能力培训教育，才能有更好的效果。

一般而言，胜任力模型可以分为四个层次：一是组织层面的胜任力模型，又称核心能力模型。它是适用于整个组织的素质能力模型，通常与组织适应、愿景、价值观、发展战略高度一致。二是职能胜任力模型，它是一种围绕关键业务职能而建立起来的胜任力模型，如财务管理、市场营销等。三是角色胜任力模型，它是针对组织中某些人所扮演的特定角色而建立起来的胜任力模型，如经理、技师等。四是职位胜任力模型，它是针对组织中具体岗位而开发的。现实中，还有针对行业建立起来的胜任力模型，如银行业、地产业、餐饮服务业等。对于退役士兵教育培训课程开发而言，通过大数据分析，确定退役士兵就业的行业取向，针对行业胜任力模型开发课程，有利于培养其基础能力。而职能胜任力模型则为课程开发提供了更为具体的方向，图10-21为服装连锁店长胜任力模型。

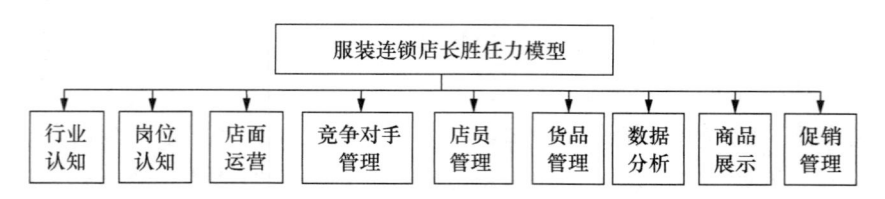

图10-21 服装连锁店长胜任力模型

第十章　中国退役士兵职业教育与技能培训专业设置及课程体系建设 | 305

由此，与传统的教育培训课程设计相比，胜任力模型可以将组织发展战略、岗位要求、个体素质与发展需求等有效结合，实现个体与组织、岗位的匹配。这种较为精确的匹配是基于胜任力模型的培训需求分析（见图 10－22）。

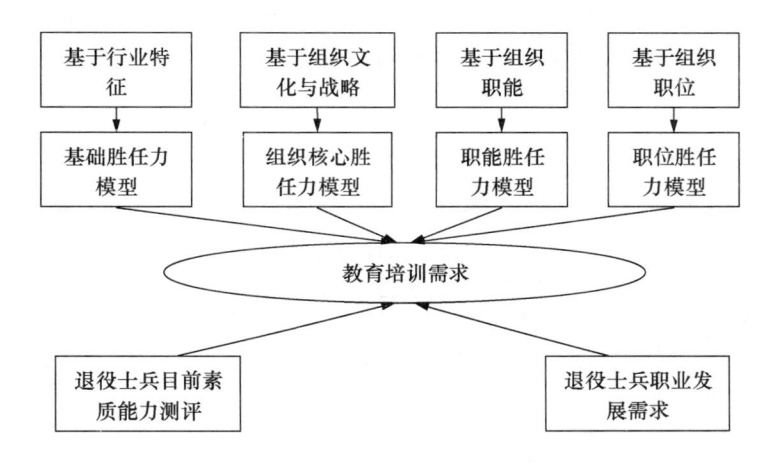

图 10－22　基于胜任力模型的培训需求分析

基于图 10－22，退役士兵教育培训课程体系建设可以从行业、职业发展、职能三个维度进行相应的课程体系设计（见图 10－23）。

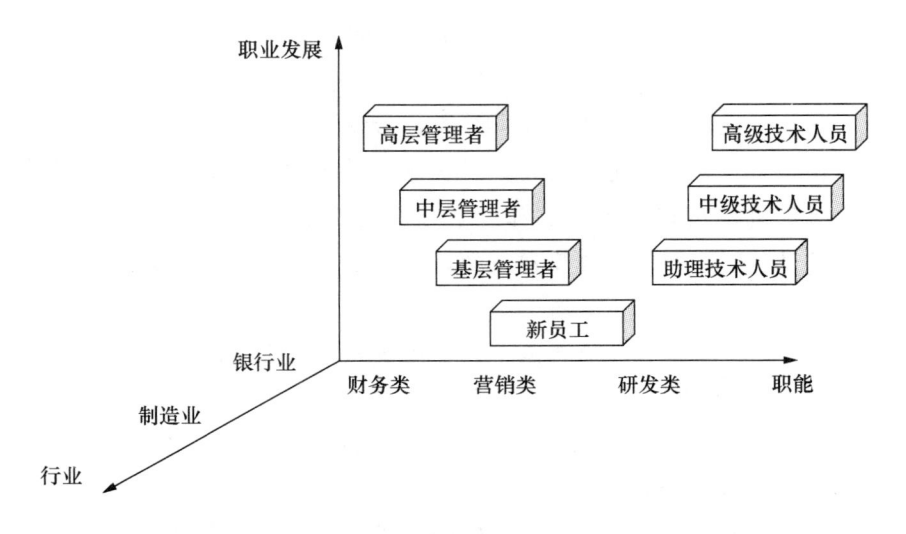

图 10－23　退役士兵教育培训课程体系开发三维模型

基于胜任力模型的课程开发始点源于胜任力模型。由于退役士兵尚未就业，故此，开始很难严格按现行的开发流程进行，应首先增加退役士兵职业测评，并根据退役士兵求职意向、市场需求以及以往的就业大数据分析，确定退役士兵大概的就业去向。在此基础上，设置课程，进行教育培训工作。在行业素质能力模型构建中，一般也能够体现社会通用能力的要求。基于胜任力模型的课程体系开发如图10-24所示。

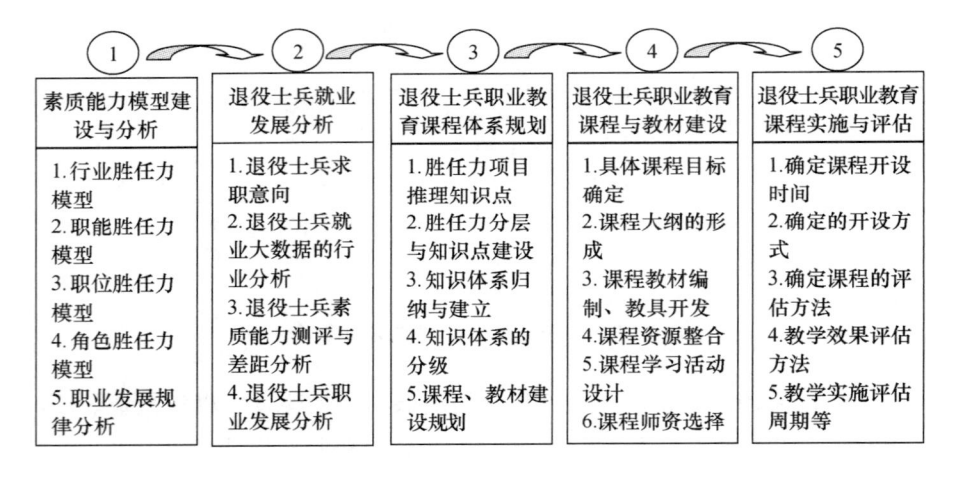

1 素质能力模型建设与分析	2 退役士兵就业发展分析	3 退役士兵职业教育课程体系规划	4 退役士兵职业教育课程与教材建设	5 退役士兵职业教育课程实施与评估
1.行业胜任力模型 2.职能胜任力模型 3.职位胜任力模型 4.角色胜任力模型 5.职业发展规律分析	1.退役士兵求职意向 2.退役士兵就业大数据的行业分析 3.退役士兵素质能力测评与差距分析 4.退役士兵职业发展分析	1.胜任力项目推理知识点 2.胜任力分层与知识点建设 3.知识体系归纳与建立 4.知识体系的分级 5.课程、教材建设规划	1.具体课程目标确定 2.课程大纲的形成 3.课程教材编制、教具开发 4.课程资源整合 5.课程学习活动设计 6.课程师资选择	1.确定课程开设时间 2.确定的开设方式 3.确定课程的评估方法 4.教学效果评估方法 5.教学实施评估周期等

图10-24　基于胜任力模型的课程体系开发

基于胜任力模型的课程体系开发，需要整合行业、企业、教育培训机构等多方资源，更需要行业、企业的深度参与。故此，强化退役士兵承训机构与相关企业的深度合作，是基于胜任力模型课程的关键。此外，对于胜任力模型建设而言，往往也需要长期的过程，没有足够的资源做支撑，也很难实施。

六　基于过程导向的退役士兵职业教育与技能培训课程开发

成人学习具有较强的应用导向，以工作为导向。这就要求退役士兵的课程开发应从学科体系转向工作体系；从知识导向转向行动导向；从知识本位转向能力本位。相应的课程设计也从以知识逻辑为主线转向职业活动为主线。对于具体的退役士兵教育培训课程而言，任

第十章　中国退役士兵职业教育与技能培训专业设置及课程体系建设　307

务引领型的课程就非常关键，将认知规律与工作进行有效结合是一种较好的方式。

从社会能力体系要求来看，也需要对退役士兵进行全过程、全系统的教育培训，即将退役士兵教育培训工作纳入到退役士兵服役前、服役期、退役前、退役后整个过程之中。基于这个过程，需要系统分析各阶段的特点，尤其是服役阶段，要结合我国军队的实际环境，开发系统性的课程体系（见图 10 - 25）。

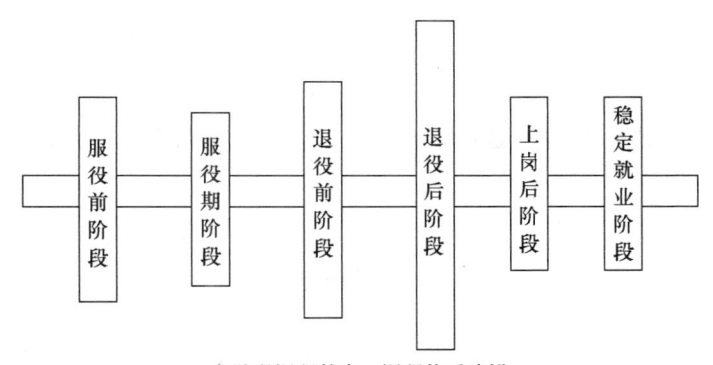

服役前阶段　服役期阶段　退役前阶段　退役后阶段　上岗后阶段　稳定就业阶段

各阶段课程整合，课程体系建设

图 10 - 25　退役士兵全过程课程体系建设

以上各个阶段的退役士兵教育培训目标是有所不同的。在服役前阶段，其教育培训目标应该引导退役士兵建立职业发展规划观念，建立学习理念，引导退役士兵将个人发展与军队建设有效结合起来，其相应的课程应该是职业规划类、学习理念类课程。在服役期阶段，围绕军队建设，进行军民两用技术或者是学历教育提升，进行相应的课程规划与建设。在退役前阶段，应加强心理疏导、社会通用能力类课程设置。退役后上岗前，应侧重于岗位专业技能课程设置。

就单门课程开发而言，也可以遵循过程导向。认知心理学认为：由于个体具有同化刺激的某种图式或认知结构，所以，个体往往基于已有的图式或认知结构去接受新的经验。退役士兵属于成年人群体，其学习、认知的逻辑首先关注的并不是课程的知识理论，而是内容与其的关联性。同时，对成年人而言，改变他们的认知结构较为困难。故此，具体课程的设计要符合退役士兵的认知逻辑，并有效结合其当前认知结构的基础上，充分拓展其认知结构，使其接受新的知识、理念等。基于退役士兵教育培训实践，基于过程导向的具体课程建设（见图 10 - 26）。

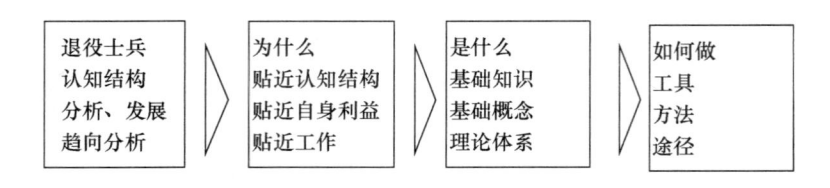

图 10 - 26　基于过程导向的退役士兵教育培训课程设计逻辑

按照以上设计逻辑，以《项目管理》课程为例阐述基于过程导向的课程设计。首先，通过退役士兵当前认知结构及其来源背景，应设置课程导学内容。通过课程导学，尤其是增加有关军队、国防建设的项目实例，建立起课程与退役士兵认知结构的关联，激发起学习兴趣，解决"为什么"的问题。其次，进行项目管理基础理论知识的讲解，解决项目管理是什么的问题。最后，按照项目管理的实施，通过方法、工具的具体讲解，解决项目管理如何做的问题。同时，设置项目管理从业人员职业发展与职业资格认证的内容，将课程与退役士兵职业发展有效融合起来（见图 10 - 27）。

第五节　退役士兵教育培训课程体系设计

综合退役士兵教育培训发展目标、退役士兵就业需求以及社会人才需求等，遵循退役士兵教育培训规律以及课程体系开发模型等，将退役士兵教育培训课程分为四大类，即社会通用能力课程、专业公共基础课程、专业方向课程、企业定制化课程。

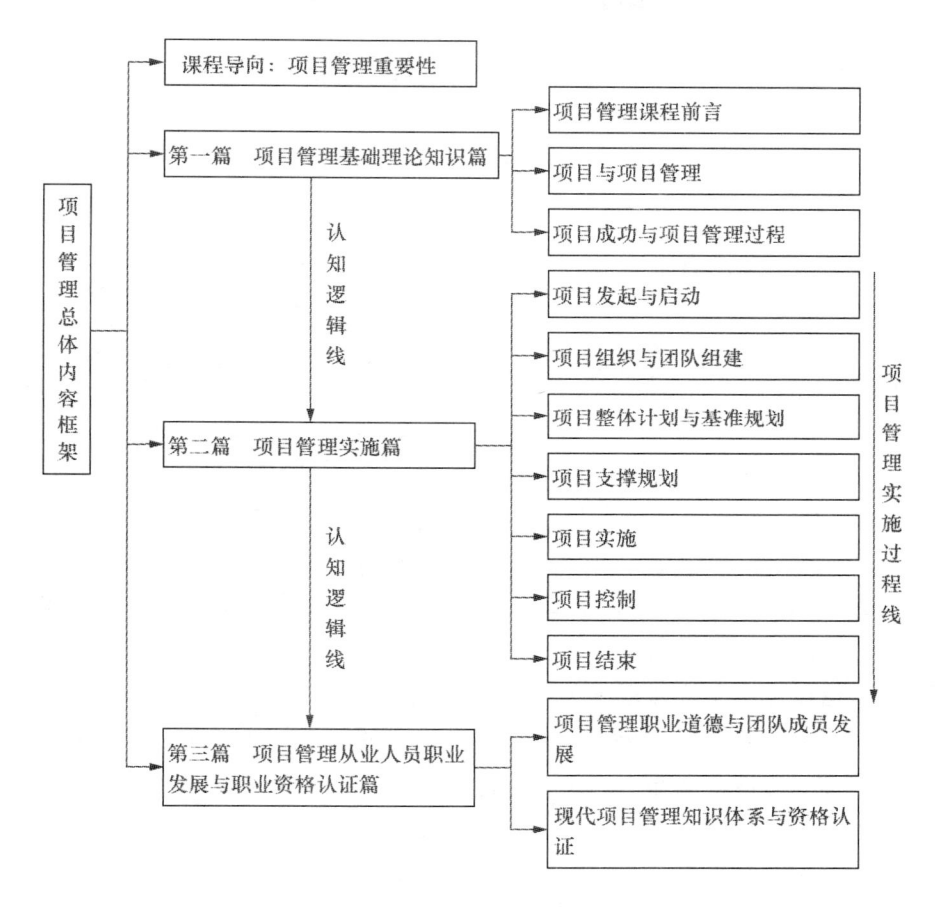

第十章　中国退役士兵职业教育与技能培训专业设置及课程体系建设　309

图 10 – 27　基于过程导向的《项目管理》课程总体内容体系设计示例

社会通用能力课程主要针对社会所需的通用能力设置，旨在提高退役士兵的听、说、读、写能力以及沟通协作能力、学习能力、解决问题能力等。此部分培训内容属于教育培训的基础性内容。对于退役士兵而言，心理调适与求职能力也应列入社会通用能力的发展，主要是帮助退役士兵建立良好的心态，了解有关的就业形式，掌握就业技巧与职业规划的方法等，明确就业意愿等。当然，心理调适与就业指导类课程还起到衔接的作用，帮助退役士兵顺利地走过退役前后的过渡期。退役士兵社会通用能力课程设置如表 10 – 4 所示。

表 10-4　　退役士兵社会通用能力课程设置示例

序号	教育培训类别	教育培训课程
1	一般性通用能力课程	写作与演讲
		人际关系及公关礼仪
		逻辑推理与数理分析
		计算机应用与文献检索
		学习理论与方法
		阅读与社会
		沟通管理
		团队精神与团队合作
		自我管理与时间管理
		法律法规教育
2	心理健康教育与就业指导课程	心理健康教育与辅导
		就业形势与政策
		求职技能与技巧

退役士兵专业课程分为专业公共基础课程与专业方向课程两类。其中专业公共基础课程是适合该专业下设的各个专业方向，专业方向课是面向具体的专业方向。通过这种设置，将课程设置与退役士兵就业更好地联系起来。专业公共基础课程应建立在职业性向测试与职业生涯规划基础之上，故此，将《职业性向测试与职业生涯规划》列入专业公共基础课程。因为专业公共基础课程是面向各个专业方向，在课程内容上倾向于专业原理类课程。专业方向类课程应紧跟专业发展，体现课程内容的先进性、可用性。由于退役士兵教育培训专业设置的多样性，很难在此一一列明相关课程。在此列举两个不同性质、不同专业课程体系设置（见表 10-5）。

企业定制类课程是通过承训机构组织的就业双向选择以及其他的就业促进工作，有了较为明确的就业意向以后，为了更好、更快地适应企业，尽快掌握定向优质就业岗位的实用工作知识和工作技巧，顺利走上就业岗位而设置的课程。所谓"定制"，意指专门面向企业特定的工作或岗位，与企业一起共同开发的课程。该类课程往往基于企

第十章 中国退役士兵职业教育与技能培训专业设置及课程体系建设

表 10-5　　退役士兵专业课程体系设置示例

专业名称	课程类型	序号	课程名称
行政管理专业	专业公共基础课	1	职业测评与职业发展规划
		2	行政管理概论
		3	职业素养与礼仪
		4	档案管理
		5	工商知识、税务知识、法律知识
	专业方向课（高级助理方向）	1	公文写作与金字塔写作原理
		2	办公室与组织事务管理与技巧
		3	谈判技巧
		4	会议组织与管理
		5	危机管理与公共关系
		6	管理技能开发
		7	岗位实训
电子商务专业	专业公共基础课	1	职业测评与职业发展规划
		2	工商知识、税务知识、法律知识
		3	互联网基础
		4	网络营销基础
		5	互联网技术发展与移动营销
	专业方向课（网络营销）	1	营销型网站策划与设计
		2	SEO 搜索引擎优化与运用
		3	互联网技术发展与移动营销
		4	网店运营实务
		5	网络营销策略
	专业方向课（微商运营）	1	微商运营系统与微商运营实务
		2	互动营销与社群经济
		3	项目（产品）规划与推广
		4	APP 营销实务
		5	微商运营实战模拟
	专业方向课（网站策划与美工）	1	商业网站构成与基础
		2	SEO 理论与应用
		3	色彩与色彩模式设计基础
		4	软件工具学习及应用
		5	流行界面设计基础与实务

业岗位胜任力模型进行开发，并且往往针对企业一个职位系列进行开发，将退役士兵入职后的课程学习也纳入到其中，表10－6是企业定制类课程的示例。

表10－6　　　　退役士兵教育培训企业定制类课程示例

类别	序号	课程
企业文化与发展	1	企业介绍与文化
	2	企业发展战略
	3	企业组织架构
企业管理与制度	1	企业组织管理与制度
	2	企业人力资源管理体系
岗位能力与流程	1	岗位职位说明书介绍
	2	岗位工作流程与制度
	3	岗位技能与实训

围绕以上教育培训内容，还需进行细致的课程设计。针对社会通用类培训内容，可以参考大学生课程体系与中国上海人才市场基本工作能力测试类别进行设置；心理教育与就业指导类内容可根据退役士兵实际需要进行设置；专业与岗位技能根据专业方向、岗位要求，参照学校技能培训和企业岗位技能要求制定。

随着我国"双创"日渐深入人心，退役士兵创业意愿也较大幅度地提高。退役士兵创业课程教育设计也成为时代发展的需要。针对退役士兵创业课程设置，可以参照国际劳工组织与中国劳动和社会保障部合作的城市就业促进项目"创办你的企业"（SYB）创业培训内容进行设置，针对退役士兵创业意愿，引导其树立正确的创业心态，了解创业的一般性过程，掌握创业的基础性知识，全面提升其运营管理能力等。借鉴退役士兵职业教育与培训实践，退役士兵创业教育与培训课程设置，如表10－7所示。

表 10-7　　　　　　退役士兵创业教育课程设置示例

类别	序号	课程
创业意识与创业心理	1	创业意识
	2	创业心理辅导
创业知识	1	企业与企业运营管理
	2	项目选择与创业计划书
	3	创业金融与财务
创业能力开发	1	管理技能开发
	2	商业模式设计
	3	领导力开发
	4	创造性思维开发
	5	创业团队建设
创业实践与辅导	1	创业沙盘模拟与实践训练
	2	创业企业考察与座谈
	3	创业辅导

以上课程设置，尽可能按照模块化进行设置，赋予退役士兵相应的选择权，使其能够根据自身的知识、能力基础合理地进行选择，提高课程学习效率。此外，以上课程应结合退役士兵全过程教育模式，合理安排课程开展时机，如社会通用能力类课程尽可能安排在退役士兵服役期间，将此类课程与退役士兵服役期间的军事训练、生活有效结合，注重长期的培养与提升。而企业定制类课程则应安排退役士兵与企业达成就业意向，注重就业前后的教育培训。当然，在课时安排上，也应结合课程性质、退役士兵实际情况，灵活安排。

第十一章　中国退役士兵职业教育与技能培训承训机构建设

第一节　退役士兵职业教育培训承训机构建设的原则与重点

我国退役士兵职业教育开展时间较晚。鉴于退役士兵的特殊性质，该项工作仍以政府为主导。同样地，退役士兵承训机构建设离不开政府的作用。结合我国教育现状以及退役士兵职业教育发展，我国退役士兵教育培训机构建设应坚持以下原则。

（1）专业性原则。从当前我国退役士兵教育培训承训机构现状来看，大多由高职院校承担或一些社会组织承担，所开设的课程、教育培训模式也多沿用既有的课程与模式，忽略了退役士兵的特殊性。由于缺乏对退役士兵深入、细致的了解和研究，也导致退役士兵参训率、满意度出现问题，甚至部分承训机构不惜造假，骗取培训经费。要提高退役士兵教育培训的实效性，必须注重承训机构的专业性建设。从整个教育培训行业发展来看，专业化源于社会分工，是整体分化为各个部分的过程。利伯曼曾对"专业化"作出了共识程度较高的揭示，认为"专业"应满意七个基本条件：①范围明确，垄断地从事于社会不可缺少的工作；②运用高度的理智性技术；③需要长期的专业教育；④从事者个人、集体均具有广泛自律性；⑤专业自律性范围内，直接负有作出判断、采取行为的责任；⑥非营利性，以服务为动机；⑦拥有应用方式具体化了的伦理纲领。相对于退役士兵教育培训

第十一章 中国退役士兵职业教育与技能培训承训机构建设 315

机构而言，专业化一是要求相应的承训机构拥有明确的业务范围，服务对象应以退役士兵为主；二是要求承训机构必须具有专门服务退役士兵的组织与人员团队；三是服务退役士兵的人员团队应该经过相应的训练，熟悉与掌握退役士兵教育培训活动的一般规律；四是退役士兵教育培训活动需依据专业化的流程，具有专业化的工具、方法；五是退役士兵教育培训活动、课程的设置与实施是专业化的。概括起来讲，退役士兵教育培训机构的专业化发展就是要做到业务职能专业化、组织结构设置专业化、师资队伍专业化、工具与方法专业化、管理与服务专业化。

（2）分工与特色相结合原则。分工是教育培训机构与市场发展的必然。只有分工才能促进退役士兵教育培训机构的专业化发展。另外，承训机构建设必须依据中国实情，即使在国外，也大多依附现有教育机构进行退役士兵教育培训工作。在此情况下，应遵循分工与特色相结合的建设原则，充分发挥每一承训机构的优势与特色，尽可能做到专业方向的专业化，又要避免相关承训机构眉毛胡子一把抓，影响教育培训质量。遵循此原则，要求退役士兵教育培训主管机构应该按照专业或培训项目遴选承训机构，而非按照承训机构实力选择承训机构，通俗点讲，就是按照专业排名遴选教育培训机构。

（3）资源整合，协同发展原则。当前，我国退役士兵教育培训承训机构大多专业化程度较低，短时间内提升其承训能力，进行资源整合，是重要的发展方向。遵循此原则，组建退役士兵教育培训联盟，发挥各自优势，协同发展，协同创新，共同推进退役士兵教育培训工作。

（4）创新发展原则。当前社会经济快速发展，新型职业不断出现，传统职业也在不断消失。另外，教育技术也在不断创新发展，新型的学习方式不断出现。这都要求相关承训机构不断地创新发展，更新专业设置、教育培训内容、教育培训方式等。教育培训机构的创新发展离不开退役士兵教育培训主管部门的大力支持，主管部门应积极吸收新的教育培训理念，接受新的教育培训方式，大力支持承训机构创新。对于退役士兵教育培训机构而言，也应积极与主管部门沟通，以赢得他们的支持。

(5) 大力支持优质承训机构发展原则。教育培训资源是有限的,将有限的教育培训资源发挥到最大作用,必须大力支持优质承训机构发展。应改变过去普惠制的运作模式,建立承训机构之间的竞争机制,采取招投标模式,严格教育培训考核,采取优胜劣汰,培育一批优质承训机构。优质承训机构建设也要求打破退役士兵教育培训的地域观念,建立开放性的心态,积极吸纳能力强的承训机构参与本地区的退役士兵教育培训工作。

(6) 注重过程与能力建设原则。当前我国退役士兵教育培训机构主要问题在于能力不足,专业程度不够。要解决这个问题,需要一个较为长期的过程。故此,退役士兵教育培训承训机构的发展应注重过程性,注重其相应的能力建设。

综合当前退役教育培训现状及其需求分析,退役士兵教育培训承训机构建设重点应围绕以下几个方面进行。一是建设专业化、多样化的师资队伍。师资队伍是退役士兵教育培训的具体实施者,直接影响教育培训的效果。由于我国退役士兵教育培训开展时间较晚,师资多是由从事职业教育或社会培训教师兼职。不同的教育培训对象,对师资队伍的要求不同。退役士兵教育培训的师资队伍,首先,要求能够与退役士兵产生情感上的共鸣,理解他们;其次,能够系统分析退役士兵现有认知图式,掌握其认知规律;最后,能够有效分析掌握退役士兵的教育培训需求,有针对性地设置教育培训内容。围绕以上内容,承训机构应强化退役士兵一线教师的教育培训,强化其专业能力发展。另外,在师资队伍来源方面,应注重师资来源的多样化,积极吸纳具有服役背景的成功人士。他们与退役士兵有共同的经历,容易产生情感共鸣。二是建设专业化教育培训课程体系。目前来看,还没有针对退役士兵的专业化教育培训课程体系,现在进行的教育培训课程大多是移植或复制而来,没有相应的针对性。作为教育培训的具体载体,没有专业化的教育培训课程,很难实现退役士兵教育培训的科学化、规范化。承训机构必须投入足够的资源,进行课程体系研发,形成科学、有效的课程体系。三是建设专业化的服务能力。退役士兵与其他社会群体有一定的特殊性，环境的差异、需求的差异等要求承训机构必须具有专业化的服务能力。这种专业服务能力体现在全过程之中，即服务的关口应前置到征兵入伍之时，如有个职业技术院校提出的"入伍即入学"的服务模式；社会教育培训机构提出的"入伍即就业"模式等，都是贯彻全过程服务的具体体现。此外，专业服务能力还体现在服务多元化上，即承训机构服务民政、武装等相关政府机构的能力，满足他们要求的能力。四是建设专业的管理能力。五是专业化的运作体系建设。退役士兵教育培训资源是有限的，这就要求承训机构应强化运作体系建设，打造高效的，适应全过程的运作体系，与部队、民政、武装部门做到无缝衔接，提高教育培训的效率。六是强化创新创业教育建设。在"大众创业，万众创新"时代背景下，加之退役士兵大多成就动机较强，两方面因素叠加，使得退役士兵创业意愿较强，并随服役年数逐步提高。这就导致以职业技能为主的教育培训很难适应当前发展。也就要求相关承训机构加快研究退役士兵创业规律，强化创新创业教育。

第二节 退役士兵教育培训承训机构组织建设

目前，民政部门对承训机构大多要求副校长分管退役士兵教育培训工作。但这种临时性的责任制度并不能适应对承训机构全过程服务的要求。强化退役士兵教育培训承训机构建设必须在组织层面上得到落实与保障。这就要求承训机构在自身组织建设方面设立专门从事、服务退役士兵教育培训的部门，科学设置相应的专业岗位，实现退役士兵教育培训组织专业化建设。

根据当前退役士兵教育培训工作开展的业务流程（见图11-1），退役士兵教育培训部门设置至少包括教务教学、教研、企业（就业服务）、政务、跟踪服务等部门。

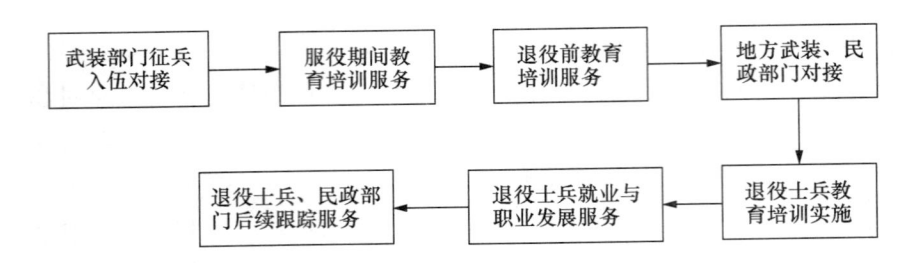

武装部门征兵入伍对接 → 服役期间教育培训服务 → 退役前教育培训服务 → 地方武装、民政部门对接 → 退役士兵教育培训实施 → 退役士兵就业与职业发展服务 → 退役士兵、民政部门后续跟踪服务

图 11-1　退役士兵职业教育培训承训机构业务开展流程

教务教学部门职能包括拟定退役士兵教育培训计划、组织教育培训计划实施、开展与其他教育培训机构合作，跟踪、督促退役士兵学习，建立与实施退役士兵教育培训质量评估体系；组建与培养退役士兵教育培训师资队伍；办理退役士兵参与教育培训的相关手续；组织退役士兵进行技能鉴定与考核等。在现实中，承训机构往往要通过电话、互联网技术等与退役士兵进行线上、线下的沟通，往往还要求建立相应的技术部门。对于专业从事退役士兵职业教育培训的机构而言，立体化的宣传与推广也是必不可少的。退役士兵职业教育培训承训机构部门组织建设与部门职能见表 11-1。

表 11-1　退役士兵职业教育培训承训机构应建设的职能

部门设置	部门设置目的	部门职能	建议设置的岗位
退役士兵服务部	建立系统性服务体系，开展全过程性服务	建立与实施系统性、全过程退役士兵服务体系	政务专员 电话专员 网络专员等
		与征兵部门、地方武装部门、民政部门建立协调关系，实现无缝对接	
		调查退役士兵服务需求，设计退役士兵服务方案	
		建立退役士兵档案管理信息系统，及时了解退役士兵发展动态，设计针对性的服务内容，并组织实施	
		建立、维护、使用免费电话、短信平台，组建退役士兵 QQ 群、微信群开展退役士兵服务工作	

续表

部门设置	部门设置目的	部门职能	建议设置的岗位
退役士兵服务部	建立系统性服务体系，开展全过程性服务	开展退役士兵人文关怀服务	政务专员 电话专员 网络专员等
		做好线上、线下宣传推广，营造为退役士兵服务的良好氛围，引导社会共同关注退役士兵	
		根据退役士兵发展动态，及时完善退役士兵档案信息，实施跟踪服务	
		对接、整合社会资源，壮大退役士兵服务资源	
		动态跟踪退役士兵学习、就业、发展以及家庭等多方面的情况，并进行相关问题的答疑解惑	
		按照民政部门、地方武装部门、军队的要求，及时报送退役士兵服务材料	
		协调企业服务部门、教务教学部门等，利用所建立的服务平台，及时向退役士兵推送课程、就业岗位等方面的服务	
		将退役士兵、民政部门、地方武装部门、军队的相关需求，及时反馈至教务教学部、企业服务部等，进行相关的服务内容、课程体系建设	
教务教学部	针对退役士兵、民政部门、地方武装部门、军队等各方面需求，科学设置专业体制，设计课程体系，并组织实施	组织退役士兵职业教育培训专业设置、课程体系建设、开发教育培训模式并组织实施	培训师、职业发展规划辅导师、项目经理
		沟通、掌握相关部门（民政、人武部）教育培训要求，系统分析退役士兵教育培训需求，针对具体地区制定定制化的教育培训方案	
		掌握年度征兵以及年度退役情况，结合本单位实际情况，制订年度总体退役士兵教育培训计划	

续表

部门设置	部门设置目的	部门职能	建议设置的岗位
教务教学部	针对退役士兵、民政部门、地方武装部门、军队等各方面需求，科学设置专业体制，设计课程体系，并组织实施	针对具体教育培训项目，组织服务部人员、企业服务人员等一同制订项目方案与实施计划	培训师、职业发展规划辅导师、项目经理
		负责具体退役士兵教育培训项目的人员安排，确定项目负责人，协调民政部门教育培训活动开展的相关事宜	
		按照所在单位的安排以及退役士兵职业教育培训发展趋势，组织做好师资队伍建设计划，并组织实施	
		对接其他教育培训机构、退役士兵成功人士等，建立多元化的师资队伍	
		建立与实施退役士兵教育培训质量评估体系，进行教育培训项目总结、盘点、监督与协调，跟进退役士兵教育培训回访	
		组织进行退役士兵教育培训的线上、线下跟踪，组织、督促相关师资进行答疑工作	
		办理退役士兵教育培训建档工作，组织退役士兵进行相关的技能鉴定与证书发放等	
		按照全过程教育培训模式安排，定期组织教育培训进军营，开展双拥活动等	
		组织服役、退役士兵开展自学考试、远程教育培训等活动，协调相关机构，开展退役士兵学历教育	
		复转退役士兵学员思想政治工作；组织退役士兵学员开展有关活动	
		组织进行优秀教师、培训项目主管人员的评选工作等	

续表

部门设置	部门设置目的	部门职能	建议设置的岗位
教研部	根据社会需求发展以及退役士兵需求，研发新专业、新课程，保证专业与课程的有效性，满足社会发展需要与退役士兵需求	按照所在单位总体发展规划，系统调查退役士兵专业与课程发展需求，制订课程研发计划	教研员、研究员
		针对退役士兵职业教育培训发展趋势，开展社会需求调查，组织进行新上专业论证	
		定期组织退役士兵教育培训效果调查，组织进行课程研发调研与论证	
		组织进行新上专业教学方案的撰写、论证、确定，并跟踪其实施效果，及时进行相应的调整	
		按照课程研发计划，确定课程开发负责人，督促、跟踪课程研发进展，并组织课程研发验收	
		定期组织进行课程效果调查，及时组织课程维护与优化	
		参与课程师资力量的筛选，并对课程任课教师给出评审意见	
		参与课程讲师的过程考核、授课效果评估等活动	
		组织开展本单位教研活动，组织本单位相关人员申报相关教研课题	
		建立教研激励机制与教研管理制度，组织本单位及其他教研课题的结项与日常管理工作等	
		参与具体的教育培训项目的实施，协助教务教学部开展相关工作	

续表

部门设置	部门设置目的	部门职能	建议设置的岗位
企业发展服务部	对接企业与退役士兵需求信息，为退役士兵提供岗位信息，为企业提供合适人力资源	依据退役士兵教育培训计划，制订年度企业发展计划与岗位发展计划，满足退役士兵就业需求	企业发展岗
		收集相关企业信息及招聘需求，联系企业人力资源负责人，建立企业信息档案	
		针对具体的退役士兵教育培训项目，制订针对性的企业开发、岗位开发计划，并组织实施	
		针对有意向企业岗位需求进行业务洽谈，积极推送退役士兵就业需求	
		及时协调、对接服务部门、教务教学部门等，向退役士兵推送企业与岗位信息	
		跟踪企业招聘情况，收集数据并进行统计、分类、整理、反馈服务部门进行协调	
		跟踪退役士兵就业后以及职业发展中的问题，做好退役士兵就业与职业发展的引导工作	
		宣传教育培训项目，联系企业，组织双选会	
		与服务部门技术岗位做好信息对接，及时做好线上企业、岗位与退役士兵推送工作	

第三节　退役士兵职业教育培训承训机构文化建设

　　组织文化是一个组织长期发展过程中形成的，为多数成员所共同遵循的基本信念、价值体系、行为规范等。组织文化使得组织独具特色，在组织发展过程中起到导向作用、规范作用、凝聚作用、激励作用。退役士兵教育培训承训机构面对的对象较为特殊，业务也较为特殊，这使得承训机构组织文化建设尤为重要。承训机构在进行组织文化建设时，首先应解决"建设什么样的文化"的问题，其次是解决如何建设的问题。

在建设什么样的文化方面，不仅要充分结合承训机构的服务对象、业务性质，还要结合中国特有的传统文化、社会发展趋势等。承训机构的直接服务对象是退役士兵，具有典型的军人文化。中国军人文化又有其特殊性。2008年，中共中央总书记、中央军委主席胡锦涛曾在军队一次重要会议上提出了当代革命军人核心价值观，即"忠诚于党、热爱人民、报效国家、献身使命、崇尚荣誉"。从中国现代军队发展历程来看，"忠诚"是第一位的，人民解放军就要忠诚于中国共产党与中国人民，要忠于国家，忠于社会主义事业。中国人民解放军是人民子弟兵，热爱人民，全心全意为人民服务是人民子弟兵的政治本色。报效国家是爱国的具体体现，要求军人坚决捍卫国家主权、安全、领土完整和人民民主专政的国家政权，为国家建设与发展贡献力量。献身使命是指军人应具有敢于牺牲、无私奉献的精神，履行革命军人神圣职责，承担起党和人民赋予的新世纪新阶段军队历史使命；就是面对困难甚至死亡，只要是国家和人民利益需要，仍然要无条件地执行与承担。崇尚荣誉是要珍惜和维护国家、军队和军人的荣誉，视荣誉重于生命。此外，纪律与服从是军人的天职，也是军队的生命，这也决定了军人的行为规范。在此核心价值观下，经过军队锤炼的退役士兵大多政治觉悟高、正直守信，执行力强、不怕困难，成就动机强、积极向上，精神昂扬，乐于奉献。这也就要求承训机构在组织文化建设时，应融合军人核心价值观，只有这样才能与服务对象产生情感共鸣，进行深层次的互动。

在业务性质上，退役士兵职业教育培训属于政府购买的社会服务，是服务于国防建设的一项工作。这就导致此项业务具有一定的社会公益性，并不能完全按照市场规则进行等价交换。在现实中，开展这一业务的组织也大多属于事业单位或社会组织等。从这一点上讲，奉献、友爱、自律、互助、服务等应成为承训机构的核心价值观。同时，退役士兵职业教育培训还是一项特殊的公共服务。其特殊性在于涉及我国国防与军队建设，在一定程度上要求承训机构具有高度的政治性，能够对相关的数据保密。

在业务属性上，退役士兵职业教育培训活动无疑属于教育活动，承训机构也是教育培训组织。而教育培训组织不同于生产其他一般产品的组织，其所从事的工作具有一定的崇高性，对其责任的要求也明显高于其他社会组织。

在业务开展模式上，虽然退役士兵职业教育培训工作有分工，但更多的是协作与协同，这是全过程教育培训的必然要求，即退役士兵职业教育培训工作本身是一个共生的生态系统。无论是退役士兵服务部，还是教务教学部、教研部以及企业发展服务部等，都是围绕退役士兵开展服务的，且它们之间存在直接的协作关系，围绕退役军人与复转军人的教育培训与终身服务，提供系统的解决方案。这个共生的生态系统必然要求承训机构建立一种共生、共享、协同、共荣的核心价值观。

尽管退役士兵职业教育培训属于政府购买的公共服务，但并没有否定市场竞争机制的引入。当前，各地已逐步建立与推广退役士兵职业教育培训招投标机制。另外，承训机构也必须深刻认识到教育培训资源的有限性，必须提高相关教育培训互动的效率。市场竞争机制的引入以及环境的发展，也必然要求承训机构不断创新教育培训模式、内容、方法与途径，高效率地完成教育培训任务。故此，承训机构在保持公益性质的基础上，还应强调效率与创新的核心价值观。

当然，承训机构创始人人格特质、价值观念也会对组织文化起着直接的、重大的影响。承训机构人员的构成、来源、学历、年龄等也会对组织文化形成产生影响。组织文化建设时，必须凝聚员工的价值观念，求同存异，才能达成共识，乐于为员工所接受。对于承训机构创始人以及员工对组织文化建设的影响，是组织文化建设的个性部分，由此也造就了每个组织文化都有其独特性。在这里，侧重承训机构组织文化的共性部分。

综合以上分析，退役士兵教育培训承训机构组织文化涉及军（或者兵)文化、公益文化、生态系统文化、市场文化、教育文化，需要结合自身发展与人员状况等，进行有效的平衡与融合，构建自身的文化内容。综合以上各种文化，可以确定退役士兵教育培训承训组织文化建设的大致内容。在组织宗旨方面，承训机构要坚持党对军队的绝对领导，坚定中国特色社会主义理想信念，必须全心全意服务于退役士兵，服务国防与军队建设，服务社会建设，真正能够为退役士兵谋发展，为国家解困，为社会贡献人才。在核心价值观方面，承训机构应坚持爱国、爱军、爱社会主义等基本信念，将爱国敬业，使命责任、奉献、保守秘密、高效协同、团结友爱、积极向上、创新发展等成分作为核心价值观的基本来源。在行为规范方面，承训机构应将严谨、积极、高效、负责、保密等作为基本的行为规范。

在组织文化建设上，承训机构应围绕组织文化的内容，即核心层、制度层、物质层不断进行完善、优化，在核心层的基础上，进行承训机构制度体系建设，将核心理念、价值观念等落实到制度之中；应通过标识、图册、口号等展示核心理念、价值观念等。鉴于承训机构大多是事业单位或社会民非单位，薪酬与发展方面不及企业灵活。这就导致了必须注重招聘环节，强化人力资源来源质量以及对退役士兵职业教育培训工作的认同。在人员招聘与甄选方面，注重考察应聘人员的政治觉悟，还要考察其责任心，工作是否注重细节，态度是否积极等。还要将组织文化渗透到承训机构人力资源管理体系之中，通过培训宣导、薪酬绩效引导等，强化承训机构成员对文化的认同与践行。

第四节 退役士兵职业教育培训承训机构激励机制建设

如前所述，退役士兵职业教育培训承训机构开展的业务具有一定的公益性，服务对象具有崇高性。故此，文化激励是承训机构激励机制建设中的重要内容。承训机构应建立各种文化活动，营造文化氛围，使得组织成员认识到从事这一工作的意义和价值，充分激发其内在动机，此外，承训机构还必须建立起完善的激励与约束机制，才能有效激发组织成员潜能，调动其积极性、创造性，保留与发展专业人力资源队伍。

　　承训机构建立内部激励机制，既要做好组织成员需求分析，还要结合自身业务性质，尽可能实现外在激励与内在激励的平衡。人的行为来源于动机，按照心理科学的研究，人的动机可以分为两大类，外在动机与内在动机。所谓内在动机，是指行动目的指向行动本身，而被内心的渴望所驱使，不依靠外在刺激而采取行动，是一种自然力量；外在动机是指依靠外部因素激发，或者是为了外部奖励而采取行动。行为主义心理学家认为，增强外在动机是激励人们采取某个行动的途径，系统地运用奖励或惩罚措施将会制约或加强对进一步的奖励或惩罚的预期。经济学家同样认为外在激励能够提高个体的努力水平与绩效。认知主义心理学家则强调内在动机的形成与作用，认为人是积极主动的，不只是被动地应对外部的刺激。这种分歧的存在，在于对人性的看法不同，经济学理论的核心是"经济人"，而社会科学或者心理科学认为人是活生生的人，是社会人。另外，相关研究还表明，人的经济基础也是影响内、外激励的重要因素。同样地，文化背景不同，价值观念的差异等都是影响内、外激励的影响。同时，对于内、外动机而言，也不存在明确的分割，在适当条件和环境支持下，外在动机可以转化为内在动机，如当金钱作为衡量人全部社会价值、反映社会地位时，薪酬就会转化为内在激励。

　　无论是外在动机还是内在动机，单纯强调任何一方面都无法达到理想的激励效果。有效的激励机制应能够最大限度地调动组织成员的积极性、创造性。承训机构应根据员工需要，有效平衡外在动机与内在动机，运用全面报酬理论，科学设计外在报酬与内在报酬组合。

　　对于退役士兵教育培训承训机构，最大难题可能在于外在激励的问题。如前所述，退役士兵职业教育培训具有一定的社会公益性。这就决定了此项业务的利润较低，反映到组织成员外在激励上，可用的物质资源较少。同时，退役士兵职业教育培训业务性质也决定了内在动机应成为承训机构激励机制设计的核心，外在激励应作为内在激励的补充。

对于组织成员的内在动机，德华·德西和理查德·瑞恩提出的自我决定理论专注于内在需求。自我决定理论认为人类本质上是积极的，并且是强大的。但对于来自内心的发展欲望，外部环境必须给予支持，否则将会阻碍这些内部激励的发生。否则将会阻碍这些内部激励的发生和起效。自我决定理论将人的内在需求划分为自主需求、能力需求、关系需求。依据这些内在需求，承训机构可以在参与决策、更多责任、发展机会、工作自由度、工作兴趣、活动多样性等方面进行相应的设计。工作特性理论也为满足组织成员内在需求提供了很好的方向与指导，见图 11-2。

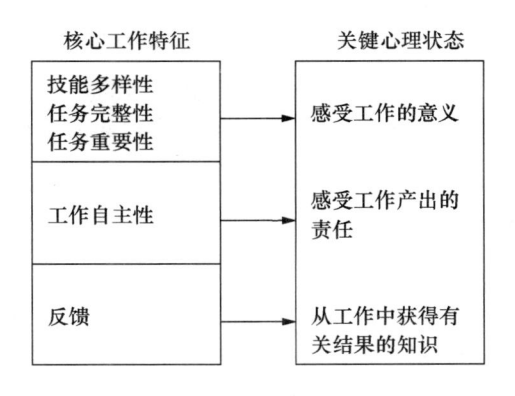

图 11-2　工作特征理论模型

结合以上分析，退役士兵教育培训承训机构应围绕以下几个方面打造内在激励体系。一是建立员工参与机制。承训机构应平等对待每一位成员，树立民主管理风格，明确员工参与途径，制定员工参与制度，增强员工参与意识。在参与过程中，体现员工自身价值，提高其积极性、创造性。建立员工参与机制，就要求承训机构打破传统机械性组织模式，以团队为核心进行运作，让组织成员参与到组织目标制定、制度建设中来，赋予组织成员开展教育培训工作更多的权限。二是建立多元化、立体化的沟通渠道，及时增强工作成果反馈，增强成员对工作成果的感知。退役士兵职业教育培训本身是一项崇高而伟大的事业，具有很强的社会公益性，能够很好地满足组织成员内在需求。如何使得成员及时了解工作成果，感受工作本身的意义与社会价值，就需要建立组织成员与退役士兵、民政部门、企业以及承训机构内部的多元而立体化的沟通渠道，及时传递工作成果信息，满足成员内心需求。三是推行项目制组织模式，赋予组织成员更多的工作自主性，强化组织成员的责任意识。如前所述，退役士兵全过程职业教育培训体系系统性较强，需要承训机构建立共生、共荣、共享的文化。项目制组织模式则很好地对应了这种文化，也能够赋予项目组织更多的权限，更能自主地开展工作，也更能发挥组织成员潜能，展现其价值。四是强化对组织成员需求的引导。内在动机与外在动机并没有十分明显的区隔，在一定的情境下可以相互转化，这也说明对组织成员需求的引导是非常重要的。五是提高承训机构领导成员的领导水平，以自身的人格魅力、崇高而光辉的事业感染组织成员，激发或壮大其内在动机，也是推行内在激励的必要措施。六是加大组织成员的培训力度，提高服务能力、自信心与综合素质，增强组织成员自我效能。此外，培训还要强化精神层面的培训，激发起良知、使命责任感等。

外在激励以薪酬以及物质回报为核心，还包括工作环境、生活保障、社会声望以及赏识等。由于业务本身的限制，导致承训机构不可能采取过高的薪酬水平。针对组织成员外在动机的外在报酬设计，应注意以下几点：一是提高薪酬的保障功能，实施适中的薪酬水平策略。在大部分管理学家、经济学家看来，薪酬具有激励、保障等功能。对于承训机构而言，薪酬可能更多的是体现保障功能。这也就决定了在薪酬构成设计中，不能照搬企业的薪酬构成设计，其绩效薪酬比例不应过高，应适当低于企业的水平。在薪酬构成要素上，也应增加一些保障性薪酬项目，严格执行国家规定的法定福利项目，借鉴与推行企业年金制度等。二是建立基于能力的薪酬体系。承训机构应注重组织成员能力培养与评估，通过薪酬设计，引导组织成员注重自身能力提高与个体成长，实现与内在动机的有效结合。针对承训机构具体岗位的设置，可以建立各岗位的评级制度，如针对项目经理，可以按照能力建立一级到五级的项目经理发展制度；教务人员也可以建立晋级制度等。三是建立合理的薪酬增长机制。保留员工是薪酬的另一功能。除采取适中的薪酬水平策略外，承训机构还应建立合理的增长机制，消除组织成员的不满意。在这个方面，承训机构应建立与社会消费水平（CPI）增长对应的薪酬联动机制；还应建立与组织成员工作年限对应的增长机制；更应建立与能力增长对应的增长机制等。四是注重薪酬的公平性。每个个体都希望能够得到公平的对待，尽管不可能实现绝对的薪酬公平，但承训机构还是要尽可能实现组织内的公平。这就需要承训机构建立规范的薪酬管理制度，形成科学的薪酬体系，制定较为完善的薪酬定级定档标准等。当然，对于特殊的急需人才，承训机构可以通过协议工资制度，在不破坏原有的薪酬结构与公平性上，灵活地进行处理。五是注重组织成员的精神奖励，加大组织成员宣传推广，增强组织成员的社会声望。

当然，在强化组织成员的正向激励的同时，还必须注重纪律管理、制度管理以及绩效管理机制的建设。通过纪律管理，强化组织成员的政治意识以及服务意识。通过绩效管理机制建设，防止"搭便车"、劣币驱逐良币等不良现象。

第五节 退役士兵职业教育培训承训机构资源整合建设

退役士兵职业教育与技能培训需要大量的资源投入，这就需要承训机构及相关部门加大资源整合力度。从当前退役士兵教育培训现状以及发展趋势来看，承训机构在硬件设施方面还需要加大投入与建设。主要表现在：一是实体院校现代化教室与生活设施还需要改进。退役士兵教育培训与传统的课堂教学有较大区别，需要大量的情境教学与互动，传统的教室很难适应这种教学模式。有必要针对退役士兵教育培训进行教室改造。在生活基础设施方面，部分实体院校仍然采取 8 人制集体宿舍。虽说退役士兵参与教育培训不是为了生活享受，但人员过多，人均面积小往往引起退役士兵心理反应，也容易导致退役士兵之间产生各种冲突，引发群体性事件。另外，生活基础设施也反映了对退役士兵的重视程度，体现党和政府的人文关怀。二是强化实体院校实训环境与设备建设。退役士兵能够顺利就业上岗，实训是一个很关键的环节。而实训设备与环境是构成实训环节的重要因素，如果实训设备与企业差距较大，退役士兵自然难以顺利上岗。当前科学技术迅速发展，企业技术设备更新较快，如何强化自身实训硬件建设，也是摆在承训机构面前的重要课题。三是实训模型的开发与建设。退役士兵教育培训周期较短，如何在短时间里提高、巩固教育培训效果，开发相应的实训模型是较为可行的措施。随着3D打印技术的发展，人们已经可以低成本、便捷地开发一些机器设备的微型模型。这些微型模型非常方便地用于退役士兵随时随地的学习。四是退役士兵跟踪学习系统、在线学习系统、信息化管理平台等的建设。

　　从目前来看，退役士兵教育培训承训机构硬件与环境建设有必要走资源整合之路。通过资源整合，发挥各自优势，也能高效地利用资源。承训机构可以从企业、协会、其他承训机构、高等院校等方面进行相应的资源整合工作。在企业方面，承训机构可以联合企业共建实训基地、实验室、协同创新中心等。与企业的联合，直接贴近工作第一线，既能为企业提供大量的人才，也能为退役士兵提供大量的岗位。当然，这种联合也会造成退役士兵所学技能的专门化，导致其就业选择受限等。故此，与企业联合进行共建时，还要考虑退役士兵的就业与发展，尽可能选择实力强的行业内骨干企业、核心企业、龙头企业作为共建单位，为退役士兵提供优质岗位。与行业协会合作共建协同实训中心、协同创业中心，可以有效促进退役士兵在某个行业内的就业与发展。通过行业协会，也可以短时间内有效地聚集企业资源，提供多层次就业岗位，提高实训中心的利用效率等。承训机构之间的资源整合可以通过建立退役士兵教育培训联盟的方式进行。这种教育培训联盟可以由主管机构发起，也可以由骨干机构发起。退役士兵教育培训联盟对于打通退役士兵区域壁垒，实现教育培训资源跨区域流动与整合具有很好的作用。当前，要想能够建立联盟，必须有合作共赢的基础,如图11-3所示。全国层面的教育培训承训机构可以与省级、市级的承训机构合作共建,利用自身的师资优势,将省级、市级承训机构视为支点,充分利用他们的场地、实训基地、实验设备等开展教育培训工作。对于省级、市级承训机构而言,也可以充分发挥本土优势,有效利用合作单位的优秀师资,更好地开展教育培训工作。

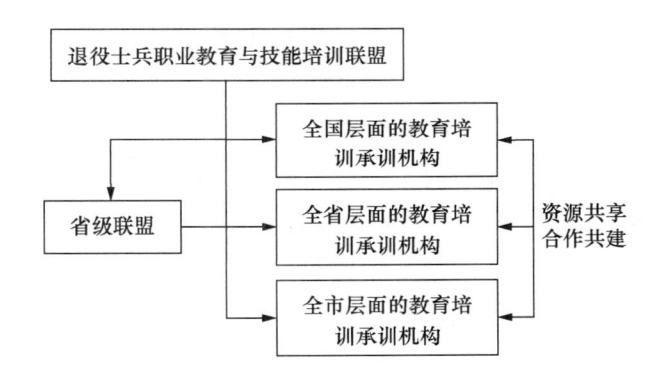

图 11-3 退役士兵职业教育与技能培训联盟示意

此外,为了充分利用社会资源,解决退役士兵教育培训资源来源单一的问题,承训机构还可以合作发起退役士兵教育培训或者是退役就业创业促进公益基金,公开募集社会资源。随着我国慈善公益事业发展,公益正逐步深入人心。退役士兵作为一个特殊的群体,把一生中最美好的青春贡献给了国家和社会,值得全社会去帮扶他们。自主与扶持退役士兵就业与发展,属于慈善公益事业。同时,我国有大批退役军人企业家,他们与退役士兵有着深厚的感情,也愿意为退役士兵教育培训、就业创业贡献自身的力量。成立专门服务于退役士兵就业、创业的慈善公益基金具有可行性、必要性。相关承训机构应积极行动起来,联合成立公益慈善基金,充分整合社会资源,提高教育培训的质量与水平。

第六节 退役士兵教育培训承训机构的规范化建设

承训机构的规范化建设直接影响其持续、健康发展，也影响其服务质量。所谓规范化，简单地讲就是凡事有章可依、有章可循，组织实现从"人治"向"法制"的转变。规范化不完全等同于制度化建设，它还包括组织结构的规划、决策的规范化、流程规范化以及制度规范化等。当然制度是规范化建设具体手段与途径。对于承训机构规范化建设而言，应从整体出发，按照投入、转化、产出的系统观点，对运作的各个环节、各个要素制定流程、制度与标准。在规范化建设过程中，应引导组织成员积极参与，针对每一个环节展开讨论，保证规范化建设质量，也促进组织成员的理解、认同和支持。承训机构规范化建设体系如图 11-4 所示。

层次	名称	内容
第一层次：法人治理层	承训机构治理规范化	治理组织结构设计、法人治理理念、员工监督的设计等
第二层次：战略与决策层	承训机构战略管理与决策规范化	承训机构发展战略制定、决策程序、年度计划制定、目标管理等
第三层次：组织运营与流程层	承训机构运营与流程规范化	总体运营流程、全过程服务流程、业务流程、管理流程等
第四层次：组织职能与制度层	承训机构职能与制度、服务规范化	财务、人力资源、服务等职能部门规范化，制度建设规范化，服务的标准化等

图 11-4 承训机构规范化建设体系

在承训机构规范化建设中，法人治理层面的规范化是首要的。无论是学校，还是民办非企业单位，承训机构都应建立完善的法人治理结构。对于国有学校,已具备较为完善的法人治理体系,不再赘述。而对于属于民办非企业单位的承训机构而言,在法人治理规范化方面,还有相当长的路需要走。从当前此类机构实际情况来看,在内部治理规范化方面主要存在机构不健全,理事会法律地位得不到保障,存在创始人"人治"现象,监督机构缺乏或者无法发挥作用,治理规则不完善以及领导人缺乏"法制"理念,行为人能力不足,信息不公开等。在法人治理层面,首先,确定与保障承训机构法人产权,这是确定承训机构法人地位的基础。承训机构创始人应建立法人财产的理念,将个体行为与组织行为区分开来,自觉维护法人财产权益。主管机构也应加大监督与惩罚力度,督促创始人更新观念。其次,建立与完善决策、监督、执行三位一体的组织体系,科学设置运行机制,完善各自的职责,见图11-5。现代组织治理理论的发展与实践表明,决策、监督、执行的权力配置和制衡机制能够很好地保障组织发展。对于民办非企业单位而言,也需要将决策、监督与执行分离开来,不能"既做球员,又做教练"。

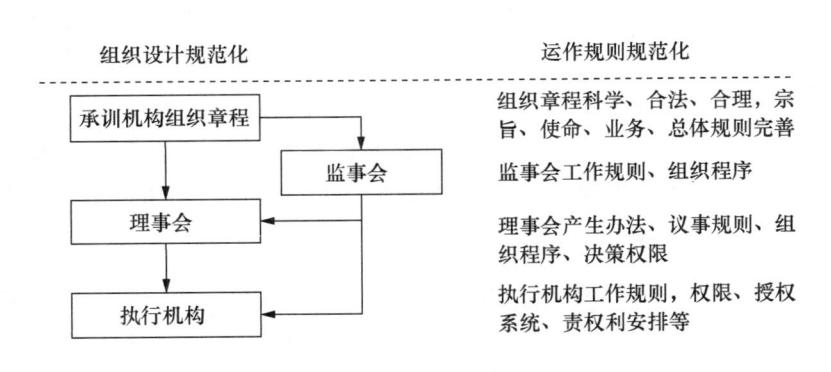

图 11-5 承训机构内部治理体系

一般而言,民办非企业单位设置理事会,它是承训机构的最高权力机构,由出资人、发起人、员工代表、专家等成员共同组成。为了保证决策的科学性,理事会可以下设专家委员会,吸收各方面的专家,为其决策提供咨询。对于理事会的决策,应按照章程赋予的职能进行民主决策,为保证出资人、发起人的合法权益,可以设置出资人、发起人一票否决条款。监事会是承训机构的监督机构,其监督对象不仅是理事会,还包括执行机构。监事会成员组成可以由出资人、发起人、员工代表、财务方面的专家等共同组成。为保证监督制度的正确发挥,监事会可以下设监督审计委员会,吸收财务审计方面、管理审计方面的专家加入,保证监督职能的专业性。监事会应依据承训机构章程行使监督职能,不能随意干涉理事会、执行机构的日常运行。执行机构负责落实理事会决策、决议,对理事会负责,其负责人往往由理事会聘任。承训机构应建立执行机构责权利体系,可以建立目标管理体系,也可以采取平衡计分卡的管理模式,督促执行机构切实履行职责,强化其责任意识。

在战略与决策层面,承训机构应建立规范的流程,明确战略与决策权限、范围。尤其是有关承训机构的发展战略,应避免"拍脑门"式战略决策,应建立包括环境分析、组织分析、职能分析等内容的战略管理流程,让专家、组织成员参与到发展战略制定之中,群策群力,保证战略方向的正确性,战略的可行性等。

在组织运营与流程层方面,应以退役士兵服务为始点,按照全过程、全系统的服务要求,逆向推理承训机构的运营流程,明确各部门的职能,确定运营中的关键节点,强化跨部门的协同。

在组织职能与制度层方面,各部门都应建立相应的指挥链,优化与完善组织内岗位设置与职责,细化部门内的流程,制定各岗位、各项工作任务的工作标准。

当然,承训机构的规范化不是静态的规范化,而是动态的规范化。随着组织发展以及外部环境变化等,承训机构应定期检视组织结构、运营模式、流程管理、制度建设、标准化中存在的不足,定期进行优化与完善,推动承训机构规范化水平不断发展。

第七节 退役士兵教育培训师资队伍建设

教育培训师资队伍建设是承训机构建设发展的重要内容。建设教育培训师资队伍也是系统工程，承训机构需要从发展理念、环境与氛围营造、管理者专业化、教育培训、保障机制等方面着手提高。

第一，承训机构应高度重视教育培训师资队伍建设，将师资队伍视为自身的核心资源。从业务属性上看，退役士兵教育培训属于典型的知识型服务业务。在服务业务中，最核心的资源是人，是开展服务的人，尤其是服务具有高知识、高专业化的要求。承训机构必须清楚自身业务性质，认识到师资队伍是自身的核心资源，高度重视师资队伍建设。当前，部分承训机构认为自身师资可有可无，几乎全是兼职师资或者借用，美其名曰轻资产运营。理念上的错误必将影响承训机构的健康发展，没有稳定的师资，就没有稳定、专业的服务质量，承训机构就没有未来。

第二，营造尊重教师的环境与氛围，树立培训教师的中心地位。在承训机构文化建设方面，应将尊师重教放在突出位置，在组织价值观、理念、行为规范以及宣传语、标识等方面展示尊重教师的内容。在氛围营造方面，承训机构应建立"内部客户"意识，引导管理人员建立服务意识，服务教师。在资源配置上，承训机构应优先向师资队伍建设方面倾斜，通过设立教师专项发展基金、教研基金、教育培训项目等多种方式建立资源保障机制。在薪酬待遇与发展空间方面，应优先保障教师的薪酬待遇水平，建立薪酬待遇的增长机制。

第三，采取多种措施，实现承训机构管理者的专业化。师资队伍建设是一项专业性较强的系统工程，其建设规划、培训计划以及培养方案等都离不开管理者的支持。从目前来看，承训机构管理者在师资队伍建设方面还存在专业技能低，对教师发展认同度低以及科研动力不足等现实问题。强化管理者在师资建设方面的专业性，一是要提高管理者对教师发展的专业认知，在思想上高度重视师资队伍建设；二是要强化管理者的教育发展培养，组织与开展诸如专家讲座、校际交流等多元化的活动，使其了解当前教育培训发展趋势、技术、工具等，提高其教育专业化水平；三是要加大措施，引导与鼓励管理者深入退役士兵教育培训一线，通过实践提高其教育管理专业化水平。

第四，采取多种措施，引导与鼓励教师专业化发展。教师专业化发展是指教师专业思想、专业知识、专业能力的不断完善与发展。我国退役士兵教育培训工作开展时间较短，导致从事该业务的教师大多数属于"新手"，因此，更需要重视教师专业化发展。一是承训机构应开展多种教育培训活动，部分教师要根除专业发展的观念障碍。当前部分教师存在"退役士兵层次低，很好应付"、"自己教学很多年了，不需要改变"等错误观念，严重影响其专业化发展。无论对专职教师，还是兼职教师，承训机构都应通过讲座活动、课程观摩等多种方式，开拓教师的视野，根除错误观念，使其清楚教师专业发展的必要性、重要性。二是引导或督促教师制定自身的专业发展计划。承训机构依据总体教师发展规划，建章立制，引导教师树立专业发展的理想，督促其建立个人专业发展规划，将教师发展规划落实到每一位教师身上。三是强化组织保障与制度落实，定期开展教师发展评估，有序推进教师专业发展。承训机构应建立教师发展评价体系，科学、全面分析教师发展中的问题，协助教师改进教育培训质量，提高其自身能力。四是建立教研制度，积极开展教研活动，强化校本研究的引领作用，提高教师教研专业能力。

第五，建立退役士兵教育培训优秀师资库，建立长期的合作关系，保持优秀师资队伍的稳定性。针对当前难以短时间内建立自身师资队伍，多聘请兼职人员的现状，承训机构应两条腿走路，在加强自身师资队伍培养的同时，强化优秀兼职师资队伍的开发与建设。对于兼职的师资队伍，承训机构一是要加大遴选力度，保证兼职师资队伍的质量；二是要与其建立长期合作的关系，保证其稳定性；三是注重兼职师资队伍的考核，建立动态管理机制；四是要将兼职师资队伍纳入到教师专业发展规划之中，加大经费投入，提升其专业水平。

第八节　推进退役士兵教育培训承训机构专业与课程认证工作

认证原指由第三方认证机构证明其产品、服务、管理体系等符合相关技术规范或者标准的合格评定活动。通过认证，一是增加了第三方有关产品、服务、管理体系质量与水平的"信用"背书；二是通过认证使得人们容易对产品、服务、管理体系的质量或水平达成共识，提高交易效率。

随着教育的全球化以及人才流动的全球化，人们对规范教育质量也提出了迫切的需求。教育领域的认证也由此迅速发展起来，也成为教育质量的重要保障手段，欧美发达国家的高等教育认证已经较为规范。退役士兵职业教育与技能培训参与机构多、专业多，甚至是跨军队与地方两个系统。这都决定了退役士兵教育培训更为需要专业与课程认证。

一是通过专业与课程认证，打通退役士兵军队学习与地方学习的通道。由于环境的限制，地方教育机构很难在军队中开展教育培训活动，而军事学校开展的教育培训活动又往往得不到地方高校的认可，造成了退役士兵学习中的"两难境地"。而通过认证活动，促进退役士兵部队学习活动与社会学习活动有效衔接，降低退役士兵学习的成本，为退役士兵全过程教育培训模式的开展提供有利条件。

二是专业认证与课程认证，打通退役士兵学历教育与非学历教育间的沟通，为退役士兵就业发展提供更好的支持。目前来看，无论是大学生兵，还是非大学生兵，都存在学历教育与当兵服役的矛盾。对于大学生兵而言，大部分并没有毕业，退役后还必须返校从参军入伍前的学期开始进行学习，在年龄上有的退役士兵比同班同学大了好几岁。可想而知，他们不但在学校没有优势，即使毕业后，因年龄问题，同样不具备优势。这也是导致部分大学生兵退役后产生悔意的一个重要原因。如果能打通服役期的学习与大学学历教育的通道，无疑能够很好地提高退役士兵服役期间的学习积极性，也有利于其求职与就业。对于非大学生兵，更是如此。相应的学历是其求职与就业的"敲门砖"，是拓展其求职与就业空间的"武器"。而如果不能有效利用服役期间的时间，这些非大学生退役士兵的学历之路更是漫长，在求职与职业发展中，很多时候是"远水解不了近渴"。故此，通过专业与课程认证，也能够很好地激发他们的学习热情和深造热情，为其今后发展奠定较好的基础。

　　三是专业与课程认知是促进退役士兵承训机构内涵发展，提升退役士兵教育培训质量的关键手段。当前，退役士兵教育培训承训机构水平参差不齐，加之专业与课程的自主性，导致退役士兵教育培训质量水平堪忧，也导致了部分退役士兵怨言较大。如何改变这一现状，强化专业与课程教育标准是非常关键的。

　　开展退役士兵教育培训专业与课程认证，并不是要降低退役士兵教育培训的质量要求，而是根据规范标准，提高教育培训质量。故此，民政部门要协调教育主管部门、军队机构共同分析军队技能训练与社会高等教育的共同之处，选定某些专业进行试点。对于其具体开展模式，可以借鉴当前中国工程教育认证的具体做法，由专业的第三方机构来具体承担。对于其具体形式，"学分银行"模式较具可行性。该模式为每名学习者建立了"学习账户"，学习者可在不同区域、不同时间、不同专业选择学习。每门学科都有其对应的学分值，在不同时间、不同单位获得的学分可以累加、储存且相互认同和转换。

第十二章　退役士兵创业教育建设[①]

第一节　创业特征与退役士兵创业现状

目前，创业已成为经济社会持续发展的内生动力，成为增加就业岗位的主要源泉。而对于创业的界定，还存在一定的分歧。有的观点认为创业就是创办企业；有的观点认为创业是创建自身事业的过程；还有观点认为创业就是创新过程。杰弗里·A. 蒂蒙斯（Jeffry A. Timmons）在其所著的经典教科书《创业创造》将创业定义为：创业是一种思考、推理和行为方式，它为机会所驱动，需要在方法上全盘考虑并拥有和谐的领导能力；在其所著的《创业学》中，采取类似的定义：创业是一种思考、推理和行动的方法，它不仅要受机会的制约，还要求创业者有完整缜密的实施方法和讲求高度平衡的领导艺术。[②] 而霍华德·H. 斯蒂芬（Howard H. Steven）则认为：创业是一种管理方式，是对机会的追踪和捕获的过程，与其当时控制的资源无关。在创业分类方面，依据创业活动的范围，不仅包括个体创业，还包括了公司创业或者组织创业以及社会创业等。综合有关创业理论，创业是一个识别机会、把握机会、利用机会、挑战自我与实现自我、创造价值的过程。从有关创业的定义以及实践来看，创业具有以下

[①] 本部分内容曾获 2015 年民政部全国民政政策理论研究一等奖。
[②] 杰弗里·A. 蒂蒙斯、小斯蒂芬·斯皮内利著：《创业学》，周伟民、吕长春译，人民邮电出版社 2005 年版。

特征:

一是创业具有很强的创新性。识别、利用新的机会,是创新核心所在。在饱和竞争态势下,机会的识别必然要求有新的思想、新的思维,寻找新的需求,开发新的产品或服务。从这一点上讲,创业活动就是创新活动,Schumpeter(1934)就认为创业者即创新者。

二是创业的高难度性。饱和竞争下,寻找新的机会本身就是高难度的工作,判断机会是否可行,都属于高难度的活动。创业的高难度性也对创业者判断能力、平衡能力、行动能力等提出了更高的要求,正如Knight(1921)所讲创业者是不确定性的决策者。

三是创业的高风险性。创业源于"entrepreneur",本身就是对未知领域的探索与尝试,具有承担风险之意。这决定了创业的不确定性较大,加之创业需要投入资源、时间、精力等,创业具有高风险性,需要承担财务风险、技术风险、市场风险、人力资源风险等,成功率较低。此外,创业的高风险性还体现在影响面广、影响时间长等方面,不仅会影响创业者本身,还会影响到创业者相关的亲属等;不仅会影响创业者当前,还会影响到创业者的未来发展。所以,蒂蒙斯指出:创业者要有甘愿冒险的精神,既有个人风险,也有财务风险,但所有风险都必须是经过计算的,要不断平衡风险和潜在的回报,这样才能让你掌握更多的胜算。

四是创业的高度复杂性。创业的复杂性体现在影响因素多、相互作用复杂等方面。从影响创业的因素来看,既有个体的因素,还有市场的因素、环境的因素、政策的因素等。这些因素又有众多自身要素,且它们之间相互作用,相互影响,导致创业过程高度复杂化。

五是创业具有高成就性。创业是高风险、高复杂、高难度性活动。而收益也与风险、难度等成正比,即创业具有高成就性。创业过程以及创业成功所产生的社会效益、经济效益无疑是巨大的,创业也极大地满足了人类的内在需求与高层次需求,通过创业,创业者实现了自我价值。

六是创业的高投入性。创业需要投入大量的财力、时间、精力,需要创业者付出极大的努力和心血。很多创业者包括乔布斯、马云都是在非常艰苦的环境中，投入全部的身心才获得成功的。

退役士兵是一支综合素质较高的人力资源队伍，任正非、柳传志、王健林等一大批创业先锋都曾是退伍老兵，成为社会经济发展的骨干力量。在"双创"的大形势下，加大退役士兵创业扶持力度，不仅有利于充分利用退伍士兵这支人才队伍，也能够通过创业拉动就业，助力深化国防和军队改革，缓解社会矛盾。相比于其他群体而言，退役士兵创业有其自身特有的优势与劣势。

退役士兵创业优势有：①成就动机高，创业意愿强。经过军队的锤炼，退役士兵在敢打必胜的理念熏陶下，其成就动机较强，干事创业意愿强，希望能够在社会上进行二次创业。②具有较高的责任心与使命感。退役士兵政治性强，爱国、爱社会，对社会、家庭以及个人，具有较强的责任感，使命感强，使其具备在困难情况下，完成事业的基础。③具有坚韧的性格，意志力强。退役士兵经过艰苦的训练，造就了坚韧的性格，面对困难能够坚持。④具有较强的魄力与执行力。军人当机立断，该出手时就出手，具有相当大的决断力，这有利于迅速抓住创业机会。⑤退役士兵群体联系紧密，能够获得较好的团体支持。退役士兵具有较强的感情纽带，他们联系紧密，彼此能够提供情感、信息、创业项目、市场乃至资金上的支持。⑥正直。退役士兵较为正直，有利于在其身上产生巨大的向心力和凝聚力。⑦具有一定的物质基础。国家按照一定的标准给予退役士兵物质补偿，这为退役士兵创业提供了一定的物质基础。⑧国家及政府的支持，社会的关注。退役士兵作为一个特殊群体，国家政府重视其创业活动，支持其创业，能够为其创业提供工商、税务以及金融方面的支持等。

相比于其他群体，退役士兵创业也具有一定的劣势，突出表现在：①文化水平偏低，知识结构不合理。从整体上看，退役士兵相比于大学生、科技人员等群体，其文化水平、知识结构等都处于劣势。②所处环境较为封闭，缺乏社会经验与创业教育。退役前，大部分退役士兵生活在一个较为封闭的环境之中，对外面的社会了解较少，也不容易接受新鲜事物。③思维模式较为刻板，不够活跃，缺乏足够的创新性。④缺乏必要的创业教育，创业能力较低。无论是在军营，还是返回到地方，退役士兵接受创业教育的机会较少，很少有人受过系统的创业训练，创业能力偏低。⑤商业信用较为缺乏，融资渠道较窄，融资额度较低。退役士兵服役期间很少从事商业活动，资产较为有限，总体信用水平较低，融资渠道也多为亲戚朋友，融资额度有限。⑥心态过于乐观，创业设想不切合实际，眼高手低，好高骛远。⑦信息渠道有限，缺乏广泛的人际关系网络与商业网络，前期拓展工作艰巨。

此外，从当前来看，尽管对退役士兵创业有所重视，但也存在较多问题：①退役士兵作为一个小众群体，社会关注度较低，对其重视程度不够。尽管每年有近50万的退役士兵，但相比每年600多万的大学生毕业生，退役士兵还属于小众群体，加之学历等原因，致使对退役士兵创业重视程度远远低于大学生、科技人员等群体。在民政系统中，其工作主要侧重退役士兵的就业安置，这也只是民政工作中的一小块工作，很难引起有关部门重视。此外，由于社会对退役士兵认知存在一定的偏差，社会对退役军人的关注程度也在不断下降。②退役士兵相关创业扶持政策力度小、落实难。现有退役士兵创业扶持政策还停留在2010年、2011年前的政策水平，信贷金额远远不能满足当前创业发展需要，也低于大学生创业扶持金额。即使是现有的扶持政策，由于涉及民政、财政、银行等多个部门，导致政策门槛高、办理成本高，政策很难落实。③退役士兵创业意愿强但创业能力低，创业存在较大盲目性，创业风险较大。退役士兵来自一个较为封闭而又特殊的环境，与社会存在一定的隔离，对市场经济需要一定的适应期。另外，退役士兵经过长期的军事训练，其成就动机较强，干事创业的意愿较强。两方面因素叠加，造成退役士兵创业的盲目性，风险较大，导致退役士兵创业项目选择盲目、质量不高、被骗等问题，甚至有的退役士兵因创业倾家荡产、家破人亡。④缺乏针对退役士兵的专业创业教育机构、创业孵化机构等，难以为退役士兵创业提供系统性的支持。针对大学生的创客空间、创业教育培训机构比比皆是，但针对退役士兵的创业教育机构、创客空间、创业孵化机构却较为匮乏，退役士兵创业生态系统亟待优化与提升。⑤缺乏对退役士兵创业规律的深入、系统研究，相关的理论成果极度缺乏，难以为退役士兵创业实践提供强有力的理论支持。退役士兵作为一个具有一定特殊性的群体，其创业活动有其自身规律。只有系统把握退役士兵创业的一般规律，才能制定出科学、精准的退役士兵创业扶持政策与相应的促进措施。目前来看，仅有少数几个单位进行退役士兵创业的研究，亟须加大退役士兵创业理论研究的力度。⑥退役士兵创业活动融入军民融合国家发展战略的深度不够，未能充分利用军民深度融合发展所提供的契机与有利条件。当前，军民融合已上升为国家战略，全系统、全要素、全过程军民融合将不断发展，由此也衍生出众多创业机会，也形成了吸引民营企业关注退役士兵的有利条件。把握军民深度融合发展契机，将退役士兵创业、就业嵌入其中，能够形成良好的推动作用。

当前，中国正处于经济转型的变革期，实施创新驱动战略是唯一正确的发展方向。营造创业氛围，全面分析退役士兵创业优劣势，以创业成功为导向，建立立体化的创业教育系统，促进退役士兵创业活动，是利国、利军、利民的重大工程。

第二节 创业教育模式与发展借鉴

1989年，"面向21世纪教育国际研讨会"提出要把事业心和开拓技能教育提高到目前学术性和职业性教育所享有的同等地位。创业教育一经提出，得到了许多国家以及包括联合国教科文组织在内的众多国际组织的认同与倡导，经济合作和发展组织的专家柯林·博尔甚至把创业教育总结为：未来的人应掌握的"第三本教育护照"。对于创业教育的定义，联合国教科文组织将其界定为"培养具有开创性的个人"。目前，创业教育得到世界各国的普遍重视，尤其是以美国为首的西方发达国家，创业教育得到了不断的创新与发展，美国还专门设立了国家创业教学基金。从国外创业教育开展来看，较为注重全过程性的创业教育，如美国对K—12年级的学生进行创业教育，日本在小学就开始实施"就业与创业教育",法国一些地区开展了如"在中学里办企业"、"教中学生办企业"等创业活动。就成人创业教育培训来看,美国百森商学院、斯坦福大学、哈佛大学的创业教育模式对开展退役士兵创业教育培训较具借鉴意义。

1. 百森商学院创业教育模式

百森商学院创建于1919年,是一所位于波士顿郊区的私立商学院。尽管百森商学院规模不大,但其作为创业学领域的领导者,创业教育为世界公认。自学校创建之初,就十分注重创业教育,将培养企业家作为主要的办学目标,创业精神一直备受关注。

百森商学院创业教育以创业意识培养为核心,其培养目的是帮助学生树立创业的思维模式、进取心、创造力、冒险精神等。自创建以来,百森商学院一直注重创业课程建设,在"创业教育之父"杰弗里·蒂蒙斯的带领下开发创业教育课程体系。该课程体系特色在于模块化教学的整合性教育,将管理的各个学科融为一体,将管理的实操性和系统性有机结合,以培养学生识别、分析、把握商机的能力和技巧。针对不同阶段的学生,百森商学院还提供了循序渐进的课程,如针对本科学生设计的课程有《管理体验》、《企业创立》、《成长型企业管理》、《创业企业融资》等;针对 MBA 设计的课程模块有《组织的创造性管理》、《商业机会评估》、《设计和管理传递系统》、《在全球变化环境中发展企业》。在课程开发方面,百森商学院十分注重创业教育研究与创业课程的结合,建立有 Arthur M. Blank 创业研究中心、William F. Glavin 全球管理研究中心、亚洲中心、欧洲中心及国际项目办公室,还发起了面向全球的国际创业研究项目(全球创业观察,GEM),每年定期发布研究报告。通过这些研究中心与研究项目,既为研究者、创业成功者、教育者提供了一个交流平台,也为创业课程开发提供了源源不断的营养。Robert Eng 设计开发的"Tech Mark"管理实战模拟课程,涉及研发、生产、营销、财务、运营等各个职能部门,覆盖商业环境分析、商机创造、财务杠杆运用、团队合作和战略决策等方面的大量管理知识要点和经营技巧,能在最短的时间内帮助学员全面提升管理能力。

百森商学院还十分注重学生创业实践训练，积极营造创业氛围，支持学生创业。针对新生，要在教师指导下制订创业计划，提供5000美元的原始创业资本，创办并经营新公司。此外，还建立创业名人堂，将企业家与学生紧密联系起来，通过创业成功者的现身说法，提高学生创业意识与能力。

2. 斯坦福大学创业教育模式

斯坦福大学全称小利兰·斯坦福大学（Leland Stanford Junior University），创建于1891年，位于美国西部加州旧金山湾区南部的帕拉阿图市。斯坦福大学被称为"创业者的摇篮"，培养了包括谷歌、雅虎、思科、eBay等公司的创办人，开创了闻名全球的"硅谷模式"。

相对于百森商学院，斯坦福大学较为注重创业知识教育以及创业生态营造。在创业课程建设方面，斯坦福大学注重文理结合、教研结合、文化教育与职业教育结合的建设原则，将创业教育渗透到课程设置之中，注重通识与基础性，课程打破专业壁垒，充分体现了课程"文、理、工相互渗透"的特色。目前，斯坦福大学单独开设的创业课程有20多门，涵盖了创办企业所涉及的各个方面，如《创业管理》、《创业机会评价》、《创业和创业投资》、《投资管理和创业财务》、《管理成长型企业》等课程深受学生青睐。斯坦福大学还较为注重学生科研能力、创业实践的培养，经常举办各类研究讲座，鼓励学生参与科研活动等。此外，斯坦福大学注重对创业战略以及创业环境的研究，极为重视对产业环境、产学合作、经济、金融等环境方面的研究，并建有相应的课程。

创业生态营造是斯坦福大学创业教育的一大特色。首先，斯坦福大学积极营造创业氛围，支持创业创新是学校文化的一大特色。其次，学校建有完善的制度体系，创造宽松的创业环境，如允许教师脱岗创业或兼职，允许学生在两年内无论创业是否成功都可以返校继续学业，还建有灵活的专利政策等。再次，学校还设置专门机构，成立创业孵化基金，服务与支持师生参与创新创业活动。最后，斯坦福大学还建有研究园区与创业网络体系。利用研究园，师生可以完成创业孵化，这是斯坦福大学创新创业的摇篮。

创业型师资队伍建设是斯坦福大学创业教育的另一大特色。在斯坦福大学创业教育中，教师带头、创业导师制度、师生共同参与等是其一大特点。教师作为创业教育的主导因素。为保证师资质量，斯坦福大学一是注重教师选拔，选择一流的教师指导学生创新创业；二是激励与引导教师亲自参与创业活动，与企业建立产学关系，获得资源与实践经验，更为全面、深入地了解企业；三是建立多元化的创业导师队伍。

3. 哈佛大学创业教育模式

哈佛大学是享誉全球的美国高等学校，始创于1636年，位于马萨诸塞州剑桥市。哈佛大学在美国被誉为创业界的"伊甸园"，昭示了其在美国创业教育中的地位，培养了诸如微软、Facebook、高盛、彭博等公司创始人。

哈佛大学的创业教育注重实际管理经验与企业家精神的培养，认为企业家精神、思维与领导力才是最重要的，认为"创业精神"是"追求超越现有资源控制下的机会的行为"。哈佛大学的创业教育课程重点面向MBA，几乎全部采取案例教学。其课程体系分为必修与选修，必修课主要包括创业财务、营销、领导、运营等课程。在必修课的基础上，设置了10个学科领域90多门课程，以供学生选择。

在强化商业创业教育的同时，社会创业教育是哈佛大学的一大特色。应对社会发展的时代需求，哈佛大学在进行商业创业教育的同时，进行社会创业教育。所谓社会创业，是指在社会使命驱动下，组织或者个人借助市场力量解决社会问题或满足社会特定需求，实行社会价值与经济价值双重目标的创业。随着公共服务领域，尤其是政府购买服务的发展，社会创业正逐步成为一种新型的创业模式。在社会创业方面，哈佛大学多个学科相互交融，共同开发了融合性，以社会责任意识与创业型思维为重点的社会创业课程。同时，哈佛大学还为社会创业者提供社会创业体验平台。通过体验平台，学生可以积累社会创业经验，提升创业能力。在组织保障方面，哈佛大学成立了社会创业教育共同体，吸收包括学校、企业、政府、社会等相关利益群体。

中国创业教育开展时间较晚，相应的创业教育模式，创业教育课程体系还都在发展期。退役士兵的创业教育培训开展时间更晚，甚至说刚刚开始。借鉴西方较为成熟的创业教育模式与经验，对探索退役士兵的创业教育培训意义重大。总结当前典型的创业教育模式，对发展退役士兵创业教育有以下启示：

一是注重创业教育课程体系建设。无论是百森商学院，还是斯坦福大学、哈佛大学等，都十分注重创业教育课程体系建设。这种重视反映在资源投入与协同建设上，往往调动多方力量进行课程建设，以适应创业教育的复杂性。

二是重视创业与创业教育的研究，并将研究与课程建设紧密结合。创业是基于现在对未来的创新探索，这就要求必须加大研究力度，切实把握社会、行业、技术、消费的发展趋势，才能有效引导学生创业活动。同时，创业教育本身的规律性也需要进行深入、系统研究，才能准确把握其规律，保证教育活动的科学性。退役士兵作为一个较为特殊的群体，创业教育有其自身的规律，必须加大相关研究力度，才能保障该项工作的科学性。

三是注重创业课程的实践性与科学性。西方典型的创业教育无不重视实践性，通过实际的创业项目，让学生进行真正的创业活动，无疑是提高学生创业能力的最好途径与办法。另外，西方创业课程体系并不是单纯的创业实践训练，而是一个包括创业意识与精神、创业知识、创业能力、创业实践与实务的科学体系。而我国退役士兵创业教育培训无论是在实践性，还是科学性等方面都存在较大不足。

四是注重创业教育的师资队伍建设。在西方经典的创业教育模式中，教师占据了主导地位，这可能因为大部分学生社会经验不足，缺乏实践与历练，必须强化教师的作用。在这种情况下，教师的素质与能力直接决定了创业教育的质量。教师有没有创业经验，有没有企业服务经验，都会影响创业教育的质量。故此，师资队伍建设成为西方创业教育中的重点工作。在师资队伍组成上，包括专职教师与兼职教师，要求既有创业经验，又有一定的学术背景。在教师培养上，鼓励教师走出去，并进行专门化培养，创建研究机构，鼓励教师开展创业研究等。

五是注重创业氛围与创业生态培育。西方创业教育模式不是单纯的创业知识教育，而是包括了创业知识教育、创业组织、创业基地、创业活动、创业孵化、创业服务的创业生态网络体系。在创业生态网络体系中，参与者众多，包括了学校、金融机构、企业家、校友等各方面力量。通过创业生态的打造，为学生创业提供系统性的保障，提高了创业成功率。退役士兵相比于大学生，无论是社会联系，还是知识体系，都存在一定的劣势。这就要求在其创业教育中，尤其要关注创业生态的营造。

第三节 退役士兵创业成功与创业教育模式

创业不同于一般意义上的就业，其风险较大。据有关数据统计，中国大学生创业成功率仅为1%。PPLive创始人姚欣曾说：创业是成功率最低的行业。就世界范围内来看，创业也是一项极具风险的活动，全世界每年有上千万家创业企业诞生，3年后仍"健在"的比例不超过10%。另外，对于大部分退役士兵而言，其拥有的资源有限，抗风险能力有限，对创业成功率要求更高。这都决定了退役士兵创业教育培训的特殊性，也提出了更高的要求。故此，对于退役士兵创业教育的目标而言，最重要的就是创业成功率。

既然退役士兵创业教育的重要目标是成功率。那么，退役士兵创业模式的构建就应从创业成功的要素着手进行分析。对于创业成功的因素，众说纷纭。李开复选择创业者的标准是：有饥渴感、自信、人格魅力、坚韧、客观的判断力、市场敏感度等。中美冠科执行董事长余国良认为，成功创业需要激情、坚持、耐心、合作四种素质。IDG资本创始合伙人熊晓鸽认为创业成功三要素是：新的创业型的技术或商业模式、一个既有激情又有使命，同时有很强的执行能力和应变能力的团队。李嘉诚先生谈及创业成功时曾涉及理念、执行、盈利能力、失败的容让度、动力。阿里巴巴马云认为自己成功的要素是：自信(梦想)、坚持、学习、做正确的事。Facebook 的扎克伯格则认为：成功=野心+远见+执行力+决心+运气+时机。

在学术研究方面，荷兰学者斯维·万宁在其所著的《犹太创业家：揭秘犹太创业者的 8 大成功因素》一书中揭示了犹太创业者成功因素：需要及动机（成功创业家的动力及助燃剂）；教育（学会质疑和挑战现状）；充分利用突发事件（化挑战为机遇）；人际网络（集体力量大于个人力量之和）；家庭（自信的来源）；执行（与众不同的行动艺术）；胆识（勇敢、胆略、勇气）；治愈世界（拯救和改善世界）[1]。美国著名的创业管理专家蒂蒙斯教授（J. A. Timmons）将创业视为"机会、资源、团队"三大要素的结合，创业成败的关键就是如何在新企业发展过程中掌握"机会、资源、团队"三项要素。斯坦纳与索利姆（Steiner & Solem，1998）则认为，创业者的人格特征、管理技巧、人际关系，以及环境因素，才是影响中小企业者创业成功最主要因素。中央电视台第七套《致富经》栏目、清华大学中国创业研究中心和国家发改委中小企业对外合作协调中心联合进行的《中国百姓创业调查报告》揭示了普通百姓创业成功条件：把握市场机会、家人与朋友的支持、进行充分的市场调研。而创业失败原因则是：资金周转问题、创业项目选择错误、管理不善。王洪法（2007）指出在创业者特征类因素中，创新精神、控制点、成就动机、风险承担倾向都对创业成功有显著影响。刘汉东（2011）提出影响创业成功的个体特质有：创新精神、风险承担、内部控制力、精力充沛和正直诚信；创业知识有：技术知识、管理知识和法律知识；创业能力有：机会识别能力、资源整合能力、人际关系处理能力、时间管理能力、自我学习能力、团队合作能力、战略规划能力和解决问题的能力。毛翠云（2011）将创业胜任力划分为创业潜质胜任力、创业知识胜任力和创业技能胜任力三个维度。曾华玲（2013）认为创业者个体的强烈欲望、乐观自信、坚持与忍耐不确定性、敢于挑战风险、有意识地开拓

---

[1] 斯维·万宁著：《犹太创业家：揭秘犹太创业者的 8 大成功因素》，杨婵、崔颖译，机械工业出版社 2014 年版。

眼界、对商机敏感、爱结交朋友拓展人脉、乐与他人分享等特质显著影响创业成功。

综上所述，创业成功因素是一个复杂的、综合的因素集合，既有创业者个体因素，也有外部环境因素、团队因素等。但对于外部因素而言，很难通过创业教育实施直接有效控制，只能通过提高创业者个人素养，提高其机会识别、机会判断能力等间接地对外部因素控制。此外，随着知识经济的到来，人力资本在企业创建、发展中的作用更加凸显出来。"人力资本之父"舒尔茨的人力资本理论更是强化人们对人力资源重要性的认识。综合现有相关研究以及退役士兵本身特征，退役士兵创业成功需要把握以下因素：

（1）创业者的个人特质。相关研究已经表明，创业者个人特质对成功创业有显著影响，不具备一定的个人特质的人盲目创业，往往可能会导致很高的失败率，给创业者无论是个人还是家庭都造成较大负面影响。这些个人特质包括成就动机、自信、坚韧性、自律、市场意识等。这些特质是退役士兵自主创业的基础，也是创业教育的前提。对具备创业特质的退役士兵而言，创业教育应能够激发其创业意识与激情。

（2）创业心理与心态。创业是一个艰苦而漫长的过程。而退役士兵从部队走向社会，年龄大，往往心里比较紧迫，造成心态失衡。在这个随时充满困难、障碍的过程中，崇高的理想，艰苦创业的思想准备，脚踏实地，从容面对的心态，客观、理性地看待成功与失败是必须具备的。

（3）创业知识。对于创业者来讲，相应的政策法律知识、管理知识、市场知识、产品知识、企业建立知识是必须具备的。对退役士兵自主创业而言，所在领域的专业更为重要。如果对一个领域不熟悉，缺乏必要的知识储备与经验，很容易失败。

（4）创业能力。创业能力是建立在知识掌握与个人特质基础上的，是知识的具体应用。创业成功往往需要综合性的能力，如资源筹集与控制能力、机会识别能力、情绪管理能力、自律能力、市场分析与规划能力、执行能力等。

在以上创业成功因素中，退役士兵已进入青年期中后期，个体特质很难改变。故而，对于创业者个体特质，退役士兵创业教育应侧重于甄选与激发，而不是侧重于开发。对于退役士兵创业心理教育，应贯穿于整个教育过程之中，帮助退役士兵建立起良好的创业理念、健康的创业心态。对于创业知识教育应与创业能力教育相结合，不应单独地进行创业知识教育，将知识教育与能力提升相结合，强化知识的吸收与应用。应该看到，创业教育的方式、内容与一般性的职业能力有较大区别，但其也存在必然联系。这种联系就是创业教育应建立在职业能力教育的基础之上，不应将两者单独割裂开来。

　　以上是从退役士兵自身因素，而外部因素创业环境、创业项目也是创业成功的重要因素。退役士兵从部队返回社会，其信息渠道有限，创业项目选择能力有限，需依靠外部力量的支持才能获得成功。此外，资源也是制约退役士兵自主创业的重要条件，也需要外部机构提供支持。这也是与一般的职业教育培训的重大不同。在其创业模式的构建中必须考虑这些因素，才能提高退役士兵创业教育的质量，实现较高的创业成功率。

　　明确退役士兵创业教育目标以及内容，为退役士兵创业教育模式的确定指明方向。退役士兵的要求决定了创业教育时间不可能如学校创业教育那么长，也不能沿用学校创业教育模式。必须将创业教育与职业教育相结合，在职业教育基础上，通过相应的甄选工具，确定创业教育的对象。而在创业教育内容开展过程中，传统的教育模式可能无法适应退役士兵创业教育的需要，必须以创业项目为载体，进行相应的知识、能力教育。而对于师资力量，具有创业经验、获得创业成功的人士对退役士兵可能更具吸引力，也更符合退役士兵要求。故此，需要建立两支师资队伍，将理论与经验有效结合起来。而对于外部因素而言，必须建立相应的组织，收集、分析、整理创业项目，筹集资金。这个机构类似于创业孵化基地，但又具备了项目收集、资金筹集的功能，这是退役士兵创业教育的重要依托。这样，就解决了创业项目、创业资金的来源问题。而对于创业环境，需要政府及相关职能部门提供大力支持，包括金融、税务、工商等。综合以上创业教育内容，可将退役士兵创业教育模式归纳为以下两点：

（1）以专业承训机构为主体，创业项目为载体，创业孵化基地为依托，创业教育师资多元化及创业课程体系化为保障，政府及其相关机构、投资机构等为支持的，强化项目制教学与创业过程辅导的多层次、一体化创业教育模式。

（2）以专业承训机构为主体，明确退役士兵创业教育的主体及要求。专业的承训机构建设不仅要具有退役士兵创业教育的经验，具备相应的师资条件，还必须具备创业项目收集，创业项目资金筹集的能力。当然，对于项目收集与创业资金筹集来说，承训机构可以联合政府、企业乃至社会公益机构成立创业孵化基地或者退役士兵创业扶持基金，募集全社会资源以支持退役士兵创业发展。以创业项目为载体，是指承训机构开展创业教育是以具体创业项目的形式展开的，课程建设应围绕创业项目如何实际运作来开展。以创业孵化基地为依托，一是为退役士兵学习创业提供了大量的案例；二是为退役士兵自主创业提供了项目源；三是为退役士兵自主创业提供了政策及资源支持。通过创业孵化基地，使退役士兵创业教育实现了"扶上马，送一程"的目标。创业教育师资队伍的来源除专职教师以外，还应包括已经创业成功的退役士兵、企业家、管理咨询师、创业投资机构人员、政府官员等。课程体系应从退役士兵创业素质甄选开展，从创业心态教育，一直到创业辅导，形成理论课程、创业研究、创业实操、创业论坛、创业竞赛等一体化的教育内容来保障创业成功率。对于创业支持体系，应形成政府、社会、家庭全方位的支持体系，为退役士兵创业提供强有力的支持。

第四节　退役士兵创业教育建设重点与具体措施

由于创业的复杂性，导致影响创业成功的因素众多，也较难达成共识。无论影响创业成功的因素有多少，退役士兵创业教育必须以创业成功为导向。结合典型的创业教育模式以及创业成功影响因素，退役士兵创业教育建设方向与重点如下。

一是开展退役士兵创业与创业教育研究工程，为课程研发、教育模式构建、制度体系建设等提供强有力的智力支持。百森商学院、哈佛大学、斯坦福大学的创业教育模式是历经几十年的智慧结晶，即使如此，仍在不断地加强有关创业与创业教育的研究，设立了多个研究机构，整合多方资源，投入巨大。退役士兵创业教育作为一个新生事物，与其他群体的创业教育相比，有共性但也有较大的特殊性。这决定了必须加大针对退役士兵创业与创业教育的研究，探索退役士兵创业的一般规律，有的放矢地开发课程，构建创业教育模式，制定支持政策体系，优化创业生态等。对此，政府以及退役士兵创业、就业协会、民办非企业单位、学校等都应积极出台政策，组建机构，开展退役士兵创业与创业教育研究。在国家层面，应针对退役士兵不为人知、研究者少的特点，在国家社科基金、国家软科学项目中设立委托研究项目，组织该领域专家学者协同承训机构开展研究。在主管部门层面，民政部以及各省民政厅，应给予退役士兵创业教育充分重视，匹配相应的资源以支持相关研究。在承训机构层面，各承训机构应根据业务开展，借鉴"校本"研究思路，组织本单位的退役士兵创业与创业教育研究。

二是加大退役士兵创业教育课程建设，形成一套适合退役士兵创业需要的课程体系。创业教育有别于职业教育与技能教育，是侧重于培养学员探索性、创新性，提高学员主体意识与能动性的教育；也是立足实际，面向未来的教育。这决定了创业教育课程建设尤为关键，也尤为艰巨，西方名校在创业教育课程方面的投入也充分说明了这一点。当前退役士兵创业教育课程大多沿用其他社会群体的课程体系，并没有体现退役士兵创业特色，也不能完全适合退役士兵。如何针对退役士兵的实际情况，从退役士兵创业实际环境出发，结合创业案例，增强课程的鲜活性。结合大学生创业教育的"第二课堂"，诸如"创业计划"、"合作计划"等，设计退役士兵创业竞赛，组织退役士兵参与创业论坛等，形成融知识、实践与创业实训为一体的课程体系。

三是建设一套较为成熟、有效的退役士兵创业教育模式。退役士兵创业教育要求时间短、见效快，其教育模式、教学方法、教学工具、教学手段等都有其特殊性。开展退役士兵创业教育必须针对退役士兵实际情况，探索符合退役士兵创业需要的教学方法、工具、手段，形成富有实效、独具特色的退役士兵创业教育模式。这需要加大有关退役士兵创业与创业教育研究，更需要相关承训机构交流沟通、协同创新。

四是建设一支退役士兵创业教育师资力量。当代创业教育十分注重教师、学员与其他环境的有机整合，进而形成良好的创业教育环境。在这种有机结合中，教师与学员以及其他要素持续互动，形成"教学生态环境"。对于其他要素而言，有可能在短时间内建设而成，而师资力量建设却是需要长期积累而成。从国外师资建设来看，退役士兵创业也需要加强专、兼职两支队伍建设，需要加强理论与实践两支队伍建设。

五是促进退役士兵创业生态建设。如前所述，创业成功不仅是创业者、教育者，还包括了相关的支持、社会环境等综合性因素，在西方的创业教育中，也将创业生态建设作为建设的重要内容。退役士兵创业教育中，同样需要进行创业生态建设，才能有效提高创业成功率。就退役士兵创业生态建设而言，需要建设体系内与体系外两个系统，并形成一个合作系统。退役士兵创业生态建设包括承训机构、退役士兵、主管部门、其他政府部分、金融机构、创投机构等。目前来看，以创业空间为代表的创业孵化机构是一个浓缩型的创业生态体系。创客空间融创业空间、创业教育、创业辅导、创业种子基金提供以及创业咨询、创业服务等为一体，能够有效地降低创业成本，控制创业风险，提高创业成功。应以退役士兵创业教育承训机构为主，政府主导，建立服务于退役士兵的创空空间。

针对我国当前退役士兵创业教育开展现状与问题，为有效推进退役士兵创业建设的各项重点工作，提出如下措施：

（1）高度重视，将促进退役士兵创业工作列为各级政府（至少是民政部门）年度重点工作，建立考核制度，督促各级部门切实采取措施，积极推进退役士兵创业工作。各级政府应充分认识到退役士兵创业、就业工作的全局性、政治性，认识到退役士兵创业工作的重要性，将其列入到年度重点工作之中，责任到部门，强化责任意识。

（2）将退役士兵创业扶持直接列入民政"双拥工作"，并将其作为考核重点内容，切实督促民政部门采取得力措施，推动退役士兵创业工作的开展。

（3）将退役士兵创业孵化基地或场所建设纳入到各级政府创业孵化基地、创客空间建设规划之中。省级政府应在省会城市建立面向全省乃至全国退役士兵的创业孵化基地或创客空间。要发挥退役士兵职业教育与技能培训承训机构的力量，大力支持承训机构与各级政府合作，依托公益组织孵化基地、场所等，建立市级或县级的退役士兵创业孵化基地。如有可能，应引导、激励退役士兵承训机构与乡镇政府合作建立镇级退役士兵创业服务站。

（4）引导与强化退役士兵职业教育与技能培训承训机构能力建设，强化退役士兵创业教育与能力培养。主管士兵职业教育与技能培训工作的民政部门应结合社会经济发展，将创业教育列入退役士兵教育培训专业目录，并在教育培训经费、承训机构甄选等方面优先向创业教育倾斜。同时，主管部门应制定激励措施，激励承训机构针对退役士兵创业教育开展教研活动，研发面向退役士兵的创业课程体系与教学模式等，开发退役士兵创业能力测评系统，提升退役士兵创业能力，降低退役士兵创业盲目性，实现精准创业。

第五节　退役士兵创业项目库建设

创业项目是退役士兵创业中的一个重要因素，也是困扰很多退役士兵创业时的一大问题。从这一点上讲，创业项目也是退役士兵创业生态体系的重要组成部分。明确什么样的创业项目适合退役士兵，以及这些创业项目有哪些标准等，无疑能帮助退役士兵创业时少走弯路。另外，退役士兵从军队返回地方，信息渠道有限，导致创业项目选择范围窄，影响创业开展。故此，承训机构应将创业项目建设作为退役士兵创业教育中的一项重要内容进行建设，应建立创业项目库，不断优化创业项目，拓展退役士兵创业选择空间。

建立创业项目库，首先应决定退役士兵创业项目的甄选标准。当前社会，创业项目鱼龙混杂，加之退役士兵缺乏社会阅历，承训机构以及其他部门必须加大创业项目甄选力度，弥补退役士兵此方面的不足。对于什么样的项目属于好的创业项目，不同的机构有不同的标准。但对于退役士兵而言，不能盲目照搬同行发布的创业项目标准，必须适合退役士兵才行，当然也必须符合社会经济发展趋势以及政府支持。故此，确定退役士兵创业项目选择标准应从退役士兵本身、创业活动、外部环境以及市场发展等多方面进行分析。

从退役士兵本身来看，社会阅历少，创业经验少，加之年龄又大，抗风险能力较低。故此，风险可控应成为退役士兵创业项目选择的标准。从风险可控延伸一下，就是要求创业项目启动成本不能太高，投资金额在可控的范围之内。从创业能力方面，退役士兵创业意识虽然较高，但整体创业能力较低，使得创业项目门槛不能太高。此外，退役士兵返回地方后，急于成家立业，这就要求创业项目能够见效快。退役士兵能够吃苦耐劳，这是其一大优势，传统行业的创业项目也较为适合退役士兵。

就创业项目本身来看，市场是第一位的，即创业项目必须有一定的市场需求，人人都需要，并且能够重复购买。创业项目还必须能够顺应社会经济发展趋势，能够顺势而为。这决定了创业项目必须符合社会消费趋势，必须符合国家政策方针。当然，对于创业项目而言，还应有一定的竞争壁垒，能够形成成熟的商业模式，具有稳定的现金流等。

就创业活动来看，是一项极具艰巨的工作，没有强大的内心支持是很难坚持的。故此，结合退役士兵社会责任感强、使命意识强等特征，具有一定的社会公益性或者社会公共问题的创业项目更为适合他们，如针对食品安全的创业项目等。当然，具体到某位退役士兵，应将自己的理想、兴趣、特征等纳入到创业项目甄选之中。

总之,对于退役士兵创业项目的甄选标准应达到:市场可行,顺应发展,风险可控,上手见效快,具有一定的增长空间,较为成熟的商业模式与预期稳定的现金流等。在行业方面,其一,传统的农业,尤其是特色农业项目较为适合退役士兵,尤其是在国家扶贫政策力度不断加大的背景下。其二,劳动密集型与服务型项目也较为适合退役士兵,能充分发挥其执行力强,身体好,做事认真的优点。其三,组织内创业项目也较为符合风险可控,容易上手的要求。在商业创业项目之外,"社会创业"项目也是退役士兵创业的不错选择,尤其是在政府购买服务力度加大,军民深度融合发展的大背景下。

承训机构应承担退役士兵创业项目库建设的责任,相关主管部门应加大创业项目建设的检查,保证创业项目的质量。

第六节 退役士兵组织内创业

组织内创业又称企业或公司内部创业,是在组织内部,针对内部某些业务工作,甚至新兴业务,由员工发起的创办较为独立的事业单元,实现员工与企业双赢的创业类型。20世纪七八十年代,国外大企业面临严重的大企业病,如何激发企业活力,成为大企业面临的一项重要课题。另外,随着社会经济发展,物质日益发达,人们需求层次也在不断提高,实现自我价值成为高级人才的主导需求,由此也导致了大企业中高级人才的离职。如何保留、发挥企业内部高级人才的才能,满足他们实现自我的需求也成为大企业面临的难题。再一个方面,企业竞争越来越激烈,充分发挥职业经理人潜能,也必须改变过去单纯的委托、代理关系,建立一种收益共享、风险共担的新型机制。在此背景下,企业拿出部分资源,与员工共同创业,成为实现员工与企业双赢的有效机制。20世纪末,由《财富》杂志组织的调查表明,国外已经有超过60%的大公司尝试内部创业;在产品创新方面,世界500强中前100位中的65%已采取内部创业机制。国内方面，华为于 2000 年出台了《关于内部创业的管理规定》，开始推行内部创业。其后，中国电信等大型企业不断加入。目前，随着"大众创业、万众创新"的提出，更多的企业加入到内部创业队伍中来。与传统的自行创业相比，内部创业特点如表 12 - 1 所示。

表 12 - 1　　　　　　　　自行创业与内部创业比较

比较维度	自行创业	内部创业
创业资源来源	自筹、贷款、风投	企业提供资本或启动资金，或共享设备、设施
风险大小	很大	风险分担，个体承担一定的风险
收益分享	个体与创业团队	创业者与企业共同分享
创业项目来源	基于个体市场分析与判断	基于企业业务、产品、技术等，也有很少来源于外部
解决问题或满足的需求	满足个体与创业团队的发展需求	满足个体、创业团队与企业的共同需求，具有多重性
创业环境	具有很大的不确定性	在企业支持下开展，创业者在已熟悉的环境中开展工作，不确定性较低
创业成功概率	很低	市场、人才、技术、供应商与市场都具有一定的确定性，成功率较高
人才与人际关系	自行雇用和建立团队，需要较长时间磨合	企业协助建立工作团队或提供培训支持，已经建立了人际关系，沟通较好
市场	自行开发业务、自建营销网络	承揽企业内既有业务或共享企业的营销网络资源等
创业企业运行制约因素	自行投资，权限大，受制约因素少	受到出资企业以及企业文化等方面制约，权限有限制

经过多年的发展，各大企业的积极探索，内部创业已经形成较为成熟的模式，在新产品开发、新业务建立、收购新项目以及衍生新公司等方面形成了可以借鉴的内部创业经验。具体而言，相关企业可以针对退役士兵开展如下模式的内部创业。

一是围绕新开发的市场，选择退役士兵作为新事业部负责人，实现内部创业。如农资企业开发新的市场，可以选择当地的退役士兵作为新开发市场的负责人，实行独立核算，实现退役士兵的内部创业。

二是采取加盟方式，选择退役士兵作为加盟商，实行内部创业。如餐饮企业，可以雇用与选择较为优秀的退役士兵作为店长，共同出资，新开餐饮连锁店，利益共享，风险共担。也可以在内部建立承包机制，让退役士兵员工承包连锁店或者某个项目，由退役士兵负责经营管理。

三是企业建立内部创业孵化器，支持退役士兵进行创业。企业内部建立孵化器或者创客空间，是当今很多企业较为通行的做法，如海尔、京东等都建有自己的创业孵化机构。

四是企业资助建立合资公司模式。针对有创业意向退役士兵，经过创业项目评估，可以由企业与退役士兵共同出资建立新的企业。

五是企业将部分业务或产品外包并由退役士兵承担。企业将原有业务或服务外包给退役士兵成立的新企业，企业集中精力做好核心业务。

发展组织内创业，是针对退役士兵优劣势的有效创业途径。退役士兵经过军队的历练，有魄力、有韧性，敢于担当，但也存在社会技能薄弱，行业知识缺乏，思维能力不够全面等薄弱之处。而组织内创业恰好能够有效利用其优势，通过全方位的、广泛的网络支持，弥补其薄弱环节。大力发展组织内创业，为退役士兵提供各种组织内创业机会，可以通过如下途径具体实施。

一是充分利用当前军民融合的有利时机，引导有实力的企业吸收退役士兵，开展军民融合创业项目。当前，军民深度融合已成为我国一项发展国策。在军民深度融合中，会产生大量的创业机会，而有从军经历的人才在这个领域有独特的优势。采取相应的措施，引导或激励现有企业参与军民融合，建立相应的内部创业机制，为退役士兵提供内部创业机会。

二是发挥涉军企业的作用，引导其为退役士兵提供内部创业机会。我国有大量军转民企业，他们具有鲜明的军队色彩，其价值观以及管理模式也容易为退役士兵所接受。这些企业应当成为提供内部创业机会的骨干力量。政府如果能够通过恰当的引导政策，与这些企业建立合作机制，可能产生较好的创业促进效果。如新时代健康产业集团原属于中央军工企业，现为中国直销行业内唯一的国有控股保健食品企业，聚集了大量的退役军人。这些退役军人继续发挥"特别能吃苦、特别能战斗、特别能忍耐、特别能奉献"的军队价值理念，取得了较好的业绩。对这些有实力、有保障、正规的企业而言，政府可以通过财政补贴支持、场地支持，建立合作机制，引导退役士兵进入企业，建设自己的团队或开设店铺等，通过企业资源的提供与辅导，创业成功的概率会大大提高。

三是引导退役士兵更新创业观念，建立内部创业机制。现在看来，退役士兵之间还存在较强的感情纽带。退役士兵创办的企业吸纳退役士兵就业的意愿也较大。发挥他们的积极性，也能够很好地促进退役士兵组织内创业活动。

第七节 退役士兵社会创业

20世纪80年代，美国政府出台了鼓励国民参与公益事业或者福利事业的税收优惠政策，引导和激励创办具有公益事业的组织。一方面，市场机制中存在的"市场失灵"，导致社会很难满足人们社会需求，非营利性组织开始迅速发展，竞争也日趋激烈。在这种背景下，"企业家"、"创业"的理念开始引入到非营利性组织中。西方非营利性组织也开始运用商业化的模式与市场化的手段提高自身效率，提高自身竞争力，以期获得更多的资源。另一方面，随着社会经济的发展，人类遇到的社会问题也在不断地发展，这迫切地需要更多的人与组织来解决复杂的社会问题。如此众多的社会问题的解决，既不能完全采取市场化机制，也不能完全采取非营利性组织运行机制，只是这两个方面的有效结合，需要创新，以一种新型的方式来实现。在此背景下，美国阿苏迦基金会（Ashoka）创始人德雷顿（William Drayton）提出了"社会创业"（social entrepreneurship），狄兹在《社会企业家的含义》中对其进行了最早的定义。目前，对于社会创业的定义还没有达成共识，有的从业务范围定位进行相应的定义，认为社会创业包括营利性与非营利性业务活动以及与政府的跨部门合作；有的从组织价值主张进行定义，认为社会创业是为了实现经济价值、社会价值、环境价值，并侧重于社会价值的创新活动；还有的从组织创新的角度定义社会创业，认为社会创业是创业组织运作方式，采取新型的方式来解决社会问题，创造社会价值。

从社会创业的源起与发展来看，社会创业是兼具商业创业与公益创业的特征，主要解决社会问题，满足人们社会需求，具有社会使命与目的，采取商业化运作手段，实现多种价值的创新性活动。解决社会问题是社会创业的前提。社会创业之所以能够产生，就在于存在社会问题进而衍生出相关的社会需求。社会目的与使命是社会组织的重要特征，也是与商业创业的根本性区别。尽管社会创业要实现多重价值，但主要还是实现社会价值，创造多少社会价值，是衡量社会创业活动的主要指标。与传统的公益性非营利性组织运营相比，社会采取了商业化的运作手段，创新问题解决方法，有效弥补了传统非营利性组织运行资源受限的不足，弥补了公共服务供给不足。

实践证明，社会创业有利于促进国民道德建设，培养国民的社会责任感和使命感；也有利于降低我国社会福利以及公共服务供给的压力；还有利于增加就业岗位，缓解社会就业压力大的问题等。退役士兵作为特殊的群体，较为适合社会创业。创造有利的条件，引导退役士兵进行社会创业，必将大有作为。针对退役士兵的社会创业，应强化以下几个方面的建设。

一是顺应社会发展趋势，高度重视社会创业。从我国社会发展趋势来看，国民的社会公共服务需求日趋强烈与全面。社会需求的快速发展将为社会创业提供最为直接的机会。另外，引入市场机制，政府购买服务将成为我国社会公共服务体系改革的方向，购买服务的力度与种类将会以前所未有的速度发展。这些创业机会优先向退役士兵倾斜，也是政府扶贫济困，扶持弱势群体的天然职责。退役士兵就业安置主管部门应积极利用自身优势，在养老、留守儿童等带有公益的创业项目上，适当降低退役士兵创业门槛，发挥退役士兵政治觉悟高，社会责任意识强等优势，进行社会创业活动。

二是客观认识社会创业的营利性，为社会创业型组织提供一定的盈利空间。当前，存在一种误解，认为从事政府购买服务业务的组织就不应该有利润，这是公益性的体现。这导致公共服务采购方一再压低价格，既不能保证服务质量，也不利于公益组织的健康、持续发展。与公益非营利组织相比，社会创业对盈利的要求更高。这就要求公共服务采购方应客观、正确认识社会创业的商业性要求，在采购项目成本核算中，将利润项目考虑进去，为社会创业组织预留一定的盈利空间。这既是社会创业组织积累资源，扩张发展的需要，也是吸引退役士兵参与社会创业的需要。

三是积极开展社会创业教育，培养退役士兵社会创业能力。社会创业是新兴创业形式，与商业创业有较大区别。研究社会创业的内在规律，开发社会创业课程体系，开展退役士兵创业教育培训，是发展退役士兵社会创业的必然要求。

四是积极开展退役士兵社会创业试点工作，摸索经验，探寻规律。目前来看，无论是社会创业的理论研究，还是社会创业的实践，都处在起步期。这决定了开展退役士兵社会创业应从试点开始。通过试点工作，不断总结经验，探索社会创业教育模式、课程体系构建以及相关政策建设等。

第十三章　军民融合下的退役士兵职业教育与技能培训建设

第一节　我国军民融合的传统与发展

军民融合是中国共产党军队建设的优良传统与指导方针。创军之初，就重视军民融合，毛泽东主席在论十大关系时提出：要学习两套本事，在军事工业中练习民用产品的本事，在民用工业中练习军事产品本事。20世纪80年代初，邓小平同志顺应时代发展需求，明确提出国防工业要坚持"军民结合、平战结合、军品优先、以民养军"十六字方针。

如果说20世纪80年代前侧重于军民结合。那么，中国共产党第十七次代表大会报告则将其提高到更高层次，即军民融合。2007年召开的中国共产党第十七次代表大会报告明确提出：建立和完善军民结合、寓军于民的武器装备科研生产体系、军队人才培养体系和军队保障体系，坚持勤俭建军，走出一条中国特色军民融合式发展路子。

为推动军民融合发展，2009年7月，中共中央政治局围绕中国特色军民融合发展路子进行了第十五次集体学习。原国家主席胡锦涛强调：要进一步完善军民结合、寓军于民的军队人才培养体系，完善依托国民教育培养军队人才体制机制，拓宽利用国民教育资源和国家人才资源渠道，吸引社会高层次人才到军队工作，充分发挥各类人才献身国防和军队现代化建设的积极性、主动性、创造性。要进一步完善军民结合、寓军于民的国防动员体系，建立、健全国防动员组织领导制度，完善军民结合、平战一体的工作格局，加强国防动员应急功能，加强国防动员和经济社会发展的结合，形成国防动员合力。

2012年召开的中国共产党第十八次全国代表大会则更加深入地阐明了军民融合发展的发展战略规划、体制机制建设、法规建设等问题。2013年召开的中国共产党第十八届中央委员会第三次全体会议审议通过了《中共中央关于全面深化改革若干重大问题的决定》，提出推进军队政策制度调整改革，深化军队体制编制改革，推动军民融合深度发展，要求打破各部门、各领域自成体系、自我封闭的发展格局，在全社会范围内整合资源、优化配置。

2014年8月，中共中央政治局围绕世界军事发展新趋势与军事创新进行了第十七次集体学习，首次提出要用创新的方式，推动军民融合发展。在本次集体学习会上，习近平总书记指出：我们的国防是全民的国防，推进国防和军队建设改革是全党全国人民的共同事业。要调动全党全国力量，齐心协力做好工作。要坚定不移走军民融合式创新之路，在更广范围、更高层次、更深程度上把军事创新体系纳入到国家创新体系之中，实现两个体系相互兼容同步发展，使军事创新得到强有力支持和持续推动。

在2015年召开的第十二届全国人大三次会议上，习近平总书记强调，把军民融合发展上升为国家战略，是长期探索经济建设和国防建设协调发展规律的重大成果，是从国家安全和发展战略全局出发作出的重大决策，今后一个时期军民融合发展，总的要求是加快形成全要素、多领域、高效益的军民融合深度发展格局，丰富融合形式，拓展融合范围，提升融合层次。

军民融合式发展丰富和发展了军民结合、寓军于民的理论与指导方针，是世界军事与国防建设的成功经验，是社会经济发展、科学技术发展以及军事建设发展的必然趋势，已经成为体现与衡量国家综合国力与军事竞争力的新趋向。我国将军民融合提升到国家战略层次，也是响应军事与国防建设的必然趋势。

目前，我国军民融合逐步从思想理念融合向实践融合，从自发零散融合向系统、体系融合，从单向融合向双向交叉融合发展，其融合领域逐步从单个领域向基础设施、信息科技、力量体系、人才培养、通用保障、社会服务、双拥共建等多领域发展。把军民结合、寓军于民方针升华为全系统、全要素、全过程的军民融合，并拓展到国防建设的各个领域，提升到国家发展战略层次，这充分体现了我们党对经济建设和国防建设协调发展规律认识的进一步深化和创新。

第二节 退役士兵职业教育嵌入军民融合中的必要性

在全要素融合中，人才培养与综合利用是一项重要的内容。人力资源作为最具能动性的资源，是生产力要素最具基础性、战略性、主导性与增值性的因素。所谓基础性，是指其他资源必须在人力资源的基础上才能发挥作用。在人类生产活动中，只有有了人的作用，其他各种资源才能成为生产要素，才能发挥其相应的价值，也正是有了人力资源，其他各类资源才能得到更深层次的开发和利用。我国军民深度融合同样离不开人的作用，相应的政策理念必须有相应的人力资源才能得到实施。所谓战略性，是指在当今各类资源中，人力资源对其他各类资源的利用起到方向性的作用。人力资源是具有能动性的资源，决定了其他资源的使用方式与方向。故此，人力资源是一切资源中最宝贵的资源，是第一资源。所谓主导性，是指人力资源在人类活动中，处于主体地位，与其他资源相比，人起到决定性的作用。所谓人力资源的能动性，主要因为人是高级动物，具有思想、思维和感情，能够进行学习并具有其他资源不具有的创造性。这些导致人力资源能够主动地利用自身的知识、能力、思维等利用其他资源，推动社会经济发展，尤其是人力资源的创造性。我国退役士兵人力资源的特点有以下几个方面：

（1）军事才能丰富。人力资源是需要经过大量投资的，必须经过相应的教育训练，才能成长为专业的人力资源。按照舒尔茨人力资本理论，人力资本投资的程度决定了人力资源质量的高低。退役士兵作为一个特殊的群体，在服役期间，经过多年专业军事训练，即经过人力资本投资，才形成了相应的军事技能。这是其他人力资源群体所不具备的。这也是国家军事后备力量主要构成要素。如果不采取措施，退役士兵经过长年投资形成的军事才能就有可能白白浪费掉。

（2）体力、精力旺盛，具有较高的人力资源质量。大部分退役士兵年龄不到 30 岁，正是人一生中体力、精力最为旺盛的时期。这个时期的人力资源具有较强的积极性、主动性，愿意将自己的才能充分发挥出来，故也具有较强的增值性。在西方发达国家，退伍军人往往被看作最大的优质人力资源。2009 年 8 月 3 日，奥巴马在乔治梅森大学发表演讲时说道："当我们向这些最勇敢的人提供资助、进行补偿时，也是对未来投资——不仅是退役军人的未来，也是我们国家的未来。"

（3）专业技能强，具有特殊素质与能力。退役士兵具有较高的专业技能，也具有普通社会公众不具有的，诸如原则性、组织性、纪律性、责任性、密切协作强以及危机预警敏锐等。这些都决定了退役军人是社会经济建设的宝贵人才。美国著名的"蓝血十杰"，在部队是英雄，将数字化管理模式应用于战争，节约了大量的成本。退役后，将数字化管理引入到福特公司，拯救了濒临破产的福特公司。柳传志、任正非、张瑞敏、苏增福等这些都参过军、服过役的退役士兵同样对我国社会经济建设做出了巨大贡献。

（4）具有鲜明的环境特色。退役士兵来自军队这种特殊环境。环境的特殊性决定退役士兵人力资源的特殊性。这也导致退役士兵步入社会后，带有明显的军队色彩。这也导致退役士兵步入社会后面临再社会化任务。在军队时间越长，退役士兵军队色彩越强，适应其他组织的难度越大。结合人力资源的潜在性特点，退役士兵人力资源的发挥取决于退役士兵能否顺利适应新的环境、新的组织。当然，如果退役士兵新加入的环境、组织与其原来的组织越接近，退役士兵人力资源越能得到充分发挥，所需的再社会化投资也越小。

（5）人力资源的再投资性。由于来自较为封闭的环境，退役士兵进行新的组织面临较强的组织社会化任务，要更新价值观念，掌握新的技能，重新定位，了解与担任新的角色，调整自身的行为。无论是对于组织而言，还是对退役士兵个体而言，进行组织社会化都需要较大投入，包括时间、经费等。在以上投入中，时间投入可能导致退役士兵产生不满，影响其人力资源发挥。

（6）人力资源数量的规模性。虽然我国已经进行了几次大规模的裁军，但我国军队规模仍保持相当大的数量，每年退役军人也在40万人左右。这支人力资源队伍的发挥无论对社会发展、国防建设，还是经济建设都具有较强的现实价值与意义。

总之，退役士兵是一支重要的人力资源，无论是数量还是质量，都在我国社会经济建设与发展中发挥了重要的作用。将退役士兵职业教育与工作安置纳入到军民融合中来，具有十分重要的现实意义。

第三节 退役士兵职业教育纳入军民融合的意义与必要性

新形势下，将退役士兵职业教育纳入到军民融合中，具有以下重要的意义：

（1）有利于退役士兵军事才能的保留与充分发挥。如果没有很好的保留机制，退役士兵退出现役，也就意味着与部队完全失去联系，相应的军事技能则失去相应的价值。故此，如何尽可能保留退役士兵这部分军事人力资源，对建立强大的后备军事队伍，高质量地寓军于民，具有十分重要的作用。而通过退役士兵职业教育与工作安置的军民融合，以涉军组织为载体，强化退役士兵职业教育与工作的集中管理，改变过去尤其是就业的分散、无序状态，可以很好地保留这部分军事力量，也有利于退役士兵军事才能的发挥。

（2）有利于稳定军心，贯彻以人为本的理念，提高军队的吸引力，增强我国国防与军队建设的可持续发展能力。随着市场经济体制的建设与完善，我国退伍军人的安置制度发生了重大变革，由计划安置转向市场安置。对于广大军人而言，参军服役只是人生的一个节点，他们必然考虑未来的就业与职业发展。如果不能较为妥善地解决退役军人的职业发展问题，势必会影响现役军人的稳定性，也必然会对社会稳定造成负面影响。此外，退役军人职业发展不利也势必影响人们参军入伍的积极性，部队吸引力降低，危及我国国防与军队建设的可持续发展。

（3）有利于促进退役士兵教育培训与就业安置工作的质量。退役士兵教育培训是新形势下中共中央、国务院、中央军委发起的一项跨世纪民心工程。而人才教育培训是军民深度融合的重要内容，无论对军队发展，还是对士兵退役后职业发展，都提供了前所未有的发展契机。将退役士兵职业教育与工作安置纳入到军民融合之中，有利于为退役士兵就业安置提供更多的，层次更高的就业岗位，切实提高退役士兵就业质量。

通过军民融合，有利于提高退役士兵教育培训的针对性，实现退役士兵高层次、高质量就业。影响退役士兵教育培训质量、就业层次的一个重要原因在于缺乏相应的针对性。由于缺乏相应的针对性，导致学非所用；由于缺乏高质量的企事业单位的参与，导致退役士兵就业质量不高、工作的技术含量低，服务于职业发展前途不好的组织就业，往往导致其两次或多次就业。而参与军民融合的涉军企业往往规模大，技术力量较为雄厚，社会声誉较高。如果通过军民融合，促使其参与到退役士兵教育培训中来，实现教育培训，就业安置，职业发展一条龙式模式，就可以大大提高退役士兵教育培训的针对性，提高退役士兵就业的层次与质量，避免退役士兵多次就业现象的发生。

（4）有利于提高军品（服务）企业的实力，增强参与军民融合的能力。退役士兵思想政治觉悟和忠诚可靠，这都是对军品或涉军企业的基础要求。按照国家及军队要求，承担涉军业务的组织，一般应取得武器装备质量管理体系证书、武器装备科研生产保密资格证书、武器装备科研生产许可证书和装备承制单位资格证书，简称"四证"，必须经过严格的认证，才能参与军民或服务市场。故此，军队与国防建设对保密性要求极高。一旦发生泄密，将可能致使部队战斗力大幅

第十三章　军民融合下的退役士兵职业教育与技能培训建设 ∥ 369

度降低，乃至完全丧失，致使国家丧失相应的主动地位。而退役军人经过家属政审、接兵家访、军地函调、思想政治教育等一系类严格、严密的考核及教育，忠诚于党，保守秘密，原则性等价值观念深入骨髓。这恰恰是一般员工所不具有的特点，也正是军民融合中涉军企业所急需的。做好退役军人教育培训与工作安置，对于涉军企业而言，将是一笔极其宝贵的财富。此外，对于军队专业技术人员，往往由于涉及技术秘密，脱密期较长，导致就业后不能充分利用所拥有的专业技术，影响了人力资源才能发挥，也影响其职业发展。如果这些军队专业技术人才退役后直接进入军品或服务生产企业，其技能将能被充分利用，这于国、于企业、于个人都是十分有利的。

新形势下，将退役士兵职业教育纳入到军民融合中是十分必要的：

（1）将退役士兵职业教育纳入到军民融合中是新形势下夯实我国军事后备力量，寓军于民的必然要求。一国的军事人力资源实力不仅取决于现实军事力量，还包括潜在的军力人力资源。对此，《中华人民共和国兵役法》具有相应的规定，实行民兵与预备役相结合的制度。《中华人民共和国兵役法》第三十六条规定，民兵是不脱离生产的群众武装组织，是中国人民解放军的助手和后备力量。民兵作为我国武装力量的重要组成部分，是中国人民解放军的主要与重要的后备军，也是巩固基层政权、维护国家安全与社会稳定的重要力量，也是进行现代条件下人民战争的重要基础。民兵的军事素质与能力也就决定了这支后备力量的质量。为了提高民兵队伍的质量，我国将民兵区分为基干民兵和普通民兵。28岁以下退出现役的士兵和经过军事训练的人员，以及选定参加军事训练的人员隶属于基干民兵组织。其余18—35岁符合服兵役条件的男性公民隶属于普通民兵组织。基干民兵为一类预备役，普通民兵为二类预备役。

而随着市场经济体制的完善，城市化进程的加快，退役士兵安置制度的变革等系列原因，退役士兵已经打破了原有的"哪里来，哪里去"的传统复员形式。现在退役士兵就业呈现出自由性大，地点分散且难以确定，跨区域性等特点。这对综合利用这支民兵役骨干力量带来了前所未有的挑战，原有的民兵组织体系也不再适用。退役士兵由固定兵源地向就业地转变，由固定在原有的村镇向城市企业转变。这就要求必须依靠退役士兵所工作的企业及其企业所在地，开展相应的民兵组织。在此背景下，民兵组织体系应适当提前，有序地做好退役士兵与参与军民融合企业的对接，做好退役士兵就业的引导工作，这样才能为退役士兵的组织提供基础，才能充分利用这支重要的、具有军事专业技能的力量。

（2）将退役士兵职业教育纳入到军民融合中是新形势下建立寓军于民的保障体系的必然要求。从国际安全形势来看，尽管当前和平是世界发展的大趋势，但由于发展的不平衡，经济发展危机以及国家利益分歧等诸多原因，国家安全问题正趋向综合性、复杂性与多变性。国家安全面临的不确定性因素以及突发性因素也在明显增加。另外，由于全球化的发展，国家日益开放，多种价值观相互交融，我国在思想、价值观方面也呈现出日益多元的趋势，个人主义、拜金主义、享乐主义等不良思想也在不断发展，意识形态领域的安全问题日益严重。在这种形势下，退役士兵这支经过党多年教育，历经锤炼的队伍是最为可靠的保障队伍。

同时，我国经济发展结构已逐步由第一产业向第二、第三产业发展，工业化、城市化进程不断加快，人员就业结构发生较大转变。传统上，我国是典型的农业大国，第一产业在国民经济中占据较大比例。相应的就业人口也大多集中在农村，从事农业生产活动。改革开放以后，我国持续优化产业结构，第二、第三产业获得快速发展，成为具有世界影响力的制造大国。在第一产业比重下降，第二、第三产业比重快速上升的同时，我国人口也逐步加速由农村向城市转移，流动性也日益增强，居住地也由固定转变为自由或灵活，工作场所也由农村向企业转变。传统上主张条块，建立在就业、生活场所固定基础上的国防保障体系很难有效。必须要求通过一定的组织方式，将退役士兵这支政治上可靠，军事技能过硬的保障队伍合理地组织起来。退役士兵职业教育与工作安置军民融合自然成为一条有效的途径。

（3）将退役士兵教育培训纳入到军民融合中是新形势下提高国防

第十三章 军民融合下的退役士兵职业教育与技能培训建设

动员能力的必然要求。国防动员建设作为维护国家长治久安的战略性、基础性工程，必须适应新形势发展，才能真正起到保障作用。国防动员涉及中国社会经济领域及各类组织。但快速动员能力建设，离不开人才和技术的支持。必须认识到，国防动员的重点与核心在于"人"，只有"人"真正具有国防意识，被动员起来，其他交通、物资、基础设施才能更好地被动员。在人员动员中，必须重视人迁移规律，看到当前人口已经由农村转向城市，由以家庭为主的工作模式转向为企业作业模式。故而《关于加强新形势下国防教育工作的意见》中明确提出：企业事业单位是新时期国防后备力量建设的重点依托，要把国防教育列入职工教育计划，结合政治教育、文化建设、业务培训、体育活动等普及国防常识。而参与军民融合的企业更应在国防动员方面承担更多责任，积极参与退役士兵教育培训与工作安置，提高其军事能力与国防保障能力。

（4）人员的军民融合历来是我国军民融合的重要内容与必然要求。通过军地两用、共用人才的培养，使得军民之间能够相互保障，也能够充分利用相关的人力资源。通过军民融合双向交叉培养人才，走集约高效、开放融合的人才发展之路，实现部队与社会的有限衔接。军队人才此教育培养的开放性，使得军人可以正常地融入到社会环境之中，避免或降低了未来的再社会化任务，有利于其退役后快速就业。同时，通过军民融合人才培养，也可以充分利用优质的社会教育资源，提高军人教育培训质量与综合素质。此外，军地融合的人才培养模式，也可以强化某些专业的通用性，强调军地专业技能的通用性，使得退役军人退役转业后仍能很好地发挥所拥有的人力资源资本，使得学有所长，用其所长，减少退役士兵就业适应期，并在今后工作与职业发展中更加得心应手。

此外，从国防与军队建设来看，国防建设的系统性更强，影响因素更多，国防与社会各类组织的联系更加密切。20世纪80年代以来，随着信息技术、材料技术等高新技术的发展，军事领域发生了前所未有的大变革，对军队武器装备现代化、军队组织体系、资源整合与利用等提出了新的要求。军事领域的高、新、尖发展趋势使得单靠军队系统自身已难以满足发展要求，必须整合全社会资源。2011年，中共中央、国务院、中央军委联合下发的《关于加强新形势下国防教育工作的意见》指出：深入学习人民战争战略思想，宣传中央关于平战结合、军民结合、寓军于民的方针，引导干部群众深刻认识国防实力有赖于综合国力、战争的伟力蕴藏于民众之中，积极发挥社会资源的优势，推进经济、科技、教育、人才等领域的军民融合，走出一条具有中国特色的军民融合式发展路子。

（5）将退役士兵教育培训纳入到军民融合中是增强涉军企业国防、军事保障能力的必然要求。对于军队与军事保障而言，如何在短时间内，动员、形成相应的力量是基础要求，必须能够快速反应、有效应变，才能为完成多样化的军事任务，处理突发性问题提供强大的力量保证。军队是严格按照职位分工，以严密细化的规则等管理方式与组织体系建立起来的。在这种环境中培养起来的军人，具有责任明确、雷厉风行、令行禁止、迅捷果断的行为特征。这对强化涉军企业组织性极其有利。而经过部队经常性的快速反应及耐高压的魔鬼式训练，退役士兵在反应能力、抗压能力方面明显优于其他社会成员。故此，做好退役士兵教育培训与就业安置，无疑对涉军企业的经营管理能力有极大的帮助。

此外，军品生产与其他商品相比，对产品或服务的质量更为关注。军品的可靠性、稳定性关系到军人的生命安全，关系到能否打胜仗。当然，产品质量是一个系统性的工程问题，涉及的因素较多。但在所有因素中，人力资源是一个重要的主导因素，没有高质量的人力资源，就不会有高质量的产品。退役士兵的军队训练与生活，使得退役士兵与军队形成生死相依的情感。这种极高的组织情感承诺，使得退役士兵十分关心军队发展。这决定了如果从事军品生产或服务相关的职业，退役士兵将以极高的责任心从事相关的工作，对产品的质量要求也更高。退役后，如果退役士兵仍能从事相关的职业，即从原来的相关设备的使用者转变为生产者，他们将结合使用经验，提出产品或服务的改善建议，将有力地促进军品或服务的改进。

（6）将退役士兵教育培训纳入到军民融合之中是提高退役士兵教

育培训与就业质量的必然要求。随着我国退役士兵职业教育与技能培训的深入开展，相应的职业教育与技能培训网络体系也已初步形成。教育培训机构成为退役士兵教育培训的实施主体。在此背景下，退役士兵教育培训机构的质量与实力已经成为一个重要的因素。其质量与水平直接决定了退役士兵教育培训的质量，决定了退役士兵的就业与发展，也影响了政府及中央军委的声誉。

而通过军民融合，可以有效提高退役士兵职业教育的有效性，提高退役士兵就业质量，为退役士兵谋得长远发展。这样，才能大大提高退役士兵职业教育与工作安置的满意度。

故此，无论是部队，还是相关主管部门，都必须贯彻以人为本的发展理念，将退役士兵的职业发展作为一项重要工作来抓。将退役士兵的教育培训与就业安置纳入到军民融合中来，壮大退役士兵教育培训与就业安置的力量，降低退役士兵就业的对接成本，提高退役士兵职业发展空间。将退役士兵教育培训与就业安置纳入到军民融合中来，使得更多的企业了解退役士兵教育培训与就业安置工作，更加关心退役士兵的发展，有更多的就业岗位向退役士兵倾斜。

综合我国军民融合总体发展来看，我国军民融合已由单项向多项交叉融合发展，军民融合不仅涉及技术、产品，同时还涉及服务业等，融合日益呈现出技术研发一体化、后勤服务保障一体化、动员建设一体化、人才培养一体化等趋势。加快军民融合发展，消除体制机制障碍，激发创造融合活力，已成为全国各界的共识。军民融合的深度发展，为退役士兵教育培训与工作深入、高层次、高质量、多方位的开展提供了基础，退役士兵教育培训与安置工作军民融合也具备了可行性。

第四节　退役士兵职业教育纳入军民融合的可行性

从以下几个方面可以看出，将退役士兵职业教育纳入到军民融合中具有可行性：

（1）具有寓军于民、军民共建的传统基础。寓军于民、军民共建、人民战争是中国共产党与中国人民解放军重要的军事建设原则，是毛泽东等老一辈革命家在领导武装斗争、夺取和巩固革命政权的长期实践中形成的，也是中国军事与国防建设的基本制度。新时期的军民融合是寓军于民、军民共建的传承与发展，是人民战争思想在军事、新时期国防建设中的具体体现。

在社会发展过程中，优良的传统不会随时间发展而泯灭，而是不断得到传承与发展。寓军于民、军民共建优良传统体现了人民、党、国家、军队利益的一致性，能够凝聚人民共识，提高军民凝聚力，是社会发展、国防军事建设的内在规律。这是建军、建国的根基，抛弃传统、丢掉根本，就等于割断了自己的精神命脉。优良传统是开展军民深度融合的基础，也正是有了这个基础，才能更好地结合新形势，做好创新与发展。优良的传统，凝聚社会共识，将对军民深度融合起到积极的促进作用。

（2）军民深度融合取得广泛共识，具备了理念基础。思想决定行动，军民深度融合的理念已经达成，并不断地深化。军民融合经过理念上的碰撞，在科研生产、产品开发、基础设施、保障服务等方面深度融合已经形成共识，并上升为国家战略。军民深度融合的理念，使得军队理念将发生重大变化，无论是军队高层还是基层部队都逐渐认识到军民融合的重要性，从过去消极甚至抵制逐渐转向认同与支持。军民深度融合的理念使得军队更加开放，有利于将退役士兵教育培训工作纳入到军队日常教育与训练工作之中，落实全程教育培训。

此外，军民深度融合理念也在不断发展，为退役士兵教育培训创新与发展提供了更广阔的空间。如果说当前的军民融合还主要体现在技术、产品、基础设施等"硬件"融合上，那么，随着相关融合工作的开展，有关人的融合、专业教育的融合等理念将会得到迅速发展，这对于退役士兵教育培训与工作安置的军民融合起到很大的促进作用。

（3）地方政府以及各类社会组织积极参与，具备了组织基础。在中央出台《中共中央关于全面深化改革若干重大问题的决定》以后，各级地方政府积极组织军民对接，一大批民营企业及其他社会组织陆续参与到军民融合中来，极大地推动了军民融合发展。大量企业及社会组织的参与，使得更多组织对军队有所了解，对军人的感情也会加深，对退役士兵有更加全面、深入的了解。这将有利于提高社会各类组织对退役士兵教育培训的参与及配合度。

此外，企业及社会组织参与军民深度融合，在进行相关的技术、产品、服务生产与提供的同时，也会产生对人力资源的引致需求，将会产生大量的对具备一定军队背景或经历的人用工需求。这就直接为退役士兵教育培训与就业安置提供了大量的机会。

（4）有关政策的出台，具备了政策基础。中共十七大正式提出军民融合，其后，相关政策文件陆续出台，为军民融合奠定了政策基础。中央层次的文件有中共十七大报告、十八大报告、十八届三中全会审议通过的《中共中央关于全面深化改革若干重大问题的决定》等。部委出台的政策包括《国防科工局 总装备部关于鼓励和引导民间资本进入国防科技工业领域的实施意见》、《促进军民融合发展式意见》、《国务院中央军委关于建立和完善军民结合寓军于民武器装备科研生产体系的若干意见》等。而2011年出台的《2020年前军队人才发展规划纲要》则是国家军队人才建设纲领性的文件。该文件中提出了以联合作战指挥人才、信息化建设管理人才、信息技术专业人才、新装备操作和维护人才培养为战略抓手。这些对于开展退役士兵教育培训军民融合提供了很好的参考与方向。

（5）军民融合教育的实践活动，具备了退役士兵教育培训军民融合的实践基础。随着军民融合的深度发展，已经逐步认识军民教育融合的重要性、必要性。2014年，国防大学与北京市海淀区合作签订了"军民融合共育新型军事人才合作协议"，建立"军民融合共育新型军事人才教学基地"。2015年，国防大学和北京市海淀区联合主办，海淀区中关村核心区军民融合产业联盟协办，举行了"首届北京中关村核心区军民融合高端人才培训班"，使得军民融合意识更加深入人心。这些实践探索是退役士兵教育培训军民融合的基础。

同时，随着教育融合的发展，军地通用专业，通用技术人才培养将逐步开展起来。这些活动的开展，也是退役士兵教育培训的组成内容，是从源头上开始的教育培训。当然，必须看到我国退役士兵职业教育工作开展时间较短，还存在较大的不足。而安置工作随着市场经济体制的建立，也面临诸多难题，急需创新工作思路与工作模式。

军民融合深度发展为新形势下进行退役士兵教育培训与工作安置提供了一个创新点，军、地相关主管部门应深入学习军民融合发展重大战略思想，推进军、地思想观念的深度融合。军、地各界都应该在军民深度融合实践活动中，创新与发展军民融合理念，将退役士兵教育培训这项伟大过程纳入其中，不断搭建新平台、探索新办法、拓展新路子，从而推动退役士兵教育培训的发展，以取得更大的军事、经济和社会效益。

第五节　退役士兵职业教育纳入军民融合中的机制建设

一　退役士兵职业教育与工作安置军民融合的参与主体

推动退役士兵教育培训的军民融合发展，必须建立相应的机制。这就有必要对军民融合的运营过程作出较为全面的分析。通过这个分析，确定退役士兵教育培训军民融合的构成要素，进而确定相应的机制。军民融合有两个直接的参与主体：一是军队，二是企业或诸如科研机构等社会组织。间接参与者包括政府、军队主管机构、军政联席机构等。直接的军地融合运行如图 13-1 所示。

从图 13-1 可以看出，当前军地融合还缺乏一个统一的领导机构，相关的领导、协调机构分散。在以上军民融合机构中，与退役士兵教育培训与工作安置军民融合关系最为密切的是国家国防动员委员会。经过军事专业训练的退役军人是国防动员体系中骨干力量，也是最依靠的力量。如何保持、保留这部分力量，是国家国防动员委员会高度重视的一个问题。另外，国家国防动员委员会是全国国防动员工

第十三章 军民融合下的退役士兵职业教育与技能培训建设

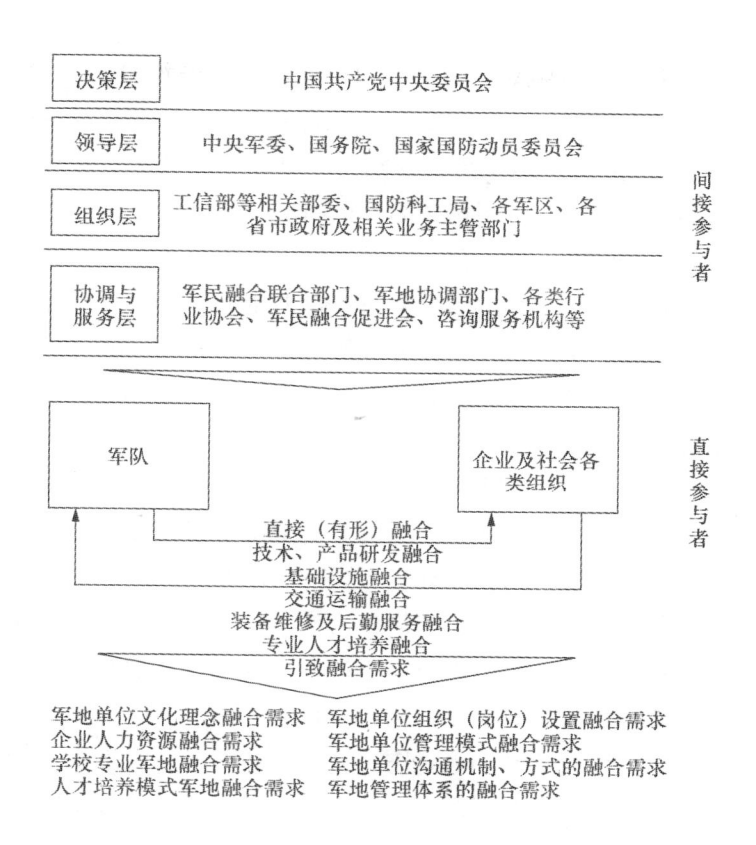

```
决策层    中国共产党中央委员会
领导层    中央军委、国务院、国家国防动员委员会                    间
组织层    工信部等相关部委、国防科工局、各军区、各              接
          省市政府及相关业务主管部门                              参
协调与    军民融合联合部门、军地协调部门、各类行                  与
服务层    业协会、军民融合促进会、咨询服务机构等                  者

                                                                直
          军队              企业及社会各类组织                    接
                                                                参
                直接（有形）融合                                  与
                技术、产品研发融合                                者
                基础设施融合
                交通运输融合
                装备维修及后勤服务融合
                专业人才培养融合
                引致融合需求

军地单位文化理念融合需求    军地单位组织（岗位）设置融合需求
企业人力资源融合需求        军地单位管理模式融合需求
学校专业军地融合需求        军地单位沟通机制、方式的融合需求
人才培养模式军地融合需求    军地管理体系的融合需求
```

图 13-1　军地融合的运行

作的最高议事协调机构。能够有效协调经济与军事、军队与政府、人力与物力之间的关系，整合相关力量，为解决退役士兵教育培训与工作安置提供便利。此外，国家国防动员委员会直接隶属于中央军委、国务院，为出台相关的政策文件提供便捷渠道。充分发挥国家国防动员委员会的作用，是退役士兵教育培训与工作安置军地融合的重要依靠力量。

而对于组织层而言，涉及军地融合实施组织，他们会出台相关的政策文件、具体规划来组织军地融合实施。如何使他们关注、重视退役士兵教育培训与工作安置工作，是发挥他们作用的前提。首先，作为退役士兵安置工作领导机构——全国退役士兵安置工作领导小组必须发挥积极作用，主动出击，争取上级机关的支持，协调军地融合组织部门，将退役士兵教育培训与工作安置纳入到军地融合整盘棋中，将退役士兵教育培训与工作安置列入军地深度融合的重要内容中。其次，全国退役士兵工作安置领导小组应积极联系相关军地融合组织部门，采取相应的措施，协调相关部门在制度、规划制定时，充分考虑退役士兵教育培训与工作安置。同时，对于退役士兵安置工作、军地融合而言，各成体系，全国退役士兵安置工作领导小组应发挥领导作用，积极倡导退役士兵教育培训与工作安置体系和军地融合工作体系积极对接，促进各省市、国防科技工业两个工作系统的融合。

为了有效推进军地深度融合，地方政府、各行各业往往建立各类协调组织。为解决军民融合中一些问题，促进军民融合，具有相关背景的专业机构也成立军民融合促进会或军地融合咨询服务机构。他们的建立，对于军民融合而言，起到了很好的润滑剂作用。尤其是对于涉军企业而言，往往由于对于如何参与军品生产或服务不了解而无法参与。这些协调组织、咨询服务组织的各类军地对接活动、军地融合讲座与会展等起到了很好的纽带和桥梁作用。由于国防与军队建设涉及国家安全，涉军企业必须通过军工认证。即参与军地融合的企业必须具有承担相应的能力与资格，才能进入军方市场。服务组织的建立为沟通军地信息，提高地方企业或组织涉军能力提供积极作用。如致力于军民融合产业发展的军民融合（北京）装备技术研究院建设了军民融合网，举办军民融合年会、军工产品（项目）对接会等，将军队、政府部门、地方军工管理部门、上市公司、民营企业、产业园、开发区以及金融机构、智库等集中在一起，很好地发挥了平台作用。此外，该机构还进行产品信息发布、认证咨询、政策法规咨询等相关业务，有力地推动了军地融合发展。

对于军地融合直接参与者而言，有具体的部队、军工企业、各类型企业。他们在军民融合中不仅是产品或服务的融合，背后还是理念、人员、管理模式的融合等。在产品或服务融合中，对人力资源产生了相应的需求。这种需求如果得到恰当的引导，无论是对企业还是对军队都是有利的。结合以上分析，为促进退役士兵教育培训军民融合发展，应考虑建立如下机制。

二 退役士兵职业教育与工作安置军民融合的嵌入机制

"嵌入"一词原指紧紧埋入、镶入之意,最早由 Polanyi 在《大变革》中首次提出,属于新经济社会学的术语。Polanyi 认为,"人类经济嵌入并缠结于经济与非经济的制度之中"。目前来看,尽管研究论及嵌入,但还缺乏一个能够被普遍接受的嵌入概念。对于嵌入的分类,Granovetter 与 Swedberg(1992)在《经济生活的社会学》中将嵌入分为关系嵌入和结构嵌入。关系嵌入是指单个主体的经济行为嵌入它们直接互动的关系网络中;结构嵌入是指主体的经济行为嵌入其所在的社会网络中。同时,依据嵌入主体不同,可以将嵌入分为主体嵌入和客体嵌入。依据嵌入的内容,将其分为政治嵌入、文化嵌入、结构嵌入和认知嵌入。其中,政治嵌入是指外部制度框架,如政治、法律制度对经济行为的影响;文化嵌入是指理性的经济行为主体在制定经济战略和目标时受到来自外部共享的集体理解的制约,如价值观和行为规范等;结构嵌入是指主体的经济行为嵌入其所在的社会网络中;而认知嵌入则是指行为主体在进行理性计算时受到原有意识结构的限制。各类嵌入所对应的关系如表 13-1 所示。

表 13-1 各类嵌入类型及关系

嵌入类型1	嵌入类型2	关注焦点
主体嵌入	认知嵌入	过去经验、社会情景对认知框架的影响,结构化思维模式过程对理性经济推理的限制
客体嵌入	关系嵌入	组织层面、组织网层面、国家层面和各层面的交互影响方面
	结构嵌入	关注主体经济行为嵌入所在的社会网络
	宏观嵌入	政治嵌入:正式制度框架对经济行为的影响
		文化嵌入:主要是非正式的隐性约束

借鉴以上研究内容,将退役士兵职业教育与工作安置工作嵌入军民融合中去,首先是认知嵌入,即退役士兵职业教育与工作安置的各类参与主体,应改变过去以及现在的条块式分工弊端,强化协调与沟

通，改变对退役士兵职业教育工作安置的认知误区。对于国家最高管理机构而言，也应全面认识到人力资源军民融合不仅是为部队提供人才，也是一种双向的融合。退役士兵职业教育与工作安置是军民深度融合的重要组成部分。只有这样，才能将退役士兵职业教育与技能培训工作纳入到这项国家战略中，才能将退役士兵职业教育与技能培训工作纳入到军民融合顶层设计中去，才能有力地保障此项工作的战略性地位，有利于将此项工作纳入到国民经济、社会发展之中，从全局性角度统筹此项工作发展，破解退役士兵教育培训着力点弱的难题，使此项工作能够成为"有源之水，有根之木"，保持其长远性、持续性、稳定性发展。

在认知嵌入的基础上，进一步通过宏观嵌入，保障退役士兵职业教育与工作安置在军民融合中的体现与地位。如表13-1所示，宏观嵌入可以分为政治嵌入，通过制定明确的法律、法规保障退役士兵职业教育与工作安置的军民融合。目前来看，可以强制性要求军队与政府机构重视退役士兵职业教育与工作安置的军民融合；而对于其他社会组织，应通过激励来引导他们参与此项工作。当然，也可以将军品生产、服务融合与人力资源融合相结合，制定鼓励退役士兵教育培训与工作安置军民融合方向的方针政策。在文化嵌入方面，应营造爱军、尊军的社会文化。

在关系嵌入方面，应正确确定退役士兵职业教育和工作安置与军民融合中其他工作的关系，保证它们之间的紧密联系。在结构嵌入方面，确定退役士兵职业教育与工作安置的定位以及在整项军民融合系统中的位置。

三 退役士兵职业教育与工作安置军民融合的激励机制

在顶层设计指引下，军民融合领导层、组织层制度中应体现激励退役士兵教育培训与工作安置的内容，激励军民融合相关参与单位积极参与退役士兵教育培训与工作安置。从制度设计出发，在产品、服务、科技开发等军民融合招标中，应体现退役士兵教育培训与工作安置的内容，将此项工作作为投标评定的一项内容或是在同等条件下，优先向积极参与退役士兵教育培训与工作安置的企业倾斜。

同时，在涉军企业军工认证中，可以进一步完善其内容，将退役士兵教育与工作安置参与性列为军工认证一项内容。如前所述，本项内容也反映了涉军企业的军事素养能力、军队服务能力，是合理且可行的。此外，认证具有较强的信号传递功能，认证体系是面向社会公开的，具有较强的社会影响力及传播能力。故此，在军工认证中完善退役士兵教育培训与工作安置等内容，还可以对潜在的涉军企业起到激励、引导作用，使它们更加关注与重视退役士兵教育培训与工作安置，积极参与到此项工作中来，壮大退役士兵教育培训与工作安置的力量。

四 退役士兵职业教育与工作安置军民融合的评价机制

完善军民融合具体评价机制，增加退役士兵教育培训与工作安置的内容，促进各军民融合组织对此项工作的重视与参与。促进社会就业，解决军人的后顾之忧，本身就是企业应尽的社会责任。而作为参与军民融合，承担涉军产品生产、服务提供、基础设施建设、交通保障的企业，更应承担此项社会责任。这也是它们应当担负的义务与任务。故此，将退役士兵教育培训与工作安置纳入到涉军企业军民融合的绩效评价中是合情合理的。

完善军民融合绩效评价机制，将退役士兵教育培训与工作安置作为其一项内容。通过军民融合的层层绩效评价，使各级政府、各相关机构、企业都重视退役士兵教育培训与工作安置。通过定期组织的考评，促进这项工作落实，开创退役士兵教育培训与工作安置的新局面。

要把军民融合作为"双拥"的基本途径，坚持军民结合、平战结合、寓军于民，以"双拥"推动经济建设和国防建设互动联动。要把解决问题作为"双拥"的重要抓手，完善军地联席会议工作机制，帮助部队解决实际困难，认真落实优抚安置政策，努力实现好、维护好、发展好广大军民的根本利益。

五 退役士兵人力资源价值的宣传推广机制

和平年代对军人价值远不如战争年代那么深刻、全面。尤其是随着我国市场经济体制的建立，社会价值观出现了多元化，更是导致对军人价值认识不一。同时，由于部队相对比较封闭，和外界联系少，也导致社会对军人了解较为片面，甚至存在误解，认为军人是老粗，不注重学习，没文化，不懂先进技术，不懂经济等。此外，由于军人原则性强，导致部分人认为退役军人不懂"做人"，不会"处世"，太官僚等。加之人们对军人期望较高，一旦出现个别军人不良行为，如吃喝玩乐、铺张浪费、社会滋事等不良行为，便会被媒体、网络迅速扩大，造成不良的社会影响。近年来军队过重的商业气息，以及社会上传播的贪腐事件等也极大地抹黑了军人形象。对军人的错误认知必然影响社会对他们的认可与接纳，也必然会影响到对他们的教育培训与工作安置。

要社会认可、接纳退役军人，必然要求更为全面地宣传他们，而不应仅仅宣传他们的军事训练、抗洪救灾等。故此，必须建立退役士兵人力资源价值的宣传推广机制，消除对退役军人的误解，全面深刻认识退役军人人力资源价值。退役士兵人力资源价值宣传推广机制应充分吸纳成功人士的参与，通过定期的现身说法，使人们认识到退役士兵的价值。同时，还应建立立体化的退役士兵人力资源价值宣传推广平台、渠道，尤其是在当前互联网、新媒体、新媒介快速发展的时期。

此外，还需要建立军地宣传协调制度，让媒体走进部队，让军人走进社会。此外，在对退役士兵的宣传上，也不应停留在退役军人优抚安置上，给人的印象就是退伍回家，张口伸手要补偿。应走进企业，全方位了解、推广退役军人的价值。

六 退役士兵自身参与军民融合机制

退役士兵与部队感情深，对于军队的需求有深入了解，也了解军队日常运行及相关要求。在军民融合中，如果将他们的力量集中起来，针对军队某种特定需求进行创业活动，不仅能够实现自身就业，也能够带动其他战友就业，这也体现了国家与部队的关怀。尤其是针对军队生活服务、装备维修服务、军事物流服务等轻资产领域，更适合退役士兵创业。

故此，应将退役士兵参与军民融合作为军民深度融合的一个着力点，一个实现多方共赢的重要途径。为鼓励退役士兵创业，必须建立项目、资金、智力支持一体化的机制。对于项目而言，如前所述，来自军民融合。军队应积极对一些能够委托地方运行的领域进行社会化运作，发布相关需求，引导退役士兵承接相应业务。而对于资金而言，一方面，地方政府应打破军地界线、区域界线，相关的鼓励创业政策与扶持资金能够惠及退役士兵；另一方面，有必要成立专门的军民融合创业基金，扶持退役士兵创业。也可以赋予当前各类军民融合基金扶持退役士兵创业的功能。对于基金的建立，既发挥以往退役军人创业成功的优势，成立相应的公益基金，倡导以往创业成功的退役军人捐资、资助退役士兵创业发展；也可以联合一些私募基金，如天使投资基金，对接退役士兵创业项目，使其获得资金支持。对于智力支持而言，主要是强化退役士兵创业教育培训，提高他们的创业技能。对于军民融合创业基金，尤其是公益类基金，也应对退役士兵创业教育进行必要的扶持，拿出专项资金扶持针对军队业务领域的创业规律、创业模式的课程研究与开发。

当然，从这一点看，鼓励军地产业融合与鼓励军地人力资源融合是相辅相成的。通过军地产业融合，发展与国防科技工业、军队建设相关的延伸服务，如技术支持、维修、售后服务等，必然为退役士兵创业提供更多的空间。

七 退役士兵职业教育与工作安置军民融合资源整合机制

从退役士兵职业教育与工作安置现状来看，大多数职业教育与工作安置资源是分散的。在实际的管理中也存在条块分割，退役士兵职业教育与工作安置工作与其他军民融合工作或者活动联系不够紧密。这严重影响了退役士兵职业教育与工作安置等工作的效率与质量。进行退役士兵职业教育与工作安置军民融合，也就是要把分散的资源有效整合起来，统筹安排，提高利用效率。

一是应建立参与军民融合的各类组织名录库。涉军组织是退役士兵职业教育与工作安置军民融合的骨干与主要载体，是工作机会与教育资源的提供者。应编制统一的涉军组织名录，并建立相应的沟通渠道与机制，随时了解它们的用工信息。

二是应引导涉军企业与退役士兵职业教育机构、政府主管部门建立稳定的联系，促进它们信息互通，提高它们之间的协作性，进而提高退役士兵职业教育与工作安置的质量。

三是应建立教育资源的整合机制，引导涉军组织积极参与教育资源建设，丰富退役士兵职业教育资源，提高退役士兵职业教育的针对性、有效性。

四是建立针对退役士兵的统一人力资源市场，以适应当前社会经济发展新形势。

第六节 退役士兵职业教育纳入军民融合的发展途径与措施

一 退役士兵职业教育与工作安置军民融合 SWOT 分析

制定退役士兵职业教育与工作安置军民融合的发展路径与措施，应综合分析退役士兵职业教育与工作安置军民融合所面临的机会与不利条件以及其自身的优势与不足。借鉴企业战略制定中的 SWOT 分析工具，可以很好地实现这个目的。

SWOT 分析模型中的 S（strength）代表了一个组织或一项工作、活动所具有的优势；W 代表了一个组织或一项工作、活动所具有的劣势；O 代表了一个组织或一项工作、活动所面临的机会，即有助于组织或工作实现其预定目标的因素；T 代表了一个组织或一项工作、活动所面临的威胁，即妨碍组织或工作实现其既定目标的因素。S 与 W 是组织或工作自身的属性；O 与 T 则属于组织或工作面临的外部因素。通过 SWOT 分析，将组织或工作内外部条件各方面内容进行综合和概括，进而分析其优劣势、面临的机会和威胁，找到组织发展或工作开展的路径与措施，如图 13-2 所示。

第十三章 军民融合下的退役士兵职业教育与技能培训建设

外部分析＼内部分析	优势分析：S 1. 2.	劣势分析：W 1. 2.
机会分析：O 1. 2.	SO措施 1. 2.	WO措施 1. 2.
威胁分析：T 1. 2.	ST措施 1. 2.	WT措施 1. 2.

图 13 - 2 SWOT 分析模型

通过 SWOT 分析，得出了一个组织或一项工作各种可能的发展方向与措施，进一步评估这些措施的可行性与实施时机，就可以得出一个组织或一项工作发展路径与发展措施。运用该思路，对退役士兵职业教育与工作安置军民融合进行 SWOT 分析。

（1）退役士兵职业教育与工作安置军民融合面临的机会分析。结合我国退役士兵职业教育与工作安置的实际情况来看，领导重视是其最大优势之一。一是退役士兵职业教育与安置工作受到党中央和国务院的高度重视，建立有专门的领导、协调机构。二是党中央高度重视军民融合，将军民深度融合作为国家战略，这为退役士兵职业教育与工作安置提供了前所未有的新契机。如果很好地利用这次机会，退役士兵职业教育与工作安置将会上升到更高台阶，一些根本性的制约因素也将得到解决。三是在党中央的大力推动下，各级政府，尤其是国防工业管理机构、各地民政部门开始大力推动军民融合发展。将退役士兵职业教育与工作安置同军民融合结合起来，无疑是一大创新与亮点，能够切实提高他们的积极性、主动性与创造性。四是在巨大的市场利益牵引下，各类组织参与军民融合的热情高涨，这对退役士兵职业教育与工作安置的支持力度自然也就提高了。

在经济基础方面，我国经过多年的经济快速发展，国家已经具有相当的经济基础和财力支持退役士兵职业教育与工作安置，近年来的支持力度也在不断提高。可以预见，随着我国经济的快速发展，国家及地方政府对退役士兵职业教育与工作安置会提供更多的财力支持，用于相应的平台建设以及科研工作等方面。

在社会文化方面，尽管随着市场经济体制的建立，社会对拥军、爱军的热情有所下降，社会上也出现了一些对退役军人的负面认识。但必须看到，中国拥有拥军、爱军的优良传统，主体认识还是好的。此外，经过有志之士多年的呼吁与倡导，社会对退役军人的保障问题也开始重视，开始认识到退役军人的保障与发展的重要性。这都为退役士兵职业教育与工作安置军民融合提供了有利条件。同时，随着我国老龄化的加速，我国人力资源数量在减少，使得退役士兵这支质量较高的人力资源队伍越来越得到社会各类组织的重视。

在科学技术方面，随着互联网技术以及现代教育技术、理念的发展，新的教育平台、教育方法等不断涌现，为创新退役士兵职业教育提供了有利条件。互联网技术的发展不仅为职业教育模式、方法创新提供了基础，也使得教育资源整合，涉军企业参与退役士兵教育，建立统一的退役士兵人力资源市场等成为可能。同时，现代科学技术的发展，也使得退役士兵能够很便捷地参与到相关的活动中来，有利于提高他们的积极性。

从国家有关军民融合的规范化来看，我国有关军民融合的制度建设还处在初期，各类军民融合规划、顶层设计还没有正式确定，经过努力，能够方便地将退役士兵职业教育与工作安置嵌入到整项军民融合工作之中。

（2）退役士兵职业教育与工作安置军民融合的威胁分析。目前来看，军民融合虽然得到党和政府的高度重视。但由于时间、精力的限制，高层虽然重视，但很难涉及具体工作。而退役士兵职业教育与工作安置只是军民融合中的一个组成部分，如果没有大力倡导以及相应的渠道，退役士兵职业教育与工作安置就很有可能被排斥在军民融合之外。同时，对于当前的军民融合，政府以及相关部门关注的焦点多集中在生产、技术以及服务等方面，即使是对人力资源的军民融合也多侧重于社会为军队提供专业人才的单向融合上,对退役士兵职业教育与工作安置军民融合缺乏足够的重视,甚至是根本没有意识到。

在社会认识方面,由于近年来对退役士兵实行物质安置,社会公众及一些组织认为完全依靠市场调节就可以了,无须再为其提供教育以及就业服务,退役士兵自由择业即可。这种错误的认识必然影响社会各类组织参与退役士兵职业教育与工作安置的积极性,必然妨碍退役士兵职业教育与工作安置军民融合的发展。再者,对于退役士兵职业教育与工作安置工作,社会普遍认为应由民政部门负责,存在"各人自扫门前雪,莫管他家瓦上霜"的心态。退役士兵职业教育与工作安置是一项系统性的社会工程,没有其他部门的广泛参与,将难以开展。

(3)退役士兵职业教育与工作安置军民融合的优势分析。首先,军民融合作为国家发展战略,是国防建设的必然趋势。故此,退役士兵职业教育与工作安置军民融合本身就具有强大的生命力,是国防与军队、国家社会经济建设的客观要求。其次,社会已经涌现出一大批退役士兵成功人士,他们多是创业成功,在社会上拥有相当的影响力和一定的资源基础,使他们参与退役士兵职业教育与工作安置有了可能。这些退役军人与军队感情深厚,在成功后往往不忘军队,更愿意支持退役士兵的职业教育与就业工作。这是其他社会所不具备的独有优势。这部分成功的退役军人也是其他退役军人学习的榜样,在榜样的带动下,退役士兵会有更大的积极性、主动性,利用当前军民融合的机会进行创业。这也将有力地促进退役士兵工作安置军民融合。此外,我国军队具有多年的关心士兵成长、发展的好传统。这也会促使军队积极采取各类措施,大力支持走出军营的士兵进行创业活动或就业。

当然,如前所述,退役士兵本身就是高质量的人力资源。他们在长期的军队生活中形成的某些素质是社会其他群体不具备的。这也使得他们深受涉军企业以及其他组织的欢迎。在同等条件下,这些组织会优先选择他们。当然,由于退役士兵人力资源的特殊性,也使得这些组织有更大的积极性参与到退役士兵职业教育与工作安置军民融合中来,实现多方共赢。

（4）退役士兵职业教育与工作安置军民融合的劣势分析。无论是对于退役士兵职业教育,还是军民融合,我国开展的时间都较短,相关的经验还不足,缺乏系统的法律、法规及其他保障体系。而在退役士兵职业教育与工作安置中,由于自身利益的原因,相关的退役士兵职业教育机构不愿意参与到统一的军民融合中来。而对于部分涉军组织,可能出于保守商业秘密以及需要投入等原因,不愿意贡献自身的教育资源或者发布自身岗位需求。

同时,由于退役士兵职业教育开展时间较晚,大多数教育培训机构实力较弱,资源较少,很难组织建立面向全体退役士兵的全国性学习平台,很难在整合教育资源、协调教育机构与涉军企业方面发挥积极作用;也很难有相应的渠道表达有关退役士兵职业教育与工作安置的建议。

此外,退役士兵职业教育活动相应的平台建设较为滞后,也是退役士兵职业教育与工作安置军民融合的一大劣势。

总结退役士兵职业教育与工作安置军民融合的 SWOT 分析,其分析结果以及相应的发展方向、措施如表 13-2 所示。

表 13-2　退役士兵职业教育与工作安置军民融合 SWOT 分析

	S—优势分析	W—劣势分析
	1. 顺应国家乃至世界发展趋势,本身具有客观必然性; 2. 退役士兵本身是高质量的人力资源; 3. 涌现了一批成功的退役军人,他们参与军民融合热情高; 4. 退役士兵与军队之间存在特有的感情纽带	1. 开展时间短,缺乏经验; 2. 承训机构实力弱,资源少,很难起到主导作用; 3. 缺乏相应的资源整合平台; 4. 存在本位主义利益,不愿意公开参加资源整合; 5. 信息沟通渠道有限,很难将相关信息反馈至上层

续表

O—机会分析 1. 领导高度重视； 2. 军民融合的深度发展； 3. 政府及其他社会组织参与热情高； 4. 具有较好的传统基础与经济基础； 5. 军民融合还处于建设期，相关法律、法规还没有正式确定； 6. 科学技术迅速发展，且比较成熟	SO： 1. 借助军民深度融合，积极将退役士兵职业与工作安置融入其中； 2. 开展试点，引起高层领导关注，与国防动员、国防工业等体系有效对接； 3. 采取先进的科技手段，创新退役士兵职业教育发展； 4. 充分调动退役士兵的主动性、能动性，通过创业活动参与军民融合； 5. 采取有效措施，将退役士兵职业教育与工作纳入到军民融合制度建设中	WO： 1. 政府主导，开展试点，及时总结经验； 2. 政府扶持建立骨干组织，建立相应的资源整合平台； 3. 民政部门积极建立相应的信息沟通渠道，积极参与军民融合相关制度的制定； 4. 统筹退役士兵职业教育工作，全国布局，打破部门本位主义； 5. 利用先进的科学技术，借鉴其他学习平台，开放退役士兵职业教育与工作安置平台
T—威胁分析 1. 事情较为具体，很难引起高层关注； 2. 不是当前军民融合的关注焦点，人力资源的单向融合； 3. 没有充分重视或认识到此项工作的重要性； 4. 社会上存在认知误区，不愿意接受退役军人等； 5. 存在本位主义，将其单方面归结为民政部门责任	ST： 1. 做好此项工作的宣传与推广，引起高层重视； 2. 介绍世界成功经验，改变社会认知； 3. 正确认识退役士兵人力资源价值，吸引各类组织参与此项工作； 4. 破除部门本位主义的狭隘观念，发挥政府主导作用	OT： 1. 沿用现有做法，逐步放弃； 2. 创新发展退役士兵职业教育与工作安置，改变自身劣势，扭转不利局面

表 13 - 2 中列出了退役士兵职业教育与工作安置军民融合可能的发展方向与措施。对表 13 - 2 所列出的措施结合时间、可行性、紧迫

性进行综合分析，可得出它们的优先次序，进而制定相应的发展路径。

二　退役士兵职业教育与工作安置军民融合发展路径

结合上述退役士兵职业教育与工作安置军民融合发展措施来看，近期直接将其纳入军民融合的体系有些不可行。首先，主要原因在于无论是在理念上，还是近期军民融合重点上，退役士兵职业教育与工作安置无法引起足够的重视。其次，由于缺乏相关的经验及成熟的做法，高层也不愿意打破现有的工作体系。这决定了退役士兵职业教育与工作安置军民融合的近期重点工作在于尽可能与其他军民融合活动相结合，采取渗透策略，与其他军民融合活动结合起来。同时，在军民活动融合开展较为成熟的地区，尽早开展退役士兵职业教育与工作安置军民融合的试点工作，积累经验，探索发展道路，形成较为成熟的模式，为后期宣传、推广奠定基础，引起高层注意，进而实现全面融合。

此外，从退役士兵职业教育与工作安置军民融合发展的力量来看，必须发挥政府的主导作用。现阶段依靠退役士兵职业教育机构是行不通的，它们无法承担起建设全国性公共平台、协调全国涉军组织与军队的责任。而发挥政府主导作用，还是要依靠与退役士兵职业教育与工作安置高度相关的政府机构。这就需要重点发挥国家国防动员委员会、全国退役士兵安置工作领导小组骨干作用，发挥民政部门具体的组织、领导与创新职能。

结合以上分析，退役士兵职业教育与工作安置军民融合可采取"渗透、结合、嵌入、整合"的发展路径，有条不紊地开展，从而推动退役士兵职业教育与工作安置全面融入到军民融合体系之中。

（1）所谓"渗透"，原意是指液体通过运动进入其他物质之中的现象。在这里，"渗透"是指一种事物或思想逐渐进入其他思想方面或事物之中，也可以理解为一种事物或思想逐渐向其他事物或思想方面扩展。当前，其他军民融合活动开展得如火如荼，进展较快。如前所述，退役士兵职业教育与工作安置军民融合属于引致需求。这也就决定了退役士兵职业教育与工作安置的军民融合必须与主体结合起来，才能逐渐进入到整个军民融合体系中去。而两者的结合也并不是平等的结合，而是退役士兵职业教育与工作安置主动与其他军民融合活动的结合。这就要求退役士兵职业教育与工作安置应主动寻求机会，逐渐将其与其他军民融合活动结合起来，即逐步渗透到既有的军民融合活动中。

就当前军民融合的各种实践活动来看，退役士兵职业教育与工作安置并没有参与其中，其主管部门——民政机构几乎很少参与，相关的教育机构也很少参与。几乎是将其排斥在外的。故此，要想将退役士兵职业教育与工作安置渗透到军民融合体系之中，相关的主管部门与教育机构必须发挥主观能动性，主动出击，寻求机会，通过与其他军民融合参与主体建立联系，增强他们的认识，进而逐步接纳退役士兵职业教育与工作安置的军民融合。

对于退役士兵职业教育与工作安置军民融合而言，民政主管机构以及教育机构也都有相当的动力。随着市场经济体制的建立，退伍军人就业安置越来越成为一大难题，尽管逐年加大退役士兵的物质补偿额度，但如果不解决退役士兵就业发展问题，将会成为社会的不稳定因素。但由于市场经济体制的建立，主管部门掌握的资源越来越有限，其社会动员能力也逐渐降低。退役士兵就业安置成为一大难题。而军民融合无疑为解决这个难题提供了一个新的契机。对于退役士兵教育培训机构而言，政府有硬性的考核要求，必须提高就业率。随着退役士兵教育培训活动的开展，质量将成为未来的主线，如何提高教育培训的针对性、有效性，就要求必须与工作岗位结合起来。故此，参与军民融合，建立与涉军组织的联系，寻求就业机会，是教育培训机构的必然动力。他们愿意积极参与相关的军民融合活动，发现机会，建立联系。

对于具体的"渗透"策略而言，主管部门出面，协调教育培训与涉军组织建立业务合作关系，进行退役士兵职业教育与工作安置军民融合试点活动，是较为可行的做法。此外，在此阶段，相关主管机构、教育培训机构乃至具体部队应积极开展各类宣传推广活动，引导社会正确、全面认识退役士兵人力资源价值。

（2）所谓"结合"，原意是指人或事物间发生密切联系，在这里表示退役士兵职业教育与工作安置与其他军民融合活动产生密切的联系，有一定的规则保障。在地方开展退役士兵职业教育与工作安置军民融合试点活动的基础上，民政部门可以结合开展经验，探索相应的模式，协调当地国防动员委员会、国防工业主管部门、当地的军队制定一些规则，实现退役士兵职业教育与工作安置同其他军民融合活动的有机联系。

而对于具体的结合策略，可以采取制度结合、激励结合、活动结合、协议结合等策略。制度结合是较为可靠的结合方式，带有一定的强制性，即通过规则制定，要求其他组织在开展涉军活动中，需承担相应的退役士兵职业教育与工作安置的责任。而激励结合则是通过在涉军业务招标中附带相应的条款，引导、激励涉军组织积极开展退役士兵职业教育与工作安置活动。活动结合则是通过相关协议，在开展其他军民融合活动时加入相关的退役士兵职业教育与工作安置活动。而协议结合则是民政部门、涉军组织、军队，乃至教育培训机构之间建立各类协议，共同开展相关军民融合活动。

（3）"嵌入"是指正式将退役士兵职业教育与工作安置与其他军民融合活动合成整体，相互交融。如前所述，对于退役士兵职业教育与工作安置军民融合而言，最重要的"嵌入"就是"政治嵌入"，即国家在有关军民融合法律、法规、规划以及其他的制度建设中体现退役士兵职业教育与工作安置的内容，并赋予其相应的地位。

通过"政治嵌入"也使得退役士兵职业教育与工作安置军民融合有法可依，有章可循。对于"政治嵌入"，要发挥国家国防动员委员会、全国退役士兵安置工作领导小组的骨干作用。通过这两个机构，将有关退役士兵职业教育与工作安置军民融合的意义、成功做法等信息报送党中央、国务院、中央军委，使得他们高度重视，以便在军民融合的顶层设计中嵌入有关退役士兵职业教育与工作安置的内容。

在"政治嵌入"的基础上，各地民政部门、教育承训机构还应积极开展相应活动，形成退役士兵职业教育与工作安置的"关系嵌入"，即形成与其他组织的网络关系。在"关系嵌入"中，应扶持建立骨干型承训机构,建立相应的资源平台,将其他涉军组织纳入到退役士兵职业教育与工作安置中来。此外,退役士兵职业教育承训机构也应与其他涉军组织建立密切联系,形成良好的关系网络。相关主管部门以及军队都应发挥引导作用,在"关系嵌入"的基础上,形成"结构嵌入"。

(4)"整合"是指围绕目标将有关参与者、资源统筹起来,使他们协调起来,发挥更大的作用。应该说,"嵌入"是整合的基础,没有"嵌入"做保障,相应的整合就很难开展,也很难打破个别组织为了本部门利益而产业的阻碍。"整合"也意味着退役士兵职业教育与工作安置军民融合形成一个有机的开放性系统,实现了对军民融合中有关资源的及时吸收,实现了退役士兵职业教育与就业资源的全国性统筹。

"整合"主要是通过退役士兵职业教育与工作安置平台来进行的。当前互联网快速发展,在线学习平台、网上人力资源市场也已经非常成熟。借鉴这些成熟做法,建立退役士兵职业教育与工作安置网络平台,将分散在各地的涉军组织、教育培训机构、退役士兵紧密联系起来,非常便捷与低成本地开展相关活动。退役士兵职业教育与工作安置军民融合发展路径如图13-3所示。

在退役士兵职业教育与工作安置军民融合发展中,实际上采取了自下而上到自上而下再到自下而上的发展方向,即首先通过下面的试点工作,积累经验,探索模式,较为成熟后,上升为国家制度,保障运行。在国家制度保障下,地方及各类组织进一步创新与发展,不断完善退役士兵职业教育与工作安置军民融合。这种发展路径非常符合我国一贯的做法,是非常可行的。

三 退役士兵职业教育与技能培训与军民融合示范基地建设的整合

为了有效推动军民融合的深度发展,我国自上而下鼓励建立军民融合示范基地、示范园区,进而促进军民融合网络体系的形成。军民融合示范基地是军地融合的桥梁,整合了多方资源,也应包括退役士兵职业教育与创业教育的内容。将退役士兵教育培训与军民融合示范

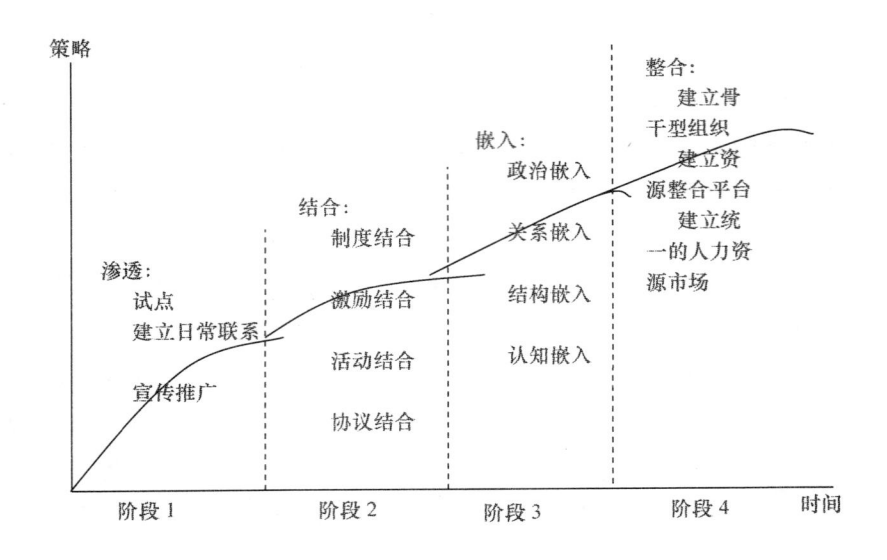

图 13-3　退役士兵职业教育与工作安置军民融合发展路径

基地建设整合起来，能够起到资源共享、相互促进的巨大作用，军民融合企业的发展，能够为退役士兵提供更多的就业机会与发展空间；退役士兵教育培训则为相关企业提供更多的人力资源，支撑企业更好地发展。包含有退役士兵教育培训的军民融合示范基地示例如图 13-4 所示。

　　促进退役士兵教育培训与军民融合示范基地的融合发展，应在军民融合示范基地建设理念、实施规划、职能建设等方面着手，系统设计，统筹实施。在军民融合示范基地建设理念上，应建立"军民精神融合"、"军民人力资源融合"、"军民产业融合"的三大融合理念。在当前军民融合建设中，还较为注重军民产业融合，对军民精神融合、军民人力资源融合重视程度不够。军民精神融合、军民人力资源融合不够，很难为军民产业融合健康、持续发展提供持久的动力支持。三大融合理念的建立需要统筹民政、发改委、国防科工委、工信部、经信委等多个部门协同进行军民融合示范基地或产业园区建设。通过各个部门的大力协同，思想、理念相互交融，逐步树立三大融合理念。

第十三章 军民融合下的退役士兵职业教育与技能培训建设 | 395

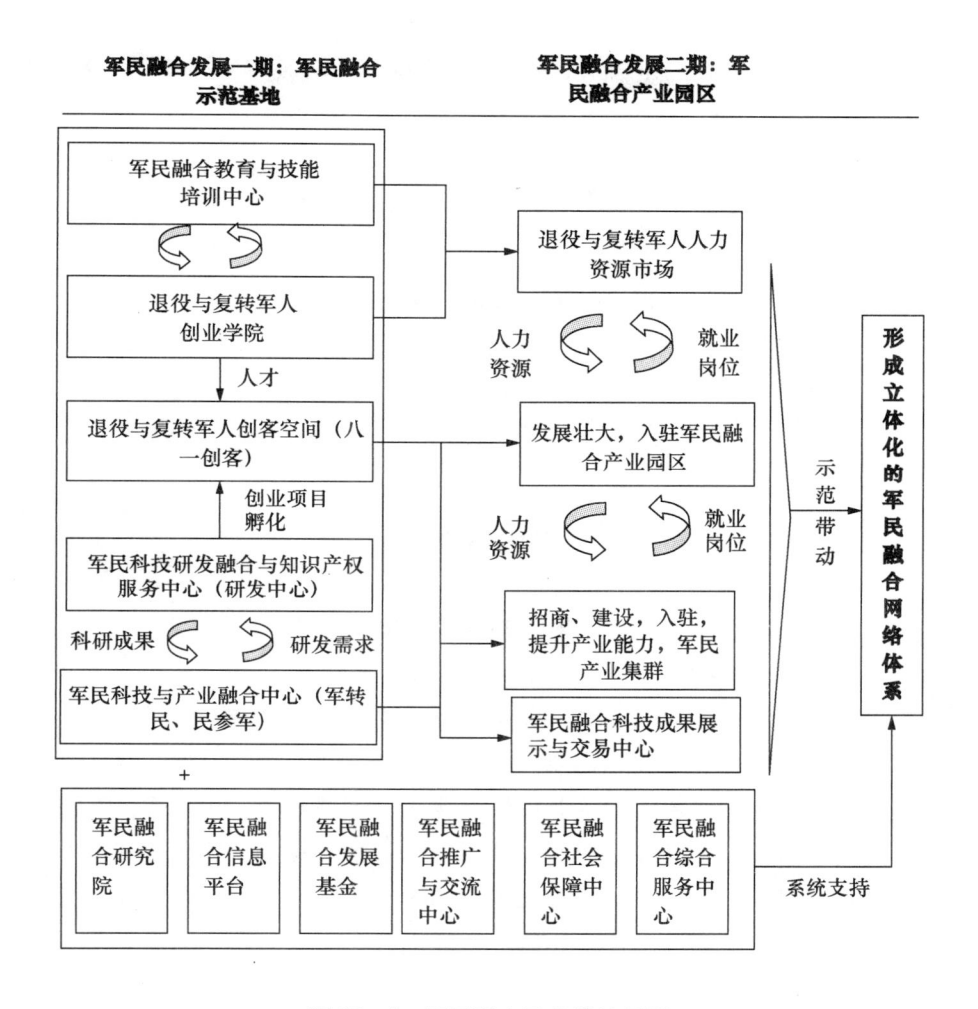

图 13-4 军民融合示范基地示例

在军民融合示范基地建设内容上，应围绕三大融合，进行"精神"、"智力"、"人力资源"、"产业"、"技术"、"资本"、"信息"等全要素的深度融合建设，具体内容应包括军民融合研究院、八一创客（孵化中心）、军民产业融合中心（军转民、民参军）、军民科技研发融合与知识产权服务中心（研发中心与孵化）、退役及复转军人职业教育培训基地、退役及复转军人创业学院等。这些建设内容可以体现在军民智力融合平台、军民人才融合平台、军民产业融合平台、军民科技融合平台、军民信息融合平台等具体建设载体上，如图13－5所示。

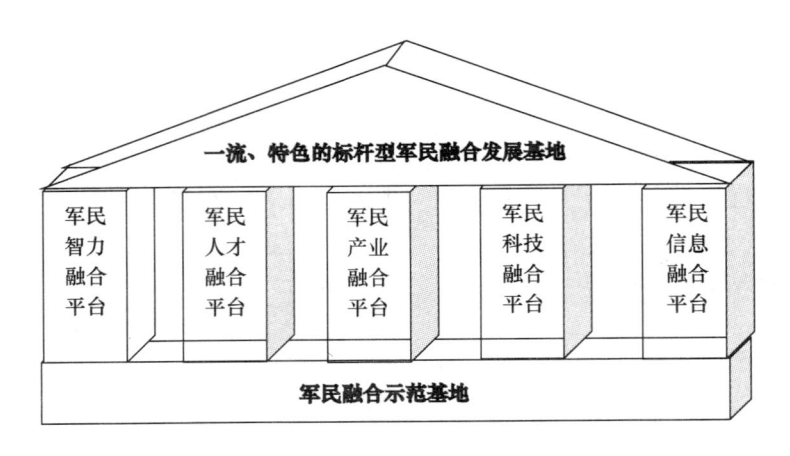

图 13－5　军民融合示范基地建设内容

（1）军民智力融合平台。汇集有关部门、有关机构、军队院校、职业院校、军工企业的专家力量与优秀人才，建设智力联盟，智力联盟是军民融合理论研究的专业机构。该平台主要是为军民融合提供强有力的智力支持，其基本职能包括研究、咨询、服务、宣传，是军民融合理论研究的高端平台、决策咨询的重要智库、实践服务的桥梁纽带、政策宣传的前沿阵地。具体业务活动有：①进行军民融合领域的重大理论与现实问题研究；②开展重大问题决策咨询；③定期组织高端论坛和学术交流活动；④组织建设军民融合信息数据库；⑤参加国家和军队军民融合发展领域的相关活动；⑥积极推广军民融合研究成果，实现理论向实践的转化；⑦发起并运营军民融合发展基金；⑧军民融合示范产业园区建设与发展规划咨询服务；⑨军民融合企业的管理咨询与发展规划指导。

（2）军民人才融合平台。整合社会教育与企业资源，针对军队与社会需求，联合教育机构，开展军地人才培养、输送等，这是专业地服务于退役及复转军人的综合性服务平台。该平台主要是通过军地两用人才、退役与复转军人的就业、创业教育培训，为军民产业融合发

第十三章　军民融合下的退役士兵职业教育与技能培训建设 397

展提供人才支撑，解决退役与复转军人就业发展与社会融入问题，其基本职能包括退役与复转军人的职业与技能教育培训、创业教育培训、就业与职业发展服务等，是具有一流影响力的退役与复转军人"互联网＋"综合性服务平台和基地。具体业务活动有：①退役士兵职业教育与技能培训；②复转军人职业教育与培训；③退役士兵与复转军人就业服务；④退役与复转军人创业教育培训；⑤退役与复转军人创业项目推荐；⑥退役与复转军人创业项目孵化与管理咨询指导；⑦退役与复转军人职业资格认证；⑧退役与复转军人学历教育与其他服务。

（3）军民产业融合平台。创新军民产业融合发展机制与组织模式，推动"军转民"与"民参军"深入发展，这是军民产业融合专业平台。该平台主要目的是对接"军转民"与"民参军"需求，推动"军转民"与"民参军"的深入发展，实现产业层面的深入融合，促进科技、人才融合发展。基本职能有推动军工企业转民用、民营企业参与军工生产或服务、推动军工技术产业化发展、扩大军民融合产业辐射带动效应。该平台具体业务有：①推动军企改制和产融结合；②军工先进技术成果转化；③开展军工认证咨询；④建设军民融合产品数据库、开发军民融合产品目录；⑤组织军民融合展览会，对接军民融合信息；⑥推动军民融合产业园区建设；⑦建立军民融合产业联盟等；⑧产品或产品产业化辅导、融资服务、管理咨询指导等。

（4）军民科技融合平台。汇集高校、研究机构、军队科研机构、企业等多方力量，搭建合作的科技研发与转化平台，这是专业服务于军民科技融合的平台。该平台主要目的是创新军地科研创新机制与模式，充分挖掘与对接军地科研创新需求，建立军地科研开发与转化的合作平台，推动科技研发与转化的深度融合发展，其基本职能为军地科研开发需求的对接服务、军地科研合作开发平台建设、军地科技研发成果的推广转化等，是联系与整合军、政、学、研、产等多方资源的科技合作与转化服务平台。该平台具体业务有：①军地科技开发需求的对接服务；②军地科技开发成果应用转化咨询；③军地军工技术、科研项目交流；④国防专利综合服务；⑤知识产权价值评估与交易服务；⑥高新技术企业申报咨询服务；⑦知识产权产业化服务；⑧知识产品申报代理与贯标服务。

（5）军民信息融合平台。采取先进技术，构建高技术军民信息融合平台，建立军民融合信息对接渠道，这是服务军民融合的专业化数字平台。该平台的主要目的是通过现代化的信息技术，收集、发布、对接"军转民"信息、"民参军"信息、相关政策信息以及服务信息等，及时了解、发布、对接军民融合需求等，其基本职能有军民融合政策、"军转民"信息、"民参军"信息发布，军民融合会员数据库建设，军民融合在线交流平台等。该平台具体业务有：①军民融合政策收集、发布；②军民融合在线咨询；③军民融合信息采集、发布、对接；④军民融合数据库建立、维护与管理；⑤军民融合需求对接；⑥军民融合会员吸收、维护与管理；⑦军民融合的网络宣传与推广；⑧军民融合典范企业的在线宣传与推广等。

通过以上具体内容建设，形成集智力、产业、科技、人才、信息深度融合的开放式科技服务综合平台与生态系统，通过军民融合产业园区建设与军民融合生态体系建设，促进军民精神、军民技术相互渗透，军品民品对接共享，军地需求互通兼容，实现国防建设和经济建设良性互动。

平台建设还包括"八一创客空间"、军民融合创业基金、退役与复转军人智力联盟、教育联盟等。"八一创客空间"是面向有创业意向与项目的退役及复转军人，以及服务于国防军队建设的科研人员、大学生等，提供创业孵化支持，包括办公、研究场所，创业资金募集，创业教育培训等。军民融合创业基金以"平台资源整合＋资产证券化＋内部激励"为焦点，拓展军民融合式发展的渠道，通过资本市场逐步将触角延伸到国家工业体系大背景下的产业链、价值链，为军民融合创新创业活动提供资金支持，推动军民融合产业集聚化、规模化发展。退役与复转军人智力联盟、教育联盟凝聚从事管理咨询、职业教育院校等机构，构建网络化的联盟机构。

通过将退役士兵职业教育与技能培训融入到军民融合示范基地建设之中，有力地整合了多方位资源，也能够将退役士兵教育培训工作嵌入到军民融合发展大局之中，顺势而为。

四 退役士兵职业教育与工作安置军民融合具体措施

（1）充分发挥国家国防动员体系的作用，积极利用各级国防动员委员会，发挥省民政、军区的桥梁作用，建立军地、军队与教育培训机构的沟通协调、教育培训需求发现与对接机制，促进退役士兵教育培训与工作安置军民融合的深度发展。

国家国防动员体系是中央军委、国务院直接领导的，协调统筹能力强，能够对经济与国防建设进行总体筹划，组织机构体系也较为健全。发挥这个体系的作用，能够有效地破解当前退役士兵教育培训与工作安置中的难题，推动此项工作的落实与深入发展。

发挥这个平台，建立相应的协调机制，将军地资源统筹考虑，建立共享平台，推动人才军地共育，强化军地互联、互助、互动、互通，使退役士兵教育与职业发展与国家动员能力、企业发展能力、国防建设能力有机结合起来，实现多方共赢。据报载，目前，济南军区国民经济动员系统已建立 60 余个国家级、战区级和省级经济动员中心，涵盖新能源、新材料、主副食品、医疗卫生、特种装备等数十个企事业单位。如果将退役士兵教育培训与工作安置纳入其中，其发展前景相当可观。

（2）组建退役士兵教育培训与工作安置联盟。当前我国退役士兵在地理位置上呈现出一定的分散性。如何将分散的企业、退役士兵、智力机构有机地结合起来，建立相应的联盟是较为有效的途径。联盟一般是一种自发性的非正式组织，由志同道合，或者有共同利益的个体、组织共同组建而成。联盟的成员一般是平等的、自由的，这使得联盟一般具有较强的开放性、共享性。作为一种自发性组织，联系联盟成员的纽带是心理情感、共同追求或是某种共同利益。故此，在联盟中，一般无法按照科层制组织进行职位划分，从而形成明确的管理层级及权限职责等。这也使得联盟成员的交流是网络化的，多向交流。沟通方便，信息传递快捷，渠道通畅是现代联盟的一大特点。

组建退役士兵教育培训与工作安置联盟，将在役士兵、退役士兵、军队、地方、企业、教育培训机构等各方有机地整合起来，为他们提供了一个军民融合的、低成本、高效率的平台。联盟的建立突破时间、空间以及功能上的限制,也集中多样性的资源,使成员能够进行全方位的交流,对接需求,取长补短,及时学习,进行多元化的协作,协同推进退役士兵教育培训与工作安置共组,实现多方共赢。

而退役士兵教育培训与工作安置联盟能否得到持续发展,与联盟的管理与规范化运作有很大的关系。这也就要求必须建立骨干成员的作用。使它们在退役士兵教育培训与工作安置联盟中发挥引领作用。故此,大力扶持退役士兵教育培训发展,形成骨干龙头企业,理顺教育培训、工作安置、军企融合的发展机制。对于企业参与退役士兵教育培训而言,希望是针对性强、实效性高,能够在尽可能短的时间内保证退役士兵上岗就业。对于数量较少的且地理分散的退役士兵而言,企业组织相应的专业培训则成本太高。同时,企业也往往难以估计职业素养、职业探索类的教育培训。故此,必须建立相应的专业平台,聚合资源,利用先进的教育技术,提供专业服务,解决此项难题,才能很好地保证退役士兵教育培训与工作安置军民融合工作开展起来。为此,必须建立退役士兵教育培训扶持发展机制,经费资源投入有所侧重,改变当前相关承训机构数量多、力量分散,很难建设相应平台的局面。

(3) 积极扶持退役士兵教育承训机构发展,改变当前退役士兵教育培训主管机构经费下拨方式,改变各地自主选择承训机构的现状,尽快推行集中培训与兵源地培训、异地培训等教育培训模式,使得有力量、有能力的承训机构承担更多的教育培训任务。同时,也只有建立起骨干性承训机构,才能有效地对接企业、退役士兵之间的需求,才能有能力进行课程体系建设与课程开发。

对于平台建设,退役士兵教育培训机构及军队部门应该拿出专项资金,或是协同各地的信息化发展部门,落实具体的承建机构,通过经费扶持,委托或自主运行的方式,尽快建设相应的专业平台。

(4) 推进军地共同开展退役士兵教育培训与工作安置活动。如前所述,依据教育发展规律,对退役士兵教育培训也应进行不间断的全程教育,即针对退役士兵相继开展职业意识、职业探索、职业训练的一体化教育培训。当前，对于军地融合人才培养还主要是单向融合，即军队利用地方教育资源培养相关人才，尤其是军队后备人员，大多采取各种灵活多样的联合培养模式。这与我们所提倡的军地融合双向人才培养还是存在一定差距的。打通军地界线，破除军内、军外无形的心理之墙，建立军地联合人才培养机制。军队在军事训练之中融合领导力教育、沟通能力教育等社会通用能力教育项目，为退役士兵走向社会奠定能力基础。军地合作进行专用型、技术性课程教育，加强军地人才培训和交流，保持教育的开放性。

（5）利用现有法规积极推动退役士兵职业教育与工作安置军民融合。军民融合也使得我国军队建设从过去自我封闭、自我保障转向更加开放，多主体参与的模式。军民融合的发展为退役士兵职业教育与技能培训提供了前所未有的机遇，也对退役士兵职业教育与技能培训提出了相应的要求。充分利用军民融合，结合《中华人民共和国就业促进法》相关内容，将退役士兵教育培训与工作安置嵌入到军民融合之中，推动退役士兵教育培训工作的开展与就业质量的提高。

（6）建议军民融合开门立规，积极参与军民融合的制度建设，将退役士兵职业教育与工作安置纳入到军民融合体系之中。

第十四章 退役士兵"互联网+教育"培训模式的探索与应用

第一节 "互联网+教育"的内涵及特征

从当前研究来看,"互联网+教育"不是简单地把教育资源网络化、数字化,也不是简单地将互联网与传统教育相加,而是两者的相互融合,并发展出一种具有颠覆性、开放性、共享性、平等性的、有生命力的教育生态。故此,融合与教育生态是"互联网+教育"的核心。"互联网+"的融合有四个层次,即理论、理念的融合;技术、工具的融合;应用实践的融合以及三个层面交互式融合。

一是互联网理论、理念与教育理论、理念的充分融合。这是开展"互联网+教育"的基石。综上所述,自20世纪70年代以来,教育与学习理论、理念不断发展,终身学习、社会学习、泛在学习成为人们的共识,反映了社会发展的内在规律。教育与学习理论、理念的发展使得人们不断创新实践,拓展教育的边界,进行跨学科的交叉融合与创新。互联网技术理论、理念颠覆性地改变了人们的传统认知,使人们能从另一个崭新的角度认识原有事物,泛在学习理论的直接来源就是普适计算理论。理论、理念的融合促进了教育的大发展,形成了新的教育生态。而教育、学习理论、理念的发展又为互联网理论、理念的发展提供借鉴与创新空间,社会学习、协作学习、情景学习等理论的发展加深了人们对网络的理解。

二是技术、方法、工具的融合。在理论与理念融合的基础上,互联网与教育的技术、方法与工具也是大融合,如运用计算机技术与教育技术开发出的虚拟实验室;将传统的教育模式与现代信息技术结合,开发出的课程开发技术、方法与工具;运用大数据分析技术开发出的学习分析技术等。

三是应用领域的融合。两者不同的应用领域相互融合,创新或者催生了新的应用领域。在教育领域,课程教学、实验实训都可以借助互联网技术,将互联网技术嵌入其中,实现了普适计算的理想。而教育领域的创新发展也为互联网的应用提供了巨大的创新空间,使得互联网技术的应用领域不断拓展。

四是两者三个层面的交叉融合,即理论、理念与技术、方法、工具的融合,理论、理念与应用领域的融合等。两者任一层次的创新发展都为另一方带来了新的发展契机与空间,教育理念的创新发展会为互联网技术发展提供契机,进行相应的技术、方法的创新发展,拓宽应用领域。

如果说"融合"是"互联网+教育"的过程,那么,全新的教育生态则是"互联网+教育"的结果与展现。这种全新的教育生态重构了教育生态中的要素及其间的关系,颠覆了原有的理念与认知,打破了原有的知识创造、储存、传播、利用的程序及其对应的角色等,是一种颠覆性的教育生态。"开放、共享、平等"是这个新型教育生态的基本特征,也注定了这种新型教育生态具有旺盛的生命力。这种新型教育生态的特征如表14-1所示。

表14-1　　　　"互联网+教育"与传统教育生态的比较

	"互联网+教育"	传统教育生态
构成要素	凡是与学习者有联系的任何要素都是教育生态的构成	学校、家庭、学习者本身以及外部较为固定的制度、文化要素等
构成要素的发展	动态性,不断地发展变化	稳定性
要素间的关系	融合共生、良性互动	线性关系较为明显,互动较少

续表

	"互联网+教育"	传统教育生态
系统的边界性	无边界、跨界、跨区域国别，具有较强的开放性	有较为明显的边界，具有一定的封闭性
适应性	具有动态适应性和过程优化性	很难适应外部环境，如产业环境、技术环境等
理论基础	终身学习、社会化学习、泛在学习、情景学习、协作学习、联通主义，强调能力尤其是学习力	认知学习、行为学习理论、结构学习理论，侧重知识的灌输与传递
理念	创新、共享、共创、网络化、社会化、情景化	知识传承、注重规范性
学习资源	管道与群体中的一切资源，开放、共享	学校、图书，封闭，单一
知识创造与传递	平等、多向、开放、快速、便捷、低成本	教师垄断、单向、封闭
学习主体	群体或小组	个体
学习的中心	学生	教师
学习观	自主发现	直接传授
学习的时间、地点	时时、处处皆可学习	固定
学习评价	多元化评价	单一评价
教师来源	多元化与适时化	固定化与单一化
学习载体	网络与群体	课堂

第二节 "互联网+教育"的发展现状

从目前"互联网+教育"发展来看，"互联网+教育"已经形成热潮，并且人们已经认识到顺应互联网潮流是教育领域必然的选择。在2016年举办的"中国教育三十人论坛第二届（2016）年会"上，国家教育咨询委员会委员、21世纪教育研究院院长杨东平介绍了美国

Altschool 学校。① 该校由谷歌前高管创立，其核心理念是"教育+设计+程序+创业家精神"。其教学模式是根据学生的情况，每天给他们不同的学习任务卡片，指导他们自主学习。另外，学校是工程师办学，有一个 200 多名网络工程师组成的强大后台，支持互联网时代大规模教学下的个性化学习。

美国的密涅瓦（MINERVA）大学由哈佛大学前校长等一大批教育名流创办，同样没有教室、围墙、图书馆等，其培养目标是为全球化时代培养未来的社会领袖，其教育理念是"连接未来，全球格局，个体关注，学习习惯"，"世界等你去探索，未来等你去定义"。该校以整个城市为教育资源、以社会为课堂，办学模式则是"沉浸式的全球化体验（Global Immersion），现代化的课程（Modern Curriculum），终身的成就支持（Future Success），真正无地域限制、歧视的招生（Admission）"，面向全球招生，除第一年的基本课程与方法论外，其余都是在全世界 6 个不同的城市进行学习。这大大开拓了学生视野，提升个人生活能力，最大限度地融入于不同的文化，掌握不同的语言，充分利用不同地区丰富的课外辅导活动，还能在毕业前建立一个全球网络关系。

从目前中国"互联网+教育"参与方来看，已形成高校、电大（开放大学）、网院、成人学院和社会办学多元化格局。从建设内容来看，高校主要开展慕课建设；电大（开放大学）、网校、成人学院侧重于远程网络学习平台建设；其他社会办学机构则以营利性网络教育平台为主。西安交大副校长郑庆华详细介绍了西安交通大学 MOOC 平台建设情况。该平台自 2013 年开始进行了 MOOC 建设，已发布 21 门次多学科优质 MOOC 课程，立项重点打造 18 门本科生和 8 门研究生 MOOC 课程。陕西电大校长兰新哲教授介绍陕西广播电视大学"互联网+教育"的实践。② 2013 年，该大学在"互联网+教育"领域的一

---

① 《互联网时代，更要回归教育的本质》，http://www.jfdaily.com/shendu/bw/201603/t20160304_2155051.html。
② 王二川：《国家开大、陕西电大、西安交大三校长论移动智能教育——2015 中国移动互联网+教育暨移动智能教育峰会（西安）要点撷英》，《陕西广播电视大学学报》2015 年第 5 期。

大探索是创办了 5A（Anyone，Anytime，Anywhere，Anyway，Any course）手机学院。该手机学院以智能手机等为主要学习终端，整合现有的广播电视手机等各类学习工具，实现学习终端的全覆盖、学习手段内容的多样化、学习人群的广泛化，以及学习时间、地点的便捷化。学生只要有手机，就可期望实现"一机在手上大学，开门办学利万家"的教育梦。此外，该校在 2014 年承担陕西干部手机培训、农村党员手机教育试点。目前，该手机学院已申报发明专利 6 项，起草校级标准 16 项（包括 8 项管理类标准和 8 项技术类标准），获批承担 6 项陕西省地方标准和 12 项国家标准制定任务，填补国内关于教育信息化标准建设的空白。中国国家开放大学在此领域也进行了探索，开展了基于网络的移动学习，打造了国开 O 学派，建设了 O 学云 + O 学派教育云端服务体系，实现了网络学习空间、网络核心课程、网络教学团队、网络学习支持、网络考试测评、网络教学管理的"六网融通"，如图 14 - 1 所示。

对于建设中存在的问题，对全国 44 所电大和 68 所网院进行调研发现，电大和网院都很注重资源的建设，关注移动学习平台的建设。影响教师有效应用信息技术的主要原因有四个：一是利益机制导向作用；二是软硬件功能上的欠缺；三是教师和管理缺乏使用的内在动力；四是对教师和管理人员的信息技术知识与技能培训不足等。[1] 此外，还有一个突出的问题就是学生学习的激发或者是网络学习的利用。正如俞敏洪所说，MOOC 让教育的内容可以无边界，但是它没有解决学习苦的问题。所以，这就是美国三大 MOOC 网站，现在也处于崩溃状态的原因。[2] 故此，技术终归要服务于教育，要回归教育的本质，"互联网 + 教育"一定要以人为本，注重个性化、差别化。

---

[1] 王二川：《国家开大、陕西电大、西安交大三校长论移动智能教育——2015 中国移动互联网 + 教育暨移动智能教育峰会（西安）要点撷英》，《陕西广播电视大学学报》2015 年第 5 期。

[2] 俞敏洪：《我对互联网推动教育本质变革感到绝望》，艾瑞网，http：//news. ire-search. cn/content/2015/11/256240. shtml. 2015 - 11 - 23。

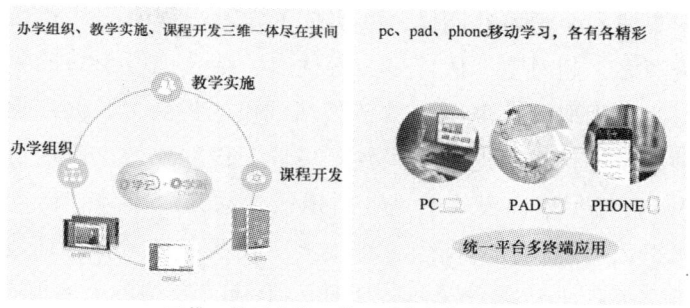

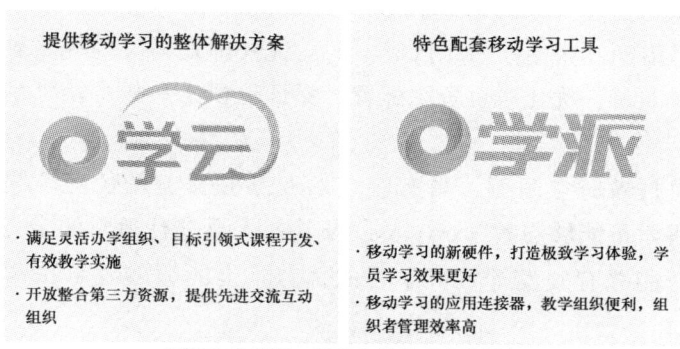

图 14 – 1　中国国家开放大学 O 学云 + O 学派教育云端服务

从当前"互联网 + 教育"技术发展来看，未来云计算技术、虚拟现实技术、大数据技术、移动学习技术、教育机器人技术、可穿戴技术、超慕课和神灯技术将逐步得到广泛运用。基于这些技术的广泛运用，将有更多的组织加入其中。

第三节　退役士兵"互联网 + 教育"培训模式建设的必要性

"互联网 + 教育"是互联网与教育的高度与发展，是一种全新的教育生态。这种全新的教育生态以人为本，注重个性发展，发挥个体自主性，重视交互与参与，突破了时空限制，很便捷地将高文化认同的个体聚集成一个学习共同体，并实现了学习过程中的"速度快、成本低、资源多、超时空、伙伴多"等优点。结合退役士兵的学习需求与学习行为，采取"互联网+教育"培训模式将会大大促进退役士兵教育培训的发展，提高退役士兵教育培训工作的成效。所谓退役士兵"互联网+教育"培训模式就是针对退役士兵这个群体，借助现代互联网技术，依据现代教育理念，将线上、线下有机融合，打造学习共同体，贯穿退役士兵需求分析、工作、生活、发展的教育培训模式。归纳起来，这种模式具有如下优点：

一是借助互联网技术，低成本汇集优秀师资，实现优质教育资源的共建、共享，优化教育资源配置，保证退役士兵教育培训师资队伍质量。

二是打破时空限制，具有较强的互动和交流的优势。利用互联网，使得学员能够与教师、学员以及其他人员进行适时的全方位交流与沟通，能够有效发挥社群学习的优势，也能够随时解决学习中的困惑。

三是学习模式具有选择性。退役士兵可以根据自身实际情况，进行个别化学习，也可以进行协作式学习，还可以根据职业选择，进行定制化学习。这使得退役士兵学习的主动性、积极性、创造性得到充分发挥。

四是可以有效利用退役士兵的闲散时间完成学习。移动学习技术的发展，使得退役士兵可以充分利用闲散时间，通过PC、手机以及其他学习终端等进行学习，提高时间利用效率。

五是可以有效收集退役士兵教育培训与工作发展数据，完成数据库建设，并通过大数据分析，促进退役士兵教育培训需求管理、就业与发展管理等。传统的教育培训很难建立学员动态发展的数据库，而"互联网+教育"培训模式则可以有效利用现代计算机技术，高效地储存、分析相关的培训、就业与发展数据。利用这些数据，可以进行大数据分析，更加精确地分析退役士兵职业教育与就业发展的一般规律，将培训、就业、发展有效连接起来，优化教育培训生态系统等，实现退役士兵的精准培训、精准就业、精准发展。

六是有利于实现退役士兵教育培训的知识管理，为课程研发、课程资源建设、课程创新等提供基础。课程建设过程也是一个知识挖掘、知识管理过程。"互联网＋教育"培训模式有效利用了退役士兵群体联系紧密、乐于分享的特征，形成了一个高效的学习社群。通过学习社群，人人可以贡献知识，人人可以传播知识，人人可以分享知识。在这个过程中，有效积累了退役士兵教育培训课程开发的基础资源。同时，"互联网＋教育"培训模式还可以实现知识的高效、低成本储存，形成传统教育培训模式无法与之比拟的知识库优势。

七是集成多种学习方式，以手机、平板电脑等为载体，融合人脉、圈子、分享、互动交流、社区等非正式学习元素，结合正式学习、知识管理、游戏化学习及"即学即用"（工作绩效支持）功能，有效激发退役士兵学习的热情。

八是有利于整合资源，组建退役士兵职业教育与就业发展联盟。"互联网＋教育"培训模式使得能够围绕退役士兵，整合各类资源，包括招聘企业、创投机构、政府机构、金融机构等。

九是"互联网＋教育"培训模式还有利于将退役士兵转变为教育培训者、知识创造与提供者、课程资源建设者，使得每个退役士兵都成为知识创造者、传播者、利用者。

发展退役士兵"互联网＋教育"培训模式是时代发展的需要，也是退役士兵教育培训内涵化发展需要，更是退役士兵终身发展的需要。

构建退役士兵"互联网＋教育"培训是时代发展的需要。当前时代是知识大爆炸的时代，也是终身学习的时代。这就要求退役士兵不仅要习得某一阶段所需的知识，还必须提高学习力，建立学习联结，打造自己的学习生态体系，才能获得较好的发展。

构建退役士兵"互联网＋教育"培训模式是满足退役士兵这个特殊群体，为其提供优质学习资源的需要。退役士兵分布广泛，所在地区教育资源较不均衡。而"互联网＋教育"培训模式既解决了优质资源分布不均衡的问题，又能很好地建立退役士兵学习共同体，发挥协助学习的优势，获得更多的学习支持。

构建退役士兵"互联网+教育"培训模式是当今教育理论与实践发展的需要。终身学习、社会化学习、协作学习、情景学习、泛在学习是教育发展的趋势，反映了社会发展的内在规律。退役士兵的教育培训也不例外，必须构建新的教育生态，满足退役士兵终身学习、社会化学习、协作学习、情景学习以及泛在学习的需要，才能真正实现将退役士兵培养成为全面发展的人的目标。

构建退役士兵"互联网+教育"培训模式是深入推进退役士兵教育培训工作，提高其质量的需要。目前，退役士兵职业教育与技能工作正不断深化，进入了以"内涵"、"质量"为核心的时期。在这个时期，必须围绕全面发展人的培养目标，创新教育培训模式，真正激发退役士兵的学习动机，提高退役士兵学习意愿。而"互联网+教育"培训模式正是退役士兵教育培训模式创新的方向。

构建退役士兵"互联网+教育"培训模式是解决退役士兵教育资源不均衡的必然要求。退役士兵分布五湖四海，各地区教育水平差异大，教育资源严重不均衡。解决这个问题，短时间内依靠承训机构是无法解决的，只能通过"互联网+教育"培训模式解决。

第四节 退役士兵"互联网+教育"培训模式建设的可行性

"互联网+教育"培训模式是退役士兵教育培训工作的方向。尽管当前相关工作尚处于探索期，但相关的条件已基本具备，具备了一定的可行性。

一是国家政策支持上的可行性。"互联网+"已上升为国家发展战略。各级政府出台了若干政策支持"互联网+"在各个领域的发展。"互联网+教育"也是政府相关部门支持的一个重点领域。在国家政策的引导下，民政部门也积极促进退役士兵"互联网+教育"培训模式的开展，山东省民政厅2016年出台政策，首度将退役士兵

第十四章 退役士兵"互联网+教育"培训模式的探索与应用

"互联网+教育"培训模式列入全省退役士兵异地培训招标采购目录，并确定了山东省长城军地人才就业创业中心为退役士兵"互联网+教育"承训机构。政策的支持扫除了相关机构开展退役士兵"互联网+教育"培训模式的顾虑，奠定了合法性基础。

二是对"互联网+"以及教育理论的研究不断认识，为退役士兵"互联网+教育"培训模式的开展奠定了理论基础。尽管"互联网+"提出的时间短，但研究成果却不断丰富。对其进行的深入研究使人们更加科学、全面、深入地理解其内涵、内在规律。这些研究成果同样可以运用于退役士兵的教育培训活动，为其提供理论支撑。同样地，教育理论的发展使我们更加科学地认识退役士兵教育培训的目标，更加准确地把握其发展规律，为判断构建退役士兵"互联网+教育"培训模式的科学性提供了理论参照。现代教育理论与实践的发展告诉我们，开展退役士兵"互联网+教育"培训模式符合教育发展规律与趋势。

三是社会参与积极性高，为退役士兵"互联网+教育"的开展提供了良好的氛围。在政府推动下，"互联网+"获得了社会各界的广泛认可。这为退役士兵"互联网+教育"培训模式的开展提供了较好的氛围。这种模式通过社会的认可，也有利于提高退役士兵对其的认可，更加积极地参与其中。

四是互联网与教育技术的发展，为退役士兵"互联网+教育"培训模式提供了技术上的可行性。近年来，互联网技术不断发展，优势VR、AR、云计算技术等这些技术的发展为解决学习中的情景设置，海量资源的储存、检索等提供了技术可行性。在这些技术的推动下，人们可以通过虚拟的情景进行技能训练；可以通过微信、QQ、APP等建立自己的学习联结，进行随时随地的泛在学习。学习分析技术与大数据的结合，更是为针对性地开发课程、分析学习规律提供了技术支持。微课、慕课等课程开发技术也使得课程更有趣与针对性。总之，互联网与教育技术的大发展为退役士兵"互联网+教育"培训模式提供了强有力的技术支持。

五是退役士兵"互联网+教育"的实践与探索为其提供了实践基

础。当前，已有少量的退役士兵教育培训承训机构进行了"互联网＋教育"培训模式的探索，如山东长城军地人才就业创业促进中心、清华大学继续教育学院、兵创汇等。另外还有部分开展远程网络教育的承训机构。他们在此领域的实践，对发现退役士兵"互联网＋教育"培训模式中的问题，总结其经验，探索其发展规律提供了现实参照。

第五节　退役士兵"互联网＋教育"培训模式的建设要求

退役士兵"互联网＋教育"的建设要满足于退役士兵教育培训总体目标，要适应当前教育发展理念，要与经济与产业结构发展相匹配，还要统筹考虑当前的建设水平与资源状况等。从退役士兵职业教育与技能培训总目标来看，将其培养成为合格的"社会人"、可持续发展的"职业人"，较高成就感的"自我实现人"，短期、直接目标是将其培养成为具有一定技能，胜任岗位工作需要的职业人。故此，退役士兵"互联网＋教育"培训模式的建设应综合考虑退役士兵教育培训等长、短期目标，既要保证退役士兵当下能够"生存"，又能保证其长远能够"发展"。这就要退役士兵"互联网＋教育"培训模式建设必须具有开放性，能够保证退役士兵的终身学习；必须具有平衡性，能够将短期的技能教育与长期的终身发展教育有效结合起来；必须能够保证与退役士兵建立持续的、稳定的联系。

在适应教育发展理念方面，退役士兵"互联网＋教育"培训模式建设必须融合、遵循终身学习、社会化学习、情境学习、协作学习、泛在学习等教育理念，才能保证其建设的先进性、科学性、适用性。故此，在退役士兵"互联网＋教育"培训模式建设时，应理念先行，并将相关的理念落实到具体的建设内容之中，充分体现"互联网＋教育"共享、互动、参与等的要求。

退役士兵"互联网＋教育"建设要适应经济发展与产业发展的具

体要求，应充分分析未来经济与产业发展趋势。无论是退役士兵教育培训的就业导向，还是学习过程中的"问题"导向，都与经济发展及产业发展密切关联。故此，退役士兵"互联网+教育"应遵循社会多元协同共建的基本要求，将企业以及其他社会机构纳入建设中来，围绕退役士兵发展打造学习生态。

当然，退役士兵"互联网+教育"建设不能脱离现实，要与信息化基础设施建设、技术与设备以及承训机构资源与能力等诸多方面的现实状况相匹配。这也要求退役士兵"互联网+职业教育"建设应循序渐进。

故此，结合"互联网+"、"互联网+教育"的内涵与本质，退役士兵"互联网+教育"建设的总体目标是：打造一个平等、共享、共创、互动、高效的生态系统，为退役士兵终身学习、泛在学习、协作学习、自主学习提供有力支持，能够覆盖所有退役士兵，实现将退役士兵培养成为合格社会人、可持续发展职业人、较高成就感自我实现人的目标。退役士兵"互联网+教育"技术层面的主要建设目标如表14-2所示。

表14-2 退役士兵"互联网+教育"技术层面的主要建设目标

技术功能要求	具体说明
实现混合学习	线下学习、线上学习的无缝连接；网络学习、传统学习的无缝连接
具有伴随性，能够实现泛在学习	采取各种方便的移动学习渠道，实现学习者随时随地的学习；学习资源建设能够满足退役士兵终身发展需要；能够根据退役士兵所处具体情境，推送学习内容等
协同共建	除能够提供退役士兵、承训机构、管理结构的参与渠道外，还建有民政、人社、教育管理等主管或服务机构参与的渠道与机制
功能全面，系统稳定	包括诸如用户管理、系统管理、教学管理、资源管理、学习交流等基本功能，系统运行稳定，安全性高，能够保护学习者与参与者的个人隐私等

续表

技术功能要求	具体说明
先进性	能够兼容多方学习资源，采取诸如云计算、大数据分析等先进技术，开发语言普及易用、支持敏捷性开发，具有开源开放性，异构兼容性
适用性	具有针对退役士兵教育培训的资源开发功能，能够实现协作学习，建立与退役士兵真实情景的联系等
运行高效	退役士兵能够很容易使用；具有智能性，能够根据退役士兵需求进行个性化知识管理；具有情趣性，能够吸引退役士兵使用与学习；能满足个性化学习要求，根据退役士兵需要，设计定制化课程；支持体感设备，如VR、AR技术装备等，实现情景化学习
能够实现知识管理	退役士兵以及参与者能够协作学习，能够有效利用学习分析技术，具有知识传播、知识发现、知识创造的系统性知识管理功能

综合我国退役士兵"互联网+教育"的现状以及发展目标，其建设原则如下：

（1）理念先行原则。"互联网+"最为重要的是理念的融合。故此，退役士兵"互联网+教育"建设首先要贯彻理念先行原则。建设方首先具有相应的互联网思维、理念，才能保证建设的实效性。同时，退役士兵"互联网+教育"建设还要体现教育理念的发展，尤其是针对成人教育的理念，如终身学习、社会化学习、协作学习、情景学习等。只有具备先进的教育理念，才有可能将互联网与教育有效融合起来，实现退役士兵"互联网+教育"先进性、适用性等建设目标。

（2）注重规划、规范、标准原则。退役士兵"互联网+教育"培训模式不是一天能够彻底建成的，而是分阶段进行的。同时，退役士兵"互联网+教育"培训模式的建设是一项系统工程，需要社会广泛参与。在此背景下，如果缺少整体规划、规范与标准，势必造成建设过程的混乱以及相关内容不兼容，无法整合等问题，导致建设资源浪费，建设低效。

（3）创新驱动原则。退役士兵"互联网+教育"培训模式本身就是一项重大的创新活动，体现了教育培训理念、培训方式、渠道、学习资源等诸多方面的创新。在其建设过程中，必须依靠创新进行驱动。首先是建设理念的创新。"互联网+"的一个重要理念是"共享、共建"。退役士兵"互联网+教育"的使用者也是建设者，建设者也是使用者。这种建设理念将推动退役士兵"互联网+教育"培训模式不断优化、完善。其次是建设资源投入的创新。退役士兵"互联网+教育"要打破原有的，以教育机构为主的单一投入渠道模式，将企业、社会公益慈善组织、协会等纳入其中，实现建设投入的多元化。最后是运营方面的创新，退役士兵"互联网+教育"培训模式的运营应具备自我发展能力，这就需要在其运营模式上大胆创新，通过相应的设计，实现其自我发展。

（4）循序渐进与迭代创新原则。当前，退役士兵"互联网+教育"模式基础较为薄弱，建设资源少。这决定了必须循序渐进地开展相关建设工作。建设过程中，遵循模块化设计原则，有步骤进行建设，要保证能够充分利用既有建设成果。此外，退役士兵"互联网+教育"本身是动态发展的，人们对其认识也有一个过程。这决定了退役士兵"互联网+教育"培训模式的建设过程就是不断完善，不断创新的过程。故此，在其建设过程中，应遵循迭代创新的原则。迭代创新来源于数学概念"迭代计算"和软件开发"迭代模式"，其本质在于通过重复反馈过程的活动逼近所需目标或结果。迭代创新目前已经被广泛地运用于软件开发、产品开发等领域。退役士兵"互联网+教育"培训的网络学习平台的建设尤其要坚持迭代创新原则。

（5）政府主导，多元协同原则。退役士兵职业教育与技能培训是在政府领导下进行的。同时，退役士兵"互联网+教育"所需投入较大，涉及群体多。在此情况下，如果没有政府的主导，很难形成合力，进行系统建设。故此，政府必须起主导作用，尤其是民政部门要发挥主导、协调、组织作用。政府的主导作用一是体现在政策方面，即通过政策，激励相关组织参与到退役士兵"互联网+教育"建设工作中来；二是要积极发挥协调作用，整合资源，如协调教育管理部门、上级部门的投入等。在政府主导下，尤其是初步建设完成之后，要充分发挥其他组织的作用，建立多元协同建设激励机制，引导社会力量积极参与建设。

（6）软硬并重原则。退役士兵"互联网+教育"培训模式的建设，不仅是硬件设备的建设，还包括人力资源、学习环境在内的各种软资源建设。只有软、硬资源有效匹配起来，该模式才能发挥应有的作用，并实现其价值。故此，在进行退役士兵"互联网+教育"网络建设、课程建设、线下实训基地建设的同时，还应注重专业师资、专业服务、专业管理等人才的培养与开发。

（7）技术与情感并重原则。网络学习平台是退役士兵"互联网+教育"培训模式中的主要组成，其建设成效营销影响较大。结合退役士兵学习需求与行为分析，网络学习平台建设必须坚持技术与情感并重的原则。网络学习平台建设时，其技术先进性、兼容性、易用性是一个方面。网络学习平台还具有较强的趣味性，能够让退役士兵充分感知到平台的可用性、有用性。同时，网络学习平台还应为退役士兵提供足够的参与、互动途径，能够形成学习共同体。

第六节 退役士兵"互联网+教育"培训模式的整体框架与具体内容设计

一 退役士兵"互联网+教育"培训模式的整体框架

从退役士兵"互联网+教育"实践来看，其内容基本划分为线下培训与线上培训两大部分，进一步可以细分为线下正式学习、线下非正式学习、线上正式学习、线上非正式学习几个部分。进一步结合"互联网+教育"的内涵，提出退役士兵"互联网+教育"培训模式的概念模型，如图14-2所示。

第十四章 退役士兵"互联网+教育"培训模式的探索与应用

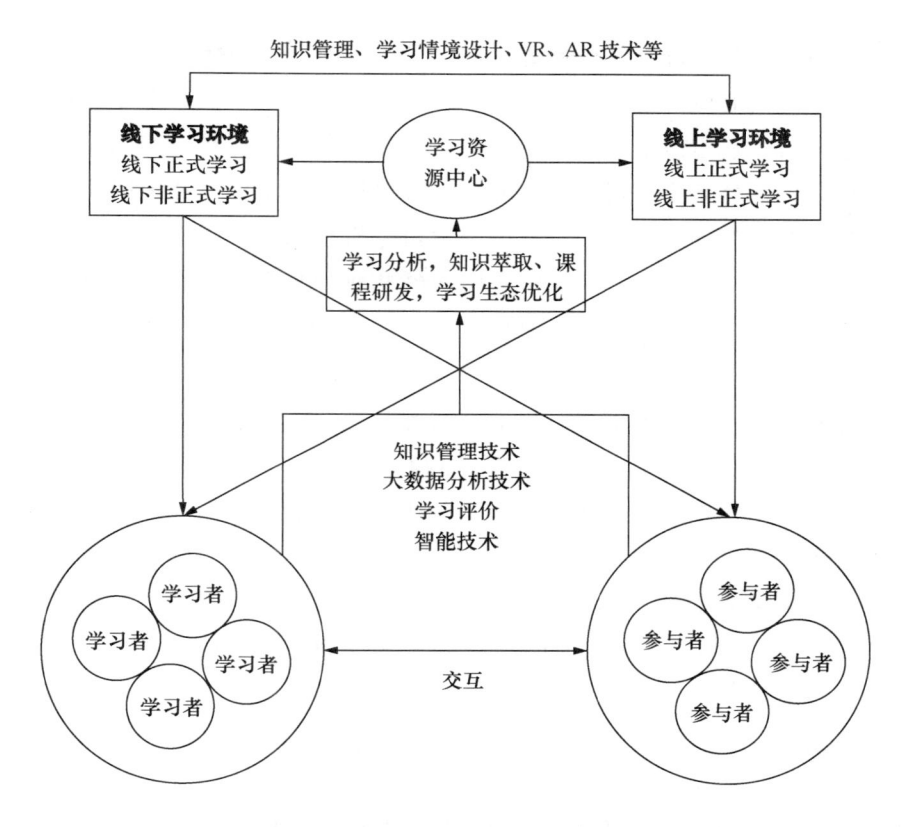

图 14-2 退役士兵"互联网+教育"培训模式的概念模型

图 14-2 中，退役士兵"互联网+教育"培训模式有两大类参与者，一类为退役士兵（学习者），另一类为参与者，包括承训机构、教学团队、网络学习平台的运营管理者、业务主管部门（民政部门）、其他相关部门（如人社部门、教育部门等）。尽管图 14-1 将其分为两大类，但其地位是平等，他们之间会发生交互作用，通过交互，实现了各自的学习过程。所以，从这一点讲，两大类主体都会进行学习，如民政部门通过与退役士兵的交互，发现退役士兵新的需求，可能用于其政策完善与优化，这个过程就创造了新的知识，学习也就发生了。在两大类群体内部，他们之间的联系更为密切，通过相应的机制设计，促使他们形成相应的学习社群，以进行相应的协作学习。

在实际学习过程中，两大类群体都可以根据自身需要，从线下、线上环境同时进行学习活动。在学习时，他们都要从资源中心获得相应的知识，也可以从学习社群中的其他成员那里获得相应的知识，还可以从外部环境中获得知识。从社群其他成员以及外部环境中获得知识经过知识管理技术、学习评价、学习分析技术等形成新的知识，纳入到学习资源之中，形成了学习资源的开放性与自我发展。学习资源的储存与管理可以采取云计算技术，开发相应的云平台。

在该模型中，线上学习环境与线下学习环境是互通的，要实现无缝连接，即学习者能够很容易地跨情境学习。这就要求学习者以及参与者都要不断参与到线上、线下学习环境之中，了解学习发展动态。线上、线下学习环境的无缝联系还要通过学习情境设计以及专业技术来实现，并通过学习评价与学习分析，不断优化两者之间的联系。线下学习环境主要是传统的学习环境，包括教师、实验实训室、服务基地等；线上学习环境包括网络学习平台、PC端网站、APP、微信、QQ、微博等。

二 退役士兵"互联网+教育"培训模式线下学习环境设计

在退役士兵"互联网+教育"培训模式建设中，首先要回答的一个问题是退役士兵职业教育与技能培训需不需要线下学习环境。对此，可能有较多不同的观点。有的人认为需不需要线下学习更多地取决于退役士兵所学的专业，如果是技能方面的专业，如机械操作类，那就必须在线下环境中学习；如果是一些行政管理、经营管理方面的专业，完全可以在线上进行学习。对于需不需要线下学习环境，还要从退役士兵这个群体的属性出发进行分析，才较为客观。

不同于其他群体，退役士兵返回社会后，面临社会化的挑战与任务。返回社会后，他们茫然，急需了解社会信息，需要进行人生以及职业发展定位，更需要情感支持。这显然仅靠网络是难以解决的。故此，无论是何种专业，退役士兵的教育培训都需要线下部分。此外，退役士兵在后续的学习与职业发展中，与普通社会群体也有较大的区别。经过军队环境的锤炼，带有鲜明的人格个性特征。这导致其融入社会，建立自己社会群体需要一个较长的过程。故此，短暂的培训很

第十四章　退役士兵"互联网+教育"培训模式的探索与应用　419

难有效保证其顺利适应社会，需要不定期地为其终身发展提供服务。这同样需要强大的线下资源进行支持。从以人为本出发，结合退役士兵终身发展需要，退役士兵线下学习环境设计如图14-3所示。

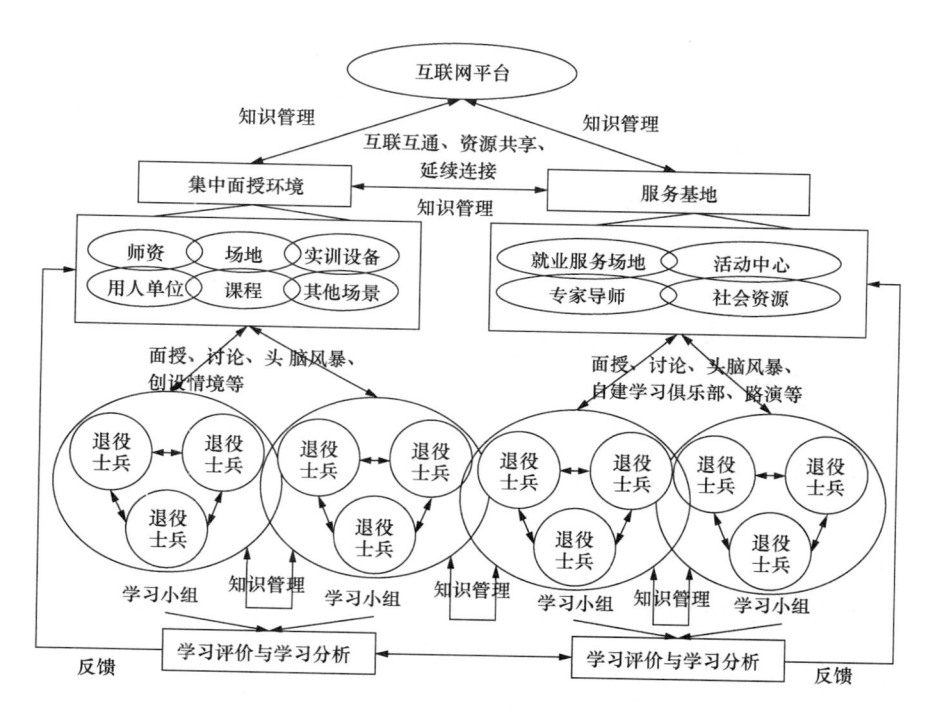

图14-3　退役士兵"互联网+教育"培训模式线下学习环境设计

在"互联网+"下，退役士兵线下学习环境从总体上分为集中面授环境与后期的服务基地环境。集中面授环境包括师资、场地、实验实训设备、用人单位、课程等。集中面授环境的设计应强化社会适应性的学习，注重面对面的情感交流，注重实际的情境教学，应以问题及实际情境为导向，遵循"面授教学—提出问题—小组互动—师生互动—总结反思—拓展延伸—在线测试—信息反馈"的面授流程，强化学生、教师以及其他环境要素间的交互、传递与反馈。在教育培训过程中，通过学习小组的方式，强化退役士兵的协作学习与个体学习生态的构建。在不同的学习小组之间，通过知识管理，实现小组间知识的共享。

线下后期学习环境表现为后期为退役士兵终身发展所提供的支持环境，如专门的人力资源市场、创业孵化场地支持与辅导、集中学习讨论的场地与组织形式等。后期的学习环境往往是知识创造最为丰富的环境，所进行的学习也往往是基于实际情境的学习。在这种环境下，创造了大量的基于退役士兵实际发展，具有个性化的知识。传统的教育培训模式往往将此忽略，没有将其与集中面授学习环境有机地关联起来。在这种环境下，所形成的学习小组更加注重协同。但学习形式多是非正式学习，如召开的恳谈会、创业路演等。

在"互联网+教育"培训模式下，这两部分环境是相连、相同的，学习资源是共享的。它们之间的互联互通由多种渠道，一是通过承训机构自身建设，将集中面授学习环境自然延伸，延续到线下后期环境的建设。这样以承训机构为主导，实现了组织上的关联。二是采取互联网技术，实现两部分学习环境统一的知识管理，实现学习资源的共联、共创、共享。三是隐形的互联。主要是依靠退役士兵之间的交互实现互联，如退役士兵创业成功者成为培训的师资人员，就实现了两部分环境的互联。

此外，退役士兵线下学习环境设计必须纳入到整体学习环境之中，注重与线上学习环境的有机联系，如线下通过职业测试明确了退役士兵的职业发展方向，线上学习就应能够有针对性地为其提供有关的教育培训，并将其纳入到相应的学习社群之中。

三　退役士兵"互联网+教育"线上学习环境设计

（一）退役士兵"互联网+教育"线上学习环境框架

退役士兵"互联网+教育"线上学习环境主要是指以互联网为主要载体，集教育技术、学习资源、计算机技术、装备以及参与者为一体的学习环境。这种学习环境的主要载体是互联网，并通过互联网将有关参与人员、技术、设备等集成起来，如图14-4所示。

第十四章 退役士兵"互联网+教育"培训模式的探索与应用

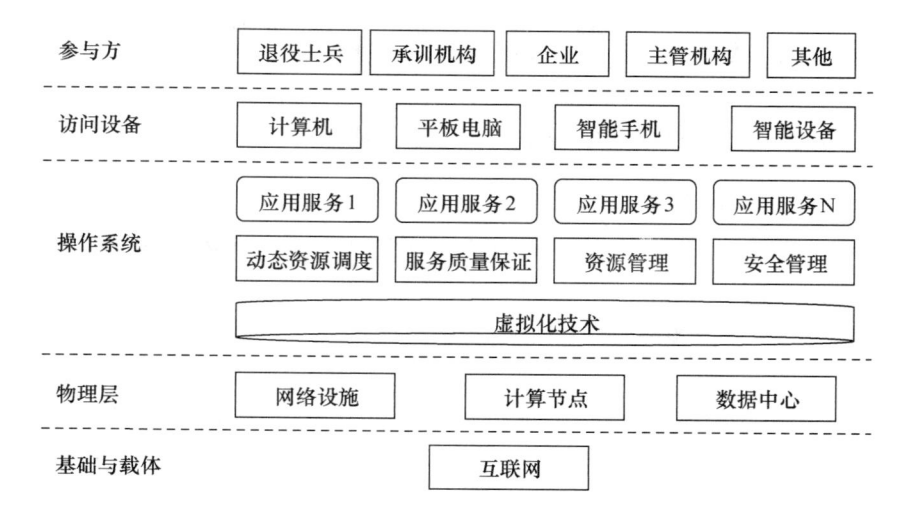

参与方	退役士兵	承训机构	企业	主管机构	其他
访问设备	计算机	平板电脑	智能手机	智能设备	
操作系统	应用服务1 应用服务2 应用服务3 应用服务N 动态资源调度 服务质量保证 资源管理 安全管理 虚拟化技术				
物理层	网络设施	计算节点	数据中心		
基础与载体	互联网				

图14-4 退役士兵"互联网+教育"线上学习环境框架

从当前"互联网+教育"操作系统设计来看，依据云计算技术开发的云操作系统是一大趋势。云操作系统是在服务器、数据存储器、网络等硬件和操作系统、中间件、数据管理系统等软件基础上构建的云计算综合管理系统，通常包括大规模基础软硬件管理、虚拟计算管理、分布式文件系统、资源调度管理、安全管理控制等功能模块。目前，已有的云操作系统主要有 VMware VDC-OS、GoogleChrome OS、微软 Azure OS、eyeOS、JoliCloudOS 等。基于云计算的网络学习平台实现了统一平台，多终端、多用户、低成本、大规模的运用。统一平台是指用户可以多个终端设备访问统一学习资源中心，实现了网络学习平台建设的集约性；所谓多用户是指退役士兵"互联网+教育"的参与者不仅包括退役士兵，还包括承训机构、用人单位（企业）、业务主管部门以及平台管理设计与运用管理者等。他们通过不同的权限，访问不同的功能，并通过互联网实现了互动，促进知识流动与生态优化。

基于云计算开发的退役士兵教育培训网络学习平台具备协作学习、项目合作、远程学习、知识管理、资源共享等云学习服务功能。退役士兵以及其他参与人员可以通过普通电脑、平板电脑、智能手机等设备连入基于网络学习平台，利用其提供的在线学习工具、数字学习资源、个人学习助理、虚拟学习社区等开展形式多样的在线学习活动和互动交流。该平台所具备的主要功能如图 14-5 所示。

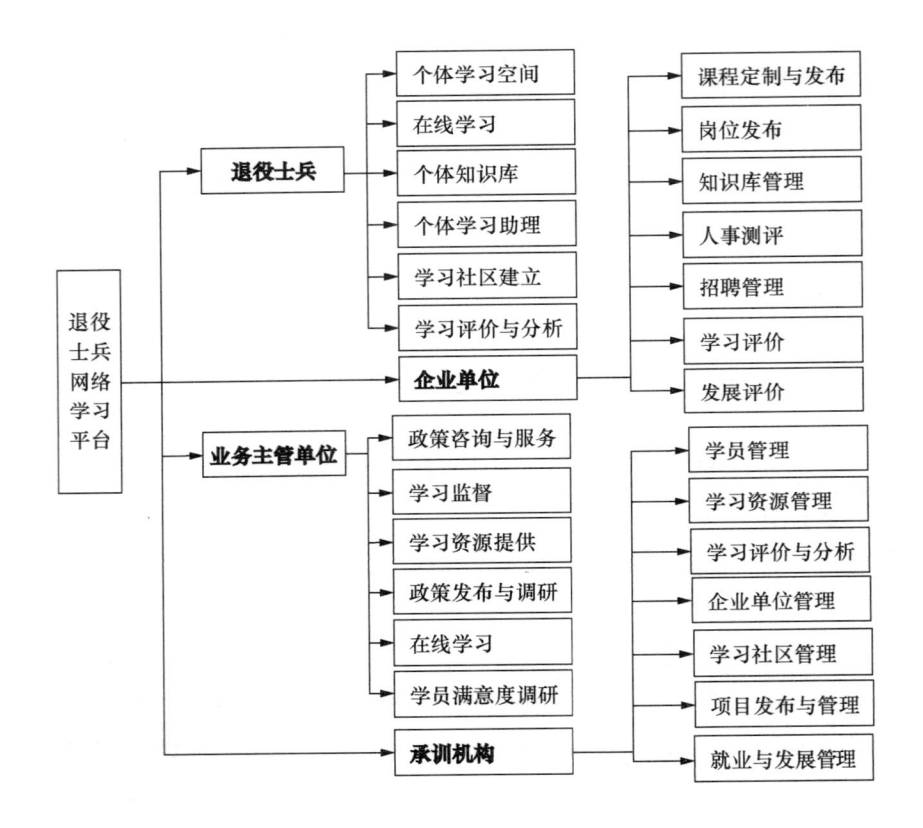

图 14-5　退役士兵网络学习平台功能结构

（二）退役士兵"互联网+教育"微信学习平台设计

微信是腾讯公司开发的一款为智能终端提供即时通信服务的免费应用程序，支持跨通信运营商、跨操作系统平台。微信具备聊天、添加好友、实时对讲机、朋友圈、微博阅读等功能，具有"连接一切"的能力，已渗透到各行各业。随着智能手机的普及，微信已成为人们普遍使用的一款应用程序，正在形成一个全新的"智慧型"生活方式。

第十四章 退役士兵"互联网+教育"培训模式的探索与应用

退役士兵大多以青年为主,具备使用微信能力。同时,他们地理分布分散。倾向于"干中学",碎片化时间较多。这都为利用微信建立移动学习平台,实现"互联网+教育"的泛在学习提供了有利条件。开发退役士兵微信学习平台,实现退役士兵的移动学习与泛在学习,是退役士兵"互联网+教育"培训模式的重要构成。

退役士兵微信学习平台定位为:从移动端补充和完善退役士兵学习生态,支持碎片化时间利用与系统性学习需求,为退役士兵提供无缝学习、协作学习与日常互动支持。在以上功能定位下,基于微信的功能分析和平台支持,退役士兵微信移动学习平台设计框架如图14-6所示。

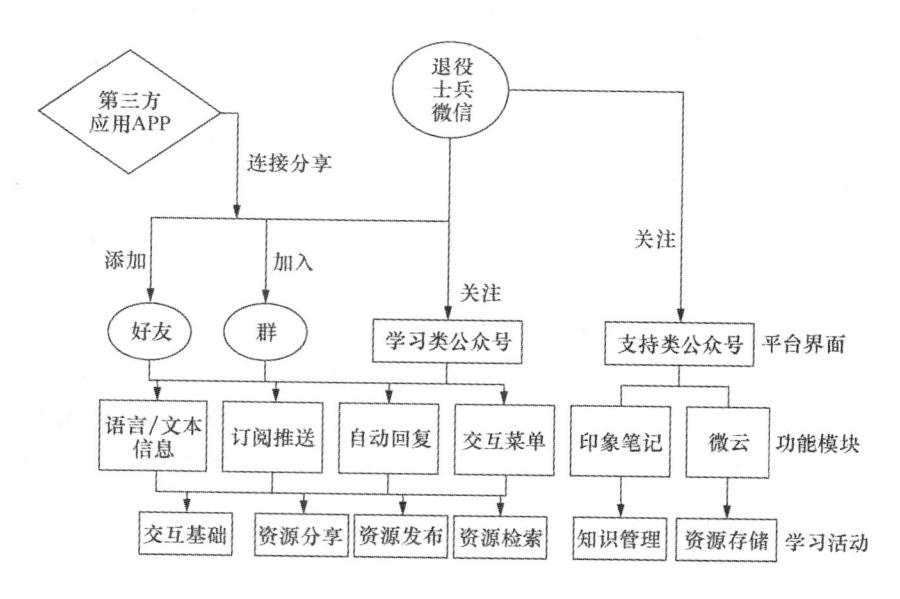

图14-6 退役士兵微信移动学习平台设计

(三)退役士兵"互联网+教育"APP设计

APP是application的缩写,通常专指手机上的应用软件,或称手机客户端。移动互联网的快速发展,让移动应用和移动硬件都迅速地发展起来。由此,智能手机也开始大规模地发展起来,并迅速普及。这大大驱动了基于手机应用软件的开发。

退役士兵作为一个青年群体，智能手机在这个群体中已经普及。同时，退役士兵年轻，接受新东西快，能够较快地掌握新技术、新软件。这也为通过 APP 实现其移动学习提供了便利。目前从智能手机的操作系统来看，主要是 Google、Android 和苹果的 iOS 系统。由于苹果手机价格较高，在退役士兵群体中普及率不如基于 Android 操作系统的其他手机。

Android 是一种基于 Linux 的自由及开放源代码的操作系统，主要使用于移动设备，如智能手机和平板电脑。该系统采用分层架构，共分为四个层，从高层到低层分别是应用程序层、应用程序框架层、系统运行库层和 Linux 内核层。从 Android 操作系统的特点来看，首先是开发性，开发的平台允许任何移动终端厂商加入到 Android 联盟中来。显著的开放性可以使其拥有更多的开发者。开发性对于 Android 的发展而言，有利于积累人气，这里的人气包括消费者和厂商，而对于消费者来讲，最大的受益正是丰富的软件资源。开放的平台也会带来更大竞争，如此一来，消费者将可以用更低的价位购得心仪的手机。其次是丰富的硬件。由于 Android 的开放性，众多的厂商会推出千奇百怪、功能特色各具的多种产品。功能上的差异和特色，却不会影响到数据同步，甚至软件的兼容。最后是方便开发。Android 系统提供给第三方开发商一个十分宽泛、自由的环境，不会受到各种条条框框的阻扰。

退役士兵"互联网+教育"APP 系统设计，应综合考虑实际情况，充实 APP 功能。一是多平台 APP 开发，即 APP 系统能够适用于多种平台，能够适应手机版本的不同带来的使用变化，在不同设备、不同平台的界面上，能保持一致性和适应性，不会对退役士兵造成使用上的改变。二是视频、音频等流媒体播放功能。当前，网络上的传播媒介多是流媒体，且其符合移动学习的直观性，能够更好地吸引退役士兵。故此，应具备此功能。三是在线浏览文档功能。文档是课程资源的最重要载体之一。即使在移动网络上，也应该能够保证学员、教师对文档进行数字化，重编码上传到云服务器中，使得承训机构、退役士兵能够较为便捷地上传、下载课程文档、学习要求等。四是具备资料上传、下载功能。这是当前网络学习应具备的功能之一，承训

第十四章 退役士兵"互联网+教育"培训模式的探索与应用 425

机构应能够通过 APP 系统进行上传资源，退役士兵也能够通过 APP 接收与下载学习资源。五是二维码安装功能。二维码技术是当前互联网，尤其是智能手机应用最为广泛的技术，它具有唯一性和独特性。二维码也是 APP 系统推广的重要手段，使用者应能通过扫描二维码安装 APP。六是交互功能。交互是移动学习应达到的基本要求，退役士兵教育培训 APP 设计应该具备提问、回答、留言、发起群组等功能。依据以上功能分析，退役士兵教育培训 APP 系统平台的应用界面如图 14-7 所示。

退役士兵职业教育与技能培训手机客户端		
随时随地 伴随一生		
课程视频	学习资料	教学资料
建立班组	发起讨论	我要求助
商品市场	我的奖励	找老师
课程排行	找战友	找课程

图 14-7 退役士兵教育培训 APP 系统前台界面

四 退役士兵"互联网+教育"学习分析系统设计

学习分析是测量、收集、分析和报告有关学习者以及学习环境的数据，并理解和优化学习及其环境。当前的学习分析技术具有多样化的数据来源，既有来自学员正式学习的数据，也有大量来自学员非正式知识管理系统的数据。基于数据来源的多样化，数据规模较大，其采集过程一般也是自动完成的。由于数据的规模大，往往要采取现代化的分析工具与方法对其进行加工、挖掘和分析。与传统学习相比，现代学习分析往往提供可视化、直观化的分析结果以供优化学习环境之用。

我国退役士兵职业教育与技能培训工作开展较晚，其理论研究成果较为薄弱。利用"互联网+"与教育分析技术的结合，能够较快地分析其学习及发展中的顾虑，把握退役士兵的学习行为，为其课程开发、师资力量建设，乃至整个教育生态优化提供参考。对于学习分析模型的研究，Tanya Elias 提出了一个包括计算机、人力、理论、组织机构在内的一个应用模型①，如图 14-8 所示。

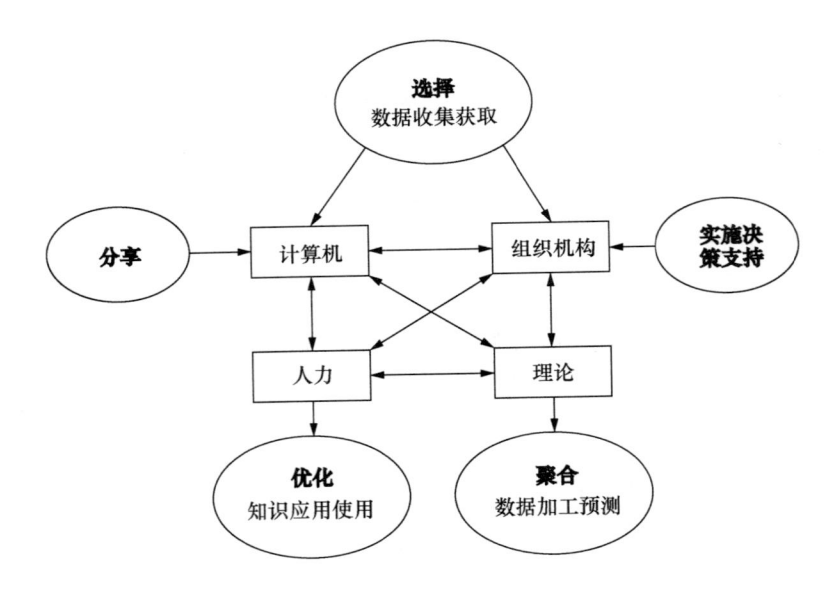

图 14-8　Tanya Elias 的学习分析应用模型

在该模型中，计算机主要用于处理分析数据，人要参与分析过程，理论为分析提供指导，并通过组织结构实施决策支持。在该模型中，学习分析包括数据收集、信息加工、知识应用三个阶段，获取、选择、聚焦、预测、使用、优化六种活动。此外，G. Siemens 也提出了学习分析应用模型②，如图 14-9 所示。

该模型包括收集、分析、预测和调整几个阶段。其收集的数据包括学员自己发布的数据以及智能数据。学员自己发布的数据包括学员在微博、Facebook、博客等个人学习环境中发布的状态、帖子及更新，在学习管理系统中的记录等；此外还有一些隐性数据，如用户在各种网

---

①　Elias, T. Learning Analytics: Definitions, Processes and Potential [EB/OL]. http://learninganalytics.net/LearningAnalyticsDefinitionsxProcessesPotential, 2011-01-16.
②　George Siemens. What are Learning Analytics [DB/OL]. http://www.elearnspace.org/blog/2010/08/25/what-are-learning-analytics/, 2011-01-16.

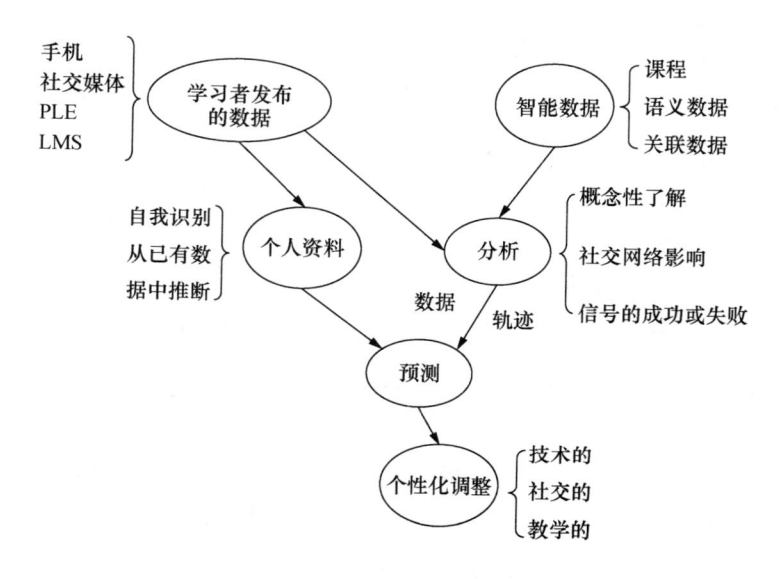

第十四章 退役士兵"互联网+教育"培训模式的探索与应用 427

图 14-9 Siemens 的学习分析应用模型

站上的个人信息、资料等。智能数据并不直接来自学生，而是通过语义化和关联分析等手段，将课程数据、学习者的数据、资料信息都收集起来进行分析得出的再加工数据。例如，通过分析可判断学生对于某一概念的了解情况，学习者解决某一问题的成功或失败的信号等。教师可以将这些分析的结果用于预测教学，并反馈到教学的实施中，指导和调整教学，使课程更加个性化，满足不同学习者的需求。另外，Wolfgang Greller 等从目标、数据来源、分析方法、约束条件、竞争力、利益相关方构建了学习分析的要素模型。[1] Greller 认为，学习分析的目的在于预测学习结果和帮助学习者反思，采用的分析方法涉及教育数据挖掘、机器学习和统计分析。学习分析的受益者包括学生、教师、学校和服务提供商，在实施过程中受隐私和伦理道德因素制约。

在学习分析方法与工具方面，近年来也取得了较大进展。在学习分析技术方面，除了商业智能（Business Intelligence）、网络分析（Web Analytics）、教育数据挖掘（Educational Data Mining, EDM）、学

---

[1] Wolfgang Greller. Learning Analytics framework [EB/OL]. http://www.greller.eu/wordpress/? p=1467, 2012-05-12.

术分析（Academic Analytics）等普适技术外，社会网络分析法、话语分析法和内容分析法等也迅速发展起来，丰富了学习分析的数据加工方法和策略。社会网络分析法（Social Network Analysis）是在数学方法、图论等基础上发展出的定量分析方法，它以关系作为基本分析单位，描绘和测量行动者之间的关系及通过这些关系流动的各种有形或无形的东西，如信息、资源等。① 利用社会网络分析法可以更好地分析学员学习过程中的交互作用以及协作学习与学习效果间的关系等。话语分析法（Discourse Analysis）最早应用于语言学中，主要对话语结构形式、规则等进行研究，后经发展也开始运用到教育研究中。所谓话语，是指特定的社会语境中人与人之间从事沟通的具体言语行为，以及一定的说话人与受话人之间在特定社会语境中通过文本而展开的沟通的言语活动。Arnseth 认为，话语分析能够帮助我们理解知识是如何产生和建构的。② 在网络学习过程中，话语不仅指面对面的对话，还包括文本内容和通过各种媒介实时或异步传播的交流内容。通过话语分析，可以发现学习者在对话中的知识建构与共享、意义表达等过程。内容分析法（Content Analysis）是对传播内容作客观而系统的量化并加以描述。通过量化分析以及质的分析，以客观、系统的态度对文件内容进行研究和分析。分析内容包括传播中的各种语言和特性，以及传播内容对于整个传播过程所产生的影响，借以推论产生该项内容的环境背景和意义。③ 利用内容分析法，可以对学习者的学习过程与资源以及学习者学习反应的反馈信息进行定量和定性的分析，探索学习者的行为模式并进行预测。

在学习分析工具方面，根据学习分析工具的适用面，一般将其分为通用工具和专用工具。通用工具是指已经广泛存在于互联网其他应

---

① 张存刚、李明：《社会网络分析——一种重要的社会学研究方法》，《甘肃社会科学》2004 年第 2 期。
② Arnseth, H. C. Discourse and artefacts in learning to argue [D]. Oslo: Oslo University, 2004.
③ 维基百科："内容分析法"词, http://zh.wikipedia.org/wiki/内容分析法, 2011 - 11 - 20。

第十四章 退役士兵"互联网+教育"培训模式的探索与应用

用领域，后引入到教育领域中的分析工具；专用工具则是指专门针对教育领域，依据特定的要求设计与开发的学习分析工具，见表14-3。

表 14-3　　　　　　　　　　学习分析的工具

类别	具体工具	简介	特点
通用工具	Mixpanel Analytics	实时可视化工具，能够显示用户使用网络情况，可追踪用户在网站上的各种行为，实时产生报表并显示。具有多元化的分析方法，具有事件跟踪、漏斗分析、A/B测试等功能。还提供了iPhone与Android收集使用情况分析，为手机用户界面、应用程序功能调整和改进提供参考	可视化、实时分析
	Userfly	具有记录用户访问网站行为的功能，且可以回放分析。可监控用户在网站上的大部分操作，并录制视频。可记录鼠标的移动、点击和选取，文本框的输入、选择框的选取，页面的缩放和滚动，页面浏览的跳转，链接和按钮的点击等活动	可用性、用户跟踪
	Gephi	一种开源的可视化网络分析软件，用于分析各种网络和复杂系统，提供动态和分层的交互可视化，应用在探索性数据分析、链接分析、社交网络分析和生物网络分析等	开源、可视化、交互分析
专用工具	Socrato	是一种基于标准化题库的在线学习分析工具，可记录和跟踪学习过程，进行形成性或总结性评价，可对学员个体或群体进行诊断性评价，还可分析学员、班级、教学中心的优劣势和个体学习绩效，并形成评价报告	基于题库、学习评估
	SNAPP	可视化的分析工具，可从 Blackboard 和 Moodle 等主流 LMS 中收集数据，显示学生学习内容以及学生间的互动频次、时长，并绘制社会化网络图，有助于教师快速识别课程教学活动中的各种用户行为	可视化、社会网络、行为模式识别

续表

类别	具体工具	简介	特点
专用工具	LOCO – Analyst	基于情境的学习分析工具，用于帮助教师跟踪和分析在线学习环境中的学习过程，改进网络课程的内容和结构。还可以分析学生参与或表征出的各种活动、在线课程内容使用情况，以及虚拟学习环境中的学生基于情境的社会互动	行为跟踪、社会交互分析

综合以上分析，学习分析系统至少包括目标、学员、数据与数据来源、分析技术与工具、干预、相关利益群体等。不同的相关利益群体对学习分析的目标要求不一样，所采取的分析技术与工具存在差别，其干预手段也有差别。对于学习分析的过程，可以概括为数据收集、数据处理以及数据应用和反馈三个阶段，这三个阶段是不断循环往复的。退役士兵学习分析过程中的利益相关方与参与方，数据来源第五章的图 5 – 8 所示，数据分析工具采取可视化工具，注重情境与互动分析，分析结果反馈至不同的利益相关方。退役士兵教育培训的学习分析系统如图 14 – 10 所示。

该系统体现了面向多个群体的学习分析。在分析过程中，不仅分析退役士兵的学习行为，还将其他参与群体都视为学习，充分体现了"互联网 + 教育"的平等、共享。

五 退役士兵"互联网 + 教育"的交互机制设计

交互与参与是"互联网 + 教育"与传统课堂教育模式的显著区别，也反映了教育的本质是"对话"。对于退役士兵职业教育与技能培训的"交互"不仅体现在网络学习过程中的交互，还体现在线下学习的交互、线上与线下学习的交互等方面。对于线下学习中的交互，主要是通过课程、师资等完成。承训机构应从退役士兵学习需求出发，从培训需求调查、提炼、课程设计、师资选择、面授环境设置等方面确保退役士兵与教师、服务人员的交互，如图 14 – 11 所示。

第十四章　退役士兵"互联网+教育"培训模式的探索与应用　431

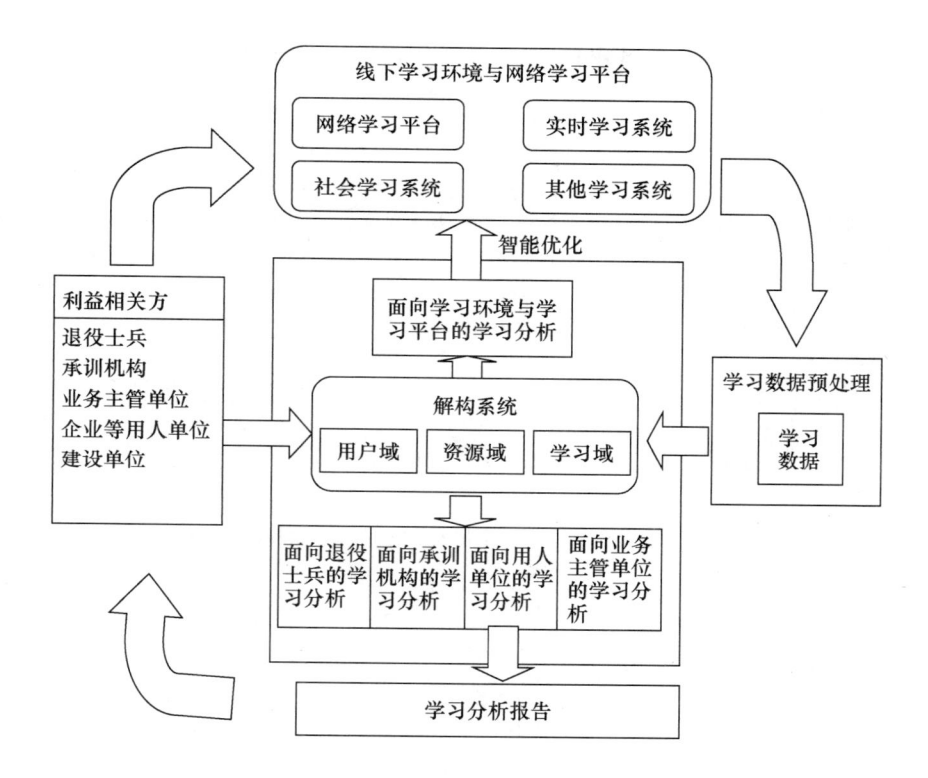

图 14-10　退役士兵职业教育与技能培训学习分析系统设计框架

退役士兵线上学习的互动设计，可采取任务引导式交互机制、"协作+自主"交互机制来进行。任务引导式交互机制是运用任务驱动法，由教师根据学习需求、学习目标、学生特征和文化环境特点来推出学习任务，并根据任务完成的质量和提交时间，给予相应积分奖励。为保证交互的效果和质量，学习任务具有真实的、情景的、协作的、建构的特点；主题明确，难度适中。退役士兵可通过自主、探究来完成任务，并且学习任务背后的科学知识，培养任务解决的实践能力。这样，学习在复杂、有意义的任务情境中进行，并且退役士兵不会由于任务的无目的性和中途懈怠而降低学习兴趣，一个任务完成马上有新任务接踵而来，使退役士兵处在高亢和兴奋的学习氛围中。在任务引导式交互机制中，奖励设计是其重要的组成内容，具体可以采取积分、学习等级修炼、学习达人评选等方法来进行。针对退役士兵是成年人的特点，进一步可以将积分货币化，即建立网上学习商场，可以用积分来换取网上学习商场中的商品。

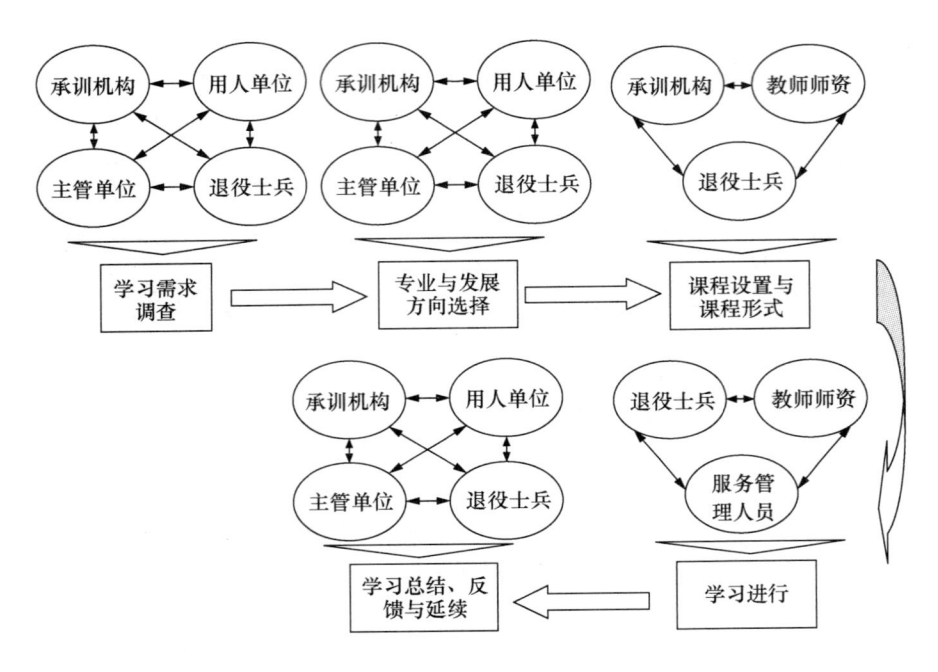

图 14-11　退役士兵职业教育与技能培训线下学习中的互动设计

"协作+自主"交互机制是为了促进退役士兵之间的互相帮助、竞争和相互交流而设立的组织过程。建立"协作+自主"交互机制，强调退役士兵自我探索、自我学习为主，通过团队辅助或与团队的良性互动，不断提升自己的学习能力，获得学习方法的指导、学习经验的分享。在网络学习平台中，退役士兵在完成某种特定学习任务（学科、课程等）目的驱使下，可组织起学习班组，通过相互协作和自主探究进行交流与学习。通过"协作+自主"机制，退役士兵借助网络学习平台，分工协作，互助互利，发挥集体协同效应，共同完成学习目标和知识意义的建构。同时，退役士兵还需要对自己和团队的学习过程进行反思评价，总结获得的知识和思维技能。

此外，还需要实现人与学习资源的互动。人与资源互动贯穿于教育过程的始终。互联网为教育提供了优质的信息资源库，学习者通过网络平台可以提取一切自身所需要的知识，外部信息资源以电子和文本的形式存在于外界环境中，包括一系列教学课件、电子文件、授课视频、测试题库、书籍等。学习者随时可以选择外部信息资源建构自身的内部知识体系。人与资源的关系好比"你来我往"，具有双重互动属性，学习者不单要"拉"知识，实则完成"推"知识才是互动的最高要求，"拉"即为吸收、纳入、整合之意；而"推"其本质寓意知识的创新、升华、转变。学习者与教师互动。基于互联网的学习对学习者自主性提出了较高的要求，自主性并不意味着自学，学习者同样需要与教师进行互动活动。在学习过程中，教师帮助学生高效准确地甄别资源，促进知识的建构；课下可以通过虚拟社区、电子邮件、视频音频等自由探讨。

第七节 促进退役士兵"互联网+教育"模式化发展的建议措施

一 政府主导，政策引导

"互联网+教育"是一场颠覆性的大变革，是一场亘古未有的教育革命，将重塑教育生态。在我国当前教育管理体制下，从退役士兵职业教育与技能培训实际出发，必须发挥政府的主导作用，协同支持，才能有力地推动退役士兵"互联网+教育"培训模式的推广与普及。政府在退役士兵"互联网+教育"中的主导作用体现在如下几个方面。

一是制定退役士兵"互联网+教育"建设与推广的政策。当前，我国承担退役士兵职业教育与技能培训实质上实行的是准入制，需获得业务主管部门的认可方可承担退役士兵教育培训工作任务。由于退役士兵教育培训传统上是由职业技术院校来进行的，故此，采取"互联网+"模式的机构很难切入到退役士兵职业教育与技能培训领域之中。政府应出台相关的政策，从制度层面确认退役士兵"互联网+教育"的合法性。在推广普及方面，应认识到"互联网+教育"一大优势就是能够有效配置优质教育培训资源。故此，应进一步制定、细化退役士兵异地教育培训的政策，将退役士兵异地教育培训落到实处。

二是主导退役士兵"互联网+教育"培训模式的标准建设。退役士兵职业教育与技能培训本身是国家的政策行为，自然也应主导"互联网+教育"的标准化建设。这主要由于退役士兵是我国重要的战备力量，预备役的重要组成，涉及国家安全。故此，不宜过多地组织涉及退役士兵"互联网+教育"系统的建设。同时，这也决定了退役士兵"互联网+教育"的建设应该高起点、高安全、高稳定。此外，缺乏标准也会导致大量的数据存在于不同的系统之中，数据结构和数据格式的不兼容也难以实现共享的目标，会导致重复的低水平建设。

三是主导退役士兵"互联网+教育"建设的准入机制。如前所述，退役士兵是一个较为特殊的群体，涉及社会稳定、国家安全，尤其是通过开展"互联网+教育"可以获得全国性的大规模数据。故此，政府应主导退役士兵"互联网+教育"建设的准入机制，制定标准，选择政治性强、技术研究能力强、有责任心的机构进入建设目录。

四是主导退役士兵"互联网+教育"建设资金的投入。退役士兵"互联网+教育"的开发与建设需要强大的资金支撑，尤其是在其早期的开发中。退役士兵承训机构力量较弱，资源有限是不争的事实。在此情况下，政府有关部门应提供专业建设资金来主导退役士兵"互联网+教育"的开发与建设，尤其是前期的建设资金。

五是主导退役士兵"互联网+教育"建设的方向、原则。政府应制定、发布退役士兵"互联网+教育"建设的方向。通过方向引导、约束相关建设机构的参与。政府还应确定退役士兵"互联网+教育"建设的基本原则，明确其建设的基本要求，使建设机构明确什么能做、什么不能做、要做到什么样的标准等。

二 业务主管部门协同，多方支持

退役士兵具有多重身份，我们所说的退役士兵也是一种身份，是指退出军队现役的人。返回社会后，他就成为社会人，具有了多重身份。如果以其从事的职业来划分，他可能是工人、商人、农民工、企业家、个体创业者等。故此，不能仅仅是具有从军经历，就将这个群体列入到民政部门，与其他政府部门没有关系。此外，应认识到当今的教育理念是终身教育，"互联网+教育"是要服务退役士兵终身发展的。故此，民政部门的职能发挥重点是在退役士兵退出现役后的几个月。短期培训后的支持与服务则需要其他业务主管部门进行承担，如针对退役士兵的创业教育服务、退役士兵失业后的再培训等。退役士兵的多重身份需要多部门系统才能保证其得到终身学习、终身发展服务，才能真正体现党和国家对这个群体的重视与关怀。

从当前退役士兵职业教育与技能培训实际出发，民政部门有必要发挥协调作用，积极协同人力资源与社会保障部门、教育部门、金融部门等，制定针对退役士兵就业、创业的支持政策；协同其他部门共同参与退役士兵"互联网+教育"的建设与运行。

要达到协同建设，各相关部门还必须充分认识退役士兵这支人力资源队伍的重要性。经过军队的锤炼，退役士兵这支人力资源队伍政治素质过硬，成就动机高，吃苦耐劳，是我国社会主义建设各条战线上的生力军。从调查来看，农村的相当部分的村两委干部都是退役士兵出身，他们在带动农村脱贫致富，走向小康社会中发挥了骨干力量、带头作用。从这一点上讲，退役士兵"互联网+教育"完全可以嵌入农村带头人的培训内容。对他们的教育培训也将带来不可估量的收益。退役士兵还是大众创业的一支生力军。实践证明，王健林、任正非等知名企业家都具有从军经历。从军经历是创业的一笔巨大财富。故此，教育培训、人力资源与社会保障部门开设的创业服务项目也完全可以嵌入到退役士兵的"互联网+教育"系统之中。

三　营造退役士兵"互联网+教育"的社会氛围，更新理念

社会氛围是建设、应用、推广退役士兵"互联网+教育"的基础。良好的社会氛围将会有力地促进社会对退役士兵"互联网+教育"的支持与参与，也有利于促进退役士兵对"互联网+教育"的认识，更加自觉地参与进来。

营造退役士兵"互联网+教育"的社会氛围，首先要营造社会尊重、爱护退役士兵的良好氛围，充分认识军人对国家、社会的重要性，应使人们客观认识和平年代军人的价值。只有在尊重、爱护退役士兵的社会氛围基础上，才有可能积极地进行相关建设工作。其次是营造退役士兵教育培训的社会氛围，营造终身学习、泛化学习的社会氛围。通过退役士兵教育培训社会氛围的培育，加深社会各界对退役士兵教育培训工作的认识，吸引更多企业、互联网建设机构、科研机构参与到退役士兵教育培训中来。最后是要营造退役士兵"互联网+教育"的社会氛围。尽管"互联网+"已经成为国家发展战略，并已与各行业进行深度融合。但由于社会对退役士兵教育培训了解较少，其与互联网的融合发展还缺乏社会共识。承训机构、业务主管部门有责任、有义务让社会了解退役士兵教育培训的特殊性以及开展"互联网+"的必要性，应推动社会就此达成共识。

社会氛围的培育离不开理念的更新。在理念更新方面，一是退役士兵教育培训业务主管部门理念的更新。作为退役士兵教育培训的主管部门，其理念直接影响相关政策的出台，进而对承训机构产生指挥棒式的影响。对此，退役士兵教育培训主管机构应加强学习，尤其是针对"互联网+"的学习。通过学习，正确理解"互联网+"的本质内涵，并将其与退役士兵教育培训工作相结合，创新退役士兵教育培训模式。二是承训机构的建设与发展理念。承训机构应充分认识到教育的发展趋势，积极接受新的教育培训理念，建立起终身教育、社会化教育、泛化教育、情境教育的理念。只有建立起科学、先进的教育理念，才有可能推动退役士兵教育培训的创新发展。另外，承训机构应正确认识"互联网+"，既不要认为其是"老虎吃天，无从下口"，也不要将其简单地理解为组合关系。三是对于社会其他机构而言，应建立"共建、共享"的发展理念，积极参与到退役士兵教育培训中来。如退役士兵对口的用人单位，通过参与退役士兵"互联网+教育"建设，将自己的教育培训工作前置，由承训机构完成。这样就大大节约了教育培训成本，也有利于强化退役士兵对其自身的认同。四是退役士兵也应建立科学的学习理念，应认识到能力来自学习，职业发展必须由学习做支撑；应认识到学习可以无处不在，无时不在；应认识到自身在学习中的作用与主体地位。

如何营造社会氛围，更新理念，可通过如下措施来进行。一是定期举办有关退役军人服役期的展览宣传活动，宣导退役军人的付出与贡献。二是可以让人们走进军营，特别是青少年，深入了解当兵的生活。更新观念，可以通过"学"、"观"、"讨"等多种方式来进行。

所谓"学"就是开展有关"互联网+"以及教育理论、教育理念的学习。开展这种学习，可以通过多种渠道、多种方式来进行，既可以组织读书会，也可以请专家学者讲座，还可以以团队方式来进行。这种学习一定要让大家高度参与，要有深刻的体会。

所谓"观"就是观摩、现场参观。如果说单纯的学习还是一种感性认识，那么，现场的参观、观摩就会带来切实的体会。可以组织业务主管单位、承训机构的人员到"互联网+教育"先进单位进行参观学习，现场体会先进的互联网技术给教育带来的改变与震撼。

所谓"讨"，就是组织研讨会、讨论会，通过研讨，更加深入理解"互联网+教育"，更加深入理解退役职业教育与技能工作创新的必要性。

四 整合资源，社会力量协同建设

退役士兵"互联网+教育"本身就具有开放性，能够吸纳、整合各方资源为退役士兵以及相关利益群体服务。这种开放性的属性自然要求多方力量积极参与进来，进行协同建设。另外，"互联网+"是多方力量推动的。这也为社会力量参与退役士兵"互联网+教育"建设奠定了基础。

从目前来看，参与"互联网+教育"的主体可以分为五大类：一是教育机构，如高等院校、成人教育机构、电大等；二是传统教育培训巨头的转型升级，如新东方、好未来等；三是创业企业，如轻轻家教、阿凡题等；四是传统教育信息化企业转型升级，如全通教育、分豆教育等；五是互联网巨头涉入，如BAT、YY等。对于公办的教育培训机构，只要有政策引导，他们会投入力量参与退役士兵教育培训中来。对于其他组织，可能更多的是基于收益的考虑，只要退役士兵教育培训市场足够大，或者退役士兵这个群体有足够大的市场价值，他们也会参与。

对于退役士兵"互联网＋教育"建设而言，要整合资源，必须有主导机构。这就需要培育具有创新精神的士兵承训机构。目前，这类主体还较为缺乏。进一步分析目前退役士兵教育培训承训机构的实力、创新能力、内在动力等因素来看，职业技术院校创新能力较低，侧重于技能培训，开展"互联网＋教育"的实践经验也不足，更为重要的是，在公办体制下，他们很难有足够的动力开展此项工作。对于承担退役士兵教育培训的社会组织而言，尽管也面临资源有限的困境，但由于组织生存、发展的压力，他们有足够的创新精神、动力进行创新活动。此外，从当前开展退役士兵"互联网＋教育"的实际情况来看，大多也是社会组织进行的探索与创新。这使得他们具备了一定基础与经验，能够更好地开展此项工作。壮大主导机构，就需要资源倾斜。这就要求退役士兵教育培训主管部门在资源分配时要集中力量办大事，而非平均用力。

五 强化退役士兵"互联网＋教育"理论研究

"互联网＋"是新生事物，退役士兵"互联网＋教育"更是新生事物。新生事物如何避免多走弯路，掌握其内在规律是关键。而要掌握事物的发展规律，就需要对其进行深入的研究。故此，在开展退役士兵"互联网＋教育"的同时，要积极开展退役士兵"互联网＋教育"培训的理论研究。

强化退役士兵"互联网＋教育"理论研究，首先，退役士兵教育培训主管部门要充分重视，通过设置科研项目或者采取倾斜性政策来引导、激励大家开展此领域的研究。众所周知，退役士兵属于一个小众群体，很难引起其他科研主管机构的重视，也就很难列入其他科研主管单位的科研计划之中。另外，由于开展此领域的研究人员较少，故而与申报其他科研机构的科研项目相比根本没有任何优势，往往会因为缺乏评审专家的认同而落选。在缺乏其他科研机构的认同和重视的情况下，退役士兵教育培训机构必须加大此领域研究的支持力度。其次，相关承训机构要加大科研力度，要有信心参与科研活动。当前

第十四章 退役士兵"互联网+教育"培训模式的探索与应用

退役士兵教育培训机构大多科研基础较为薄弱，缺乏足够的科研力量，也没有信心开展科研活动。对此，主管机构首先要树立承训机构开展科研活动的信心，铲除其心魔。同时，自下而上地设置一些科研项目，引导承训机构循序渐进地开展科研活动，逐步培养其科研能力。最后，加强战略研究和规划统筹，促进"政产学研用"协同创新。当前，退役士兵"互联网+教育"协同创新已经具备了一定的基础，应进一步强化各相关方的联系，加强合作，开展协同创新研究。

一是理念与思维先行。长城军地退役士兵"互联网+教育"建设贯彻了平台思维、客户思维、规划思维、大数据思维以及社群思维。平台思维要求建设过程中建立开放、共享、共赢的理念，建设一个开放性的平台，要搭建开放性社区。客户思维要求建设过程中应以退役士兵、所服务的企业为中心，关注退役士兵学习体验，能够激发其学习兴趣，并将学习内容与工作、发展相结合。规划思维要求建设过程中应优先对如何吸引退役士兵参与学习、如何调动其积极性等作出细致的规划。大数据思维要求建设过程中对退役士兵学习行为、学习偏好、学习内容都能够实现数据化呈现，通过定量的数据进行管理；还能分析不同数据之间的相关性，探索不同类型的退役士兵学习规律与认知倾向，进行精准化课程内容设计奠定基础。社群思维要求建设过程中充分发挥退役士兵的主体性，促使他们之间相互学习，形成学习社区。没有这些思维理念，退役士兵"互联网+教育"建设是难以取得理想效果的。

二是整体规划，分步实施，即建即用。长城军地作为一家社会组织，在建设资源有限的情况下，采取了"整体规划，分步实施，即建即用"的建设思路。整体规划保证了建设的方向，也为相关系统的迭代创新提供了基本依据；分步实施使其能够量力而行；即建即用保证建设成果的利用效率，也将建设成果与实际业务开展有效结合起来。在具体建设过程中，无论是整体的网络学习平台，还是移动学习平台建设，长城军地都采取分期进行原则，每期建设目标与重点有所不同，如针对微信学习平台的建设，第一期主要是以正式学习为主，注重微信的推广，主推前期急迫实施内容；第二期建设重点则是微信平台与 APP 平台整合，引入直线学习模型，将学习与工作紧密融合；强化社区类的非正式学习功能，实现对退役士兵工作绩效支持，打造良好的学习社区；增加了激励功能（头衔、积分及兑换），辅助学习运营等。

参考文献

[1] 曹智、黄明、曹瑞林、欧灿、苏银成:《利国利军利民的时代创举——全国各地探索开展退役士兵职业教育和技能培训纪实》,《人民日报》2010年2月12日第1版。

[2] 《中华人民共和国兵役法》,2011年10月29日第十一届全国人民代表大会常务委员会第二十三次会议《关于修改〈中华人民共和国兵役法〉的决定》第三次修正。

[3] 《退役士兵安置条例》,2011年10月29日由中华人民共和国国务院、中华人民共和国中央军事委员会令第608号发布。

[4] 国务院、中央军委:《关于加强退役士兵职业教育和技能培训工作的通知》(国发〔2010〕42号)。

[5] 民政部:《2013年退役士兵安置政策问答》,http://www.gov.cn/gzdt/2013-11/29/content_2538325.htm,2013年11月29日。

[6] Ron Miller著:《学校为何存在?美国文化中的全人教育思潮》,张淑美、蔡淑敏译,台北市心理出版社2007年版。

[7] [日]小原国芳著:《小原国芳教育论著选(上、下卷)》,刘剑乔、由其民、吴光威译,人民教育出版社1993年版。

[8] 谢安邦、张东海著:《全人教育的理论与实践》,华东师范大学出版社2011年版。

[9] 《中华人民共和国职业教育法》,http://www.gov.cn/banshi/2005-05/25/content_928.htm,2005年5月25日。

[10] 《国务院关于大力推进职业教育改革与发展的决定》(国发〔2002〕16号),http://www.gov.cn/gongbao/content/2002/

content_ 61755. htm。

[11] 马绍壮、朱益宏、张文红：《中国大学毕业生就业能力维度结构与测量》，《人口与经济》2012 年第 4 期。

[12] Conlin Jones, Jack English, "A Contemporary Approach to Entrepreneurship Education", *Education and Training*, Vol. 46, 2004, pp. 416–423.

[13] 曹麒麟、蒲玉文：《我国创业教育现状及课程的实施和开展》，《高等教育发展研究》2007 年第 12 期。

[14] 吴金秋：《高校推进创新创业教育的理念定位》，http://paper. jyb. cn/zgjyb/html/2010 – 08/14/content_ 33605. htm，2010 年 8 月 14 日。

[15] 席升阳：《我国大学创业教育的理论与实践研究》，博士学位论文，华中科技大学，2001 年。

[16] 唐靖、姜彦福：《创业能力的概念发展及实证检验》，《经济管理》2008 年第 9 期。

[17]《中国退役士兵培训调查：6 模式各有特点 官兵盼法律保障》，http：//news. xinhuanet. com/politics/2010 – 06/06/c_ 12186185_ 6. htm，2010 年 6 月 6 日。

[18] 孙绍骋：《制度创新是解决退役士兵安置难问题的根本途径》，《理论前沿》2002 年第 9 期。

[19] 李容根：《以退役士兵职业技能培训为突破口 进一步深化退役士兵安置改革》，《中国民政》2006 年第 12 期。

[20] 李立国：《在新的时代条件下推动民政事业科学发展 为全面建成小康社会贡献力量——在 2013 年全国民政工作会议上的讲话》，http：//www. mca. gov. cn/article/zwgk/ldjh/201301/20130100403111. shtml。

[21] 廖可元：《退役军人安置研究》，硕士学位论文，湖南大学，2007 年。

[22] 周建成：《新时期中国退役军人就业安置问题研究》，硕士学位论文，福建师范大学，2008 年。

[23] 万莉：《当代中国退役军人安置制度改革研究》，硕士学位论文，复旦大学，2009年。

[24] 剪万兵：《退役军人就业安置制度与社会发展同步性研究》，硕士学位论文，西南交通大学，2010年。

[25] 孙红光：《市场经济条件下如何做好退役士兵推荐就业工作》，《辽宁经济》2010年第7期。

[26] 张雅琼：《美国退役军人教育援助研究》，硕士学位论文，河南大学，2011年。

[27] 孔倩：《关于我国〈退役军人安置法〉立法的几点思考》，硕士学位论文，山东大学，2011年。

[28] 王岩：《退役士兵安置制度研究》，硕士学位论文，中国政法大学，2011年。

[29] 丁寒春：《新时期我国退役军人就业安置中的问题和对策研究》，硕士学位论文，湖南大学，2011年。

[30] 陆振兴、陈晓明：《古巴、加拿大退役军官安置制度概况》，《中国人才》2005年第24期。

[31] 孟李、孟永军：《外国退役军官培训扫描》，《中国人才》2006年第20期。

[32] 王佳平、郭胜利：《德国退役军官培训与就业情况见闻》，《中国人才》2007年第6期。

[33]《德国概况》，http：//news. xinhuanet. com/ziliao/2002 - 03/27/content_ 333436_ 5. htm，2014年6月9日。

[34]《罗马尼亚概况》，http：//news. xinhuanet. com/ziliao/2002 - 06/19/content_ 447149. htm，2014年11月25日。

[35] 郑宏、贺辰光：《国外退伍军人培训比较研究》，《转业军官》2009年第2期。

[36] 姜峰：《透视国外职业化背景下的退役军官安置》，《转业军官》2010年第5期。

[37] 赵琦：《论美国军人退役安置制度及其启示》，《法制与社会》2010年第30期。

[38] 罗晶晶、刘闯：《借得东风好扬帆——走进中法退役军官安置与培训制度研讨会》，《中国人才》2011年第5期。

[39] 韦钦云：《美国退伍军人就业培训概况及其启示》，《山东人力资源和社会保障》2012年第9期。

[40] 《关于加强退役士兵职业技能培训教育管理工作的若干意见》，（粤府办〔2007〕86号），http：//www.hlj.gov.cn/wjfg/system/2011/08/10/010216239.shtml。

[41] 郑奇伟：《佛山退役士兵培训方式的探索》，《新课程研究（职业教育）》2007年第5期。

[42] 毛斌：《退役士兵学员学业规划和职业生涯规划教育探索》，《泰州职业技术学院学报》2009年第10期。

[43] 张廷彩：《如何做好退役士兵职业技能培训管理工作》，《职业》2010年第20期。

[44] 崔峥嵘：《退役士兵技能培训的实践与思考》，《中国培训》2010年第11期。

[45] 马喜军：《退役士兵安置工作政府职能角色的转换研究》，《中国民政》2011年第6期。

[46] 王志刚：《军队实现士兵以大学生为主体条件已经具备》，《中国青年报》2014年8月15日第10版。

[47] 周小雷、秦远鹏、毛主亮：《今年新兵全面起运 大学生约占1/4》，《湖南日报》，http：//www.chinadaily.com.cn/hqcj/xfly/2014-07-22/content_12055832.html，2014年7月22日。

[48] 《教育部等六部门关于印发〈现代职业教育体系建设规划（2014—2020年）〉的通知》（教发〔2014〕6号），http：//www.moe.edu.cn/publicfiles/business/htmlfiles/moe/moe_630/201406/170737.html。

[49] 潘建华：《退役士兵职业技能培训的实践与思考》，《华章》2011年第34期。

[50] 徐圣龙、王海燕：《退役士兵多元化职业技能培训模式的创新探索——分层培训模式的研究》，《淮海工学院学报》（社会科

学版）2011 年第 2 期。

[51] 宋良杰：《高职院校退役士兵教育培训现状分析》，《继续教育研究》2012 年第 3 期。

[52] 孙强东、李莉：《退役士兵职业技能培训期间的管理探索》，《职业时空》2012 年第 8 期。

[53] 夏春青：《江苏省五大举措推进退役士兵职业教育和技能培训工作向纵深发展》，《中国民政》2012 年第 11 期。

[54] 唐娟、黄淑琴、宋正和：《退役士兵再教育"三位一体"教学模式的实践与探索》，《西北成人教育学报》2013 年第 1 期。

[55] 中华人民共和国民政部：《关于实施退役士兵教育资助政策的意见》（财教〔2011〕第 538 号），http://www.mca.gov.cn/article/zwgk/fvfg/yfaz/201111/20111100191013.shtml。

[56] 中华人民共和国国防部：《中华人民共和国国防法》，http://www.mod.gov.cn/policy/2009-09/15/content_4088018.htm。

[57] 联合国教科文组织总部：《教育：财富蕴藏其中》，联合国教科文组织总部中文科（译），教育科学出版社 2001 年版。

[58] 中华人民共和国教育部：《中华人民共和国职业教育法》，http://www.gov.cn/banshi/2005-05/25/content_928.htm。

[59] 伯尼·特里林、查尔斯·菲德尔：《21 世纪技能：为我们所生存的时代而学习》，天津社会科学院出版社 2011 年版。

[60] 张钿富：《欧美澳公民关键能力发展研究》，台湾："国立"教育资料馆 2009 年版。

[61] 王重鸣、陈民科：《管理胜任力特征分析：结构方程模型检验》，《心理科学杂志》2002 年第 5 期。

[62] 时勘、王继承、李超平：《企业高层管理者胜任特征模型评价的研究》，《心理学报》2002 年第 3 期。

[63] 吴金秋：《高校推进创新创业教育的理念定位》，《中国教育报》2010 年第 8 期。

[64] 李海鹰：《浅议高中语文学习方法法》，《中国教育探索学刊》2014 年第 2 期。

[65] 秦夏明、夏一鸣、李汉铃：《区域创新体系建设顶层设计模型》，《当代财经》2004 年第 12 期。

[66] 邓聿文：《顶层设计的困境和破解》，《南风窗》2011 年第 5 期。

[67] 迟福林：《改革的新形势与顶层设计》，《决策》2011 年第 8 期。

[68] 秦德君：《顶层设计：是什么，不是什么》，《决策》2011 年第 5 期。

[69] 刘光富、鲁圣鹏、李雪芹：《中国再生资源产业发展顶层设计框架体系研究》，《华东经济管理》2012 年第 10 期。

[70] 仇向洋、施正东、周晓梅：《中国改革顶层设计和总体规划的方法探讨》，《东南大学学报》（哲学社会科学版）2011 年第 4 期。

[71] 王一木：《中国文化顶层设计的基本内涵和路径选择》，《江西社会科学》2012 年第 2 期。

[72] 高和荣：《中国社会福利体系责任结构的顶层设计》，《吉林大学社会科学学报》2012 年第 2 期。

[73] 张岭泉：《论"顶层设计"的四个关键问题》，《人民论坛》2012 年第 7 期。

[74] 贺东航、朱春燕：《集体林权制度改革顶层设计述评及启示》，《林业经济》2011 年第 4 期。

[75] 杨吉江、邢春晓：《美国电子政务通用框架模型研究》，《电子政务》2006 年第 4 期。

[76] James A. Fitzsimmons、Mona J. Fitzsimons：《服务管理运作、战略与信息技术》，张金成、范秀成、杨坤译，机械工业出版社 2013 年版。

[77] 叶鉴铭：《校企共同体：企业主体学校主导——兼评高等职业教育校企合作"双主体"》，《中国高教研究》2011 年第 3 期。

[78] 王洪法：《创业者特征、创业环境与创业成功——青岛和绍兴地区的比较研究》，硕士学位论文，浙江大学，2007 年。

[79] 刘汉东:《创业者创业胜任力与创业成功的关系研究》,硕士学位论文,南京财经大学,2011年。

[80] 毛翠云:《创业胜任力综合测评研究》,硕士学位论文,浙江大学,2011年。

[81] 曾华玲:《创业者个人素质与创业成功之间的关系》,硕士学位论文,华东理工大学,2013年。

[82] 孙国翠:《女性创业成功影响因素及作用机制研究——基于山东省服务业创业女性的实证研究》,硕士学位论文,山东大学,2011年。

[83] 张维迎:《博弈论与信息经济学》,格致出版社2012年版。

[84] 马仁杰、王荣科、左雪梅:《管理学原理》,人民邮电出版社2013年版。

[85] 施良方:《课程理论:课程的基础原理与问题》,教育科学出版社1996年版。

[86] 牛媛媛:《危机时代的教育哲学》,《厦门教育学院学报》2003年第2期。

[87] 吴康宁:《价值的定位与架构:课程目标的一种社会学释义》,《教育科学》2000年第4期。

[88] Waterman A. S., Schwartz S. J., Goldbacher E., et al. Predicting the subjective experience of intrinsic motivation: The roles of self-determination, the balance of challenges and skills, and self-realization values. Personality and Social Psychology Bulletin, 2003, 29 (11): 1447-1458.

[89] Eisenberger R., Jones J. R., Stinglhamber F, et al. Flow experiences at work: for high need achievers alone? Journal of Organizational Behavior, 2005, 26: 755-775.

[90] Ryan R., Deci E. Self-determination theory and the facilitation of intrinsic motivation, social development and well-being. American Psychologist, 2000, 55: 141-166.

[91] Ryan R, Deci E. Self-regulation and the problem of human autono-

my: Does psychology need choice, self – determination and will? Journal of Personality, 2006, 74 (6): 1557 – 1585.

[92] 徐小洲、倪好：《社会创业教育：哈佛大学的经验与启示》，《教育研究》2016 年第 1 期。

[93] 丹·塞诺、索尔·辛格：《为什么以色列人这么能创业?》，《大学生》2012 年第 6 期。

[94] 黄健：《国外成人教育课程开发模式初探（上）》，《外国教育资料》2000 年第 1 期。

[95] 《胡锦涛主持政治局学习强调推动军民融合式发展》，中国政府网，http://www.gov.cn/ldhd/2009 – 07/24/content_ 1374417. htm, 2009 年 7 月 24 日。

[96] 《中国共产党第十七次全国代表大会报告》，新华网，http://news.xinhuanet.com/newscenter/2007 – 10/24/content_ 6938568. htm, 2007 年 10 月 24 日。

[97] 《习近平：准确把握世界军事发展新趋势 与时俱进大力推进军事创新》，新华网，http://news.xinhuanet.com/politics/2014 – 08/30/c_ 1112294869. htm, 2014 年 8 月 30 日。

[98] 《助推军民深度融合，国防大学首次培训民营企业家》，央广军事，http://mil.gmw.cn/2015 – 02/07/content_ 14771115. htm, 2015 年 1 月 30 日。

[99] 《习近平：把军民融合发展上升为国家战略》，新华社，http://news.china.com.cn/2015lianghui/2015 – 03/13/content_ 35039232. htm。

[100] 《习近平的两会时间（十）：系统阐述军民融合发展的三个看点》，新华网，http://news.xinhuanet.com/politics/2015lh/2015 – 03/12/c_ 1114623628. htm, 2015 年 3 月 12 日。

[101] 《军民融合发展：富国强军必由之路》，新华每日电讯 2 版，http://news.xinhuanet.com/mrdx/2016 – 03/27/c_ 135226633. htm, 2016 年 3 月 27 日。

[102] 习近平：《致国际教育信息化大会的贺信》，新华网，http://

news. xinhuanet. com/politics/2015 - 05/23/c _ 1115383959. htm，2015 年 5 月 23 日。

[103] 余胜泉：《从知识传递到认知建构、再到情境认知——三代移动学习的发展与展望》，《中国电化教育》2007 年第 6 期。

[104] 余胜泉、杨现民、程罡：《泛在学习环境中的学习资源设计与共享——"学习元"的理念与结构》，《开放教育研究》2009 年第 1 期。

[105] 应方淦、高志敏：《情境学习理论视野中的成人学习》，《开放教育研究》2007 年第 13 期。

[106] 东升：《网络环境下协作学习的理论与实践——理论体系、平台、模式与基地》，http：//ksei. bnu. edu. cn/old/cscl/summary. htm，2008 年 6 月 8 日。

[107] [加] 琳达·哈拉西姆、肖俊洪译：《协作学习理论与实践》，《中国远程教育》2015 年第 8 期。

[108] 胡艺龄、顾小清、GU Xiaoqing：《从联通主义到 MOOCs：联结知识，共享资源——访国际知名教育学者斯蒂芬·唐斯》，《开放教育研究》2013 年第 6 期。

[109] 杨志坚：《泛在学习：在理想与现实之间》，《开放教育研究》2014 年第 4 期。

[110] 国务院：《国务院关于积极推进"互联网+"行动的指导意见》（国发〔2015〕40 号），http：//www. gov. cn/zhengce/content/2015 - 07/04/content_ 10002. htm，2015 年 7 月 4 日。

[111] 秦虹、张武升：《"互联网+教育"的本质特点与发展趋向》，《教育研究》2016 年第 6 期。

[112] 吴南中：《"互联网+教育"内涵解析与推进机制研究》，《成人教育》2016 年第 1 期。

[113] 桑新民：《探索互联网+教育创新系统工程》，《开放教育研究》2016 年第 1 期。

[114] 陈丽：《"互联网+教育"的创新本质与变革趋势》，《远程教育杂志》2016 年第 4 期。

[115] 王乔峰、曹效英、路璐:《"互联网+教育"模式的发展情况分析》,《中国教育信息化·高教职教》2015年第8期。

[116] 王济军、李晓庆、郭晓珊:《"互联网+教育"变革路径研究》,《中国教育信息化》2016年第9期。

[117] 戴宁、曹辉:《"互联网+教育":颠覆、应对与重构》,《教育与教学研究》2016年第7期。

[118] 南旭光:《"互联网+"职业教育:逻辑内涵、形成机制及发展路径》,《职教论坛》2016年第1期。

[119] 张岩:《"互联网+教育"理念及模式探析》,《中国高教研究》2016年第2期。

[120] 刘云生:《论"互联网+"下的教育大变革》,《教育发展研究》2015年第20期。

[121] 甘健侯、赵波、李艳红:《"互联网+民族教育"的内涵、价值及实现路径》,《学术探索》2016年第2期。

[122] 王涛:《从信息系统发展阶段理论看网络学习平台的进化》,《现代教育技术》2015年第5期。

[123] 孙传明、路红、廖龙龙:《基于云操作系统的网络互动学习平台开发研究》,《中国远程教育》2012年第6期。

[124] 胡月、王以宁、徐鹏、张海:《互联网时代教育类APP开发——美国〈教育技术开发人员指南〉手册解读及启示》,《中国电化教育》2015年第12期。

[125] 刘书青、贾朋如、孟昭鹏:《MOOC等学习平台用户体验研究的新进展》,《现代教育技术》2015年第12期。

[126] 胡勇:《在线学习平台使用意向预测模型的构建和测量》,《电化教育研究》2014年第9期。

[127] 王涛:《网络学习平台生态指数开放评价模型研究》,《开放教育研究》2015年第3期。

[128] 赵克华、任条娟:《双轮驱动网络自主学习平台的研究与实践》,《现代教育技术》2013年第1期。

[129] 顾晓敏、魏志慧、刘小龙:《互联网时代开放远程教育路在何

方?——MOOC 发展动因及启示》,《开放教育研究》2015 年第 4 期。

[130] 杨露、李鸣华:《网络课程学习平台的交互机制设计及其应用》,《现代教育技术》2013 年第 5 期。

[131] 胡世清、林子华、郭超群:《利用桌面式网站革新网络学习平台的用户体验》,《现代教育技术》2015 年第 6 期。

[132] 王二川:《国家开大、陕西电大、西安交大三校长论移动智能教育——2015 中国移动互联网 + 教育暨移动智能教育峰会(西安)要点撷英》,《陕西广播电视大学学报》2015 年第 5 期。